本书
获得福建省社科基地厦门大学中国特色社会主义
研究中心重大课题"'四个全面'背景下的
农村改革研究"（项目编号：2014JDZ2003）和
厦门大学"中央高校基本科研业务费"专项资金项目
"集体林权制度改革与农村发展道路研究"
（项目编号：20720151237）的资助

教育部后期重大项目"从顶层到落地：
农村林业改革政策的实施"（项目批准号：16JHQ004）
阶段性研究成果。

福建省社会科学研究基地
厦门大学中国特色社会主义研究中心

厦门大学中国特色社会主义研究中心丛书　贺东航主编

中国林改村庄观察报告

主　编　贺东航
执行主编　周文斌

中国社会科学出版社

图书在版编目(CIP)数据

中国林改村庄观察报告 / 贺东航主编 . —北京：中国社会科学出版社，2016.11

ISBN 978-7-5161-7322-0

Ⅰ.①中… Ⅱ.①贺… Ⅲ.①林业经济—经济体制改革—研究报告—中国 Ⅳ.①F326.22

中国版本图书馆CIP数据核字(2015)第300786号

出 版 人	赵剑英
责任编辑	冯春凤
责任校对	张爱华
责任印制	张雪娇

出　　版	中国社会科学出版社
社　　址	北京鼓楼西大街甲158号
邮　　编	100720
网　　址	http://www.csspw.cn
发 行 部	010-84083685
门 市 部	010-84029450
经　　销	新华书店及其他书店

印　　刷	北京君升印刷有限公司
装　　订	廊坊市广阳区广增装订厂
版　　次	2016年11月第1版
印　　次	2016年11月第1次印刷

开　　本	710×1000　1/16
印　　张	31.75
插　　页	2
字　　数	521千字
定　　价	116.00元

凡购买中国社会科学出版社图书，如有质量问题请与本社营销中心联系调换
电话：010-84083683
版权所有　侵权必究

目　录

序言 ……………………………………………………………… （1）
关于进一步深化农村集体林权制度改革的政策建议
　　——集体林权制度改革监测观察报告 ………………… （1）

第一篇　集体林权制度改革背景下的乡村治理与发展

政府搭台，林农唱戏——林业社会化服务体系研究 ………… （37）
从集体林改看地方政府与农民的互动 ………………………… （55）
五大经验、六项注意——集体林权纠纷解决模式研究 ……… （82）
多维冲突：新集体林改引发的新纠纷 ………………………… （93）
集体林改中基层林业站的发展困境 …………………………… （108）
集体林改后农村社区的变化与挑战 …………………………… （119）
集体林改对乡村治理的影响 …………………………………… （127）
集体林改——基层民主的催化剂 ……………………………… （144）
农民对林地的期求困境 ………………………………………… （153）
多中心视角下林农集体林改态度的转变 ……………………… （162）

第二篇　不同区域的集体林权制度改革模式

均山到户：农民理性的运用 …………………………………… （179）
安徽省集体林改的变革与经验总结 …………………………… （199）
生态脆弱区的集体林改实践 …………………………………… （222）
没有林权流转中心介入的交易 ………………………………… （242）

"林权"换"路权" …………………………………………… (268)
集体林改"两证"下的双赢 ………………………………… (286)
大稳定下的小调整 …………………………………………… (310)
靠山吃不上山 ………………………………………………… (320)

第三篇　集体林改收益和林农增收

农民主动参与下的林下经济发展 …………………………… (333)
湖北山区集体林改有成效 …………………………………… (351)
集体林改中的博弈 …………………………………………… (372)
林农为什么增收 ……………………………………………… (383)
"老表"的心声 ………………………………………………… (393)
集体林改之下的国有农场与林农的博弈 …………………… (403)

第四篇　林业合作组织与林农合作化经营

林业联户经营中合作关系何以产生和发展 ………………… (417)
传统的变革：林改背景下合作林场经营方式演变 ………… (446)
林业经济合作组织的村级实践 ……………………………… (455)

第五篇　生态公益林改革与管护模式创新

生态型林改的道路探索 ……………………………………… (469)
生态公益林管护方式创新 …………………………………… (482)
附录：忆往昔　情似海 ………………………………………… (497)
后记 ………………………………………………………………… (500)

序　言

这是我第一次受邀给学者编写的丛书写序言，由于本人阅历有限，加上近来俗务缠身，实在担心有辱使命。但是想到我与贺东航教授因为林改结下的情谊，特别看到该书是关于林改村庄的观察报告，内容都很真实，让我仿佛又回到了当年轰轰烈烈搞林改的年代，重新勾起了埋在心中的林改情结，所以决定接受重托，班门弄斧，谈谈自己的一些浅见。

从2003年我调任福建省林业厅起，我便与林业结下了不解之缘，期间力主并经历了2002年福建省集体林权制度的试点改革，目睹了2008年集体林改在全国的全面开展，当时我还兼任国家林业局集体林权制度改革领导小组副组长，可以说在林改这条战线上摸爬滚打了10几年。也正是因为林改，我才有幸结识了治学严谨的贺东航教授，并与他结下了深厚的友谊。这期间，我还有幸认识了贺教授所在单位的领导徐勇教授和贺东航科研团队里的朱冬亮教授等一批国内优秀的学者，他们一直默默坚守在中国农村研究，尤其是林权改革研究领域，并且做出了大量非常优秀的研究成果，为中国集体林权制度改革贡献了许多智慧和力量。贺教授的团队一直秉承着"顶天立地"的科研精神，为了探究农村林改的真相，他们不惧严寒酷暑，不畏舟车劳顿，深入穷乡僻壤，埋头于山村田野进行实证调查，以获得最真实的第一手资料。该书就是一个很好的佐证。

该书分五个篇章记录了2008—2014年间中国近30个村庄集体林权制度改革的真实观察情况，内容翔实，语言质朴，通俗易懂。上至国家制度的解读，下至林农心理的剖析，每一篇观察报告都做得很细致，论证很严谨，是最能反映该团队"顶天立地"科研精神的良心之作。另外，从该书的体例架构来看，该书基本上沿着政治—经济—生态的逻辑顺序进行编制，主题突出，脉络清晰，尤其是最后落脚点到生态型林改道路的探索更加凸显了我国生态文明建设的主旨，立意高远，独具匠心。

当然，受篇幅及编写者阅历所限，该书也难免有些地方仍需改进，但从整体上来说，作为一部林改村庄观察报告，它较真实地还原了中国农村林改前后的变化，有利于我们通过对比分析对我国农村集体林权制度改革进行更加全面和理性的认识。

是为序。

黄建兴
2015 年秋

关于进一步深化农村集体林权制度改革的政策建议

——集体林权制度改革监测观察报告

2014年11月20日,中共中央办公厅、国务院办公厅印发《关于引导农村土地经营权有序流转 发展农业适度规模经营的意见》,对新时期农村土地改革工作作出了新的部署。《意见》指出,在当前工业化、信息化、城镇化和农业现代化快速推进,农村劳动力大量转移的新形势下,要以稳定完善农村土地承包关系,建立完善土地产权确权登记制度,强化土地承包经营权物权保护,鼓励创新土地流转形式,推进土地资产化建设,提升农业经营绩效为目标,为此,必须大力培育扶持新型农业经营主体,加强农业合作组织建设,建立健全农业社会化服务体系,进而促进土地经营权有序流转和适度规模经营。事实上,作为大农业的范畴,国家林业局已经先行一步在2003年试点,2008年全面推进集体林权制度改革已经顺利完成,其整体改革路径和《意见》有许多吻合之处。经过多年的努力,各地林业部门在如何开展集体林地确权登记、推进林业金融支持制度改革,培育新型林业经营主体,规范林地流转,加强林业公共政策支持以及建立林业社会化服务体系等诸多方面都进行了持续且富有成效的探索和实践。2015年2月1日发布的中央一号文件《关于加大改革创新力度加快农业现代化建设的若干意见》明确指出要进一步"深化集体林权制度改革",从而为林改指明了新的方向。本观察报告以对福建、江西、浙江等15省36个县(市)80个村的实地调查为基础,对集体林改的实施情况及实施绩效进行了监测和分析。在此基础上,项目组提出了一些政策建议，供国家林业局有关部门决策参考。①

一 数据来源及样本基本特征

（一）数据来源

为了进一步了解和评估集体林改在全国尤其是南方林区的整体实施绩效，2014年7月至10月，厦门大学中国农村林业改革发展研究基地在国家林业局及各省、县（市）林业部门的配合支持下，继续展开"中国林改百村跟踪观察项目"的调研监测。本年度项目组结合我国森林资源和集体林地的分布来选取监测样本。考虑到我国85%的集体山林集中分布在南方省市，项目组共选取福建、江西、浙江、广西、安徽、湖南、湖北、河南、贵州、四川、重庆、广东、辽宁、吉林、黑龙江等15个省、市和自治区（比2013年增加重庆、黑龙江2省）36个样本县（市）、80个村实施监测调查，其中大部分样本属于南方林区省份。在选取的36个县（市）中，有28个是属于森林资源较多且林改工作开展较好的县（市）。

表1 2014年林改监测调查省（直辖市）、县（市）

调查省份（市、自治区）	调查县（市）	调查村庄数量
福建	沙县、将乐县、顺昌县、长汀县、武平县	13
江西	南丰县、崇义县	6
广东	始兴县、蕉岭县	5
湖北	京山县、红安县、建始县	6
重庆	石柱县	2
四川	合江县、邻水县、武胜县	5
贵州	普定县、锦屏县	4

---

① 本项目实地调查由厦门大学中国农村林改研究基地贺东航教授、朱冬亮教授分别带领2个调查队负责实施，调查时间为2014年7月-10月。需要说明的是，本年度监测调查的36个县（市）中，除了江西南丰县、广东蕉岭县、福建沙县、湖北红安县和建始县、重庆石柱县、四川邻水县和武胜县、浙江临安市及黑龙江克山县和海林市等11个县（市）为新增调查点外，其余25个县（市）是2013年继续跟踪监测点。

续表

调查省份（市、自治区）	调查县（市）	调查村庄数量
河南	内乡县、嵩县	4
浙江	庆元县、临安市、安吉县、龙泉市	9
安徽	绩溪县、休宁县	5
吉林	图们市、汪清县	4
黑龙江	克山县、海林市	4
辽宁	宽甸县、凤城市	4
广西	田林县、武鸣县	5
湖南	靖州县、洪江市	4
合计	36	80

在调研过程中，项目组采取统计分析、问卷调查、座谈访谈、现场观察等多种方法收集研究信息资料。项目组调查员共发放了1250份调查问卷，比2013年的986份同比增长26.77%，其中回收的有效问卷1215份，有效率为97.20%。在进行农户问卷调查的基础上，项目组调查员还与样本县（市）林业局相关部门负责人、样本村村干部、每个样本村选取4-8户农户进行深度访谈，以尽可能全面客观地了解集体林改政策执行和实施绩效。

和2013年监测类似，此次监测调查的内容总体仍分为两个部分：第一部分是考察主体阶段林改的进展及实施情况，包括林改政策实施开始及验收时间、集体林权确权率、林权确权到户率、林权证发证率等；第二部分则是考察林改配套及深化改革阶段政策的实施绩效，具体包括林权抵押贷款、森林保险、林业合作组织、林下经济、林业管理体制、林业生态建设等方面的内容。在此基础上，项目组围绕"资源增长、林农增收、生态良好、林区和谐"等几个维度，对林改的整体实施绩效做出简要的评估，并在此基础上提出完善和深化集体林改的政策建议。

（二）样本基本特征

1. 样本县基本特征

据统计，本年度监测的 36 个样本县（市）中，平均每个县（市）的林地总面积 314.51 万亩，其中集体林面积 254.44 万亩，占样本县（市）平均林地总面积的 80.9%。若以人口计算，平均每个人拥有的林地面积 9.50 亩。平均每个县（市）的森林覆盖率为 67.31%，是全国平均水平的 3.31 倍（第七次全国森林资源清查结果显示我国森林覆盖率 20.36%）。本次监测调查选取的 80 个（行政）村中，平均每个村有农户 382.5 户，1419.2 人，平均每户是 3.73 人，农户人均纯收入为 5280.2 元。每个村平均拥有林地面积为 17130.1 亩，人均林地面积为 12.07 亩。

表 2 　　　　样本县 2014 年与 2013 年基本概况对比情况

指标	林地面积（万亩）	集体林面积（万亩）	人均林地面积（亩）	森林覆盖率（%）	平均人口数（人）	农户人均纯收入（元）
2013 年	316.16	263.34	9.78	70.11	3.71	4889.9
2014 年	314.51	254.44	9.50	67.31	3.73	5280.2

2. 样本农户基本特征

通过对样本农户基本特征的统计显示：从年龄段分布看，46.1% 的农户年龄集中在 45 岁至 59 岁，其次是 25 岁至 44 岁年龄段（30.80%），60 岁及以上年龄段为 20.6%，最少的是 18 至 24 岁年龄段（2.5%）；从性别上看，85.2% 为男性，远超于女性（14.8%），反映出农村男性"当家做主"的特点；从受教育程度来看，受访者的文化程度最多的是初中文化（48.5%），其次是小学及以下文化程度（29.5%），高中（中专）文化（19.8%）、大专以上文化程度（2.2%）占比较少；从从事的职业来看，40.1% 的受访者为单纯务农者，其次是务农兼打工者（25.5%），其余分别为务农兼副业者（如开商店、卫生所等）（10.7%）、长期外出打工者（5.9%）、固定工资收入者（如村干部、教师、医生等）（10.5%）、其他（7.3%）；从是否担任村干部状况来看，有 31.4% 的受访户家里有人担任村（含村小组）及以上干部，62.7% 的受访户家里没人担任过村及以上干部，5.9%的受访户家里曾经有人担任过村及以上干部；从任职状况来看，84.7%的受访户是普通农户，远多于村干部（即担任行政村或村小组干部）（15.3%）。由此可以看出，抽样调查样本基本反映了农村的社会结构，有代表性。

二 监测结果分析

监测结果表明，样本省的集体林改以为民、利民、惠民为出发点，基本完成了明晰产权、确权到户的主体改革任务，各项强林惠农的政策实施效能逐步提升，配套和深化改革不断取得新的进展，资源增长、农民增收、生态良好、林区和谐的改革目标正在逐步实现。

（一）主体改革监测结果

1. 集体林权制度改革顺利完成

林改主体阶段改革的主要任务是勘界确权发证，明晰产权。在调查的36个县（市）中，福建武平县是全国最早实行林权改革的县，该县在2001年试点林权登记发证工作，而该县的捷文村村民李佳林在2001年12月30日领到了据说是全国第一本林权证。本年度监测显示，有6个县（市）在2008年在中央10号文件发布之后启动林改工作，占比16.7%；有7个县（市）在2009年才开始正式启动林改，占比19.4%，其余23个县（市）在中央10号文件发布之前就已经开展林改工作。监测表明，大部分县（市）的主体阶段林改工作是在2－3年时间内完成的，约有3/5的被监测的县（市）在2010年通过主体阶段改革验收，只有东北部分地区的林改进展稍晚，如黑龙江的克山县和海林市是在2011年实施主体阶段改革，吉林的图门江市的发证工作则更延迟到2014年才基本完成。

2. 林地权属基本明晰确权

截至2014年6月，样本县（市）的确权率已经达到94.07%，同比增长0.75%，发证率达90.10%，同比增长0.45%，平均每个县发放林权证665612本。其中在福建、浙江、江西、湖北等南方林区的被调查县（市），从2012年至今，其确权率和发证率已经基本稳定在98%左右，变化幅度很小。

和以往的监测调查类似，目前尚未发证的主要是一些仍然存在林权纠纷的少部分林地，也有部分是因为原先的林地承包经营合同尚未到期，这点在一些林改前林地流转较多的县（市）更为突出，如福建的顺昌县、将乐县、广西的武鸣县确权率相对较低。而在东北的被调查地区，由于林改推进的时间相对较晚，发证工作也相对较晚些。

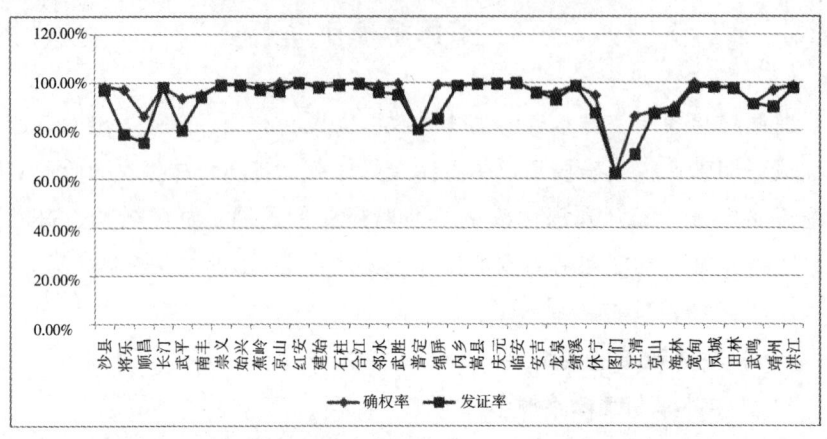

图1　2014年林改监测调查部分样本县（市）的确权率与发证率

3. 林地平均承包期限为55年

对于林地承包期的调查显示，与2013年的数据相比没有显著变化。不计自留山，样本县（市）林地的平均承包年限为55年，其中约定承包年限最长为70年。36个样本县（市）中，有14个县（市）约定为70年，占比38.89%（如广东始兴县），有17个县（市）约定为50年，占比47.22%，另有4个县约定为30年，占比11.11%，还有一个县约定为43年（见图2），占比2.78%。

4. 近九成林地确权到户，均山到户率近七成

为了提高确权到户率，各地因地制宜采取"均山、均股、均利"等多种确权均权方式。截至2014年6月，样本户的林地确权到户率达87.28%，同比增长1.16%，其中均山到户占67.4%，同比下降1.46%，均股均利的占18.08%，同比增长1.12%。有1.3%的样本户实行"预期均山"。另有5.0%的农户实行别的确权方式，农户个人没有得到集体林地收益。集体预留山林比例为7.72%，同比下降2.27%。之所以会出现这种情况，与少部分村庄把原先承包给林业企业或者大户的林地收归之后重新分到户有关系。

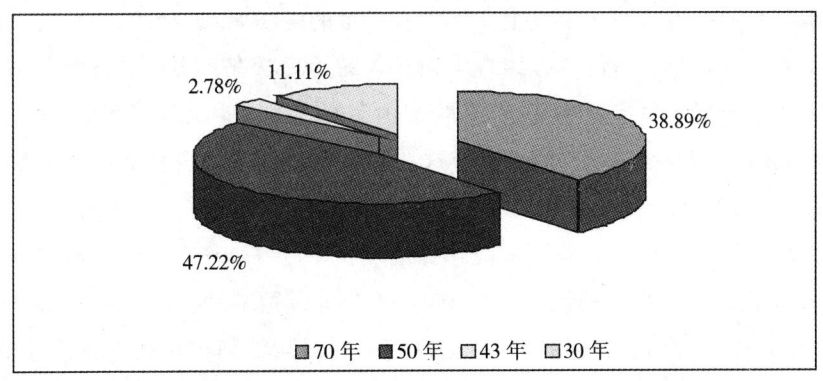

图2　2014年集体林改监测样本县（市）平均承包年限分布

如果按照区域划分，林地越多的村庄，村集体预留的林地所占比例越低。而在一些林地较少的村庄，村集体预留的林地相对较高些。不过，也有个别村庄维持类似人民公社的"分红分利"经营方式。如安吉县孝丰镇赋石村就是属于这类典型。该村自1982年"分山到户"至今，实行的只是"动钱不动山"方式，集体山林（主要是毛竹林）实际上仍然是集体统一经营。尽管村里成立了专业合作社之类的新型经营组织，但是村里会每隔一段时期根据农户家庭的人口增减变化对不同农户的"集体成员权""分红"份额进行微调。其调整规则和耕地承包中的土地调整基本相同。而在安吉县尚书干村，1984年分山到户人均有5亩山林。2008年，村里成立毛竹专业合作社，一个村民算一个股份，每个股份2011年得到的"分红"收益是1000元左右。

项目组调查还显示，在36个县（市）中，有6个县不同程度存在自留山因农户管护不到位等原因而被收回的现象。家里没有分到自留山的林农（含自留山被村集体收回）的占10.7%，其余农户都或多或少分到了属于自己的自留山。其中有18个村在林改中分到或者重新分到了自留山。如湖北省京山县胜境村2007年在试点实施林改时原则上按照户均5—10亩的标准补划自留山；户均不足5亩的，按当地平均水平划定自留山；山林已全部依法流转的不再补划自留山。但农户林改前自留山已经自愿流转的，则不再划分自留山。

在80年代初林业"三定"时期均山工作比较彻底的村庄，承包到户的林农的山多维持细碎化、分散化经营方式。有42.3%以上的受访户表示自家承包经营的山林在3块以上，其中有少量的受访农户（5.92%）甚至在10块以上。此外，有的地方结合本地林权的历史状况，实行地方特色的确权方式，如福建顺昌县首创"预期均山"的方式①，而广西武鸣县推行"均山到户、入股经营"。后者实行这一确权举措，使得全县商品林的确权到户率从33.4%提高到85.06%（比2013年监测时提高了5个百分点）。

村级调查则显示，截至目前，林地确权率为97.08%，其中承包到户率74.8%，均股均利的比例为9.5%，而集体预留林地所占比例为4.7%，其余11%左右则是流转给其他业主经营。村级均山到户率高于县级比例，是因为这些村有相当部分是当地所在县、乡镇的林改试点村，因此均山到户率自然更高（参见图3）。

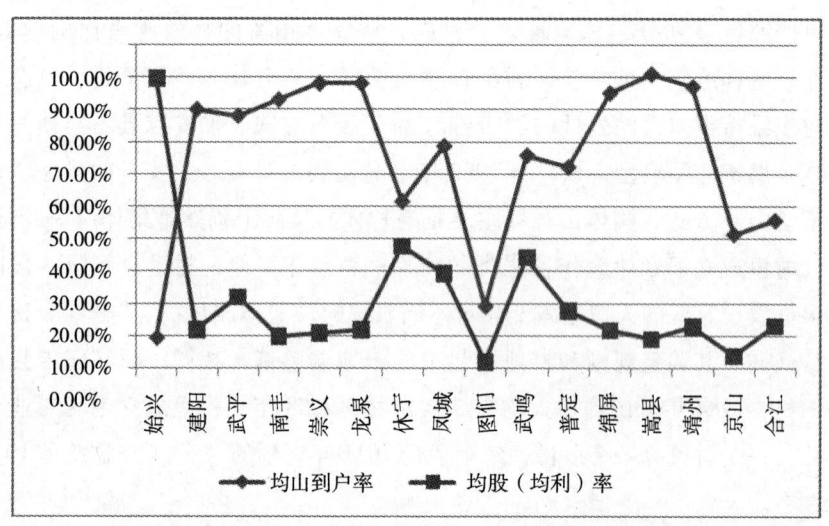

图3　2014年林改监测调查部分样本县（市）均山到户率与均股（均利）率

5. 林农对林改政策实施的总体参与度、满意度较高

对于林改政策的评价，98.20%的受访林农都表示"知道国家实施林改政策"，而表示"不知道国家林改政策这回事"的仅占1.8%，其中有59.5%的受访农户还有"专门去了解国家的具体林改政策"。

调查还显示，大部分农户（78.6%）认可国家的林业政策，认为

---

① 福建顺昌县的"预期均山"后来被推广到福建省很多地方，项目组监测的将乐县、建阳市也采取了这种确权方式。

"国家林改政策是好的,有利于保护林农的权益"(同比 2013 年增长 2.8 个百分点)。对于国家的林改政策设计,有 83.1%(同比下降 2.6 个百分点)的受访林农认为林改最好的方式是"分山到户"。不过,也有 60.8%(同比增长 2 个百分点)的受访林农也认为"林地应该搞规模经营,单个农户不利于林地经营"(见图 4)。这个数据比 2013 年调查提高了 5 个百分点。之所以会出现这个变化,是因为在当前形势下,越来越多的林农意识到林业最终还是要走规模经营和集约经营的道路)

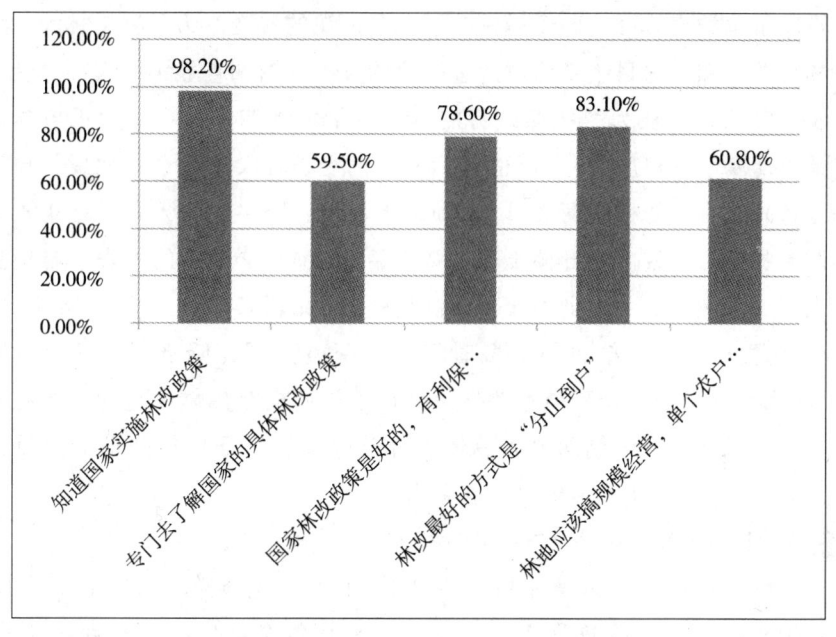

图 4 受访林农对林改政策的参与及满意度

在调查的 80 个样本村中,有 49 个村在集体林改中没有重新分山,而是基本延续林业"三定"时的承包界址确权发证。有 82.1% 的受访林农表示此次林改进行了上山勘界确权,明确四至,有 12.6% 的受访者表示林改还是延续过去的做法,有确权但没有上山勘界,说明大部分村庄扎实推进国家林改政策。

对于林改政策的理解,有 35.1% 的受访林农认为"此次林改只是重新发证,没有太多新意";30.4% 的林农则认为新一轮林改是一次全新的改革,有利于激发农民的生产积极性;13.4% 的林农认为改革的成效在近年还看不出来;而 37.1% 的林农认为"山还是那个山,没什么变化"。这些量化指标和2013年监测调查相比，总体变化很小。但值得注意的是：许多村庄林改之后已经开始发生许多新的变化，林改的政策效应开始逐步显现，如林农的造林积极性明显上升、林业市场价值大幅度提升、投资林业经营领域的林业资本大幅增加。在后文中，项目组还将对此作进一步的分析。

6. 林农期望林地承包权稳定

由于林改政策实施至今已有数年时间（最长的村已有11年），林农对自家承包的集体林地已经慢慢有了一个认识的转变。为了测量林农对集体林权的认知，项目组专门对此进行了调查。问卷调查显示，大部分受访林农（55.2%）认为"按照现行的国家政策发展趋势，自家的承包林地将是长期属于农户所有"，但也有44.5%的受访林农认为"林地属于集体的，将来还有可能被收回去"。调查结果显示：55.4%的人表示希望永远不调整林地经营权（同比降低了2.2个百分点）；36.8%的人表示希望随着人口变化应对到户林地面积做出调整（同比增长了3.4个百分点）[①]；7.8%的受访者则希望每隔一段时间进行调整（同比降低了1.6个百分点）。大部分林农表示不愿意调整而且希望长期拥有集体林地的承包经营权，这也可以从一个侧面显示总体上林改的确权发证比较公平（参见图5）。这个数据和2013年相比，也变化不大。

7. 纠纷调处率高，但仍有新纠纷出现

纠纷调处始终是林改中的重要工作内容。36个样本县（市）的统计资料显示，在林改政策实施过程中，平均每个县发生林权纠纷1208起，大部分县（市）遗留的林权纠纷面积在5万亩以下，平均纠纷调处率达92.03%，同比增长0.48%。而村级调查表明，几乎所有的村都不同程度地存在林权纠纷现象，最少的有数起，最多的甚至达上百起，因此，真正的林权纠纷远高于各县统计的数字，且不断有新的纠纷出现。不过，村级调查呈现的纠纷大都是界址不清类的小纠纷，且绝大部分已经妥善调处。统计分析表明，平均每个村有纠纷的林地面积为955亩，其中未调处的纠纷面积为279.63亩，分别占林地总面积的5.58%和1.63%。

---

① 表示希望随着人口变化调整林地的这部分受访农户有很大部分是毛竹林承包户。

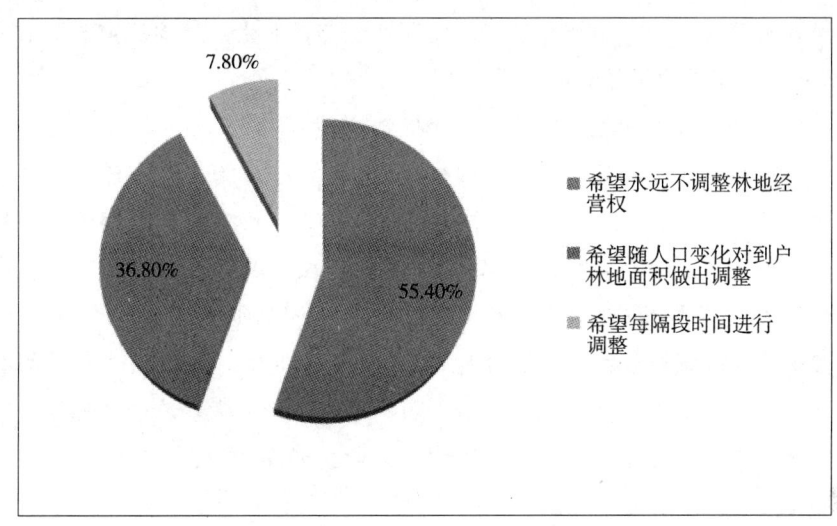

图 5　受访林农对林地承包经营权期限的态度

调查显示，大部分纠纷是界址不清导致的，占到所有纠纷总数的 89.2% 以上。此外，导致林权纠纷的原因还包括林地流转利益分配不均及手续不规范、集体林地流失、林木产权归属不清、林权证发放错误等。目前，仍存在纠纷最多的一类是插花山纠纷，尤其是相邻村庄、相邻县（市）、相邻（省）的插花山纠纷较为常见，但这类纠纷涉及跨地域协调问题，很难调处，往往被继续搁置下来。不过，监测调查显示，最近几年，界址不清类的纠纷总体呈现下降趋势，而流转类的纠纷开始增加。

（二）配套和深化改革进展情况

1. 林业税费减免改革稳步推进，林农负担下降

各地在林改中普遍把税费减免作为集体林改配套和深化改革的重要内容之一。2014 年的调查监测结果与 2013 年相比变化不显著，只是尚没有开展税费减免工作的市（县）比 2013 年多了 2 个，但地域分布上皆在东北地区。在 36 个被调查的样本县（市）中，有 6 个（16.67%）县（市）尚没有开展税费减免工作（主要集中在东北，如吉林汪清县的税费平均为 200 元）之外，其他省份基本开展了税费减免，且基本实行育林基金减半征收。目前大部分县（市）每立方米木材税费（包括育林基金、规划设计费等）在 50 – 100 元之间。而浙江、广西、贵州等地的被监测的县（市）甚至基本取消了林业税费。①

2. 林地林木流转规模稳定，农户的流转意愿偏低

调查显示，样本县平均流转的林地面积达 52.98 万亩，占样本县平均集体林地总面积的 16.85%，比 2013 年（19.60%）降低了 2.75%，平均流转期限为 32.1 年，比 2013 年（31 年）延长 1.1 年。不过，有很多林地流转发生在林改前。据估算，林改前流转的林地约占林地总面积的 16.2%。村级调查显示，目前林地流转率约 16.5%，但几乎每个村都有一两个至若干个经营林地面积达数百亩甚至上千亩的大户或个体林场。据不完全估计，目前各村中由大户或者企业经营的林地占林地总面积的 10.3% 左右。

调查发现，林农的林地流转意愿大致经历了一个倒"U"型转变。在林改前后林地流转意愿较高，而自从 2011 年之后，林农的流转意愿趋于下降。现在农户对于林地的经济与心理依赖性更强，他们逐步意识到林地经营的经济价值较高，对于林地的流转比较谨慎。在许多调查点，林地是农户收入的主要来源或重要来源，对于农户具有特殊的保障作用。考虑到监测调查的村庄大部分是山区农村，而这些地方林农"靠山吃山"情况比较突出，一般情况下农户不会轻易流转林地。只有在价格特别高或有比较稳定的非农岗位的情况下才会进行流转，且流转也是流转给本地农户的私下流转偏多。不过，林农近年来开始逐步意识到林地经营最终还是必须走集约化、专业化道路，因此预期林农尤其是年轻一代对林地流转意愿会呈再度提升态势。

3. 林权抵押贷款额不断增长，平均贷款额度也有所上升

林权制度改革后，林权抵押贷款的额度不断增长，平均贷款额度也有所上升。总体而言，林业经济越发达、林地经营绩效越高的地方，林权抵押贷款也就越多。截至 2014 年 7 月，样本县（市）已经发放的林权抵押贷款累计达 83.71 亿元，同比增长 16.91%，抵押山林面积 608 万亩，同比增长 18.52%，平均每个县（市）贷款达 2.33 亿元，抵押山林面积

---

① 不过，同处广西的田林县依然收取林业税费，其中桉树按照 83 元/立方米标准收取，松、杉树按照 102 元/立方米标准收取，分别占目前销售价格的 11.5% 和 13.4%。

16.89万亩,平均每亩山林抵押值为1485.7元,这些数据均比2013年略有增长。

在监测调查的36个县(市)中,小额林权抵押贷款开展最好的是浙江庆元县,累计贷款达8.68亿元。截至2014年7月,庆元县小额林权贷款受益面共有2300多户,惠及全县2.3万多林农,平均每户贷款额度在10.5万元。事实上,当地小额贷款的运作机制比较灵活,大部分的农户是采取联合形式贷款(亲友间的林权证合在一起贷款),由合作社、专业担保公司或者村委会担保。由于该县竹木加工业非常发达,全县的笋竹加工企业有500多家,其中家庭作坊式的竹制品加工体达200多户,因此对小额信贷有旺盛的需求。

江西省崇义县也是林权抵押贷款开展较好的县。该县促成农信社、农行、工商银行、中国人民银行等7个金融部门共同开展林权证抵押贷款业务,形成了多个金融部门竞争的格局,有效降低了林业经营者的信贷成本。这个县的贷款利率由2008年月息9.36%降至目前的5.31%。截至到2014年7月,全县累计发放林权抵押贷款7.85亿元,抵押森林面积65.26万亩,涉及单位和个人共1049家,当前贷款余额为3.45亿元,抵押森林面积21.13万亩,涉及单位和个人共408家,其中农村信用社林权抵押贷款余额为2.6亿元,占全县林权抵押贷款余额的75.4%。在崇义县铅厂村,当地农户反映,本地申请贷款,10万元以下不用抵押,以个人信誉度为标准,一般贷到5万的比较多。该村的村支书以自己承包经营的1000多亩毛竹林和杉木林伟抵押,贷款31万元,利率将近9厘,其中政府贴息3%。

不过还有5个县(市)至今没有开展此项业务。其中河南省内乡县的林权抵押贷款政策尚未实施,主要原因是市级政策尚未制定,银行也不积极,评估机构也缺乏,再者,本县境内90%以上的林地是荒山,没有多少经济价值。

调查表明,样本县(市)的贷款比例平均为44.7%,比2013年降低0.3%,最低的只占林木实物资产评估值的30%,平均在50%左右(只计算竹木现有市场材用价值,未考虑其生态、旅游价值)。由于大部分贷款是针对林业企业或者大户,因此贷款比例最高的可占山场评估价值的60%。

调查显示，林权抵押贷款的月利率最低为6.37‰（含政府贴息3‰），最高的达1.2%，平均年利率为10%，约有58%的贷款者享受财政贴息，同比2013年下降了5个百分点。[①] 参与贷款的大多是农村信用联社、农业银行及一些地方金融机构。贷款的期限大多数是1年（但可连续即还即贷），最长不超过3年，但可以申请循环贷款。大部分县市的金融机构开展林权抵押贷款，要求需要专门的担保机构进行担保。

林权抵押贷款的总体信用度较好，违约率较低。在28个有开展贷款的样本县（市）中，有发生贷款违约的有13个县（市），而2013年监测调查的35个县（市）中，有违约的只有7个。违约面扩大，与2014年整体经济形势下行有关。不过，整体违约率仍控制在2%以内，但一些林业企业违约金额增加明显，福建将乐县、广东始兴县等地发生了个别的林权骗贷现象。即使是以发放小额林权贷款最多的浙江庆元县为例，该县至今小额贷款违约的只有7例，金额约45万元。事实证明，林权抵押贷款中存在的违约风险比预想的要低得多。

按照国家政策规定，30万元以下的小额林权抵押贷款一般不要求担保，超过这个贷款额度，一般要求提供资产抵押担保。项目组问卷调查显示，大约86%的受访林农反映，自己在申请小额林权抵押贷款时要提供多种信用担保，包括村干部担保、联户担保、合作社担保等。至于超过30万元的，则要求专业担保公司担保。如福建将乐县为解决本县林业企业和林业合作社发展资金短缺的困难，2009年4月该县林业局、林业总司组建成立了鑫绿林业担保有限公司，利用林权抵押的方式为各类林业经营者提供贷款担保。截至2013年8月止，这个县已办理了875宗，面积67万亩，金额12.09亿元的林权证抵押贷款登记。其中，担保公司累计提供贷款担保409笔，提供贷款担保金额3.14亿元。

4. 森林保险参保率提升较快，保险费率地域差别较大

作为林业金融支持制度改革的重要举措之一，2006年国家在福建、江西等地试点实行政策性森林保险，之后各地开始逐步推进这项工作。2014年，森林保险尤其是政策性保险取得较快进展。在样本县（市），最早试点森林保险的是江西崇义县，该县在1992年就连续三年实行森林保

[①] 如江西省崇义县截至2013年，全县累计发放林业贷款贴息1592.4万元。

险（后停止，林改后恢复）。目前，各地的公益林基本上由政府统一保险，而商品林投保的比例也达到了60%，比2013年增长了12个百分点。各地保费由政府和业主林农按照比例分担。在监测的36个县（市）中，包括江西崇义、福建将乐县、长汀县等6个县（市）基本实现保险全覆盖。一般投保的都是林业企业和大户居多，至于小户林农自己投保的概率则要低得多（只有12.8%，比2013年监测数据提高了2.3个百分点）。保险中以保综合险居多，火灾险其次。不过，调查县中，有26个县（市）设有免赔条款。如四川邻水县规定，公益林保险费率为0.2%，每亩年保费是0.8元，保额400元；商品林保险费率0.3%，每亩年保费是1.5元，保额500元。该县的森林保险责任的约定条款规定，在保险期间内，由于发生火灾、暴雨、洪水、泥石流、冰雹、霜冻、森林病虫害等造成的被保险林木的损失，保险公司负责赔偿。不过，这个县同时规定，保险公司绝对免赔面积为10亩或核损面积的10%。投保面积在100亩以下（不含100亩）的免赔额为投保面积的10%，投保面积在100以上的免赔额为10亩。

调查表明，森林保险的保费在0.45-3.6元之间，大部分县（市）的保费在1-2元之间，且商品林保费一般高于公益林。但各地的赔付率因保费高低及林业灾害发生概率不同，有很大的差异。南方林区的生态公益林每亩赔付率是400元左右，而商品林略高，大都在400-600元[1]，最高的县是800元，赔付的保险金主要是补偿造林成本。[2]

监测调查还显示，承担森林保险的主要是国有的人保财险公司。不过样本县（市）中极少有反映保险公司在该业务中有经营亏损的问题，其中浙江庆元县、福建武平县、重庆石柱县、江西南丰县等地保险公司近年赔付的森林保险金不超过20万元，而保险公司每年收取的保费都在100万元以上。江西崇义县自1992年试点森林保险，保险公司几乎没有赔付过。由于森林经营的主要风险是火灾险，各地防火意识普遍加强，火险发生的概率大大下降。如安徽休宁县因临近黄山景区，森林防火措施极为严

---

[1] 其中公益林保额最低每亩只有300元，如贵州普定县就属于这种情况。
[2] 调查显示，由于劳动力价格大幅度上涨，现在的造林成本已经大幅度上升，南方各地造林加3年抚育的成本已经普遍超过1000元以上，而在2007年，同样的投入平均大约在400元。

格，近几年中几乎很少发生火灾。

和以往的监测结果类似，各地林业部门普遍反映，专业森林资源评估机构和评估人才缺乏依然是当前开展林业金融支持工作面临的一大问题，各地基本上是由林业局的规划设计大队之类的机构来承担这项工作，即使有资质，也大多是属于丙级资质。① 很多地方的银行机构之所以还不愿意开展林权抵押贷款业务，就是受制于包括林业资源评估制度建设滞后、抵押担保机构缺乏等因素。

5. 生态建设取得新进展

在建设"美丽中国"的新形势下，地方政府越来越重视生态林建设。监测调查显示，样本县（市）平均每个县（市）划定的生态林、天保林（包括国家级及地方级）面积为124.78万亩，占各县（市）平均总面积的39.7%，有的县的生态林已经达到全县林地总面积的一半（如浙江庆元县），预计这个比例还可能进一步增加。

村级调查则显示，每村平均有生态林4253.6亩，约占每村平均林地总面积的24.8%，林农人均有生态林3.00亩。生态补偿标准为12.2元②。在生态补偿方面，总体而言，经济发达地区的补偿标准普遍高于落后地区。如浙江、广东、福建的生态补偿标准高于广西、贵州和东北地区。在36个样本县（市）中，吉林的汪清县和图们市的天保林补偿每亩一年只有5元，但这两个县最近才开始区划生态林。不过从2014年开始，当地把生态林的补偿标准定为15元一亩，其他省份的生态林最低是10元一亩③，最高的是浙江省庆元县，为19元，而广东省始兴县也达到18元，并且以每两年2元速度增长，最终达25元。此外，广西武鸣县属于国有林场的生态林补偿也只有5元，而贵州普定县、息烽县和河南的内乡县、嵩县的地方公益林补偿也只有5元。

6. 林业合作组织数量增加，政府政策扶持有待加强

监测显示，36个样本县（市）中，有统计合作社数量的有27个县（市），共组建了1325家各类涉林合作社，比2013年（1140个）增长

---

① 如江西崇义县只好把评估值超过100万元的森林资源资产评估人为切割为几个部分单独开展评估。
② 实际发放到户的标准金额低于此数。
③ 如安徽被调查的休宁县和绩溪县的地方公益林补偿每亩只有5元。

16.23%，平均每个县（市）有合作社36.8个。村级调查则显示，平均每村成立的合作社有0.71个，入社户数平均为64.50户，占样本村平均总户数的17.2%，这个比例之所以比样本县平均数高，是由于项目组调查的村往往是林业合作经营发展相对更好的村。这些合作社往往与经济林经营、苗木花卉种植及林下经济等林业产业经营有关。

如浙江省安吉县全县共有20家股份制合作社。它们以林地承包经营权作价出资，由合作社法人集中经营，使传统林地承包经营获得了更高层次的运转平台和空间。如安吉长丰毛竹股份制合作社将1500亩竹林作为资产抵押，一次性获得贷款300万元。据统计，截至2013年底，安吉县有农村信用联社、邮政储蓄银行、村镇交通银行、农发银行等4家金融机构开展了林权证抵押贷款业务，累计发放林权抵押贷款353笔，贷款金额5.48亿元，抵押登记面积12.17万亩，盘活森林资产5.48亿元，单笔贷款额度达到了157.5万元。

林业专业合作组织发展与地方政府的政策扶持有很大关系。36个样本县（市）中，有18个县（市）明确对林业合作社给予各种形式的项目和政策扶持。如浙江安吉县早在2010年就规定，农民组建农林专业合作社，政府无偿给予5万元启动资金扶持。而福建省财政厅和林业厅2010年出资150万元，以每个合作社资助5万元的标准，在全省范围内选择30个示范社进行专项扶持。该省的顺昌县则规定，相对集中连片的森林经营面积达1000亩以上的新办林业股份专业合作社，县林业局给予1000元的创建资金补助；对合作社林业生产优先进行项目申报、融资及贴息安排，并对林业专业合作社营造阔叶树种给予每亩60元苗木款补助；对新开竹山机耕路给予每公里2000元补助。类似的地方性政策扶持在福建将乐县、长汀县和浙江庆元县、临安市也广泛存在。

村级调查显示，近年来不同地方的村庄结合自身特点，积极探索不同形式的林业集约经营组织形式。主要包括组建各类集体或者家庭合作林场，如福建沙县、将乐县、顺昌县，广东始兴县等地都组建各类股份合作林场。以沙县为例，目前全县单户经营林地面积逐年缩小，而采取规模集约经营的面积逐年增加。2014年7月县林业局调查统计显示，全县采取行政村股份林场经营模式的林地约占总改革面积的9%，采取村民小组股份林场经营模式的约占24%，而采取家庭联户或户经营的约占46.5%。

而在福建将乐县，近年来该县每年"预期均山"林地面积都在 1 万亩以上，这部分林地大部分采取股份合作形式进行确权经营。

调查显示，近年来，各地积极组建各类林业协会组织，以便搞好现代林业服务。如福建将乐县就组建了林木种苗协会、木竹行业协会。江西崇义县有"三防"协会 126 个，管护面积 153.8 万亩。

7. 林下经济持续发展

林下经济主要有林下种植、林下养殖、林下产品采集、林下景观利用等四种模式。据样本县（市）中的 30 个县的不完全统计，目前林下经济产值约占林农家庭纯收入比重的 9.1%（比 2013 年增长了约 0.5 个百分点）。林下经济较为发达的有江西省崇义县，林下经济收入占林农纯收入比重超过 32% 以上。该县已发展林下经济面积 61 万亩，占有林地的 24.7%。而在重庆市石柱县，林业经济发展势头良好。2013 年，该县全县林业总产值实现 22.04 亿元，其中林下经济收入 15.38 亿元，占林业总产值的 69.8%，农民人均林业收入达 2216 元。近年来，全县不断推广以黄连为代表的林下经济发展模式，以林油、林药、林笋、林畜（禽）等为主导，充分挖掘林地增收潜能，最大限度向林下闲置空地要受益。这个县仅中药材种植面积达 30 万亩，其中林下种植药材达 25 万亩（林下种植黄连 5 万亩，"三木"中药材 12 万亩，山茱萸、佛手等 8 万亩），有林药专业合作社 10 多家，年产值达 2.2 亿元。

特别值得一提的是，项目组深入实地调查发现，在发展林下经济中，真正起带头作用的往往是国有林场和林业企业，它们因为有技术和资金优势，愿意尝试发展各种林下经济。如福建将乐县金森公司作为上市企业，近年来在发展苗木花卉、中草药（种植紫金花、金银花等）、灵芝等方面投入了大量的资金，并取得了初步成效。而福建省建阳市大闸国有林场（经营区面积 3.97 万亩，活立木蓄积量 35 万立方米），在 2014 年尝试种植三叶青、金线莲、铁皮石斛等林下经济药材 350 亩。其中三叶青种植面积 280 亩，预计亩产值达 8—10 万元；金线莲种植面积 10 亩，亩产值达 10.5 万元；铁皮石斛种植面积 60 亩，预计亩产值可达 8—10 万元。如能达产，其经济效益显然远超传统林业。

项目组监测调查发现，在东北和北方林区，发展林下种植、养殖条件较好，如东北的宽甸、凤城则重点发展林蛙养殖、林下参种植等，也取得了明显的成效。而在南方林区，总体由于生态环境的差异，种植经济作物、发展景观旅游等林下经济效益更佳。如浙江安吉县、庆元县、重庆石柱县等地近年来都大力引进外部工商资本，大力发展森林旅游和农家乐等休闲旅游产业，且效益良好。

8. 林业管理体制和林业服务创新有新突破

监测调查显示，除了前面所列工作外，各地还从促进林业管理职能转变，规范森林资源流转，建立完善林权交易服务平台，搞好林业产权交易、林业科技、法律咨询等服务以及发展中介服务组织等方面积极推进深化林改工作。在项目组监测的36个县（市）中，其中四川邻水县、福建沙县、浙江庆元县等10个县（市）被所在省份列为深化林改试点县（市）。各地地方政府和林业部门不断探索和创新新形势下的林业管理体制和林业服务。如江西省各地实施林权管理标准化建设。广东始兴县、蕉岭县、安徽休宁县则对林业管理部门机构进行改革，包括精简分流企业编制人员，或者把一些属于编制外的林业基层工作人员纳入政府财政供养范围。浙江庆元县以推进林地林木资源评估的信息化来加强林地管理和林业市场化建设进程，同时探索实施生态公益林抵押贷款[①]。浙江临安试点实施吸引社会资本参与碳汇林业建设。福建武平县出台了《关于进一步深化集体林权制度改革的若干意见》，决定从2013年起，三年内安排2400万元深化林改补助资金，积极推进"生态、产业、市场、服务、政策"五大体系建设。福建将乐县利用"智慧"林业平台，并依托林业产业院士专家工作站及北京林业大学南方林区（福建三明）综合实践基地落户，开展产学研合作交流，建立技术研发中心、产业技术创新联盟。福建沙县则以木材采伐管理制度改革和建立现代新型林业合作经营体系为突破口，探索新的林权组织形式。江西南丰县和崇义县则以大力发展当地的支柱产业贡橘、橙子为基础，在创新林地承包经营体系方面进行了多方面的探索，等等。诸如类似的地方林业改革创新，各地都在尝试和探索。

---

① 因该县为了推进生态县建设，近年来把大量的商品林划为生态林，全县现有生态林面积占全县林地总面积的50%以上。

三 集体林权制度改革实施绩效评估

(一) 主体阶段改革任务顺利完成

对15省36县80个村的实地调查表明，目前集体林改的确权率和发证率达九成五，其中确权到户率达近九成，基本保持稳定。目前尚未确权部分林地主要是存在权属纠纷林地及一些因为林改前流转而尚未到期的林地。有的地方已经对林改前流转的林地进行了"预期均山"。

广大林农认为，林改的最大意义在于通过明晰产权、确权到户，对林农进行了一次前所未有的产权教育，也是前所未有的林农个体的产权觉醒过程。无论未来集体林地经营制度如何变革，林农的产权主体意识都不会轻易动摇，他们会以此来维护自己的林权权益。这点恰恰是原有的集体林产权制度难以做到的，也为国家接下来深化林改（包括林地林木资产化）奠定了坚实的基础。

(二) 林地林木资源保有量和资产化效益更为显现

集体林改的目标是实现"资源增长、生态良好、林农增收、林区和谐"，历经11年的改革实践表明，集体林改已经初步实现了改革目标。随着林地经营价值的逐步显现，很多其他行业的资本开始向林业聚集，由此导致林地山林的资产化效益更为显现。

1. 林业资源持续增长

调查显示，各地在林改后的2-3年内普遍出现了自发造林争相造林甚至"抢地"造林的高潮。据不完全统计，本次监测的36个样本县（市）中，林改后至今，平均每个县（市）增长的造林面积达20.1万亩，约占样本县平均集体林地总面积的7.9%。平均每县增长的林木资源蓄积量达108.45万立方米。以福建长汀县这个水土流失比较严重的县为例，林改至今，该县农民自发投入资金3500.4万元，投工投劳61.2万人次，累计造林48.95万亩。这个县森林面积由改革前的275.35万亩提高到2014的373.23万亩、森林覆盖率由59.8%提高到80%、森林蓄积量由1024.82万立方米提高到1301.21万立方米。全县完成植树造林59万亩。非公造林面积占造林总面积的比例从2002年的26%提高到2012年的

83.2%。该县已经成为福建省治理水土流失、持续生态建设的典范。

在南方林区监测点，很多地方已经无地可造。近两年来，福建、江西、浙江、湖北等地普遍结合"美丽中国"和"美丽乡村"战略部署，大力把造林的重点转向村庄、城镇、公路的绿化，由此也使得林改的效益得到进一步提升。据国家林业局2008年结束的第七次全国森林资源清查结果显示，我国森林覆盖率已经达到20.36%，这个数字比2003年结束的第六次全国森林资源清查的18.21%增长了2.15%，同比增长了11.8%。而最早推进林改的福建省第八次全国森林资源清查的结果显示，该省的森林覆盖率已经达到65.95%，比2003年普查的数字增加了3个百分点。类似的情况在南方林区普遍存在。

2. 林业产业发展势头下降，且区域发展不平衡

受宏观经济持续走低影响，林业经济发展也出现不同程度萎缩。监测调查显示，2013年底，样本县（市）的林业总产值达628.2亿元，平均林业产值达17.45亿元，比2013年监测有所下降（2013年监测平均每个县、市林业产值为20.86亿元）。其中最高的是浙江安吉县达122亿元，最低的安徽休宁县是2.71亿元。浙江庆元县、福建将乐县各拥有1家林业上市公司。

随着近年来林业经营潜力的逐步显现，林业已经逐步成为各类市场资本关注和投资的新领域，其结果不仅加快了林地林木的流转，同时也使得林地林木的价值被逐步发掘出来。而近年来不少地方均把发展油茶作为林业产业化发展方向，介入这个领地的很多业主都是村庄外部的投资商。在江西铜鼓县、湖北京山县、安徽绩溪县、休宁县等地都把发展油茶种植业作为重点产业加以扶持。①

大量工商资本进入林地流转经营市场，其最明显的效应是使得林地租金价格明显提升。据不完全统计，样本县（市）的每亩采伐迹地招投标价格已经从林改初期的平均5元上升到2014年的16.98元（2013年监测是17.74元）②。最高的县平均达到了50元。例如，福建顺昌县因当地立

---

① 但资本过于集中投入油茶种植业，也有存在产能过剩和套取国家项目资金扶持的隐患。
② 因2014年监测的样本量东北地区增加，而当地的林改起步晚，且林业经济效益相对较低，影响了整体数据。

地条件好，非常适合杉木生长，目前该县采伐迹地 25 – 30 年租金的招投标价格平均已经达到 1200 – 1800 元左右（每年每亩租金是 48 – 72 元，最高的已经超过 100 元）。而江西崇义县全县村组集体的林地林木统一到县林权管理服务中心流转，大大提升了林地林木流转价格。村级调查显示，该县采伐迹地 30 年每亩租金 1120 元，最高为 1730 元，按年付租的最高达 206 元/年。该县成熟杉木林转让价格由林改前的 600 元/亩上升至 4300 元/亩，最高达 13000 元/亩；毛竹林由林改前的年租金 18 元/亩上升至 86 元/亩，最高达 135 元/亩。近年来该县有一些原本经营矿山的业主开始把自己的资本转向山林经营，助推林地林木经营升值①。

不过，项目组调查测算，近几年林木贸易市场不景气，2014 年监测木材销售价格比 2011 年下降了至少 10% – 15%（以南方杉木为例，每立方米木材销售价格从 2011 年的 1200 元下降到 2014 的 1000 元左右），而木材采伐等成本尤其是人工成本却在持续上涨，致使木材利润下降。村级调查显示，南方林区的毛竹价格最高为 2011 年，平均是 750 元一吨，但 2014 年回落到 600 元一吨，对林农营林积极性挫伤很大。这种市场变化也影响到林农的经营预期，并影响他们对林地经营的投入。

不仅如此，我国不同地方的木材价格有较大差异，同一种木材在不同的地区也有很大差异，说明我国的林业产业存在区域不平衡现象。目前一般的商品材中，以杉木的价格最高，每立方米均价在 1000 元以上，而北方的杨树和落叶松价格更低，每立方米均价一般在 600 – 700 元。杉木价格较高是江西、福建、浙江等地，最高超过 1300 元/立方米（如江西崇义县所在的赣州市家具业发达，当地的杉木销售价每立方米高 100 – 200 元），而价格较低的则是贵州，均价只有 600 元左右/立方米。如贵州息烽县九庄镇和坪村由于林业市场不发达及交通不便，当地林农出售木材，老板来收购时价格为 350 元/立方米，自己去出售则为 400—500 元/立方米。由于从事林业收益低，当地林农采伐后往往让其自然更新，除了管护之外，几乎没有其他更多投入。

3. 林农持续增收、林业劳动力价格上升

项目组的村级调查显示，林改后至今，林农的林业收入增长了

---

① 这片采伐迹地租金约定是一年一付。和福建省不同的是，江西省明确提出，属于国家林木税费减免的让利中，必须把其中的 30.24% 返还给农户，剩下的返还给经营者。

48.25%。林业收入占林农纯收入的比重达到25%，人均达到1300元。最高的县浙江庆元县的农民人均收入55%以上来自林业及其相关产业（比2013年下降了五个百分点）。从2005年至今，与林农增收相伴随的是农村林业劳动力价格快速上涨，这说明林改后林业投入增加使得林农的就业机会增加，同时也导致林业投入成本增加。样本县中，目前短期男工的日工资已经达到118.86元，比2005年增加了近3倍。据测算，福建省在2007年造一亩林加上三年抚育的成本，大概在400元左右，到了2014年，同样的投入至少要1200元，其中劳动力投入成本是增长最快的。以将乐县为例，2007年雇男工造林，一天的工资是40元左右，到了2013年，则达到100-120元，增长了3倍。如果是雇工砍伐木头，男工每天价格普遍在250-300元左右。由于劳动力价格的上涨，有的地方已经出现青壮年劳动力短缺而不得不雇佣外地人的现象。如江西崇义县左溪村砍木头有100个人，基本是来自本省的遂川县，各地普遍出现了专门的造林、护林专业队和专业组织。由此可见，林业经营专业化在有的地方已经初露端倪。

4. 林业资源资产化效应显现

作为中国农村产权制度变革史上的一个重大突破，林改让农民拥有了真正意义上的属于自己的"林业资产"，并由此带来资产性收入。林改后使得林农的山林资源正在逐步转变为资产、资本乃至变现为资金，从而基本实现了从林业资源→林业资产→林业资本→林业资金的资源转换。

本年度80个样本村的监测显示，目前每个林农平均拥有的林地山林面积是12.07亩，以平均每户3.69人计，则每户林农拥有的山林面积44.78亩。以平均每亩山林抵押值1485.7元计算，则每户林农拥有的可变现的山林资产为6.62万元。① 由于目前林农抵押贷款的山林资源一般是按照50%来评估放贷，以此推算，每户林农拥有的实际林木资产为13.24万元。在南方林区立地条件较好林木长势较好的村，每户林农拥有的林业资产可达20-30万元，并且随时可以通过市场流转变现。

如果以全国现有集体林地27亿亩计，则全国林农获得的林木资产理论上达10万亿元，其中可变现的约占一半。这还仅仅是林木资源资产，

---

① 这仅计算实有林木资源资产，不包括林地资产。

不包括林地的其他属性资产（如生态资产、旅游资产）。特别值得一提的是，林改后由于林地流转加快，非林业资本大量进入林地经营领域，各类新型林业经营与合作经营形式不断涌现，林地林木的资产化效应将进一步显现。

不仅如此，有的村庄还想方设法把村集体林业资源与其他资产进行置换，从而在更广的意义上盘活和利用好现有的林业资源。如广西田林县周乡瑶族和平村、四川合江县福宝镇、福建将乐县万安镇林坑村等村庄都有"以林换路"现象存在，即村集体把本村的部分山林出租转让给其他业主，后者则出资修建林间道路。而广东始兴县城南镇胆源村的1.4万多亩林地于1997年全部承包给本县企业主，后者每年向村里支付11万元租金作为全村所有村民的合作医疗费用，另捐资修路助学等。此外，不少地方则规划把本地的生态优势转化为生态产业优势。如项目组监测的36个县（市）中，有14个县（市）明确提出要利用本地的生态环境优势，大力发展生态旅游产业，而在监测的80个村中，有近10个村有提出发展村级生态景观旅游规划和设想，把自身的森林资源优势转化为生态产业优势。和前几年相比，现在的林农对林木的珍惜程度上升，他们现在更多考虑的是如何在尽量不砍树的前提下，实现靠山致富。

（三）配套和深化改革进展稳步推进

监测调查表明，各地在完成集体林改主体阶段改革任务之后，随即启动了配套和深化阶段改革进程。这一阶段的改革工作主要围绕林业金融支持制度和公共财政支持制度改革（林权抵押贷款、森林保险、林地林木资产评估、林业项目扶持等）、林业市场体系建设（林业税费减免、林木交易市场放开、林业合作组织建设等）、生态林业建设（生态林区划与管护、生态林补偿机制等）、林业管理服务体制机制改革（采伐管理制度、林业要素服务中心建设、林业管理机构整合等）四个方面展开，并都取得了相应的进展。林改配套和深化改革的推进，使得主体阶段改革的成果得到进一步的巩固和提升。

不过，各地在推进配套改革工作时，进展程度不一，可谓参差不齐。总体而言，东南地区（如福建、浙江、江西等省）进展程度较好，包括林业金融和公共财政支持、林业市场化体系建设等在积极展开，而西部、东北部整体进展相对滞后，相关工作更为缓慢。导致这种情况的原因与林业的经营效益、利用方式以及当地的社会经济发展程度有关。

四 集体林改政策实施中存在的主要问题

实践证明，项目组在本年度的实地调查中，有个别地方开始出现了思想懈怠苗头，甚至出现了改革"钝化"的现象。如有不少地方的林业主管部门认为，集体林改的明晰产权的主体改革已经搞完了，接下来的配套和深化改革不是林业部门单方面所能为的事情。具体而言，当前集体林改中面临的主要问题包括以下几个方面：

（一）林农对林地承包权政策仍有顾虑

我国的最新一轮的集体林权制度改革政策实施至今已有数年时间（最长的村已有11年），但依旧有近一半的受访农户对自己承包的林地心存顾忌，怕政策实施不可持续，不敢进行大规模的森林经营活动，任由森林自主地进行发展。由于近一半的县（市）林地的承包经营周期为50年，有近半数的受访林农认为"林地属于集体的，将来还有可能被收回去"，对于森林经营没有很强的责任感。在调查希望林地承包经营制度实行情况的调查结果显示，超过一半的（55.4%）的受访农户表示希望永远不调整林地经营权，自己能够长久经营下去。说明大部分林农对承包林地有更长期的确权需求。

（二）农户流转意愿低，林权流转规模不大

调查显示，样本县平均流转的林地面积达52.98万亩，占样本县平均集体林地总面积的16.85%，比2013年（19.60%）降低了2.75%（主要是一些县、市林改前流转的林地到期后重新确权到户，影响了样本统计的流转率），平均流转期限为32.1年。不过，有很多林地流转发生在林改前。据估算，林改前流转的林地约占林地总面积的16.2%，林权制度改革若干年后林地流转占总林地面积的比例只上升了0.65%。村级调查显示，目前林地流转率约16.5%。通过访谈了解到林地或是农户主要或重要收入来源，或对于家庭收入影响不大，同时对于林地流转价格的未来预

期使得林地流转规模不大。

(三) 林业金融和公共财政支持力度有待加强

虽然顶层设计已经为林业金融和公共财政支持制度铺垫了较好的基础,但在地方执行层面仍面临不少障碍,其实施效能有待提升,不少地方的小户林农存在"评估难、担保难、收储难、流转难、贷款难"等五大难题。如在福建沙县,当地银行对林权抵押贷款支持力度极为有限。首先,目前该县林权抵押在银行不仅难以获得通过,且贷款额占评估林分价的比例仅40%以下,幼林不能抵押贷款,林业小额贷款的额度则仅为3-5万元。其次,村集体林、股份林场山林无法办理林权抵押贷款、林业贴息贷款。而当地超过一半的集体林地采取各种股份经营模式。第三,林农获得的林权抵押贷款基本只限于成熟林和近熟林,中幼林、毛竹林难以从银行获得林权抵押贷款,更不用说以采伐迹地使用权申请贷款了。

在森林保险方面,调查结果显示,目前有的地方保费偏低、赔偿金额也太少而失去了森林保险的意义。如有的地方每亩林地年保费不足1元,理赔最高金额只有400元,显然难以调动经营者和保险公司的积极性。再者,各地的商品林投保的比例也偏低,不足50%。有少部分县实现保险全覆盖,由政府或者林业局统一投保,但也有3个县至今还没有开展此项业务(如贵州息烽、锦屏等)。一般投保的都是林业企业和大户居多,至于小户林农自己投保的概率则要低得多(只有10.5%)。在调查的农户中,还有42.12%的农户表示没有听说过森林保险,也没有参加森林保险。但在解释森林保险的意义后,农户对于森林保险的需求度非常高,有84.58%的农户表示希望国家实行政策性的森林保险政策。

此外,森林资源评估机构和人才严重不足,评估程序不规范、林业担保机构担保费过高等也是多年来各地普遍反映的问题。

(四) 新型林业经营主体组织化低,急需政府支持

监测结果显示2014年样本县(市)共有1325家各类涉林专业合作社,比2013年(1140个)增长16.23%,平均每个县(市)有合作社36.8个。村级调查则显示,平均每村成立的合作社有0.71个,入社户数平均为64.50户,占样本村平均总户数的17.2%,这与农业合作社相比

发展缓慢很多，在市级、省级及国家级示范市评比中处于劣势地位。同时在访谈中林业合作社存在资金短缺、合作社管理和技术人员缺乏、规范化经营、政策支持等方面的困难。

（五）林业强林惠农政策实施效能有待整合提升

林改至今，国家林业局、财政部、银监局、保监局等相关部门共同出台了一系列旨在推进林业金融支持制度、林业公共财政支持制度等方面的顶层设计政策文件，虽然由此形成的改革红利效应正在逐步显现，但在执行和实施过程中仍存在一些值得重视的问题，影响了政策实施效果。这些问题主要有政府林权抵押贷款贴息政策未能更好地落实、对林业基础设施建设项目扶持和投入力度不足、林业技术和服务支持力度有待提升、对新型林业经营主体的扶持力度有待加强等。除此之外，如何调动基层林业部门的创新和改革的积极性也是当前林改工作面临的一大问题。

五　进一步深化集体林改的政策建议

在当前社会经济发展进入新常态背景下，历经十多年的林改也进入了一个新的时期，面临新的改革的挑战和机遇。2015年2月1日发布的中央一号文件《关于加大改革创新力度加快农业现代化建设的若干意见》指出："深化集体林权制度改革"。项目组针对当前林改中存在的问题，提出以下几点对策建议，供国家林业局有关部门决策参考。

（一）总结、宣传和推广集体林改经验，制定"十三五"阶段深化集体林改战略规划

集体林改主体阶段改革任务已经完成，深化改革也在持续推进。林改的意义已经超出了林业领域，对农村政治、社会、经济和生态建设都产生了重大而深远的影响。建议2015年对全国不同区域进行广泛的实地调研，总结、宣传和推广不同区域的集体林改经验，一方面扩大林改本身的影响，包括对农村社会经济发展的影响，另一方面，为制定农村集体林业"十三五"发展规划奠定坚实的基础，争取国家对下一阶段深化林改更大的政策支持。

(二) 提升利林惠林政策实施效能

虽然截至目前，中央和国家林业局、财政部、银监局、保监局等相关部门已经出台执行了一系列旨在"强林惠林"的政策文件，但这些文件在贯彻执行过程中却面临"最后一公里"的执行难问题，致使基层农村尤其是广大林农没有直接或者充分享受国家林改的政策红利，国家的林改政策未能达到既定的实施效果。因此，要加大已有集体林改政策执行力度，更好地发挥其改革效应。

(三) 稳定巩固集体林地承包经营制度

1. 建立健全跨区域林权纠纷调解机制，提高林地确权率

虽然目前集体林改中明晰产权、确权到户的工作已经基本完成，但项目组的监测调查显示，仍有近5%的集体林地没有确权，而这部分林地绝大部分属于林权纠纷林地，其中有1/3是历史遗留下来的插花山纠纷，这是林改确权发证中剩下的"硬骨头"。结合十八届四中全会提出"设立巡回法庭"的精神，按照依法治林的要求，建议建立跨区域的林权纠纷调处和协商治理机制，以调解、仲裁、行政裁决、行政复议、诉讼等方式，大力调解和解决各类跨区域林权纠纷，提高林地确权率。

2. 建立全国统一规范联网的集体林权登记制度

明晰产权是深化林改的基础，更是林地林木资源资产化的基础，而现实中我国林权登记还存在着这样那样的问题（如项目组调查发现，36个县、市中有5个县、市出现个别业主违法利用林权证监管漏洞多头骗取金融机构贷款现象），建议通过进行林权登记需求的全面调查摸底、争取国务院法制办和全国人大法工委的支持、进行全国性的调研、召开部分省份《林权登记管理规定》座谈会、深化认识，树立典型经验等方法，逐步建立我国统一的林权登记制度，并在此基础上建立林权的信息化登记管理制度，为林地林木资源资产化管理和现代林业制度建设奠定基础。

3. 建立各类深化林业综合改革试验区

如在当前新型城镇化快速推进的情况下，原本居住在山区村庄的林农开始大量搬迁到城镇安家落户，这样一来，林农务林的成本大幅度提升，

有不少农户甚至放弃了林地经营。原有的"分山到户"的经营形式也开始重新面临新的产权重组和转型。建议在类似这样的地区设立林业综合改革试验区，探索城镇化、工业化、现代化背景下的集体林地经营和林权管理制度。

（四）建立健康有序的林地经营权流转机制，建立现代林业经营制度

习总书记对农村土地流转指明了方向，就是要在坚持农村土地集体所有权不变的前提下，促使承包权和经营权分离，形成所有权、承包权、经营权三权分置，经营权流转的格局，建立现代农业经营制度。因此，如何建立健康有序的林地经营权流转制度，建立现代林业经营制度，也是接下来深化集体林改的重要内容。项目组建议：

1. 加大对林业基础设施建设项目的扶持力度

集体林地确权到户、承包到户后，林业基础设施建设出现了"真空"地带，单个林农不愿也无法承担林业基础设施建设投入成本。特别是近年来全国各地城镇化开始呈加速发展态势，山区农村的林农开始呈现规模性地搬迁到城镇落户居住，建议国家把林业基础设施项目建设纳入国家大农业盘子里，加大对农村集体林业发展的财政支持力度，同时鼓励地方政府加大对林业基础设施建设投入力度。当务之急，是积极探索以项目制支持的方式，着重加大对农村林区道路、林区水源、林区灌溉等基础设施建设的支持力度，以大力改善林区和林农的生产和生活条件。例如，项目组调查显示，在南方毛竹产区，林农雇人工砍伐搬运毛竹的成本已经占到毛竹销售价的50%以上。如果修建林区道路，则林农可节省占毛竹销售价1/4的成本，由此增加的利润空间非常可观。这也难怪，在项目组监测的5个村庄中，村民宁愿以"林权换路权"的深层原因。

2. 积极探索多种形式的林地经营权流转经营制度

我国相关制度已经明确提出集体土地（包括耕地、林地、草地等）实行所有权、承包权和经营权三权分离、分置的原则，并且明确所有权、承包权不得随意流转，但应探讨多种形式的土地经营权流转机制。项目组监测调查显示，自林改集体林地确权到户之后，如何建立健康有序的林地经营权流转机制，以提高林地经营的集约化、专业化、组织化和市场化经营水平成为当务之急。为防止林地流转过程中可能发生林农权益受损情况发生，应探索建立林地经营利益共享的体制机制，建立村集体、林农和经营者利益共享的林地流转和经营机制。建立结合2014年中央《关于引导农村土地经营权有序流转发展农业适度规模经营的意见》政策精神，修订整合已有的关于集体林地流转的相关政策文本，出台规范的关于促进集体林地经营权健康有序流转的实施意见，以对全国集体林地经营权流转进行规范化引导。

全国性林权流转事项法律法规的缺失是当前流转制度建设的最大问题。必须根据森林资源特性及林业产业规律，制定详细的、符合具体工作实际的林权流转专门性法规，从林权流转范围、流转方式、流转程序、流转收益分配、流转合同范式、流转后的监督与管理等层面加以规定，以达到规范流转行为、保护交易双方权益、激发林业生产活力的目的；要尽快完善地方性法规，建立起包括流转申请审核、流转合同审核、林权证变更登记更严格的林权流转审核制度；要充分发挥地方林业主管部门的服务职能与行政作用，加强林权流转监管体系建设，加大林权流转市场的动态监测，在调处林权纠纷、增加林权地籍管理、实施林权登记等方面发挥政府部门职能优势，规范林权流转市场秩序，保障林权流转的公平、公开与公正。

3. 建立健全集体林地林木流转的现代市场服务体系

项目组认为，结合当前深化林改阶段面临的新形势，应该重点做好以下几点工作：

（1）建立公开透明的林地经营权流转和林木交易市场价格指导体系。项目组调查表明，一些地方之所以会出现村集体和林农自愿性地"贱卖"式流转林地林木资产（很多林权纠纷也因此而引发），与村集体、林农市场信息不对称、政策信息不对称有很大的关系，建议出台林地流转价格监测和指导评估体系，为各地林地流转和林木交易提供透明公开的市场行情指导，以建立公开透明的林地流转和林木大市场体系。

（2）积极培育充分竞争的林地林木流转市场交易体系。培育充分竞争的林地林木流转市场机制是保障林地林木流转各方权益的最重要的举措。而项目组调查发现，市场封闭和市场竞争不充分导致林地林木流转"暗箱"操作，致使村集体和林农的权益受损。建议出台规范林地林木市场流转的政策指导意见，并结合《村民自治法》、《土地承包法》等，积极鼓励地方林业主管部门以林权登记管理中心为平台，建设更为规范有序、竞争充分的林地林木流转市场交易体制和机制。

4. 加快建立现代林业现代经营体制

根据当前深化集体林改新形势，结合2015年中央一号文件《关于加大改革创新力度加快农业现代化建设的若干意见》政策精神，出台《关于深化集体林权制度改革加快林业现代化建设的意见》。重点从集体林权登记管理、林木采伐管理制度、新型林业经营组织和经营主体扶持培育、林业产业扶持、林业金融支持和公共财政扶持等多角度，形成相应的顶层设计，促进现代林业发展。

（1）培育林业专业经营组织。林地承包到户后，农民家庭是最基本的林业经营主体。但因为林业的生产周期长，加上林区的基础设施差，单个林农在管护、抚育、营造林方面存在诸多困难，因此培育新型林地经营主体，就成为当务之急。项目组调查发现，目前农村务林的群体绝大部分是40岁以上的人群，而年轻一代认为从事林业生产是一项苦、累的活，因此普遍对从事林业生产不感兴趣。为了应对这种局面，一些地方自发组织了专业的伐木队、造林管护山林队伍等自愿性的专业务林组织和人群。这些合作组织的主体是农村农民，建议对这些新型林业合作组织从融资、技术装备等方面进行引导和扶持，助其提高经营管理水平，使其转型为现代性的林业专业化经营组织。

（2）扶持新型林业经营主体。结合各地的实际，按照"户转场、场入社、社联合"的思路，引导林业专业大户和有条件的普通农户向家庭林场转变，条件成熟的地方，促进家庭林场向林业专业合作社转型，推动林业专业合作社同林业龙头企业之间或者合作社之间的联合，形成以合作社为核心枢纽的具有立体化组织架构和复合型产业链条的林业经营体系。

（五）深化林业金融支持制度改革

1. 完善财政支持森林保险政策体系

森林保险属于政策性保险范畴，且带有很强的公益性。针对目前林农普遍反映的保费偏低而赔偿额度也较低的问题，建议提高保费的同时，加大保险赔偿额度。鼓励各地林业部门和保险金融机构建立协商机制，制定合理的森林保险实施方案，调动保险公司、林地经营业主各方投保参保的积极性,切实推动森林保险工作开展。

在收取保费时,应加大对林农保费补贴力度。生态公益林应保尽保,保费全额由财政负担。商品林保险中要加大中央财政的补贴和省级财政的补贴。可参照农业保险的补贴比例,保障金额要以维持林农基本再生产能力为基础。目前在福建、江西和湖南的工作中,财政最高承担80%的补贴比例,我国农业保险的保费补贴比例在70%—80%,考虑到林农的承受能力,根据调查结果和征求林业保险公司有关人员意见,并参照农业保险的60%—80%的政府补贴比例,建议政策性森林保险的补贴比例不低于80%为宜。

与此同时,要建立森林保险风险补偿机制。为避免林业巨灾风险造成毁灭性打击(如2010年的南方冰冻灾害对南方的林地经营造成了惨重的损失),提高承办森林保险的保险公司防范重大林业灾害的能力,出现承保公司收不抵支的情况,建议建立森林保险巨灾风险准备金,一旦发生大灾导致大的亏损,则启动森林保险巨灾风险基金予以解决,以保障林农在发生大灾损失后能及时得到经济补偿,取信于民。另外,加大税收优惠力度。森林保险属于涉农险,建议国家对商业公司经营的森林保险给予免征所得税的优惠,降低保险公司承办森林保险的经营成本。参照国际上的做法,财政应对森林保险实行一定的税收优惠政策。对保险公司的森林保险业务实行税收优惠,效果跟直接运用资金补贴是相同的,都能够增加保险公司的实际收入,提高其展业积极性。

2. 建立灵活便捷的林权抵押贷款机制

当前林权抵押贷款政策执行中,林地经营业主尤其是小户林农普遍反映存在"评估难、担保难、收储难、流转难、贷款难"等五大难题,主要表现为贷款利息偏高、周期偏短、程序烦琐、金融部门规定只能以林木资源抵押贷款而限制以林地经营权、幼林担保贷款等。针对这些问题,建议金融保险部门简化林权抵押贷款程序,同时延长林地贷款期限,同时加大国家财政对林权抵押贷款的财政贴息力度,建立灵活便捷优惠的林权抵押贷款机制。对于贷款额度在30万元以下的林权抵押贷款需求,可以建立更加便捷的服务机制,包括免评估、免担保或者仅以农村信用体系为担保等。如福建武平县财政专门拿出1500万元作为收储担保资本金,成立了县林权抵押贷款服务中心,下设森林资源资产评估中心、林权收储担保中心和林权流转交易中心，构建了集"评估、收储、担保、流转、贷款"五位一体的林业金融服务体系，为林农提供便捷的一站式服务。类似这样的地方性探索和实践经验，可以尝试进一步推广。

  附：该报告曾获国家林业局张建龙局长批示：请林改司研阅。2014年林改监测报告，数据详实，分析到位。既总结了林改完成的情况，又指出了目前存在的问题，所提建议也很有针对性。下一步集体林权制度改革就需要像报告中建议的那样，紧紧围绕完善顶层设计、争取惠林政策、巩固承包制度、吸引社会和金融资本，建立现代林业经营制度，全面开展工作。另：请林改司代向贺、朱教授为引领的课题团队问好，并对他们为集体林权制度改革作出的贡献表示感谢！

第一篇

集体林权制度改革背景下的乡村治理与发展

政府搭台,林农唱戏
——林业社会化服务体系研究
——以粤西南钱排镇三华李[①]生产为个案

杜豹[②]

  当下的林农是高度社会化的林农,他们被前所未有地卷入到社会化大分工的系统中,生产生活都依赖于市场交换。林改加速了林农的社会化进程,其生产生活都更加依赖于社会化服务体系。林改的配套改革阶段,主要任务就是为单家独户的林农提供完善的社会化服务体系,降低林农生产生活的困难和风险。如果没有完善的林业社会化服务体系,林农即便是获得了林地林木的使用权,增收也无法实现,仍将"守着金碗要饭吃"。此次林改某种意义上是土地家庭联产承包责任制的扩展,小规模的家庭联产承包责任制成为我国农业的基本经营体制。在家庭联产承包责任制下是否能实现我国的农业现代化?这一问题一直萦绕在笔者心头。因此笔者将基于对林业社会化服务的思考,对小农制下的农业现代化进行尝试性探索,提出若干意见。

  本文所用实证资料主要来源于笔者在"林改百村"平台所做的调研。笔者在当地广泛走访了经营大户、乡村干部、农技站、林业站等,掌握了比较翔实的资料,了解了三华李生产的过程及其各部门所提供的服务,为本文写作提供了丰富的实证资料。同时,本研究采用了少量网络和报刊资

---

  ① 三华李:属于蔷薇科,中国李属中一种,又名大蜜李,原产于广东省翁源县三华镇,故名三华李,史有"岭南夏令果王"之称。

  ② 杜豹,男,华中师范大学政治学研究院2009级硕士研究生。

料，使本文的数据更加翔实，内容更加丰富。

一 钱排镇三华李生产社会化服务体系

钱排镇位于广东省西南部，全镇面积 204.8 平方公里，辖 15 个行政村。全镇人口 6.7 万，耕地面积 2.1 万亩，水田 1.8 万亩，山地 25 万亩。根据 2009 年统计，全镇林业用地 229789.5 亩，其中有林地 195744 亩，疏林地 79.5 亩，灌木 15577.5 亩，未成林地 459 亩，无林地 17931 亩[①]。截至 2010 年，全镇林业用地约合 23 万亩，其中公益林 93015 亩，商品林 140809.5 亩。活立木蓄积量达 631280 立方米，森林覆盖率达到 68.4%[②]。该镇平均海拔高度在 500 米以上，四季平均气温 18℃ 左右，昼夜温差较大，有春暖迟、秋冷早、霜冻长的气候特点，具有种植三华李得天独厚的自然条件。

钱排镇是粤西南地区种植三华李面积最大、产量最高、质量最优的生产基地，被誉为"广东三华李第一镇"。当地三华李是 20 世纪 70 年代从广东省翁源县三华镇引进种植的，产期从 5 月上旬至 7 月上旬持续两个月，宜高寒地区种植。经过多年的试种、推广和优选培育，果农的种植技术日益成熟，使钱排镇三华李具有果大、核小、肉脆、色美等特点，质量与原产地相比有过之而无不及，其果实鲜红而有光泽，成熟的鲜果表层还蒙上一层像白霜的粉霉，这是当地三华李与其他产区三华李的独特区别。在市场上，钱排镇三华李的价格比其他产地的三华李每公斤要高 2—4 元，且价格坚挺，主要销往"珠三角"地区，部分远销海南、福建、广西、湖南、香港等省市区。

该镇依托本地资源丰富的优势，通过采取扩种、改良、宣传推介、加强流通等措施，不断扩大发展三华李基地建设。钱排镇三华李已形成相当的生产规模，经济效益可观。2009 年，全镇种植面积达 8 万亩，年产量超 5 万吨，按每斤均价 2.5 元计算，总产值超过亿元，全镇 90% 以上的农户都从事三华李生产，仅此项该镇人均收入就达

---

① 各类土地面积统计表（2009 年），统计单位：信宜市林业局。
② 钱排镇林业站 2010 年林业基本情况统计表，林业站办公室公示牌。

1700多元，约占农民人均纯收入的1/3。2010年全镇三华李种植面积继续扩大，超过8万亩，年产量超过6万吨，总产值近2亿元，此项人均纯收入2000元。钱排镇三华李果实硕大，果色诱人，肉脆汁甜，风味独特，有专家认为钱排镇生产的大果三华李可与美国的布朗李媲美，在全国各地的水果市场享有较高的知名度。在钱排镇，每年前来当地从事三华李购销的客商约有1500人，当地投身三华李流通工作的人员约有8000人，全镇三华李收购点多达500多个。三华李是当地名副其实的支柱产业。

以笔者重点调查的钱新村为例，该村有6个自然村，共1029户，6732人，有山地3500亩，农户多以种植和销售三华李为生。根据统计，2010年，钱新村三华李种植面积超过2500亩，产量超过500万斤。仅三华李一项，全村收入1164.4万元，人均收入1795元。三华李种植成为本村的支柱产业之一。2011年，由于气候偏冷，雨水较多，本村三华李产量受到影响，预计全村产量在380万斤左右。同样缘于气候，三华李上市季节向后推迟了一个月左右，与荔枝、龙眼等水果同步上市，市场需求量和价格都明显不如去年（见表1和表2）。

表1　　　　　钱新村2010年三华李销售收入情况　　（单位：人、斤、元）

序号	片名	人口	早熟年产量	早熟年收入	迟熟年产量	迟熟年收入
1	垌心	1167	215600	445590	396648	1056392
2	龙新	834	62505	171383	324006	911335
3	圹坳	720	36495	75120	248010	544310
4	岭脚	789	29245	60340	294370	674730
5	中龙	1270	60500	123900	794750	1952500
6	河背	1688	435925	1020255	2200110	4608510
合计	—	6468	840270	1896588	4257894	9747777

表 2　　　　　钱新村 2011 年三华李种植面积　　　（单位：人、亩、斤）①

序号	片名	人口数量	三华李种植面积（每亩约40—50棵）				其中蔬残三华李面积	预计产量	
			已投产		未投产				
			早熟	迟熟	早熟	迟熟		早熟	迟熟
1	垌心	1167	97.9	167.7	—	—	—	226480	395420
2	龙新	834	26.6	131.8	—	18.9	—	35895	200500
3	圹坳	720	40.6	250	—	3.2	1.8	26851	216830
4	岭脚	789	30.2	231.6	—	6.9	0.8	24550	286010
5	中龙	1270	88.5	735	—	330	294	47650	705700
6	河背	1688	186.5	783.7	2.8	69.6	4.1	369540	1280800
合计	—	6468	470.3	2299.8	2.8	428.6	300.7	730966	3085260

三华李在当地已有近40年的种植历史，成为当地名副其实的特色支柱产业，农民的"摇钱树"。目前，全镇三华李种植规模超过8亿亩，产值超过2亿元。三华李品质也有了显著提高，果大、核小、肉脆、色美，营养丰富，具有开胃、解暑、清心润肺等功效。钱排镇是粤西地区三华李种植面积最大、产量最高、品质最优的生产基地，被誉为"广东三华李第一镇"，质量和规模与原产地相比有过之而无不及。

当地一直比较重视扶持三华李产业，在长期发展过程中形成了较为完善的、系统的社会化服务体系，为林农生产提供便捷、高效的服务。当地社会化服务体系包括五个方面：生产资料供给体系、技术指导服务体系、产品销售服务体系、林地产权保护体系、品牌推广服务体系。这五大服务体系为林农生产提供产前、产中、产后的全方位、多层次服务，提高了林业经营效率，增加了林农收入（见图1）。

（一）生产资料供给体系

三华李种植所需的生产资料主要包括土地、种苗、化肥、农药和劳动力等。土地属于集体所有，在20世纪80年代分田到户时当地已经将林地

---

① 根据村委会提供统计表整理（填表人：何奇锦，填表时间：2011年5月）。

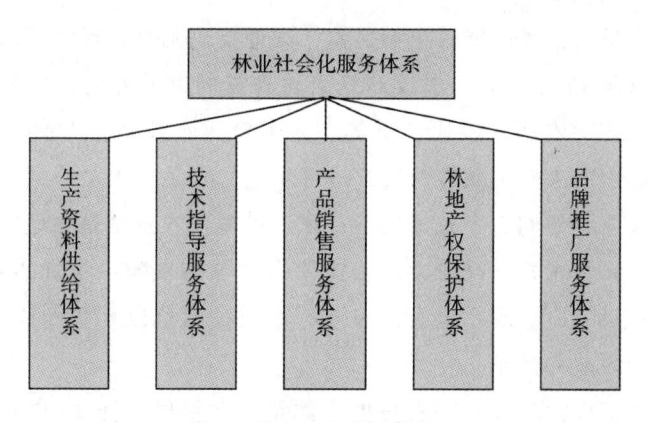

```
                    林业社会化服务体系
        ┌──────────┬──────────┼──────────┬──────────┐
      生产        技术        产品        林地        品牌
      资料        指导        销售        产权        推广
      供给        服务        服务        保护        服务
      体系        体系        体系        体系        体系
```

图 1　林业社会化服务体系

承包到户，因此林农一般都在自家的山地上种植三华李，也有农户将少量的耕地改种三华李。劳动力是农村相对充裕的资源，各家各户都可以自己完成生产，个别种植大户也仅在收获时节雇佣少量的劳动力。因为三华李需要较高的劳动力投入，一定程度上限制了种植规模，很少有农户种植三华李超过 6 亩。种苗、化肥、农药等生产资料则由镇政府、农技站、农资经营个体户等部门提供。

1. 镇政府：扶持育苗，供苗救灾

镇政府一直将三华李作为当地特色农业来扶持，高度重视通过提供优质种苗来改善三华李品质。2010 年在上面有关部门的大力支持和资金扶持下，在市农业局、水果局领导和组织下，该镇在村里兴建了占地 8 亩的优质大果三华李种苗培育基地，预计可培育种苗 10 万株，结合其他个人自建的优质三华李育苗场，当年可培育出优质种苗达 100 万株。这些种苗投放市场后，为林农更新改造三华李提供了基本保障。

2010 年 9 月 21 日，台风"凡比亚"给当地带来特大降水，加上紫金矿业公司的银岩锡矿尾矿库发生溃坝，造成当地几十年不遇的特大洪灾。洪灾给当地三华李产业造成了严重损失。灾后，在上级部门的支持下，镇政府积极推进三华李的补种、扩种，免费向重灾村发放三华李果苗 52000 多株，单株 10 元左右，新增三华李种植面积 6000 多亩，大灾之年当地三华李产业仍有发展。

2. 农技站：供应农资，免费推广

镇农技站现有 5 名工作人员，除了技术指导外，日常工作是经营农资。工作人员的工资由财政全额负担，其他支出则靠农资经营的利润来维持，年经营额15万左右。农技站是当地农资种类最齐全、质量最可靠的供应者，化肥、农药、各式农具等一应俱全。农技站生意兴隆，农忙时节，每逢集市前来购买农资的农户络绎不绝。据工作人员介绍，忙时农技站前排起长队，他们5个人都忙不过来。可见，农技站是当地重要的农资供应者。笔者在农技站调研期间，访谈多次被前来购买农资的农户打断，其重要性可见一斑。农户也大多表示，在农技站可以购买到质量有保证、绝对放心的农药和化肥。

当地依托农技站建立了农技推广体系，在每村选择30户农业科技示范户，以带动其他农户。农技站每年为科技示范户免费提供部分农资，如化肥、农药，价值150元左右。科技示范户试用后，效果良好，则会带动其他农户选择使用该项产品。

3. 农资经营户：供应农资，提供种苗

农资市场相对开放，竞争激烈，本镇除了农技站外，还有数十家农资经营个体户。个体农资经营者之间实力有差别，为农户提供不同层次的服务。个体农资经营户分布分散，甚至在各村都有，方便林农就近获得农资，节省时间和运费。质量方面，多数农资经营者也是通过市农技部门进货，质量也相对可靠，凭借多年积累的信誉获得农户的认可。

除了化肥、农药等生产资料外，也有农户培育三华李种苗，提供给市场。为了进一步扩大全镇三华李种植规模，改善三华李品质，在市老促会的支持和帮助下，梭峒大岭村种植大户许某建起了年产3万株优质种苗的育苗场，去年该苗场培育出种苗1万多株，2010年继续扩建苗圃场，预计今年育苗量可达3万多株。这些个体户补充了市场供应，大大方便了农户。

个体农资经营户和农技站各有优势，前者分布广泛，购买方便，后者质量可靠，种类齐全，两者互相竞争，为农户提供了完善的农资供应。

4. 信用社：小额贷款，资金扶持

资金问题一直是林农生产的制约条件。市农信社先后贷款2000多万元，支持了1000多户三华李农民，解决了农民规模化种植三华李的资金缺口问题。而在该镇，林农获得的贷款扶持还比较有限。种植户LSJ表示，如果再有3万元贷款，他将会扩大三华李种植，并引进一个新的品种。当地农户的三华李大多是上一辈人栽种，都已进入丰产期，目前只是每年进行管护，投入不多，如果种植新种三华李，则需要一定的资金扶持。

（二）技术指导服务体系

三华李属于特色经济林，对种植环境和种植技术都有较高要求，要想获得好的收成，必须在整个生产过程中精心管护，科学管理。林农经过长期种植，积累了一定经验。但是由于科学技术的发展和病虫害防治的复杂性，林农还需要通过其他渠道获得最新的技术指导和服务。当地技术指导服务体系主要包括农技站、科技示范户、合作社，农户之间也进行横向的技术交流。

1. 农技站：技术指导，农药限购

农技站的5名工作人员都是农艺师，对三华李的种植技术和病虫害防治都了如指掌。他们的日常工作比较繁忙，一是在农户购买农资时提供技术咨询和指导，告诉农户什么季节，什么病虫害，该用什么样的化肥和农药；二是轮流在各村组织开展技术培训，向农业技术示范户推广先进技术。本市2009年建立了新型农技推广体系，每村30户科技示范户，农技站的农艺师每个人都包村负责，定点帮扶，为科技示范户上门提供技术服务，每次技术指导都有详细的记录，并由农户签字确认，农技部门会定期检查。另外，农技站还邀请外地专家在本地开展现场技术指导会，让农户掌握最新、最实用的农业技术。

每年五六月份，三华李成熟时，镇政府和农技站发出通知，限制果农使用高毒农药，通知如下：

"尊敬的三华李果农：目前，我镇三华李已进入成熟期，为保证三华李的食用安全，从现在起务必停止喷洒高度、长残留的农药，如'甲胺磷'、'杀扑磷'等严禁使用。同时，要求农资经营部门销售以上禁用农药要进行实名登记。只有确保果品食品安全，三华李才能畅销增收。否则，如农药残留超标，将严重影响销售。果农确需喷药，请在农技部门指导下安全使用。"[①]

据当地人介绍，农户都自觉遵守这一要求，收获期不喷施高毒农药，

---

① 镇政府通知，2010年5月27日。

在收获前10天不喷施任何农药。因此,当地至今从未发生过一起农药残留超标问题,在市场上积累了较好的声誉。

2. 科技示范户:积极参与,示范带动

该市是"基层农技推广体系改革与建设示范县",科技示范户是农业技术推广体系的重要组成部分,按照要求,每个示范户要带动周围十户农户,以点带面。科技示范户每户都有一个手册,上面记录了农户的基本信息和每次技术指导的具体信息。以2009—2010年度为例,记录显示,每个科技示范户接受了至少10次技术指导,内容包括"三华李细菌性穿孔的防治技术"、"白粉病的防治技术"、"炭疽病的防治技术"、"三华李疏果技术"、"采果技术"、"三华李采果后的管理技术"等。

HQJ是钱新村的科技示范户,种植三华李5亩,今年的销售量在8000多斤左右,平均2块钱一斤,单项收入在16000元以上。"今年大果比较多,通过培训掌握技术,果子越来越好。科技示范户1户带动10户。去年大约开展七八次培训,培训内容丰富、实用、效果好,根据每一时期需要,怎么防止病虫害,如何管理,讲解得都很详细。结合村民自己在实践中积累的经验推广,现在我们的产量稳定,质量也提高了。没参加培训前,我家产量在4000斤左右,现在达到8000斤。去年实现高产,今年虽然气候不好,别人的都减产,但是我的保住了产量,与去年持平,质量比去年好。"①

3. 合作社:技术服务,互助共进

合作社是林业社会化服务体系的有机组成部分,生机勃勃,潜力巨大。钱排镇目前成立了"年年红"、"年年丰"、"只只红"等几家三华李生产专业合作社。其中以"年年红三华李专业合作社"为代表,规模最大,发展最好。该社成立于2010年3月,注册资本500万元,住所位于本镇白马村。

合作社与镇农技站合作,多次开展三华李种植和管理技术培训,免费为种植户提供技术咨询和指导。以2010年为例,合作社邀请市水果局专家以及镇农技站技术人员,举办了大型技术培训4次,上门为成员提供技术指导近10次,内容包括"三华李白粉病防治技术"、"三华李控稍打顶

---

① 访谈资料,HQJ。

技术"、"采果后管理"等,效果明显。

4. 农户:技术交流,经验共享

农村开放性、流动性渐强,但依旧保留了"熟人社会"的因子,尤其是在交通落后的山村,邻近农户之间的横向交流和联系依然密切。在三华李种植过程中,农户之间经常互相交流最近遇到什么病虫害,应该怎么施药,哪种药防治效果好等。在农村社会,从众效应十分明显,一个农户的先进经验很快被其他农户所效仿,形成了农技的自然推广机制,效果显著。积累多年种植经验的种植大户和长期从事三华李种植的老者,都是一般农户求助的对象。

源自农户的技术创新也是特别重要的。农民的智慧是无穷的,在实践中会积累宝贵经验,也能创造出行之有效的实用工具和技术。"摘果夹"就是农户自己创造的代表。当地三华李的一大特色就是李子表面有一层像白霜的粉霉,具有保鲜作用,色泽好,口感佳,以前用手摘果,会破坏果面的粉霉。而一位农户发明了摘果夹,利用机械原理,可以通过手柄将果子摘下,基本保全了果子表面的粉霉。此技术发明后,迅速被其他农户采用,目前已成为家家户户必备的农具。[①]

(三)产品销售服务体系

三华李收获后,农户最关心的就是能否顺利通过市场销售,尽快变现。三华李不同于粮食,一方面,农户不能大量食用,主要用于销售来获利;另一方面,三华李的储存时间通常不到10天,必须及时销售。因此,三华李的销售服务体系对林农至关重要。据农户介绍,每当收获季节,当地是车水马龙,人声鼎沸,前来收购的客商人数众多,各种运输车辆停满了街道。当地的销售服务体系形成了以中介农户为主,镇政府和合作社为辅的格局,为广大农户提供了稳定的销售渠道。

1. 镇政府:对外招商,搞好服务

镇政府作为公共部门,本不应过多参与微观经济活动,但是三华李是当地支柱产业,涉及众多农户生计,因此镇政府积极帮助农户联系市场。为了扩大三华李销售半径,镇政府农业部门主动联系外地客商,出台优惠

---

① 访谈资料,LQD。

政策，向收购老板、凉果厂老板发邀请书，吸引他们来本地收购三华李。现在，"珠三角"、广西、海南等地客商都会前来收购。2005年，政府取消了农业特产税，此前农户销售每斤三华李要交税0.05元，每篮5元左右。

镇政府有关部门严厉打击强买强卖，维护市场秩序，保障公平交易。有关部门每年4月底着手准备，成立流通领导小组，规范市场秩序，杜绝乱收费，打击欺行霸市，制定鲜果运输绿色通道通行证。收购高峰期，由于车辆密集，交通拥堵，镇政府还派人协助疏导交通，保障交通畅通，为三华李的对外运输提供后勤保障。

2. 中介农户：联系购销，开拓市场

中介农户是三华李销售的主力军，本镇从事三华李销售的此类农户多达200余户。中介农户自己先到各地水果批发市场联系销售商，确定销路和基本价格后，从其他农户那里收购三华李。根据三华李的品质和大小确定价格，今年的一般行情是2—5元/每斤。中介农户从每斤中赚取0.5元到0.6元的差价，除去成本后，每斤的净利润为0.1元。经过长时间经营，每个中介户都积累了相当的信誉，因而也有了相对固定的销售客源。

农户可以自由选择将自己的三华李卖给哪家中介户，市场充分竞争，加上熟人关系，彼此信任度高，缺斤短两等现象几乎没有。中介农户将收来的三华李分类包装，按照大、中、小不同级别装箱上车，运往销售地。

中介农户HWP，从事三华李收购十几年了，子承父业，生意日渐做大。今年收购的三华李有60吨，主要销往茂名、深圳等地。收购旺季，由于人数不够，他家里雇了4个人帮忙分类装箱，工人每天需要忙碌10个小时。按照每斤1毛钱利润，今年他家的此项收入为12000元。[①]

3. 合作社：合作统销，服务社员

合作社的业务之一是组织社员销售产品。因为合作社会员众多，可以发挥规模优势，提高自己的谈判地位，获得更高的销售价格。当地的几个合作社都帮助成员销售三华李。年年红合作社还与镇政府合作，委托广告公司对三华李进行全新包装。新的包装箱美观大方，方便携带，每盒6斤左右，适于人们走亲访友时推介本地特产。

---

① 访谈资料，HWP。

由于合作社成立时间短，此项业务开展规模还比较小，即使合作社成员自己也没有将合作社作为自己单一的销售渠道。年年红合作社成员 LSJ 家里有 200 多棵三华李，年产量 20000 斤左右，通过合作社销售的比例不到 30%，绝大部分通过自己的销售渠道销售。其他种植户也对合作社持观望态度，暂时没有考虑加入合作社来销售自己的三华李。[①]

（四）林地产权保护体系

集体林地属于共有产权，所有权和使用权都归集体所有，名义上人人有份，实际上人人都只想获利不想投入，无法克服集体行动的困境。只有将林地的使用权承包到户，边界清晰，权属明确，才能真正激发农户的积极性。林农因为有了稳定的生产经营预期，才愿意对林地进行投入和管护。钱排镇 20 世纪 80 年代的改革和当前正在推进的林权制度改革，都是为了将林地的使用权明晰到农户，以此来让林农成为林业生产的主体。

三华李林地产权大多在 20 世纪 80 年代已经明晰到户，林子多为上一辈人栽种，也可以说，钱排镇早就实现了"山定权，树定根，人定心"。目前，林地产权保护体系日渐完善，对农户利益的保护更加严格。

1. 农户：恪守习俗，尊重惯例

"从基层上看去，中国社会是乡土性的。"[②] 直到现在，在农村社会中，大量约定俗成的惯例指导和约束着人们的行为。当地属于偏远山区，民风尤为淳朴，农户之间互相尊重，互帮互助，鲜有邻里纠纷。各家各户的林地边界清晰，精确到棵，农户对于他人的林地和财物向来尊重。在三华李收获期，漫山遍野挂满了成熟的果子，只要摘下来就可以卖钱，然而当地农民都严于律己，从不越界。

林地可以继承和流转，随着人口变化，林农之间林地面积差异日益明显。有的林农因为家里人口多，林地越分越小。因此，林地分配的公平性问题比较突出。但是林农都能心平气和地接受，认为这是合理的，因为一开始的林地分配是公平的，后面的变化是由于自己家庭人口的变化导致的。

2. 林业站：林地流转，确权发证

此次改革前，林业站对大多数三华李种植农户来说是无足轻重的，因

[①] 访谈资料，LSJ。
[②] 费孝通：《乡土中国》，上海世纪出版社 2007 年版，第 6 页。

为林地使用权早就承包到户,其他经营问题林业部门基本不管不问,林农更多的要依靠农技部门。部分村组、农户涉及的林权流转则需要通过林业站来完成。2007年,该镇竹云村三角柳自然村经村民大会同意,将741亩山林流转给湛江晨鸣林业发展公司,合同期限30年,每亩每年租金7元。该镇钱排村山楂根小组经村民大会同意,将2088亩山林流转给湛江晨鸣林业发展公司,合同期限30年,每亩每年租金13元。流转合同要经林业站确认并备案。

此次林改,包括三华李在内的林地都要确权发证,林业站的作用更加凸显,林地流转和产权保护都需要林业站的配合。由于自然灾害,当地林改尚未全部完成,确权发证仍在进行中。林农对林权证满心期待,希望能够早点拿到林权证,给自己的林地更加完整、更加有保障的保护效力。林权证可以作为林农抵押贷款、林权交易的凭证,对林农的产权保护至关重要。

(五)品牌推广服务体系

"酒香也怕巷子深",三华李产业要想做大做强,除了依靠自身过硬的品质外,还需要创建自己的品牌,提高自身的知名度,不断向外拓展市场。在当地,从乡村干部到普通农户,每个人都以本地盛产优质三华李而骄傲,几乎逢外人就夸。目前,当地形成了政府、合作社、农户相结合的品牌推广体系。

1. 镇政府:千方百计推特产

三华李产业事关全镇农民生计,因而镇政府不遗余力推广三华李。每年镇政府都成立专门的工作组,组织各种活动宣传本地三华李。在镇政府的努力下,三华李销售的市场半径不断扩大,产品已经远销海南、北京等地,甚至有出口到香港的。

该市2003年向国家工商总局申请注册了"三华李"商标,后又被省定为三华李标准化生产示范基地。钱排镇是该市最重要的三华李生产基地,2010年被定为三华李改良基地。钱排镇积极参加东莞市三华李推介会;该镇主要领导还率队多次参加了全国(广州)特色农产品交易会、茂名农产品博览会等。2007年2月,钱排镇与其他兄弟镇联合举办了首届李花节,进一步提高了本镇三华李的知名度和市场竞争力。

镇政府组织举办大果比赛。在三华李收获季节，镇政府从农户生产的三华李中评选"果王"，单果最重者和单株最多者都将获得奖励1000元左右。此举大大激励了林农改善三华李品质的积极性，很多农户对此印象深刻，津津乐道。

去年5月，镇政府决定启动首届"年年红"杯李乡风情摄影大赛。本届摄影大赛作品以三华李为主题，涉及本镇的工业、经贸、镇村新貌、人文风情和自然风光。前来参赛作品有260幅（组）作品，评出一、二、三等奖后分别奖励800元、500元、300元，优秀奖100元，还给每位获奖者颁发了证书。年年红三华李专业合作社协助镇政府、市摄影家协会举办了"年年红"杯李乡风情摄影大赛颁奖文艺晚会。此活动得到《茂名日报》等多家媒体关注，有利于三华李品牌的推广。

同时镇政府利用"五一"、"十一"黄金周、春节等外地游客多的时机，在新闻媒体上开设农产品宣传节目，在三华李收获季节邀请媒体观光采访。镇政府还将三华李作为政府公关的一大媒介，积极向外推销。

2. 合作社：注册商标创品牌

合作社是三华李品牌创建的受益者，因而积极参与各类推广活动。同时，每一个合作社也申请注册了自己的商标，如"年年红"、"只只红"等，设计了自己的独特包装和外观。包装盒上注明了合作社的名称和联系方式，以此来提高自己的知名度，积累市场信誉。合作社推出无公害生产计划，采用更加科学、环保的生产方式，使三华李生产逐步向"无公害"、"绿色食品"方向发展，进一步提升本地三华李的品牌效应和市场竞争力。

合作社具有较强的品牌意识，但品牌的创建需要积累信誉，短时间内效果不太显著。尤其是合作社除了宣传三华李品牌外，更重要的是宣传自己，难度更大，所需投入也更多。

3. 农户：走亲访友赠佳果

农户深知三华李要想销路畅通，必须向更多的人推销，让更远地方的客商知道本地的三华李。每逢三华李收获时，农户或者邀请外地亲友前来品尝，或者将三华李亲身送上门，借此来提高三华李的知名度。笔者调研期间，赶上三华李收获的末班车，在当地品尝到最新鲜的三华李，临走时当地村民还赠送了两大盒包装精美的三华李。

也有一些农户尝试了农家乐的宣传模式。在收获季节，打出广告，邀请城里人上山自己摘三华李，既减少了农产的劳动量，又卖出了更高的价格，同时还宣传了三华李，一举多得。此活动吸引了不少年轻人参与，他们结伴到钱排镇上山采摘三华李，不仅体会了劳动的快乐，还可以吃到最新鲜的水果。他们常把活动经历和照片发在网上，吸引了很多网友关注。农家乐活动也吸引了当地媒体的关注，一篇《深圳游客钱排镇喜摘三华李》的报道写道："7月13日下午，钱排镇的一位果农的果园里迎来了一班远道而来的客人。这班客人共40余人，他们第一次走进三华李果园，亲手采摘三华李，每一个游客都兴高采烈，满载而归。"[①]

（六）社会化服务改变林农

当地围绕三华李生产形成的社会化服务体系，大大方便了林农生产，降低了林农生产的风险，减少了林农的货币支出压力，是当地三华李产业发展不可或缺的一环。三华李成为当地名副其实的支柱产业，是林农增收的重要渠道。

1. 生产经营风险减小

完善的生产资料供给体系，为林农提供了种类齐全、质量可靠的生产资料，农户在家门口就可以购买到质优价廉的种苗、化肥、农药等；技术服务使林农种植的三华李品质不断提高，将各种病虫害造成的损失降到最低；销售服务体系帮助林农与市场建立联系，林农只需要把自家的三华李摘下来送到路边的中介商，按质定价，销售渠道畅通、稳定；林业站等部门则会依法保护林地产权，定纷止争，为林农生产免除后顾之忧；完善的社会化服务体系，使林农的生产经营风险显著降低，克服了社会化林农面临的一大困境。

2. 货币支出压力降低

社会化服务体系中，政府提供了一定的免费公共服务，如免费供给种苗和进行技术推广，为林农改善生产节省了大笔资金；当地的合作社也发挥自身优势，为成员免费提供技术服务，帮助成员销售三华李，使得林农

[①] 《信宜日报》，2011年7月14日。

的货币支出压力降低；由镇政府主导的品牌推广，提高了三华李的知名度，使三华李的市场销售半径日益扩大，各地客商慕名而来，每个农户都从中受益。

3. 经济效益不断提高

社会化服务体系的逐步完善，为林农生产"保驾护航"，当地三华李的种植面积逐年扩大，产量不断提高。2009年，全镇种植面积达到8万亩，年产量超5万吨，按每斤均价2.5元计，总产值已经超亿元，全镇90%以上的农户都从事三华李生产，仅此项人均收入1700多元，约占农民人均纯收入的1/3。2010年全镇三华李种植面积继续扩大，超过8万亩，年产量超过6万吨，总产值2亿元，人均单项纯收入突破2000元。钱排镇成为"广东三华李第一镇"。

三华李生产过程高度社会化，农户的生产经营风险和压力需要构建社会化的服务体系来化解。钱排镇在长期的积累和发展中，形成了比较完善的社会化服务体系。生产资料供给体系，为林农提供化肥、农药、种苗等生产资料，主体包括镇政府、农技站、农资经营个体户和信用社等；技术指导服务体系，解决林农三华李种植和管理过程中的技术问题，主要由农技站、科技示范户、合作社等提供；产品销售服务体系，包括镇政府、中介农户、合作社等，联结了林农和市场，使保质期短的三华李能够顺利进入市场变现，免除了林农的后顾之忧；林地产权保护体系，赋予林农更加清晰明确的产权保护，使林农建立了比较稳定的生产经营预期；品牌推广服务体系，提高了当地三华李的知名度，扩大了三华李的销售市场半径。五大体系互有分工，满足林农生产各个环节所需要的服务，为其"保驾护航"。

同时，当地的社会化服务体系仍有待进一步完善，比如可以通过推广保险制度降低林农生产的自然风险；扶持合作组织，完善服务功能，发挥辐射带作用。

二 结论与讨论

（一）此"小农"非彼"小农"

家庭承包制，这种小规模农户经营作为农业或林业经营方式是否可行？是否有效率？集体林权制度改革的实践，已经证明家庭承包制依然具有生命力。钱排镇三华李生产的个案显示，农户作为林业经营的主体是可行的，既符合我国小农制的历史传统，也符合林业生产的特点。这也是此次集体林权制度改革将家庭承包经营作为主要改革方式的原因。将林地经营权明晰到农户，才能实现"山定权，树定根，人定心"，为林农生产建立稳定的长远预期。

当下的林农已经不是传统的"小农"，林农生产生活已无法自给自足，也不再"与世隔绝"，他们已然卷入到了社会大分工之中，其生产生活都依赖于市场体系，与外部世界联系日益密切。林农也走到了"社会化林农"的阶段。社会化的林农在经营规模上仍然比较小，但是其生产方式已经高度社会化了。社会化林农完全可以采用现代生产技术和管理经验，在林业生产中有着自身的优势。

社会化林农面临着前所未有的风险与压力。除了各种自然风险外，林农的生产与外部市场联系紧密，其生产资料来源于市场，其所产产品也要依靠市场来获利，市场的波动对林农的生产生活有着十分显著的影响。同时，社会化林农要通过市场来获得生产生活资料和各种服务，因而面临着巨大的货币支出压力。

（二）服务改变"小农"

如何改变或者改造"小农"，是个争论已久的课题，理论上众说纷纭，实践中也大相径庭。此前理论界对小农的出路提出了各种不同的看法。理论上，既有马恩经典作家的"合作说"，也有舒尔茨的"要素说"[1]、刘易斯的"拐点说"，有张新光的"小农衰亡说"[2]，也有恰亚诺夫的"合作制的纵向一体化"[3]、黄宗智的"资本—劳动双密集型小农场"[4]；实践中，既有苏联的"集体农庄制"，也有我国的"合作化—人民公社制"，既有西方的"大农场制"，也有东亚的"合作社—综合农

---

[1] ［美］西奥多·舒尔茨：《改造传统农业》，商务印书馆2006年版。
[2] 张新光、马恩：《关于小农制历史命运的科学论断过时了吗》，《重庆工商大学学报》（社会科学版）2008年第8期，第22—27页。
[3] 恰亚诺夫：《农民经济组织》，萧正洪译，中央编译出版社1996年版。
[4] 黄宗智：《中国的隐性农业革命》，法律出版社2010年版。

协制"①；本土的当下实践中，既有"公司+农户"的模式，也有"合作社+农户"的模式②，也有学者发现小农家庭经营在市场经济中更加巩固，农户小资产身份得到加强③。笔者认为各种理论和实践需要至少满足四个条件，才能有效可行：第一，遵循了本国的历史传统；第二，适应了当下的资源禀赋；第三，符合了农业生产规律；第四，经过了实践检验。

当下，农业规模化经营观点占据上风，认为家庭承包制导致了"细碎化"，应当通过农地流转、资本"上山下乡"实现土地规模化经营。我国人多地少的资源禀赋状况决定了在相当长的时间内不可能实现美国式的大农场制，至于适度规模化经营的"适度"尚无一致意见。笔者不否认，家庭承包制，确实有可能导致耕作不便，但是外力推动的规模化经营往往造成农民失山、失地，引发不良社会后果。

在笔者看来，农业或林业规模化经营是个自然实现的过程，工业发展吸纳农村剩余劳动力后，农业劳动者自然向非农产业转移，农村土地规模化经营不可避免。但是当下，与推动规模化经营相比，更重要的是构建完善的社会化服务体系，为家庭承包制经营"保驾护航"，降低农户经营风险，减少货币支出压力。

通过"服务改变小农"，是遵循我国社会历史现状、最现实可行的道路，既维持了家庭承包经营制，也可以提高农业综合生产能力。即便是将来土地规模化程度提高，完善的社会化服务体系也是不可或缺的，因此应当及早着手建设和完善。

钱排镇正是建立了相对完善的林业社会化服务体系，联结了林农与市场，为林农生产提供有保障的生产资料供给渠道和产品销售渠道，提供及时准确的市场信息和优质的技术服务，既降低了林农生产风险，也减少了林农的货币支出压力。

---

① 李东、温铁军：《综合农协："三农"、"三治"脱困之路》，《中国乡镇企业》2010年第7期，第46—49页。

② 张兴无：《企业+农户和合作社+农户——两种农业产业化模式简析》，《河北师范大学学报》（哲学社会科学版）2003年第9期，第25—29页。

③ 高原：《市场经济中的小农农业和村庄：微观实践和理论意义》，《开放时代》2011年第12期，第113—128页。

(三) 多方参与的社会化服务体系

社会化服务体系是社会化小农和林农生产必不可少的外部条件。构建社会化服务体系需要政府、市场和社会多元主体的共同参与，三者各取所长，互补发展。

政府部门所提供的公共服务，如基础设施建设、公共信息发布、品牌建设等，公益性强，可以有效缓解农户的货币支出压力。但是受财力限制，公共服务常常无法满足农户的需求，也常常因为回应性差，公共服务存在着结构性短缺。加上缺少监督和激励机制，公共服务的效率也时常受人诟病。因此，公共服务在社会化服务体系中必不可少，但又作用有限。政府部门在社会化服务体系中应当有所为，有所不为，重点提供市场和私人部门无力提供的服务，发挥公益性服务机构的优势，同时不断进行探索，提高服务质量和服务效率。

市场服务由各类追求利润最大化的经营主体提供，在追逐自身利益的同时为农户提供服务。在竞争充分的市场中，农户可以获得优质、高效的服务。但是市场服务是"嫌贫爱富"的，他们所提供的任何服务都需要经过严格的成本收益分析，有利可图时才会去做。这样，他们所提供的服务往往是相对昂贵的，给一般的农户带来了巨大的货币支出压力。同时，市场服务属于选择性供给，供给者只会选择那些收益高的服务，而对其他服务则缺少动力。市场服务的优势和缺陷都是明显的，一般商品和服务依靠市场供给都是有效的，而那些具有公共物品属性的服务依靠市场则是缘木求鱼。

社会服务目前是整个服务体系中的短板，发展比较滞后。社会服务是政府和市场之外，农户自主合作，建立组织，为满足自身的生产生活需要而提供的必要服务。但是由于农户缺少合作的能力，自发的合作组织建立困难。政府扶持的合作组织往往流于形式，所开展的服务十分有限，内部管理也不完善。因而，以合作社为主的社会服务还有很大的发展空间，需要政府进一步的扶持，尤其是要重视合作组织人才的培养。社会化服务体系建设，需要政府、市场、社会三方的共同参与，形成多中心治理体系，为农民提供全方位的、多层次的社会化服务。

从集体林改看地方政府与农民的互动
——以广西壮族自治区合寨村为个案

韦海霞[①]

被称为"第三次土地改革"的集体林权制度改革自 2008 年在全国铺开以来,在我国的中、东部地区已经取得十分可观的成果。但是,基于各方面条件的限制,集体林权制度改革不管是在主体改革,还是在配套改革上,仍将是我国政府的一项重大战略任务。推进集体林权制度改革,关键是要构建地方政府与农民的良性互动机制。一方面要充分发挥政府在集体林权制度改革中的主导作用,进行方向把控;另一方面更要激发村民主体的自治作用,进行自主管理、自主决策。本文就是研究这两者之间的互动关系。笔者的研究重点不是地方政府与农民的各自行为,而是将两者在一定场域内的互动行为作为研究考察的对象。同时,本文的研究不是静止地观察互动结果,而是纳入时间的维度,历时性地对地方政府与农民的互动过程进行分析。随着集体林权制度改革进程的不断推进,以及多种因素的介入,一定场域内的地方政府与农民的互动行为会不同程度地发生改变。因而需要长时性、连续性地观察这一互动过程,找到不同阶段互动形式具体而细微的变化,并囊括出地方政府与农民行为的内在逻辑,进而提炼出影响两者良性互动的因素。

一 政府与农民在集体林权制度改革中的互动关系

推进集体林权制度改革,不仅要充分发挥政府在改革中的主导作用,

[①] 韦海霞,女,华中师范大学政治学研究院 2011 级硕士研究生。

更要激发村民主体的自治热情，构建政府和村民的良性互动机制，两者需密切结合、互相促进。可见，在集体林权制度改革中，必须充分发挥各级政府与人民群众的相互作用。那么我们必须得明确一个问题：在集体林权制度改革中，政府和农民分别居于什么地位？他们又各自发挥着怎样的作用？

（一）政府在集体林权制度改革中的作用与职责

集体林权制度改革作为国家层面自上而下推行的全国范围内的改革，党和政府居于主导地位是不言而喻的，党和政府除了树立正确的指导思想外，还必须明确具体的权责范围，严格把控，只有职责明确了才能产生应有的整体功效。

1. 加强领导，高位推动

集体林权制度改革作为农村经济体制改革的重要内容，各级政府将其列为"三农"问题、发展农村经济的重要突破口。各级党委和政府必须充分认识到全面推进集体林权制度改革的重要性和必要性，要从全面落实科学发展观、构建社会主义和谐社会，从深化农村改革、推进社会主义新农村建设的高度去部署实施。在推进改革的过程中，要坚持各级主要领导亲自部署，分管领导具体负责，相关部门密切配合，定时分析研究林改态势，探讨解决疑难问题，确保林改工作顺利推进。市、县、乡三级要分别成立党委主要领导任顾问，政府主要领导任组长，相关部门主要负责人为成员的林权制度改革领导小组，领导小组下设办公室，由林业局局长兼办公室主任，从相关单位抽调精干工作人员组成工作班子，负责日常工作。各级党委、政府要把林权改革纳入年度目标管理考核，确保改革工作积极稳妥推进。

2. 广泛宣传，营造氛围

为了及时将改革精神传达贯彻到位，各级政府应运用多种形式的宣传手段，广泛宣传发动，充分利用会议、标语、电视、墙报等宣传媒体和工具，通过召开会议，下发致林农公开信，电视台开辟林改专栏，出黑板报、墙报等途径，调动社会各方面特别是广大农民群众参与林权改革的积极性。同时，还要层层组织培训，让直接参与林权改革操作的乡、村、组干部参与培训，重点对林权改革相关的法律、法规、政策和技术要求进行培训和指导，从而规避林权改革工作走样问题。

3. 全面调查，制订方案

在启动林权制度改革之前，必须围绕林权制度改革、解决"三林"问题进行全面的调研活动，并要征求发改委、人事、财政等部门的意见，确保林改突破性地推进。与此同时，调研重点还要放在以县、乡、村为单位的基础上，广泛深入开展林权现状调查，摸清具体底数，有针对性地提出林权改革方案。县级林权改革方案要报同级政府常务会议研究批准。乡、村林权改革方案要报上级政府批准，并报县级林业主管部门备案。针对村级的林权改革方案，要做到合理协助，不大包大揽，充分发挥农民的积极性与参与性。

4. 紧密配合，明确责任

林业改革政策性强、操作性强，各级组织部、编办、人事、宣传部、广电、发展改革、财政、国土、国税、地税、司法、金融等部门需积极支持，相互配合，形成合力。林业部门要提供针对改革中政策法规的解释与技术上的指导，并加强检查督促。金融部门要积极开拓农村金融市场，为林农提供贷款支持等优质服务。新闻宣传部门做好广泛的发动宣传工作，为改革营造良好的舆论氛围。县、乡人民政府要依法调处各类林农间的纠纷，切实解决好林木所有权和林地使用权争议。各级政府在林权改革中的组织发动、统计和印刷等必需的工作经费由同级财政列入预算统筹考虑。

5. 规范操作，严肃纪律

在具体操作中，要严格依法依规、依靠群众搞林改。以《农村土地承包法》《物权法》为依据，进一步落实和完善以家庭承包经营为主体，多种形式并有的林业经营体制。林权改革中各级政府要严格按照政策规章办事，绝不允许任何个人或者组织损害农民群众利益的现象出现。始终把稳定放在第一位，确保林区秩序稳定，严格把控乱砍滥伐现象。各级纪检、监察机关等执法部门要严肃查处林权改革中的违纪违规和乱作为行为，确保林改工作顺利进行。

（二）农民在集体林权制度改革中的作用与职责

农民是农村社区的主要居住者和农业生产者，而集体林权制度改革是一项旨在发展农村林业经济，明确农民林业产权，为广大农民谋求利益的事业，因此，农民理所当然是该项改革中的主体，在其中发挥着主体能动作用。那么，农民在集体林权制度改革中的具体职责又是什么呢？笔者总结如下：

1. 组织准备阶段

第一，村庄需成立林改领导组织，领导组一般由5人组成，总支部书记任组长。各村民小组成立林权改革工作组，一般由3人组成，各村民小组组长担任工作组组长。村林改工作小组的主要职责是，根据林改有关文件要求，配合各组对本村所有的山场进行林权现状调查、登记、核实，并张榜公布，协助各组调处好纠纷，化解矛盾，指导各组林改工作。

第二，培训人员，村庄应召开村民小组组长、党员、村民代表参加动员会并就林改事宜进行相关培训。了解林改的基本政策，方便林改方案的落实。

第三，确定村组林改方案，本村（组）林改方案通过召开村民会议，经2/3以上村民（村民代表）同意，经公示无异议后，报乡政府批准方可实施。

2. 勘界确权阶段

第一，摸底登记。由村民小组、工作领导小组带领本组人员（山主和相邻农户必须参加），逐户、逐块现场登记、填写《宗地摸底拍界登记表》，确认林地四至界格、宗地面积。绘制示意图，注明清楚，有明显的地形为界，并在组内进行第一榜公示，有异议的及时调整。

第二，申请发证。核、换林权证，林权人必须主动申报，申请人因各种原因无法亲自填写申请的，可由别人代填，但必须要本人签字或盖章方能生效，本人不在家委托别人代填代签字的，要有委托书或有电话委托事项的记录，林权人提交的材料一律按要求准备齐全，村民小组林权登记工作接受上述材料后，应妥善分类保管，并及时申请上级林改办进行勘定。

第三，现场勘定。村民小组协助林改办工作人员逐块现场勘检，核实山林权属，绘图，确认四界，完成一式两份的《林木、林地界线现场勘界协议》《林木、林地状况调查表》。

以上内容，明确规定了村干部以及村民作为集体林权制度改革的参与主体应承担的具体职责与工作。但由于各地区的林地资源以及权属情况不尽相同，每个村庄的林改方案也会有不同，故在实际的林改操作过程中，农民的具体职责也会略有不同。

(三) 政府、农民与集体林权制度改革的关系

"以政府为主导,以农民为主体"的角色定位,在集体林权制度改革中已经形成广泛共识。换句话说,也就是政府和农民在林改中的作用不是单方面的,也不是割裂的,而是在互动中共同起作用的。简单说来,在林改方案落实农村的过程中,政府和农民应该相互配合、上下联动、通力合作,共同致力于林改事业。然而,现实情况并不尽如人意。突出的表现有以下两个方面:第一,地方政府在推进林改的过程中,农民群体往往没有主动参与其中,缺乏必要的参与与监督。例如,在制订具体的林改方案上,一些地方政府在制订之前,并没有倾听本地农民的实际意见,而是直接将林改方案下放村组直接执行,并没有考虑到当地的实际情况。第二,农民在林改中没有真正被动员起来。理论上,林改本质上是一项惠农利农的改革,是为了明晰农民林业产权,提高经济收益的事业,因而,农民应该积极主动地参与其中。但是,实际情况并不尽然。一些农民参与意愿不强,对林业改革态度冷淡,甚至漠不关心,大部分不愿意参与其中;部分农民即使参与其中,也往往是消极被动的配合或者是形式上的敷衍。

上述这些问题的生成,无疑是与国家的发展变迁相存相依的。"改革开放以来,我国农民自由有余而权利不足,在各类强势集团话语的压制下,农民等弱势群体丧失了表达个体权利的机会和舞台。"[1] 农民不能有效地参与林改,势必会加重国家的治理成本,而农民的参与又是提高制度合法性和效率性的唯一办法。要改变农民低参与率的局面,关键是要提高农民的自主组织化水平,不断提高农民群体的自治意识与主体意识,进而不断强化整个农民阶层的集体行动能力。

因而,稳步扎实推进集体林权制度的主体改革与深化配套改革,迫切需要构建政府与农民的良性互动机制。脱离农民的主体参与,政府的改革犹如无源之水,缺乏活力;而脱离政府正确主导的改革,农民又往往会误入荆棘,失去方向。

---

[1] 巨生良、慕良泽:《新农村建设:农民权利与政府权力的互动》,《湖北社会科学》2007年第8期。

(四) 集体林权制度改革中政府与农民的互动关系类型

集体林权制度改革中，作为参与改革的双方，政府与农民之间必然存在着各种制度与非制度、利益与非利益之间的关系。二者参与其中，相互博弈，即两者在林改过程中，必定是动态的互动关系，参考不同的要素，可将政府与农民的互动类型划分为以下几种情况：按照政府在场与否划分，可划分为缺位互动型和在场互动型[①]。按照农民参与意愿的性质划分，可以划分为主动合作型、消极合作型与冲突协商型[②]。农民与政府的互动行为，其实也是一个农民理性算计的过程。按照政府与农民的协作情况划分，我们可以将互动类型划分六种：在场合作型、在场消极型、在场冲突型、缺位合作型、缺位消极型与缺位冲突型。由此我们可以引入一个政府与农民互动关系的模式：

表1　　　　　　　　　　政府与农民的互动类型分类

合作与否 在场与否	主动合作	消极合作	冲突协商
政府在场	在场合作型	在场消极型	在场冲突型
政府缺位	缺位合作型	缺位消极型	缺位冲突型

在场合作型是指政府处于农民看得见的状态，因而农民选择与政府互相合作的行为方式将政策落实。这种类型大部分出于这样的原因：两者相互认同对方，并希望相互借助对方的力量或资源达到自身的目的。在场消极型是指政府在场时，农民消极被动地参与其中。这种类型可能出于两种原因：一是由于政府力量过于强大，而农民自觉自身地位过于弱小并无力、无条件选择与政府冲突，只能选择被动式的合作；二是农民通过自身

---

① 缺位互动型是指政府处于一种不在场和缺位的状态，具体表现为我们无法看到政府在承担自己应该承担的责任和义务。在场互动型是指政府与农民互动的过程中，政府一直处于在场的位置，随处可见政府的存在，即地方基层政权。源自毛协铜：《政府与失地农民的互动关系——以浙江余姚市为例》，《中共浙江省委党校学报》2008年第5期，第119—120页。

② 主动合作型是指农民主动配合政府的政策实施；消极合作型是指农民站在体谅政府的立场上，被动地接受政府的政策实施；而冲突协商型是指农民在政策实施过程中，认为自身利益受损而选择的互动模式，这种冲突往往带着协商的成分。

的理性算计，认为参与其中利小于弊，得不偿失，故选择消极的被动参与态度。在场冲突型是指政府在场时，政府与农民这二者都选择互相对立、对抗的激烈方式进行互动。这种行为方式的出现也有两种原因：一是两者都认为对方的行为妨碍了自身目的的获取；二是政府处于相对弱势的地位，农民具有与政府讨价还价的能力与资本，处于相对强势的地位。缺位合作型是指政府不在场时，双方仍旧持相互认同的态度，从单方面上说，是制度的权威性致使农民仍旧主动地参与其中，或是农民已经达到了自主组织化的程度，自觉通过自身努力去实现目标。缺位消极型是指政府不在场时，农民在没有外部行政力量的推动下，选择的一种漠然的处理方式。缺位冲突型是指政府由于缺位、错位等原因不在场时，农民对政府的行为作出的负面反应以及政府虽不在场，但其制度安排损害了农民的利益，农民进而所采取的激烈的对抗行为。

笔者在广西合寨村这一特定场域中，通过对该地方政府与农民的三次不同互动情况进行描述总结，从而概括出这个特定的地方政府与农民互动关系的基本走向与内涵。对此，笔者认为，在该特定场景中，政府在场是经常性与普遍性的，但是也不排除政府偶尔缺位的情况，而这种情况往往不是故意而为之，而是在政府力不能及与政策失之偏颇的情况下所导致的。而从农民的角度而言，他们所要考虑的因素就相对复杂一些。笔者将在下文中详细地展现出地方政府与农民在该特定场域中出现的三种互动类型，它们分别是在场消极型、缺位消极型、在场合作型。通过观察这三个互动类型的变迁与转变，总结与提炼出地方政府与农民各自的行动逻辑。

二 在场消极性：集体林权制度改革前期的
互动实践（2009年9月—2010年年底）

2003年，国家率先在福建、江西两省实施集体林权制度改革，作为试点先行。在取得一些显著成效的基础上，2008年随着《关于全面推进集体林权制度改革的意见》政策的出台，林改工作在全国范围内全面启动。广西壮族自治区于2009年9月也相继推开了集体林权制度改革之路。合寨村在依照上级政府的工作指示下，也依照有关规定进行了林改推进工作。因而，笔者将2009年9月作为合寨村林改工作的时间起点。

笔者将此阶段的互动类型概括为在场消极型，这一阶段，我们随处可见政府的影子，这和其他政策的落实过程一样，一开始会得到各级政府的高度重视和大力推动。而农民对此的反应如何？政府的大肆宣传，林业产权的制度安排没有得到农民的一致叫好，而是引起一片唏嘘，农民们普遍呈现出无所谓与不感兴趣的状态。

在具体介绍地方政府与农民在林改前期的互动实践之前，笔者先将林改的工作流程图展现给大家，以便大家对林改工作有更为直观的了解，这也是本文将林改互动实践划分为前期、中期、后期三个阶段的重要依据。

根据下面的流程图，笔者将摸底调查这一阶段视为前期阶段，而将制订方案、勘界视为林改的中期阶段，申请、受理、公示、登记、发证、归档视为林改的后期阶段。但是在具体的林改实践过程中，这三个阶段的互动实践除了根据林改的具体内容划分外，还参照了当地林改的时间进度。

（一）政府积极

1. 政府大力宣传

为了使林改政策深入农民群众，营造林改的良好氛围并充分调动广大农民群众参与林改的积极性，合寨村所在的宜州市采取多形式、全方位的宣传活动。

一是市、乡、村层层召开动员大会。为积极稳妥推进集体林权制度全面开展，该市于2009年9月7日，在人民礼堂召开市四家班子领导、各乡（镇）党委书记、乡（镇）长、乡（镇）分管林业工作的副职领导、村（社区）党支部书记和主任，全市新农村建设指导员，市直单位党政主要领导，中央、自治区、河池市驻宜单位参加的全市集体林权制度改革动员会议。动员大会以后，各乡镇为了广泛宣传深化集体林权制度改革的目的、意义、做法、方针政策及法律法规，都陆续召开了层层的林改动员会议，希望能够通过前期准备消除群众顾虑并解答疑问，进而能够发动群众支持林改并踊跃参与，为改革营造良好舆论氛围。

二是山歌唱响林改主题。为扩大宣传面，动员全社会参与林改，2009年9月18日，该市在中山公园举办了一场独有的、别开生面的"宜州市林权制度改革山歌演唱晚会"，精彩表演吸引了众多市民围坐观看，几千名观众在晚会的欢歌笑语中领悟到了林权制度改革的目的、意义，同时把

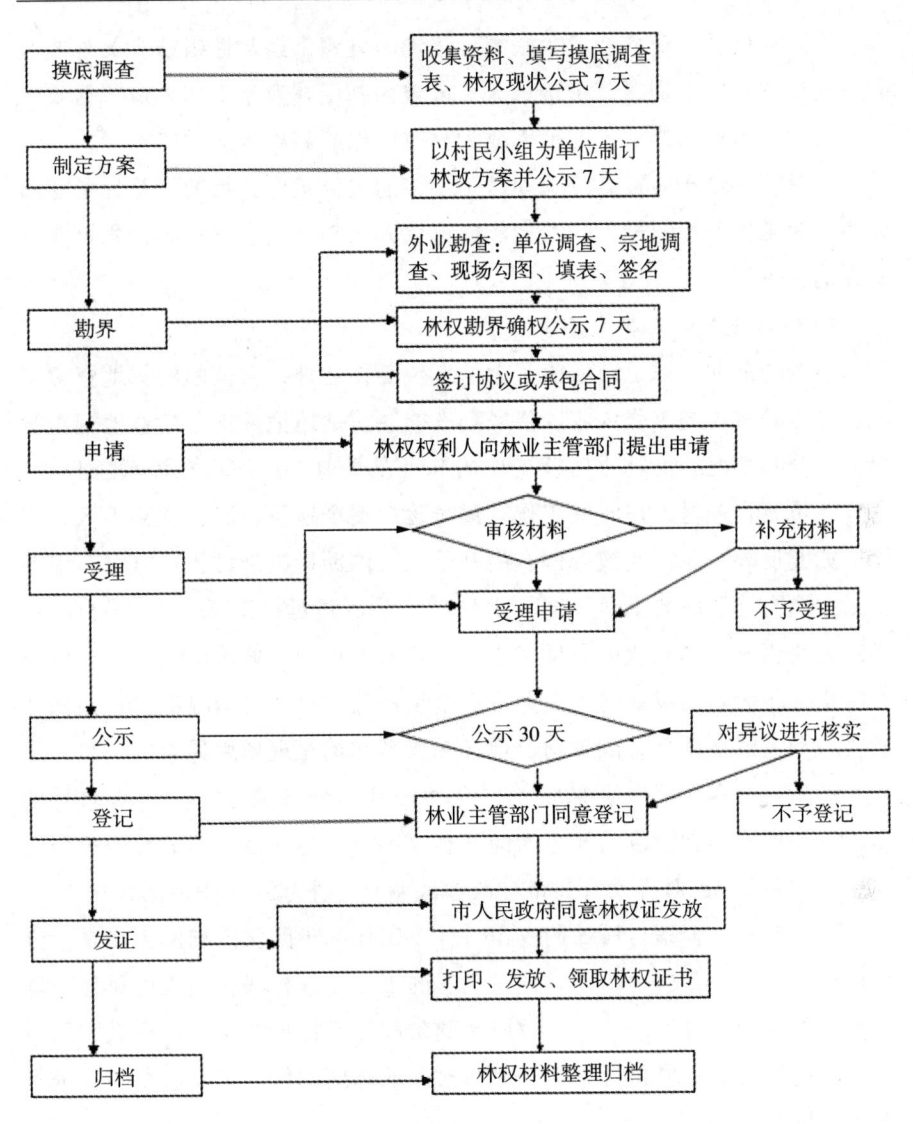

```
摸底调查 ──→ 收集资料、填写摸底调查
                表、林权现状公式 7 天

制定方案 ──→ 以村民小组为单位制订
              林改方案并公示 7 天

          ┌─→ 外业勘查：单位调查、宗地调
勘界 ─────┤     查、现场勾图、填表、签名
          ├─→ 林权勘界确权公示 7 天
          └─→ 签订协议或承包合同

申请 ──────→ 林权权利人向林业主管部门提出申请

                         审核材料 ──→ 补充材料
受理 ──────→                              ↓
                         受理申请      不予受理

公示 ──────→ 公示 30 天 ←── 对异议进行核实

登记 ──────→ 林业主管部门同意登记 ──→ 不予登记

             ┌─→ 市人民政府同意林权证发放
发证 ────────┤
             └─→ 打印、发放、领取林权证书

归档 ──────→ 林权材料整理归档
```

图 1　林权登记发证工作流程图

该市林权制度改革工作推向一个新的高潮。

　　三是拉横幅、写标语、出版报，多层次、多角度地宣传林改政策。在各乡镇、各村显著位置拉横幅 60 多条，书写标语 300 余条，出版报16 期。

　　四是发放宣传资料。为做到家喻户晓，深入人心，该市共印发 10 多万份《致农户的一封信》，以期确保各家各户都明确林改的目的和意义，积极营造集体林权改革工作的浓厚氛围。

五是开展林改业务及政策法规性培训。宜州市经常性组织有关林改业务及政策法规的培训，其中培训人员多数为基层林业站工作人员与村委干部，通过对他们的培训，使他们成为林改工作顺利推进的中坚力量。

可见，各级政府在林改前期做了很多的宣传工作，目的就是为了能够促使林改工作的顺利进行，希望能够形成人人知林改、议林改，积极参与林改的良好局面。

2. 政府深入开展摸底调查

林改的前期工作，政府除了做好宣传工作之外，大范围的林地资源摸底调查也是重要的工作内容。摸底勘查能够清楚地把握该市的林地资源状况以及分布情况，为林改后续工作的开展提供前提。该市在该项工作中，工作队员亲自进村入户开展工作，逐家逐户逐个地块摸底，做到不重、不漏，如实反映现状。在摸底调查的基础上，协助村组制订改革方案，引导群众按照自治区的要求尽可能均山到户，并加强对村组承包方案的审核，坚决避免损害农民利益的事件发生。在技术力量相对薄弱的情况下，统筹安排掌握相应勾图技能的人员分成四个组进驻乡镇参与指导勘界，做到在相关权利人的指认下，准确勾绘现场勘界图和填写现场勘界表。

此外，合寨村所在乡采取了"全面铺开、突出重点、上下联动"的形式，在摸底调查阶段已经全面铺开林改工作，为其他乡镇的林改工作树立了"典型"，也对推动宜州市林改摸底调查工作起到了积极的作用。

显而易见，合寨村所处的乡镇，林改工作起步阶段的推动工作是十分到位的，不管从宣传上，还是摸底勘界的工作上，合寨村随处可见地方基层政府的影子，可以说，地方政府在此阶段处于在场的状态。那么，面对着这样高强度的政府执行力，合寨村村民的态度如何？又是怎么与其进行互动的呢？

（二）农民无心

1. 淡漠的态度

笔者在调研中发现，大多村民对于林改并没有那么热切的期待与盼望。在乡镇政府的大力宣传下，他们基本上已经获悉村庄正在进行林改，但是问及他们一些林改的具体做法时，普通村民均以不知情作答。下面是一段笔者与村民的访谈内容，通过这段访谈，便能清楚地了解村民对于林改所持的淡漠态度。

问：你知道村庄正在进行新一轮的集体林权制度改革吗？
答：知道啊，乡林业站的工作人员前段时间都来村里勘界了。
问：那你是通过什么渠道知道林改的？
答：村干部的宣传还有听其他村民提起的。
问：你家现在有多少亩林地？
答：大概十几亩吧，基本上都是上一辈留下来的，还有一部分是前两年退耕还林的，山上种了一点马尾松，现在很少去打理了。
问：听说村里还有一部分集体林，到时候分下来，估计你们家还能分到一点，加上你家现在有的，应该会有二十多亩，要是都拿来种树的话，收益应该不错。
答：分不分都无所谓，林业收入很慢的，村里很多人都不愿意种树的，现在基本上每家每户都养蚕，也没空去种什么树，上面分下来我们就要，不分就算了。

面对乡镇政府的大力宣传，村民对于林改是知晓的，但并未形成人人议林改与期望林改的氛围与局面，也并未形成与政府积极互动的局面。他们面对政府政策的强力宣传，所持的却是冷漠的态度，因为他们知道，林业所带来的效益是微不足道的，这无疑体现了村民理性算计的生存智慧。

2. 态度淡漠背后的算计

广西宜州市地处广西北部，气候宜人，降水丰富，适宜桑蚕的养殖和甘蔗的种植。当地农民主要以这两大收入作为家庭的主要收入，而村民的林业经济收入占家庭总收入的比例十分小，排到了家庭收入的最后一位。第一位是种桑养蚕的收入；第二位是粮食和经济作物的收入，其中包括种植水稻、玉米、花生、甘蔗等；第三位是外出打工收入；第四位才是林业收入。下面笔者将一普通农户的家庭收入构成作个简单的类比介绍。

某一农户家庭，总人口数为5人，父母二人在家务农，其下有一子一女和一儿媳，3人均外出打工。该家庭的种桑养蚕的收入状况大概占家庭收入的40%。大概情况如下：父母二人每年可养蚕12—14批次，每次养殖1—1.5张，虽然蚕茧价格浮动较大，这里笔者取平均值，平均每次卖蚕茧收入为2200元，那么，每年养蚕收入大概为26400—30800元。养蚕的周期比较短，一般20天可收成一次，因而它承担着家庭的日常消费开支。粮食作物和经济作物的收入情况大概如下，该家庭水稻种植面积比较小，全部用于家庭自身的消费；甘蔗种植面积为5亩左右，年底的收入为8000—9000元，由于劳动力不足的原因，该农户没有种植其他的经济作物。该家庭3个劳动力外出打工，平均每人每月纯收入1500元，一年累积下来便可有54000元。根据户主了解，其家新盖的二层楼房绝大部分是子女提供资金建成的，数额大约为10万元。可见，农村家庭在有青壮年的条件下，打工的收入是十分可观的。而最后要讲到的便是林业方面的收入，该户林改前有林地（包括退耕还林）十余亩，农忙之外的时间，男户主也会抽出时间进行适当的护理，但是由于树木成长周期长，5年期间，除了退耕还林所取得的政府补贴之外，该农户并未取得任何的林业收入。

由此可以得出这样的结论：由于受该地区传统农业收入的影响，农民对林业改革并没有那么重视，因为他们已经找到了适合自己安身立命的稻草——养蚕，在农民看来，相较于种树，它的效益更高更快。

由此可以明显看出，林改的早期阶段，地方政府与农民的互动形式是在场消极型的。地方政府的大力宣传，以及工作人员调查摸底的派入，这些举措让地方政府呈现在场的状态；而这一阶段的农民并没有显现出那么的热心甚至是无心于林改之事，他们更多的是盘算着如何才能使自己的收成最大化，而当他们认为林改没能带给他们更多好处的时候，自然而然便抱以消极的态度。

（三）政策的进入与农民的理性

经济学说史上认为政府介入社会保障理论是政府存在并行使其职能的基本依据[①]。集体林权制度改革是政府组织、引导、支持的制度改革安排，虽说目的在于进一步明确产权，是利于农民的一项改革。但在进入村庄这一特定场域前，其实和其他惠民政策一样，都会受到村民的理性审

---

① 李华：《理性政府与理性农民的简单博弈——新型农村合作医疗制度进入机制分析》，《学习与探索》2007年第4期。

核。在农民特有的理性考虑之下,当一项政策能够带给农民较大利益时,这一政策往往能更容易为农民所接受,更容易进入村庄,反之则遭到农民的冷眼相看。

那么农民的理性是怎样的理性?经济学中的一个重要假设,就是假设人是理性的。理性的经济人存在偏好,在既定的约束条件下,他们总是考虑如何才能使自己的利益最大化。这一假设包含了两层含义:(1)经济行为者有能力对各种可行方案进行成本——收益分析,从而进行比较和选择;(2)经济行为者追求自身利益的极大化[1]。其中舒尔茨把小农视为追求利益最大化的"经济人""理性人",并认为,"小农是传统技术状态下有进取精神并最大限度地利用了有利可图的生产机会和资源的人,是贫穷而有效率的,是理性的经济人"。[2]

显然,在这个村庄中,农民靠养蚕为家庭的主要收入,而在种树这一副业明显没有什么收益的情况下,同时可能付出的人力和成本较多时,他们的理性告诉他们:这不是利益最大化的结果。因此,他们便会选择消极对待,至少是在不影响自己目前生产的情况下选择消极配合。在这里,我们可以得出这样一个简单的结论:集体林权制度改革和其他一些惠民政策一样,在进入村庄初期,都会受到农民的理性选择,当农民认为政策能带给他们利益时,会极力支持;而当他们认为政策并没有带给他们多大好处时,甚至会影响自己的生产劳作时,就会消极对待。

三 缺位消极型:集体林权制度改革中期的互动实践(2011年—2012年年底)

经过为期一年的宣传与摸底调查工作之后,乡镇基层林业站开始了全面的改革之路。按照既定的工作程序,这一阶段主要的工作内容应该为协助村民制订改革方案、精细地外业勘查等。而这一阶段的互动实践笔者概括为缺位消极型。在这一章节中,笔者虽概括为政府的缺位,但是这种缺

---

[1] 马小勇、白永秀:《中国农民的经济理性与农村政策的选择》,《贵州社会科学》2006年第4期。

[2] 舒尔茨:《改造传统农业》,梁晓民译,商务印书馆2003年版,第29—30页。

位，又不是完完全全的政府特意的不在场，而是笔者认为的迟到在场，这一迟到的在场状态衔接着改革后期的互动实践，在时间节点上似乎有一点模糊的意味，但这也不能掩盖其绝大部分缺位的事实，所以在这里，笔者姑且将其概括为缺位消极型的互动。

（一）政府的缺位

1. 无意的缺位

在林改初期，地方政府处于一种在场的状态，初期的大力宣传与摸底调查过后，与之对应的理应是大刀阔斧的改革，而中期的改革实践，政府何以处于缺位的状态呢？在2011年的暑期调研中，笔者在问及乡镇基层林业站站长时，得出了结果。这里的政府缺位并非有意缺位与不作为，而是基层政府在人力、政策、预估上无奈选择的结果。其缺位的具体表现为没有足够的人力指导村民制订合适的林改方案，外业勘界中迟迟没能看到基层政府的身影。为什么笔者称之为无意的缺位，其实很简单，政府并非不想参与其中，而是出于人力不足以及政策落实过程中出现的工作失误等综合条件的考虑，对该村庄不得已的缺位或是迟到的在场。

2. 无意缺位背后的原因

第一，工作量剧增，人员配备不足。针对此次集体林权制度改革，市政府专门设置了林业改革办公室，专门负责此次的林改具体事宜。据笔者了解，林业改革办公室是一个临时机构，设在市政府政务中心，于2009年设立。设立该办公室时由于没有充足的人力配备，于是招聘了8位刚毕业的大学生，甚至于连办公室主任、副主任和几个工作人员都是从别的单位借调过来的。林改办20名左右的工作人员，如果说对于林改前期的宣传与摸底工作尚能应付，那么随着中期改革任务的加重与内容的繁琐，应对能力便显得单薄。

同时，负责合寨村林改工作的基层林业站的工作人员的配备显得更加捉襟见肘。乡镇林业站设站长一名，全面负责该乡的林改统筹与规划。除此之外，乡镇府临时安排了3名工作人员协助站长进行日常工作的开展。据站长透露，他们在进行林地勘界与绘图工作时，1个自然屯至少要花上10天的工夫才能将各户村民所属林地四至划分测绘清楚，而这也要建立在该自然屯已经通过了具体的林改方案的基础上，如果村庄的林改方案尚未能得到村民的认可，那花费的时间将更久。而屏南乡下辖6个村委会，77个自然屯，由此按照站长的时间推算，仅凭4个人的工作能力逐一开展全乡的林改工作，至少需要2年的时间。这就意味着，在人员配备不足的情况下，不能统一多方位地同步进行多村的林改工作，只能逐个进行，那势必会造成对某一村庄林改工作的缺位。

而笔者所选取的个案正属此类情况，基层林业站在这将近两年的时间里率先开展其他村落的工作，而将该村庄的林改工作搁置在后面，所以出现了基层政府在这一林改实践阶段长期缺位的现象。

第二，改革中的工作失误。合寨村所在的乡在林改实行的"两步走"之间出现工作失误。根据基层林业站工作人员的了解，当地的林改分两步走，第一步是生态公益林的确权；第二步是商品林的发证。而商品林的发证才真正关乎农民的切身利益，本文中所指的大部分内容均是围绕商品林的改革展开的。在第一步工作中，即生态公益林的确权中，由于工作人员的求快，在划分公益林时较为粗心，把一些村民种植的商品林也归为公益林。因而在开展第二步的工作时发现，之前确定好的生态公益林当中又存在农户种植商品林的情况，于是在充分考虑农民利益的前提下，又得重新仔细地调整与规划生态公益林，导致第一步工作占用的时间较长，而迟迟不能对农民商品林的权属进行划分与勘界。正是由于工作上出现的疏忽与漏洞，在不必要的失误上投入过多的精力与时间成本，进一步导致了基层政府缺位状态的出现。

第三，对村庄的自治能力预估过高。笔者在绪论中已有介绍，调研的村庄为中国村民自治第一村，我们暂且不去深入地评论该村庄的自治程度如何，单从村庄的称呼上看，我们至少会认为它的自治程度相较于其他村庄的要好，不然也不敢当这样的美誉。基层林业站的工作人员也是基于这样的想法，认为村庄在没有协助的情况下，也能够自行拟订具体的林改方案。下面是一段笔者于2012年暑假与基层林业站站长的访谈内容。

问：我想简单地了解一下合寨村目前的林改状况。

答：现在我们还在搞，这个村有12个自然屯，到目前为止，我们才搞清楚了2个自然屯。

问：经过我的调研，我了解到乡里面的大部分村庄都搞完了，为什么合寨村到现在才有2个自然屯搞完呢？

答：第一个原因是我们人手不够，我们也想搞好搞快啊，但是工作任务实在太多了，我们没有办法。第二个原因是搞林改嘛，我们必须得一个一个村来。林改方案制订好了，我们才进村进行勘界啊，才知道怎样分给他们。合寨村我们是让他们自己制订林改方案的，因为没有人力去协助他们了，再说他们是自治村，应该有这个能力的。但是合寨村的其他自然屯都迟迟没有拿出合适的林改方案，我们就先对其他村进行林改了。

问：你的意思是由于村里面的其他自然屯都迟迟拿不出林改方案，所以那么晚还没有搞完？

答：是啊，林改方案都是村庄自己拟订的，我们最多能提供一些参考意见，其他的还是他们自己决定。①

从上述的简单谈话中，我们应该能很容易看出来，基层林业站工作人员之所以迟迟没有进入合寨村进行勘界绘图，是因为他们未能及时拿出具体合适的林改方案。在人力配备不足的情况下，林改工作人员预估合寨村在没有协助的情况下也应能制订村庄的林改方案，但是这个预估似乎过高。这种预估的偏差性加之林改工作任务的繁重，在这两者的双重作用下，出现了这一时期内合寨村场域中基层政府的缺位。只有当乡镇其他村庄林改事宜得以落实之际，基层林业站工作人员才会将人力投入其中，从而呈现迟到的在场状态。

（二）农民的消极

1. 消极的表现

这一阶段的互动实践，地方政府多处于不在场的状态，在面对着这样的缺位型政府时，村民又是如何表现并与其互动的？通过调研资料的整合，笔者总结为以下几点：

---

① 2012年8月9日，访谈基层林业站站长。

第一,村庄干部的"无为而治"。众所周知,林改本质上属于自治事务,因为在各级政府在指导性文件中明确可见,各村(组)的集体林权制度改革方案,须经本集体村民会议2/3以上成员或者2/3村民代表表决通过,报乡人民政府审核批准。因而,发动村民和组织村民进行林改方案的讨论变得尤为重要,只有方案通过了,林改才能得以实施落实下去。但是,合寨村领导班子在林改工作中,只起到了配合乡林业站工作的作用,没能起到很好的带头组织发动村民的作用。在调研走访中,笔者已获悉了该村的一些林地资源情况和改革进展情况,而当笔者就这些问题与村支书访谈时,他却回答得模糊不清甚至于说出与事实相悖的话来。例如村庄中生态公益林改革的两个试点自然屯,已经把部分林权证发放到村民手中,而村书记却回答说:"各自然屯的生态公益林只发一本集体林权证,村组统一管理,而不是每户都下发。"可见他的回答与实际有出入。而当笔者问及村庄组织了几次有关林改推进的村民代表大会时,他却回答说:"乡里面会组织村民小组长去开会,我们都有自己的事情忙,很难组织村民一起开会的。"可见,村庄干部作为上行下达的有效传递者与组织者,当基层政府处于缺位状态时,在没有上级行政指令的监督与引导下,村干部采取了消极应对策略。

第二,村民们的"无暇顾及"。此次林改与以往的农村改革不同,它明确把林改方案下放到各个村民小组或自然村,经过2/3以上村民(村民代表)同意,经公示无异后,报乡政府批准方可实施。可见,林改要得以很好的实施推广,必然要求广大村民参与其中。而村庄内部的实际情况却并非如此。据一村民透露,村庄在林改这件事情上,很少组织召开村民代表大会,在记忆中好像只召开过一次,更不用说全体村民大会了,那几乎是不可能完成的事情。起初,村委会组织应改革工作要求召开村民代表大会讨论林改方案,村民代表们多以家里农忙,养蚕得花很多时间采桑叶为由拒不参加,致使会议无疾而终。而难得组织成功的一次,参加的村民代表们也没有起到很好的议事氛围,使会议流于形式,没能起到真正的作用。没有村民积极参与的改革,林改方案便不能落实,林改也将没有改革依据,一切都将成为空谈。

2. 何以消极

第一,村民自治机制的逐渐嬗变。作为村民自治第一村,成立村民委员会之初，确确实实自主民主地解决了村庄内部的很多事务。随着村民自治引起的社会反响，国家将"村民自治"的提法纳入1982年修订颁布的《宪法》中，第一百一十一条规定"村民委员会是基层群众自治性组织"。1993年，"四个民主"的提法在民政部下发的关于开展村民自治示范活动的通知中出现。此后，合寨村便一直受到上级政府的高度重视，并对村民自治干预过度，导致村民自治机制的嬗变。

20世纪90年代初，张厚安教授等人认为，全国村民自治状况可以分为"三大类型"：第一类是能够很好贯彻《村民委员会组织法》的村，这类村庄能够强化自治功能，即自治型的村，这类村庄大约占全国总数的25%。第二类是指强化行政功能，即行政型的村。这类村庄不多，大约占全国村庄的10%。第三类是指村庄虽然成立了村民自治组织——村民委员会，但只是在形式上贯彻《村委会组织法》，其性质和运行方式未能摆脱传统模式，即混合型的村。一般而言，这类村庄兼有自治型和行政型的特点，是表面自治化，实际行政化。这类村大约占全国总数的65%，大量存在于全国大部分地区。就笔者个人而言，合寨村成立村民委员会之初，属于第一类型的村，而随着上级政府不断过分的管理干预，行政力量在农村基层的过度扩张，挤压了村民自治的空间，逐渐演变成了第三种类型的村。

这可以从具体的国家政策落实中体现出来，国家在推行惠农政策和落实新农村建设的过程中，县乡基层政府仍然会依循"路径依赖"的逻辑，通过行政指令的方式施压于村民自治组织①。并让村民自治组织按照县乡基层政府的工作要求来执行有关政策，这无疑压缩了村民自治的空间。

由于长期受到基层行政力量的干预，村民自治组织在林改工作中，一味地等待着乡林业站的工作指示与安排，没能起到组织村民自主推进林改工作的作用。就拿村党支书来说，他同时也是村委会主任，两大职务系于一身，可见他应该是最清楚村里大小事务的人。可当我在问及村里林改进展情况的时候，他明确表示，乡林业站会派人下来，他们只是配合乡林业站的工作。而对于村里的林地资源状况和发证到户率等林改情况一概不

---

① 黄辉祥、刘宁：《村民自治的治理功能提升：自治组织培育与自治体系建构》，《当代世界与社会主义》2010年第3期，第8页。

知。可见他作为村庄自治组织的一个领头人，已经习惯了行政力量的干预，只能消极地等待着上级工作的指示与安排。

第二，村庄治理功能的弱化。当年的合寨村，随着分田到户，农民拥有了一定的生产资料后，原先生产队的约束力与凝聚力不断减弱，农民原子化程度不断增强，因而治安变得十分混乱。随之而来的便是日益严重的盗窃、赌博、乱砍滥伐集体山林等现象，生产队面对这样的严峻问题却束手无策。无奈就在这样的背景下，他们迫切的希望能够有一个管事的机构组织搞好村庄治安问题，因而第一个村民委员会应运而生了。那时候，村委会集合群众一起讨论产生了《封山公约》和《村规民约》，并要求每家每户严格按照公约内容实行。可见，当时合寨村村委会建立的目的与初衷，就是治理与管理本村庄的事务。但是随着村民自治在后续的发展中，村庄内部已经没有生成威胁生命财产的社会治安问题，治理的功能就变得没有那么迫切了，因而就逐渐弱化了。这种逐渐弱化伴随着时间推移，就演变为治理的乏力与无所作为。

林改在合寨村的落实过程中，与之伴随而来的必定是任务工作量的加剧，例如村民间的纠纷问题、改革方案的制订问题，这些问题的解决必然需要村庄的治理功能。而据调研了解到，村民之间因林改而引发的林地纠纷问题，村庄没有进行必要的调解，而是放之任之，或是等待上级林改机构的解决。而林改方案的制订问题，全村更是没有经常性地召开组织村民会议将其落实。

第三，村民羸弱的自治意识与理性小农意识的杂糅。"熟人社会"可谓是中国农村的一大特点，但是"多一事不如少一事"的传统观念在合寨村中依然大范围存在。20世纪80年代村委会刚建立之初，村民们对这个新鲜事物抱有充分的热情，同时出于自身利益的需求，很大程度上积极地投入到村庄事务的管理中。而当村庄逐渐步入正轨，村民的自身利益没有受到任何威胁之时，他们便降低了对村庄事务的关注与参与。如果不是与自身利益息息相关的事情，村民们很少能够积极主动地投入到村庄事务中。林改中生态公益林的改革，所得的补偿标准为每年每亩9元，低额的补偿机制调动不了村民参与进来的热情，而林改中商品林的纠纷问题，如果不波及自身利益，村民便又会隔岸观火。缺乏村民参与的政策执行，村两委虽然能够在政策推行之初，用行政指令执行政策，但是缺乏政策深入推动的强大后劲，而这个强大的后劲就是依靠村民的主体自治意识。

(三) 政府的缺位与农民的消极

通过考察合寨村中期阶段的林改实施情况，可以发现，基层林业站工作人员对该村的林地勘界暂且搁置，也无多余的人力对该村进行林改方案设计的协助，可以说，该区域的基层政权处于一种政府的缺位状态。面对基层政府的缺位，农民一般情况下会出现两种行为选择，一是选择与政府保持互动的常态关系，原因在于农民群体具有主体的自治意识，他们在处理村庄具体事务上发挥了相应的自治能力，即使政府处于不在场的状态，他们依旧能够秉承着自治的觉悟。二是选择与政府消极互动，原因主要包括两个方面：农民群体自治意识淡薄；农民靠传统的地方性资源来生存，具有一种路径依赖性。

而此阶段的林改实践，农民显然选择了第二种行为——消极的互动。原因具体可归结为：一是村庄农民自治意识逐渐减弱，已经习惯于政府通过行政指令的方式进行村庄事务管理；二是受该村传统地方性生存资源的影响，村民认为养蚕和种植水稻是家庭劳作中的大事，不能因为其他无关紧要的事情而影响生产大计。笔者认为，既然现在全国大部分村庄都表现为表象自治化、实际行政化，那么在面对地方政府的缺位状态时，大部分村庄也会选择以消极的方式与之互动。

四 在场合作型：集体林权制度改革后期的互动实践(2012年年底—2013年年初)

经过三年多的努力，林改的主体改革阶段进入尾声，同时鉴于自治区林改工作的验收，各个基层林业站不得不加强对后期收尾工作的力度。面对着工作任务目标的压力，地方基层林业部门在这一阶段即使人力有限，也不得不使自己快速运转起来，使之处于在场的状态，望能尽快落实改革之事。这一阶段的互动实践较之前有以下几个特点：第一，承接了中期阶段的迟到的在场；第二，农民已不是消极的对待，而是转变为积极合作的态度。这里，笔者概括为在场合作型，下面将具体的展现。

（一）政府的在场

1. 压力型在场

由于工作验收的临近，基层林业站对尚未完成林改工作的村庄加强了改革力度，该村庄自然也不例外。此阶段，地方政府为完成工作任务，呈现出时刻在场的状态。主要表现为开展以确权发证为主的后续完善工作。

首先，召开集体林权制度改革推进会。在明确了后期工作任务后，全市上下强调发"铁证"要求。要求各乡镇对林权登记不准确、不完善、有缺漏、发错证或重复证的情况，要及时进行改正、补充和完善，确保林权登记内容完整、准确，确保发到农户手中的林权证成为"铁证"。合寨村所在的乡政府按照要求，及时进入村庄解决纠纷、落实勘界问题，并组织农户对核定的林地面积进行现场签字，确保"铁证"印发的无误。

其次，强化任务落实。为了确保按时按量完成主体改革工作任务，切实做好迎接自治区检查验收工作。全市将主体改革工作任务分解到各乡镇。同时，在2012年10月，该市开展了为期两个月的突击活动，根据尚未完成的外勘、打证任务量及自治区检查验收的"四率"要求，重新明确各乡镇突击活动的目标任务，要求各乡镇按照全市总体时间安排和要求，把任务分解到村到屯，把责任落实到组到人，把各村的林改责任、任务及限时完成工作时间落实到具体的市直联系点单位干部及乡村干部身上，切实保证任务落实到位。

最后，强化人员保障。外勘技术力量投入方面，在保障原有技术力量全部到位的基础上，再从林业系统、国有林场、水利局、国土局等市直单位抽调人员充实外勘队伍，进入村庄尽快完成外勘任务。

2. 在场背后的原因

第一，主体改革工作验收。2012年年初，全区就已下发改革工作验收目标，该市必须严格按照河池市林改办《转发自治区林改办关于〈全区集体林权制度主体改革检查验收工作方案〉（试行）的通知》文件四项硬性指标的要求，明确全市四项指标目标任务，并将目标任务分解到乡镇，下发了《宜州市各乡镇集体林权制度主体改革检查验收四项指标明细表》，及时督促乡镇按照相关文件精神及分解的检查验收指标全面开展自查工作，全市还将定期或不定期对各乡镇自查情况进行跟踪检查、督促指导验收不达标的乡镇进行限期整改，确保全市林改顺利通过自治区检查验收。在明确的硬性指标下，不管是出于对政绩的要求，还是对广大农民的一个交代，都不得不迫使基层政府处于在场的状态。

第二，配套改革深化实施。2012年是组织开展集体林权制度改革的"全面攻坚年""改革质量年"和"配套改革启动年"，配套改革的启动，必须建立在主体改革任务完成的基础之上。于是该市继续高位推进、强势推进，强化组织领导、资源整合、措施保障并加强对历史遗留问题的解决和督促检查，着力抓进度、质量、稳定和改革成效，只有这样，才能积极推进配套改革。同时，该市还必须坚决贯彻验收组的反馈意见精神，切实把验收成果体现好、运用好、发展好，继续做好集体林权制度主体改革的后续完善工作，积极建立健全长效的工作机制，确保各项林改工作政策落实到位，确保集体林权制度主体改革的质量，确保林改工作经得起历史的检验。在做好集体林权制度主体改革后续完善工作的同时，还得积极地酝酿和策划县级的林业产权交易的初级建设，培育林业要素市场发展，进一步规范流转林地的管理。推动林业工作朝着越快越好的方向发展，确保人民群众共享林业发展成果。

地方政府在场的上述两个原因，归结为一点，其实就是对秩序合法性的维系，在林改主体改革收尾之期，假如未能如期将其落实下去，不仅会影响政府本身的绩效考核，更会影响到政府的公信力。地方政府不管是迫于上级的行政压力，抑或是出于对民众的交代，都毫无疑问地体现了政府运转的最核心逻辑：维护自身合法地位的存续。

（二）农民的积极

1. 积极的表现

林改主体改革的前期和中期阶段，农民都是消极的合作态度。而此阶段农民转变为了积极的合作态度，具体表现为主动谈论林改；积极配合工作人员进行林地四至勘界；主动到村委会进行林权申请登记等。在村庄形成了一股舆论热潮，影响着少部分消极的农民，并促使他们也转变态度，在村庄形成了良好的和谐的互动形态。这样的突然转变，不免引起读者们的思考，是什么原因导致村民由消极变为积极的呢？

2. 何以积极

第一，村民闲暇时节积极配合。此阶段的时间跨度为 2012 年年底至 2013 年年初，农民的劳作在这一时间内基本处于休整阶段。就拿农民的养蚕来说，一般在一年中的 12 月份和次年的 3 月份间处于桑叶的生长期，农民便有劳作之外的空闲时间。在不耽误农民劳作生产的前提下，农民倒也很乐意配合林改工作。此时，村民会聚集村头巷尾，谈论着村庄的具体大事，自然也包括村庄的林改事务。在得知邻村的村民已经将林权证拿到手之后，他们不免也着急了，于是积极地去询问村干部以及乡镇林业站工作人员。在这样有利的外部客观条件下，村庄召集村民召开林业改革大会、组织村民配合勘测人员就容易了很多。

第二，乡村社会发展的惯例与规则。无论在何种社会，为了维持正常的运作，主要依靠三种力量，它们要么是组织（例如政府、宗族或者其他形式的正式或非正式组织的力量），要么是道德或文化（例如村庄的舆论压力等）的力量，要么是法律或契约的力量①。首先，笔者认为，村庄内部的舆论压力是督促村民积极配合林改的重要因素。林改处于后期阶段，眼看着周边的村庄已经将林改工作完成，而自己所在的村庄为村民自治第一村，如不按时完成相关的任务，面子上也挂不住。于是在这样的氛围下，少数不够积极的村民迫于村庄其他村民的舆论道德压力，也不得不加入到积极配合的队伍中来。其次，乡村社会的运行、维持与发展离不开特有的规则。村民为了维护村庄共同体的顺利运行，不得不遵守村庄内部形成已久的约定。20 世纪 80 年代，合寨村作为村民自治第一村为世人所了解，那时候，村民自我组织、自我管理，使得村庄面貌得以很好地改善。但是随着时间的推移，村庄虽然逐渐演化为半行政、半自治的状态，但是村庄内部从未发生过任何影响村庄声誉以及与政府冲突的事件，村民自觉地维护着村庄的这一殊荣，即使没能很好地践行，但也不能作出相悖之事。鉴于此，村民在林改的后期阶段，为了维护村庄的顺利运转，不得不迫使自己配合工作，完成待办与未办事宜。

---

① 吴理财：《对农民合作"理性"的一种解释》，《华中师范大学学报》（人文社会科学版）2004 年第 1 期。

第三，基层政权正式权力的非正式运用。林改过程中难免存在着纠纷的情况，如何有效地解决纠纷，变成了此时最重要的工作内容。据了解，该村存在的纠纷最为主要的部分是"谁种谁有"林地部分。1983—1984年，合寨村部分林地分山到户，这也是已经明确到户的林地。此次林改仍遵照20世纪80年代分山到户的原则，不重新打乱重来。而还有一部分的林地20世纪80年代那时候没有分下去，这也是至今存在争议的部分。1991开始，广西河池地区林业局为了加强对荒山、荒沟、荒丘、荒滩"四荒"资源使用权，实行"谁造谁有，谁管护谁受益"的政策，极大地促进了农民造林的积极性。于是劳动力多的农户便积极地在荒山上造林，有的种了十几亩、二十几亩，有的甚至整个山头都种满了。按照这个政策，如今集体林权制度改革之期，林业站工作人员应将这部分林地绘图存档归造林者所有，但是少数没有种林的农户，眼看着林木的效益不断提高，便有了不同意见，明确认为这部分林地应按照平均分配的原则重新分到各家各户。

面对这样的纠纷情况，基层林业站工作人员采以半正式行政治理的方式进入村庄。首先，贴近农民，了解他们的具体情况并和他们交流感情；其次，面对村民的纠纷问题，不是以强制的政策规定来解决，而是与村民、村干部一起协商处理，力求达到纠纷双方认为处理方法合情合理为止。据笔者调研了解到，该乡林业站站长有很高的威望，多数村民与他熟识，并把他当成自己的朋友。经他调解的林改纠纷，村民们都信服。可见，该村在林改政策执行中，基层林业站工作人员执行政策时不仅依靠地方政权的行政权威，还利用行政权力的非正式运作，将正式权力转化为非正式权力的运用，以此寻求村民的积极配合。

（三）政府的在场与农民的合作

林改的后期阶段，地方政权在该村庄的迟到在场状态，并没有和前期阶段一样受到村民的消极对待，而是得到了村民们的积极配合。原因有三点：一是时间上与村民的空闲时间相契合；二是村庄内部的惯例与规则发挥了作用；三是基层政权正式权力的非正式运用。以上原因共同整合，促使村民形成合力共同致力于村庄的林改工作。

可以说，此阶段的互动行为属于地方政府与农民的良性互动行为，地方政府与当地农民均发挥了相应的作用，才得以将林改工作顺利完成。因此，笔者似乎可以得出这样的结论：短期内要想快速地使政策落地村庄，政府的在场必不可少，而农民的参与也是至关重要的，两者偏废其一，均不能够促使政策的快速落地实施。也许会有部分读者提出这样两种质疑：在政府高强度的行政推力下，即使是农民的消极对待，也将会促使政策的实施；另外一种情况则是即使政府处于不在场的状态，由于制度与权威的作用与村民的自治能力相结合，也会促使政策的落实。显然，笔者并不否认以上两种情况，而是认为政府在场与农民积极配合的双重作用下，政策能够得以更好更快地落实，而上述的两种情况虽也能够使政策落实，但不免在实施的过程中会受到一定的阻力，会延长政策的落实时间。

五　思考与讨论

通过三个阶段不同互动模式的对比分析，我们可以看出，前期和中期的互动模式为不正常的或者可以称之为偏差的互动模式，它们导致的是村庄林改进展的迟缓；而后期的互动模式，我们可以称之为正常的良性互动模式，它带来的效益是村庄林改的快速完成。所以，笔者认为，政策在村庄层面的落地实施，仅依靠基层政府或者农民任何一方的力量都是不够的，必须将两者结合起来，形成良性的互动模式，才能将政策更好更快地落实。那么，影响地方政府与农民形成良性互动的主要因素是什么呢？笔者通过对三个阶段不同互动模式的比较与分析，提炼出以下几个方面。

（一）政府在场的重要性

合寨村林改早期的互动实践，政府处于在场状态，虽然农民报之以无关紧要的态度，但是林改政策还是广泛地进入了千家万户。可以说，前期工作由于政府在场的推进得以顺利展开。而中期阶段的互动实践，政府处于缺位的状态，农民随之在没有了政府在场的推动下，更是对林改漠不关心，敷衍塞责，导致了村庄林改的停滞不前。而林改的后期阶段，政府再一次强有力地进场，继而农民也由于种种因素的考量，转消极为积极,与地方政府形成良好的互动,在短期内将村庄林改顺利完成。由此可见,政府在场作为一个重要条件影响着村庄的林改,也影响着与农民的良性互动。在政策执行过程中,当政府处于缺位状态时,农民在没有了外力作用的推动,而内部自治力量又不够强大的情况下,只能诱发不正常的互动行为。而我国目前的村庄情况,按照张厚安教授的说法,完全自治型的村庄只占全国比例的25%。当村庄内部没有形成良好的自治惯性时,政府的在场便显得更加重要。

(二) 农民自治意识再造

良性的互动不仅需要政府的在场,更需要农民主体的积极配合。而农民群体的积极配合,离不开农民良好的自治意识。而在当前的村庄发展中,笔者发现,导致其运行困难的一个重要因素就是自治的主体缺乏应有的政治认知,而致使自治氛围低迷。在合寨村的林改中可知,大部分村民都持漠不关心的态度,对蝇头小利不屑一顾,对别人的争议又是事不关己的态度,因而重新塑造村民主体自治意识迫在眉睫。合寨村在村民自治的原创力上功不可没,起初村民自治的高涨何以演化为现在的自治低迷,笔者认为很大程度上是因为村民自治还没有固化到村民的日常生活当中。它仍处于起伏波动的不稳定状态,时而因利益牵涉广泛而高涨,时而因利益涉面范围小而低落。因而村民自治最重要的价值就是要建立起一系列民主规则和程序,并通过形式化民主训练民众,使民主得以运用民主方式争取和维护自己的权益,从而不断赋予民主以真实内容。一旦仪式固化为习惯,成为日常的生活方式,民主才是真正不可逆转的。①

(三) 地方性知识的运用

地方不仅是一个地域概念,也是一个文化概念,它包括了"地方公民间的文化联结、惯例认同和心理归属等文化和心理的内涵,这些是维系

---

① 徐勇:《中国民主之路:从形式到实体——对村民自治价值的再发掘》,《开放时代》2000年第11期,第57页。

地方整合和发展所需要的传统、地方性知识和观念"①。那么这种特殊的地域文化便构成了地方性知识②。此外,地方性知识还涉及在知识的生成与辩护中所形成的特定的情境,包括由特定的历史条件所形成的文化与亚文化群体的价值观,由特定的利益关系所决定的立场、视域等③。由此看出,地方性知识的生成具有历史性。合寨村作为村民自治第一村,有其特殊的历史发展脉络,在村庄的发展进程中,村民自觉地将村庄这一集体殊荣内化到意识里,不容许任何事任何人去践踏它。于是,在林改的后期阶段,我们便看到了村民态度的突然转变,为了守护和捍卫村庄共同体,村民集体行动,推进林改顺利完成。这正是体现了村民对于村庄主体价值观的维护与捍卫,可见地方性知识在村庄后期的林改实践中起到了积极的推动作用。

此外,通过对地方政府与农民互动关系的总体考察,笔者还发现,基层林业站人员将正式制度的非正式运用,也是借助于地方性知识的力量。国家意志的顺利实现以及国家权力在乡土社会中的顺利行使,多数情况下并不是简单地依靠权力的正式规则来行使,而常常得借助于民间乡土社会的本土性资源。在林改的过程中,基层林业站为了寻求治理成本的低廉化,于是进行正式权力的非正式运用。主要做法有:极富人情味的劝说;提供私人帮助博取感情建立情谊;树立良好的道德形象和为人道义的声誉,进而确立个人在村庄的私人权威而非科层化的政治权威。这些做法,无疑是地方性知识运用的完美体现,也因此,基层林业站在纠纷解决、入村勘界等工作中获得了诸多便利。凡此种种,特定的场域具有特定的地方性知识,它作为我国历史发展脉络中不可或缺的重要资源影响着地方政府与农民的互动行为。

---

① 转引自饶旭鹏、刘海霞《非正式制度与制度绩效——基于"地方性知识"的视角》,《西南大学学报》(社会科学版) 2012 年第 2 期,第 139 页。

② 最早提出"地方性知识"概念的是吉尔兹,他认为,地方性知识是根植于文化脉络里的意义体系,它本身几乎就是一种明了并且熟练的意识与自觉,这种意义体系中包含着人们的情感、认识、道德,并且还是与事件、规则、政治、习俗、信仰、符号、程序和形而上学难分彼此地联系在一起。转引自毛协铜《构建国家与失地农民理想型互动关系的基础——以浙江余姚市为例》,《中共杭州市委党校学报》2008 年第 4 期,第 87 页。

③ 盛晓明:《地方性知识的构建》,《哲学研究》2000 年第 12 期,第 36—44 页。

五大经验、六项注意——集体林权纠纷解决模式研究

——以海南省屯昌模式为对象

赵新泉[①]

新中国成立以来，我国的集体林权制度在不同历史时期，经历了五个发展变革阶段。一是土地改革时期，分山分林到户阶段。1950年6月颁布的《土地改革法》规定了大森林、大荒山和矿山归国家所有，没收和征收的山林、茶山、桐山、竹林、果园等可分土地应按适当比例统一分配，实行农民的土地所有制。二是农业合作化时期，山林入社阶段。1953年开始，全国进入有计划的经济建设时期，林业和农业一起走上合作化道路。1956年6月全国人大颁布的《高级农业生产合作社示范章程》规定，除少量零星的树木仍属社员所有外，幼林和苗圃、大量成片的经济林和用材林，由社员所有转为合作社集体所有。从互助组到初级社然后到高级社，农村林业逐步由分散经营转向集中统一经营。三是人民公社时期，山林集体所有、统一经营阶段。1958年中共中央颁布《关于农村建立人民公社问题的决议》，人民公社化运动迅速开展，实行政社合一管理体制。1966年开始"文革"时期，再次将社员的房前屋后少量零星树木全面收归集体所有。人民公社时期，山林实行集体统一经营。四是改革开放时期，林业"三定"阶段。1981年，根据《中共中央国务院关于保护森林发展林业若干问题的决定》，全国开展了以稳定山权林权、划定自留山和确定林业生产责任制为主要内容的林业"三定"工作。虽然对农民实行有限度的分林到户，但没有形成以林权制度改革为核心的真正意义上的产

[①] 赵新泉，男，华中师范大学政治学研究院2009级硕士研究生。

权制度改革。五是集体林权制度改革进入了全面推进和深化阶段。2003年《中共中央国务院关于加快林业发展的决定》和《农村土地承包法》实施后，福建、江西、辽宁等省全面推进集体林家庭承包经营，进行了以"明晰产权，放活经营权，落实处置权，保障收益权"为主要内容的集体林权制度改革的大胆探索，并取得了显著成效。2008年中央出台《中共中央国务院关于全面推进集体林权制度改革的意见》，集体林权制度改革进入了全面推进和深化阶段。从微观上看，全国各地的林权制度的变化和历史沿革十分复杂，林地权属发生了多次变化，涉及众多利益主体。这使得各地在林改中，确权成为集体林权制度改革的重点。确权首先要解决的就是因各种原因造成的历史遗留问题，海南省在林改过程中，把解决历史遗留问题作为林改工作的重中之重，积极妥善解决了林地复杂权属变化情况下的多起林权纠纷，确保了集体林权制度改革平稳、有序、高效的进行。

一　海南省屯昌县概况

屯昌县位于海南岛中部偏北，地处五指山北麓，南渡江东南岸，东与定安、琼海市毗邻，南与琼中县接壤，东西宽52公里，南北长55公里。屯昌为低山丘陵地带，属热带季风气候，阳光充足，雨水充沛，气温适宜，年平均气温23.1℃—23.6℃，年降雨量1960—2400毫米。

全县有8个镇（包括119个村委会，1189个经济合作社，其中无林地经济合作社40个）、6个国营农场、2个国营林场、1个省级林科所，1个省级药材场和罗牛山南坤分场。2000年年末，全县总人口26.38万，国民生产总值9.12亿元。全年县级财政收入6532万元，农民人均年纯收入1200元，林业年产值1900万元（不含橡胶、槟榔、木本水果收入）。

全县国土面积185.7万亩（其中县地方土地面积110.8万亩，国有农垦土地面积74.9万亩），林业用地面积111.4万亩，现有森林面积105.3万亩。林地面积占土地总面积的60%。按土地所有权属划分：国有土地（国营农、林场，国有林区）83.4万亩，其中国有林地面积 66.8 万亩，占国有土地总面积的 80%，占全县林地面积的 60%；集体土地面积 102.2 万亩，占全县土地总面积的 55%，其中集体林地面积 45.7 万亩，占集体土地总面积的 43.6%，占全县林地面积的 40%。

全县现有森林面积 105.3 万亩，总活立木蓄积 258 万立方米，森林覆盖率为 56.7%。林业用地按林种划分：商品林 92.4 万亩（国有商品林 56.9 万亩，集体商品林 35.5 万亩），生态公益林 18 万亩（其中国有公益林 13.6 万亩，集体公益林 5.4 万亩），公益林面积占林地面积 17%。县地方管辖的 71.5 万亩森林中，天然林 4.2 万亩，人工林 67.3 万亩。其中人工林按树种划分：橡胶 21.2 万亩，加勒比松 4.2 万亩，马占相思 23.7 万亩，桉树 3.6 万亩，其他经济林 9.5 万亩，其他阔叶树 5.1 万亩。平均每公顷林木年生长量为 6.7 立方米，年增长蓄积量为 50 万立方米。年消耗量 20 万立方米，年净增量 30 万立方米。

屯昌县在新兴、坡心、枫木 3 个试点镇中，实施林改的集体林地面积有 11.2 万亩，涉及 32 个村委会、389 个村民小组、25594 块林地、9099 户、45748 人。3 个试点镇林改面积共 88889 亩，应确权面积 78991 亩，现在完成林地确权面积 70322 亩，确权率 89%；发证 4922 份，发证面积 65954 亩，发证率 94%（截至 2008 年 7 月）。

屯昌县被纳入林改的集体林地面积共有 40.9 万亩（其中商品林地面积 35.5 万亩，生态公益林面积 5.4 万亩），涉林农户 2.6 万户，涉林人口 11.7 万人。到 2008 年 9 月 30 日止，完成林地测量面积 434708 亩，其中规划外有林地 29686 亩，占全县林地规划面积的 106.2%。规划集体林地中共有插花地 32453 亩，历史遗留争议纠纷地 4074 亩，未利用和不可利地 15203 亩，国有林地 9479 亩，此次林改应确权面积 348165 亩。林农申请确权林地 347063 亩，核定发放林权证 2.4 万本，面积 333719 亩，发证率达 96.2%。基本完成全县林权主体改革任务。屯昌县集体林权制度改革同全国其他地区一样，经历了半个多世纪的探索和演变过程，这个过程在屯昌县大体可分为六个阶段[①]（见表1）。

---

① 参见《屯昌县林权制度改革》，省政协委员专题调研的汇报材料。

表1　　　　　　　　　　屯昌县集体林权制度变革情况

阶段划分		情况介绍
一	1952年土地改革时期的分林到户阶段	根据1950年6月颁布的《中华人民共和国土地改革法》：政府将土地和山地都分给了农户；林木随山地划归农户所有，农户成为山林主人。时间很短，仅仅维持了3年左右
二	1956年农业合作社时期将山林全部入合作社阶段	在这个阶段，山林完全归集体所有，实行集体统一经营
三	1958年人民公社化阶段	除少量国有林外，其余归人民公社所有
四	1964年农村"四固定"时期	落实"队为基础，三级所有制"，划分耕作区，分公社林、大队林、生产队林
五	1974年学大寨时期	山林权属混乱
六	1982年林业"三定"阶段	县人民政府发布《关于林业"三定"若干问题的规定》，在"四固定"的基础上；"稳定山林权，划定自留山，确定林业生产责任制"。实行"谁造谁有，合造共有"的山林原则，分别发给《山林所有证》。集体山林除集体经营外，全部由农民个人或联合体承包经营管理

二　屯昌县集体林改纠纷案例

　　林地权属纠纷调处工作是屯昌县县委、县政府近几年作为重要工作统一部署解决的，这成为妥善解决屯昌县土地权属纠纷、促进农村经济发展与社会稳定的治本之策。自2006年6月，屯昌县委、县政府成立各镇纠纷调处工作组的3年来，各工作组切实加强对调处工作的组织领导。坚持以事实为依据，以法律为准绳，以保护单位与个人合法权益和促进农村稳定为出发点，遵循"尊重历史，正视现实，利于生产，方便生活"的原则，积极稳妥做好土地权属纠纷调查处理工作。

　　全县在2006年排查处理时发现农村土地承包经营纠纷案共156宗，涉及的土地面积15683亩。其中按纠纷类型分：林地纠纷案件108宗（截至2009年3月，实际处理114起），非林地纠纷案22宗，农村土地承包合同纠纷案 26 宗。按纠纷区域分：场社权属纠纷案 22 宗，跨镇纠纷案 10 宗，镇内纠纷案 124 宗。

表 2　　　　　　　　　　　　　典型案例①

林地权属争议双方	申请人：屯昌县屯城镇岳寨村第二经济社（田产村）
	被申请人：屯昌县屯城镇岳寨村第四经济社（加利坡村）
林地权属争议案负责领导	卢德光（县委副书记）

林地权属争议案情况简介（县林业局调查事实）

　　本案的争议地名为菇磨肚，又称风岭。面积 77.85 亩。1995 年 7 月 8 日，第四经济社将 800 亩土地（含争议的菇磨肚土地 77.85 亩），发包给宏利公司种植荔枝等经济作物。2005 年 4 月，宏利公司将争议地上的荔枝砍伐改种菠萝时，第二经济社以 1986 年 4 月 12 日屯昌区公所、岳寨乡政府和屯昌县农业委员会共同作出的《关于加利坡与田产村争占菇磨肚地的处理决定》（下称《1986 年处理决定》）已将菇磨肚土地确认归其农民集体所有为由，请求第四经济社归还菇磨肚土地，双方因而发生林地权属争议。2005 年 5 月 30 日，第二经济社请求屯城镇政府处理。屯城镇政府于同年 7 月 5 日作出《关于田产村要求加利坡村归还菇磨肚土地处理决定》屯镇字〔2005〕06 号（下称《处理决定》）：维持《1986 年处理决定》，第四经济社应将土地退还第二经济社耕作。第四经济社不服《处理决定》屯镇字〔2005〕06 号，于同月 24 日向屯昌镇政府申请复议，屯城镇政府于 8 月 10 日作出了维持的处理意见（下称〔2005〕10 号《处理意见》）：维持《1986 年处理决定》，第四经济社应将土地退还第二经济社耕作，并希望双方认真执行该《处理意见》。第四经济社不服《处理意见》屯镇字〔2005〕10 号，于 8 月 16 日再次向屯昌县人民政府申请复议，请求撤销《处理决定》屯镇字〔2005〕06 号和《处理意见》屯镇字〔2005〕10 号，并请求停止执行屯镇城上述两个文件。2005 年 10 月 27 日，屯昌县人民政府以屯城镇政府越权处理和在法定期限内没有提供证据为由，作出屯府复决定〔2005〕4 号《行政复议决定书》，决定撤销屯城镇政府《处理决定》屯镇字〔2005〕06 号和《处理意见》屯镇字〔2005〕10 号。第二经济社不服，向海南省海南中级人民法院提起行政诉讼。2006 年 3 月 6 日，海南中级人民法院以主要证据不足、第二经济社起诉请求有理，应予支持为由，判决撤销《行政复议决定书》屯府复决字〔2005〕4 号，并责令屯昌县人民政府重新作出具体行政行为。县林业局受理该林地权属争议案，并进行调查取证。

---

　　① 资料及数据来源：屯城镇人民政府文件：屯镇字〔2005〕06 号；屯城镇人民政府文件：屯镇字〔2005〕10 号；海南省屯昌县人民政府行政复议决定书：屯府复决字〔2005〕4 号；海南省海南中级人民法院行政判决书：海南行初字〔2006〕第 2 号；屯昌县林业局、屯昌县国土环境资源局文件：屯林〔2007〕1 号；屯昌县人民政府林地权属争议案件处理决定书：屯府林决字〔2007〕1 号。

续表

林地权属争议案情况简介（县林业局调查事实）

  县林业局会同县国土资源局、屯城镇镇政府共同组织对此案双方进行调解无效，根据调查事实，根据原国家土地管理局《确定土地所有权和使用权的若干规定》第二十条、第二十一条、第五十八条的规定，出具处理意见书上报屯昌县人民政府，由其作出处理决定，屯昌县人民政府作出《林地权属争议案件处理决定书》屯府林决字〔2007〕2号，确定权属争议案涉及的77.85亩林地，所有权属于申请人屯昌县屯城镇岳寨村第二经济社（田产村），至此结案

表3　　　　　　　　　　　　典型案例①

林地权属争议双方	申请人：屯昌县屯城镇大长坡村第三经济社
	被申请人：屯昌县屯城镇大长坡村第四经济社
林地权属争议案负责领导	王安仍（县人大主任）

林地权属争议案情况简介（县林业局调查，海南省高级人民法院认定事实）

  争议地位于屯昌县屯城镇大长坡村委会土地公岭至土地坡岭一带，含土地公岭、九蒙土甬岭、双生石、白坎岭、白土岭等。其四至范围：东至大长坡公路界；南至南贡园半山腰；西至九蒙土甬田土己；北至讯水公路界。林地总面积为212.9亩。该争议地在"土改"和"四固定"时期，政府均没有确权。1982年落实林业"三定"（稳定山林权、划定自留山、确定林业生产责任制）政策时，第三经济社和第四经济社的个别村民在该争议地林地范围内植树造林。其中第三经济社村民主要是在土地公岭一带造林，第四经济社村民主要是在九蒙土甬岭、白土岭（土地坡岭、南贡园）一带造林。造林后，由县政府给造林户颁发《林权证》，记载土地权属为集体，但没有确定为哪个集体所有，并确认造林村民在争议地上的林木所有权。1989年6月30日，第四经济社与原屯郊乡签订《造林合同书》，约定第四经济社负责争议地上的中央丰产林加勒比松树经营管护。1990年屯昌县林业局完成对该林地所造中央丰产林的验收工作。

  2003年，第四经济社将承包经营管护的松树出售，并由木材商采伐。第三经济社对松树经营收益权提出异议。2004年9月，第三经济社的村民在土地公岭一带种上马占树苗，被第四经济社的村民拔掉，由此引发林地权属争议。2004年10月18日，屯城镇政府组织争议双方进行调解，并作出《关于大长坡村委会土地坡岭至土地公岭土地纠纷的调解意见书》，确认争议地为第四经济社所有。第三经济社不同意屯城镇政府的调解意见，于2004年10月25日，向县政府提出申请，要求县政府解决土地权属争议。县政府受理后，依法组织第三经济社和第四经济社进行调解，但双方没有达成调解协议。县政府便委托县林业局将其拟定的处理决定及

---

① 资料及数据来源：屯昌县林业局．屯昌县国土环境资源局文件：屯林〔2007〕2号；屯昌县人民政府林地权属争议案件处理决定书：屯府林决字〔2007〕2号；海南人民政府行政复议决定书：琼府复决字〔2007〕第206号；海南省海南中级人民法院行政判决书：〔2006〕海南行初字第59号；海南省高级人民法院行政判决书：〔2008〕琼行终字第171号。

续表

林地权属争议案情况简介（县林业局调查，海南省高级人民法院认定事实）
相关依据事先告知双方当事人，同时告知当事人如要求听证须在《告知书回执》中注明。但第三经济社和第四经济社均在《告知书回执》上写"否"字，县政府便确认双方当事人都放弃了听证的权利，因此未组织听证。2007年8月17日县政府依照《林木林地权属争议处理办法》第三条、第十一条、第十二条及《海南省确定土地权属若干规定》第十八条的规定，作出《林地权属争议案件处理决定书》屯府林决字〔2007〕2号（以下简称2号决定），将争议林地中，从九蒙土甬岭北边岭沟（旱田）起，向东南沿凹地至小叶桉树A1、A2、A3点，自A3点小叶桉树沿至苦单仔岭顶（即白坎岭东顶）接公路划定界线，界线东北边属大长坡村委会第三经济社（大长坡村）所有，西南边属大长坡村委会第四经济社（沙湾土甬村）所有，并将第三经济社社员谢孟才在第四经济社界线内种植槟榔使用的5.3亩林地，当第三经济社插花地处理，即林地所有权归第三经济社所有。
2007年8月17日屯昌县政府作出屯府林决字〔2007〕2号《林地权属争议案件处理决定书》，申请人申请行政复议。2007年12月29日，海南省人民政府出具琼府复字〔2007〕第206号行政复议决定书，认为屯府林决字〔2007〕2号决定书，认定事实清楚，程序合法，适用法律正确，维持原决定书决议。申请人于2008年1月30日向海南省海南中级人民法院提起行政诉讼，海南行初字〔2008〕第59号行政判决书维持屯府林决字〔2007〕2号决定书。申请人于2008年8月4日向海南省高级人民法院提起上诉，琼行终字〔2008〕第171号行政判决书驳回上诉，维持〔2008〕海南行初字第59号行政判决书，至此结案

三 解决林权纠纷的屯昌模式

屯昌县在林权制度改革的试点中，形成了一套完整、严格、有序的纠纷处理程序，其行之有效的工作方法和灵活求实的处理模式，不仅对顺利推进当地林改有重要意义，同时对于全国其他地方开展林改和解决相关纠纷有着重要的样板作用。此处，我们将屯昌县在解决林改历史遗留问题的处理模式予以总结和归纳。

（一）高位推动，调解先行

海南省委省政府一贯重视林业工作，始终把林业放在工作的重要位置，1999年提出生态立省战略。在此次集体林权制度改革中，海南先后出台了《海南省集体林业产权制度改革工作总体方案》《关于加快推进集体林权制度改革的决定》和三个指导性意见。省委书记和省长高度关注林改试点进程，分管林业的常务副省长担任省林改领导小组组长，四个试点县林改小组的组长、常务副组长由书记和县长担任。相对应的，下面的镇（乡）村林改小组的组长、副组长也是"一把手"担任。并启动了集体林权制度改革问责制，问责对象为乡镇党政主要领导、林业局正副局长，对未按时完成任务的要追究领导责任。这保证了林改的力度和政策执行力，为充分调动、协调各方、各部门力量参与林改、推动林改创造了极为有利的先决组织条件。

屯昌县在处理历史遗留问题的过程中，"一把手"挂帅和领导问责制得到了切实的实施和充分的发挥。屯昌县林改中的114起大的纠纷（跨界、跨单位）成功调处98起，对其他16宗重点林地纠纷案，采取领导包案制，将这16宗纠纷案件包给县"四套"领导班子，书记、县长负责其中难度最大的纠纷案。集中力量、集中时间，积极妥善解决历史遗留问题。

在处理林权纠纷时，屯昌县坚持有利于林业生产、林地合理利用、"调解先行"、司法程序跟进的原则。屯昌县是2007年11月制订的林改方案，实际上，在2006年6月，屯昌县就成立了林地（土地）纠纷调处工作组，开始对林权纠纷状况进行调查摸底，开展纠纷调处试点。在全面林改开始时，全县的林权纠纷底数情况已基本摸清，并已处理了部分林权纠纷。在林改中，屯昌县坚持林地纠纷解决一件，发证一户的原则，确保发证后的林地无纠纷，保证林改工作的扎实、有效推进。在屯昌县屯城镇岳寨村委会第二经济合作社（田产村）与第四经济合作社（加利坡村）关于菇磨肚（地名风岭）林地权属的纠纷处理中，纠纷自2005年发生，至2007年屯昌县人民政府作出处理决定（屯府林决字〔2007〕1号）的两年间中，争议双方多次发生矛盾，该林地也未得到开发利用。通过高位推动，整合多方力量，妥善解决了此林地权属纠纷，顺利完成林改，使林地得到有效开发利用，也确保了社会安定和谐。

（二）严格程序，规范流程

制度建设是林改工作的基础和保证，屯昌县在林改中充分认识到了这一点。在省林业厅的指导下，在林改解决历史遗留问题的实践过程中，逐渐形成了一套行之有效、严格规范的处理程序和翔实的林改方案。保证了林改解决历史遗留问题的效率和成果。

屯昌县在林改中调处林地纠纷大体要经过如下几步：一是申请解决纠纷，由申请人填写"林木林地权属争议案件收件登记单"和"林木林地权属争议案件处理申请书"，并递交县林业局有关部门或指定地点。县林业局在收到上述材料后，在规定的工作日内，根据申请材料，对所申请权属争议案件进行定性（分为林地林木纠纷、林地林木侵权、合同纠纷等）。根据争议案件的定性情况，由县林业局出具《林木林地权属争议案件受理通知书（管辖范围内）》和《不予受理建议书或决定书（管辖范围外）》。二是相关部门受理解决，在县林业局受理林木林地权属争议案件后，在规定的工作日内，由县林业局牵头，发出协办通知书，组织权属争议案件所涉及的相关部门和有关人员，询问争议案件的相关情况，并实地查看权属争议案涉及的林木林地四至边界状况，以及申请方和被申请方的实际生产经营状况。在此期间，还要向申请方和被申请方送达带有回执单的答辩通知书，听取双方的意见，查阅双方所提交的证明材料。三是依据事实与法律进行调节，在实地查看和询问相关人员、查阅参观证明材料后，依据相关的法律、法规，既要尊重历史，又要考虑现实，在尊重事实的基础上，首先由调解委员会调节并以出具调解意见书的形式，对申请方和被申请方进行调节。调节成功，双方签订调解协议、签名、加盖公章。如调解不成，则进入下一程序。四是调解不成，或诉讼或复议，由县林业局撰写《屯昌县人民政府林木林地权属争议案件处理决定书》（以下简称《决定书》），《决定书》报县人民政府审批，加盖县人民政府公章。《决定书》内容包括申请人、被申请人、争议事由、申请人陈述及证据、被申请人陈述及证据、县林业局调查情况、所使用的法律法规、所作出的决定意见等，《决定书》同时告知当事双方依法申请行政复议或提起诉讼的权利。在将决定书送达申请人和被申请人，由其填写文书送达回执，以便召开听证会。如果双方服从决定书所作决定，则此权属争议案结案。如申请人或被申请人不服从此决定，则可向上一级人民政府提起行政复议或向市中级人民法院、海南省高级人民法院提起行政诉讼，由高级人民法院作出最终判决。

在屯昌县屯城镇大长坡村委会第三经济社与屯昌县屯城镇大长坡村委会第四经济社关于土地岭至土地坡岭一带的林地权属争议案处理中，经过

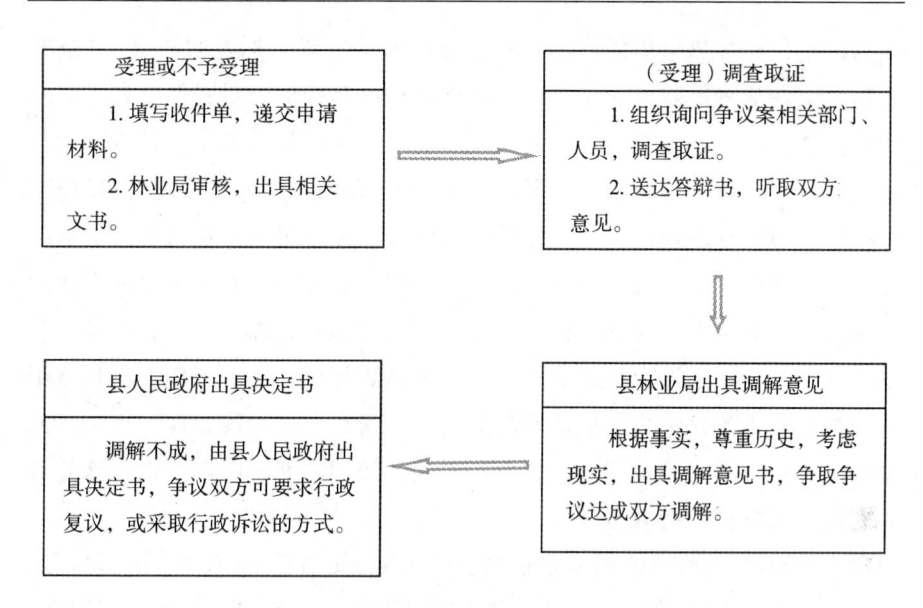

```
┌─────────────────────────┐          ┌─────────────────────────┐
│    受理或不予受理         │          │    （受理）调查取证       │
│  1.填写收件单，递交申请   │ ═══════▶ │  1.组织询问争议案相关部门、│
│  材料。                  │          │  人员，调查取证。          │
│  2.林业局审核，出具相关   │          │  2.送达答辩书，听取双方   │
│  文书。                  │          │  意见。                  │
└─────────────────────────┘          └─────────────────────────┘
                                                  ║
                                                  ▼
┌─────────────────────────┐          ┌─────────────────────────┐
│   县人民政府出具决定书    │          │   县林业局出具调解意见    │
│   调解不成，由县人民政府出 │ ◀═══════ │  根据事实，尊重历史，考虑 │
│  具决定书，争议双方可要求行│          │  现实，出具调解意见书，争取争│
│  政复议，或采取行政诉讼的方│          │  议达成双方调解。          │
│  式。                    │          │                          │
└─────────────────────────┘          └─────────────────────────┘
```

图 1　屯昌县解决历史遗留问题程序分解图

了屯昌县林业局处理林地权属纠纷的所有过程，最后由海南省高级人民法院作出最终判决。在认真对比判决书与屯昌县人民政府作出的"林木林地权属争议案件处理决定书（屯府林决字〔2007〕2号）"后，笔者发现，无论海南中院还是海南高院的判决，都支持了屯府林决字〔2007〕2号决定。在屯昌县16宗重大林权纠纷案中，2起正在处理，4起调解成功，10起走法律程序。走法律程序的10起（笔者在调研中看到其中6起判决书），判决的结果大都支持了县人民政府的决定书，个别的是在决定书中出现了法律适用问题，但事实认定是清楚的。这说明了屯昌县在处理林改纠纷中，所形成的工作程序和工作方法是切实可行和扎实有效的，作出的决定（结果）是合理合情合法的。

（三）五大经验，六项注意

屯昌县林业局，在积极妥善解决历史遗留问题的实践过程中，通过对自身工作的反省和汲取兄弟省份的先进工作经验，形成了一套完整的工作制度，并总结出处理历史遗留问题的五大经验和六项注意。

处理历史遗留问题的五大经验是相对于处理主体而言的，一是"见案有法"，参与处理历史遗留问题的工作人员，对相关的政策、法律、法规要清楚，对法律适用的情况和范围要明晰，做到"见案有法"。二是准确定性，在认真审阅申请人递交的申请材料的基础上，对案件要有一个准确的定性。对是哪一类型争议案，是否属于林业局管辖范围，是否需要其他部门协助办理予以确定，这影响到林业局是否受理和法律适用的问题，是整个纠纷处理工作的基础。三是依法调处，在作出调处意见或决定书的过程及结果中，要做到依法调处，有理有据，保证调处意见或处理决定的权威性，最大可能的得到申请人和被申请人的认可，保证调处成功率。四是专人负责，在条件允许的情况下，应由熟悉情况、了解工作程序和适用法律的专职人员负责历史遗留问题的处理，避免案件出现推诿、拖延。五是分工协作，要做到部门分工，权责明确、部门协调、共同处理，这需要政府的积极支持与有效协调。

在形成调解意见或作出处理决定的过程和文书起草中，应注意以下六点。一是作出调解意见或处理决定的程序要到位。做到不越级、不漏空、不缺节，特别是文书送达，要保障争议双方的知情权，文书涉及的材料要完整、翔实，形成"材料链"。二是案件定性要准确。文书下达要及时，避免矛盾、纠纷升级扩大。三是证据要充分全面。必要证据不可缺。保证"言有所依，据有所查"，避免空口无凭。四是法规适用要准确。做到"法有所凭"，避免适用法律错误造成调解意见或决定书无效。五是调处意见或处理决定要与实际情况相符，即要对双方历史遗留问题的由来和过程了解清楚，又要考虑到现实情况，如争议林木林地的现状、争议双方的生产经营情况，是否有利于生产等。六是要注意调查研究，从林改全局出发，公平优先，效率其次。要做到以历史为根据，以法律为依据，以现实为参照，"有节（历史）、有理（法律）、有利（生产）"。对涉及林农利益较多、面积较大的要谨慎处理。

多维冲突：新集体林改引发的新纠纷
——以赣中睦村为个案
周文斌[①]

2003年，国家开始率先在福建、江西两省实施新一轮集体林权制度改革（以下简称"新林改"）。这次改革被称为家庭联产承包责任制之后的第二次改革，截至2006年，福建、江西林改基本宣告完成。2008年6月8日，中共中央国务院宣布全面推进集体林权制度改革，至2010年全国新林改主体改革基本完成。值此关键时期，对林改成效和乡村治理的影响进行全面的评估，无疑对正在进行的全国林改工作具有重要现实和理论意义。本文选取林改试点省份江西省中部的睦村为研究对象，以该村始于2006年的集体林权改革为背景，对睦村因新林改而引发的纠纷作深入的分析，包括对纠纷类型的梳理，对纠纷原因的探讨，对纠纷主体行为逻辑及各利益主体进行博弈的分析等林权纠纷的实证分析，进而研究这些新林改纠纷对村庄的社会秩序和社会治理的影响。

一 睦村情况简介

睦村是一个典型的以自然村为主的行政村，由原塘村（村委会成立于1983年，村部设在现在的塘村小组）与原睦村（村委会成立于1983年，村部设在现在的小睦村小组）于2003年合并而成，包括11个自然村小组，860多户，3180多人，其中文盲约占10%，接受小学教育的约占

---
① 周文斌，男，华中师范大学政治学研究院2006级硕士研究生。

30%，接受初中教育的约占40%，接受高中教育的约占17.05%，接受大专及大专以上教育的约占2.95%。全村共有党员76人，劳动力1742人，约占村总人口的54.8%。村委会设在塘村小组，故名。这11个自然村小组分别是塘村、山村、陂村、坑村、潭村、上巡村、下巡村、上田村、下田村、大睦村①、小睦村。该村为丘陵地貌，地势西北偏高，多小山，东南稍低较平坦，水流多小溪，最高点为北部的杨山，海拔278.7米。土质以轻壤土、中壤土为主。用材林有松、杉和毛竹，经济林以油茶为主。全村占地面积约为12.84平方公里，其中耕地面积约为4752.9亩，大部分为水田，林地面积约为4782亩，其中集体林面积约为4500亩，该村是"半分山水半分田"的土地格局，林地面积略多些，主要分布在该村的北部，因此，北部的村庄山地面积明显多于南部几个自然村。水稻是该地区的主要粮食作物，大部分用于出售，每年种两季，平均亩产为800斤左右。近年来，随着大棚蔬菜技术的发展，该村蔬菜种植面积也逐年扩大，村民收入也因此有较大的增长。此外，由于该村林地面积比较大，林地收入也很可观。2004—2007年间，该村通过拍卖、招租等方式共获得林地收入100多万元。该村占地面积共12.84平方公里，其中，耕地面积4752.9亩（其中水田4510.6亩，旱地242.3亩）；园地面积510亩；林地面积4782亩；水域面积250亩；未利用土地面积2100亩（含荒山在内）。该村目前为止没发现矿产资源。

二 睦村的集体林权纠纷及对村庄治理的影响

经过土地改革到林业"三定"再到如今的新林改，睦村的林业取得了长足的发展，但与此同时，由于历史上工作不规范等方面的原因，因林权制度改革而引发的矛盾和纠纷也时有发生，尤其是新林改前后，林改纠纷甚至出现增多的势头。"以前，由于经营山林的效益不高，林农对于林地边界不清等历史遗留问题不是特别在意，有的对于自家的山场甚至从来不管不问"，可是等这次新林改的政策一公布，"林农见山上'有搞头

---

① 文中所指大（小）睦村系行政村睦村中的两个村小组，为避免混淆及行文方便起见，如无特别说明，以下村小组皆用此种简称。

了'，纷纷关注起自己的权益来，大量潜在的矛盾纠纷终于暴露了。"[1] 用睦村谢书记的话来说就是："原本相安无事的小山村，倒是因为听说要林改，老表（当地对'村民'的称呼）都出来争山争林，甚至闹得不可开交。"另外，由于林地纠纷案例和田地纠纷案例有相当大的差别。林地很明显除了原始积累的问题之外，更重要的是其后天增值很快，而田地却不是很明显，所以随着时间的推移，特别是市场经济发展的不断深入，林地纠纷越来越多了。

（一）普通村民之间的权属之争

1. 同组村民之间的纷争

20世纪90年代初，受宗族势力复兴的影响，江西很多宗族势力很强的村庄开始出现一股移民浪潮[2]。由于宗族观念的存在，集体化时代迁入的村民至今都难以真正在迁入村落中立足，他们在土地调整中往往遭受歧视，很多人被迫负担额外的费用，以至于有些人又甚至回迁到祖居的村落[3]。

睦村上巡小组中就有这样一个典型的例子。该小组是一个典型的南方宗族村，该组共31户村民全姓陈，其中原住民（即建村以来就在本村居住的）只有16户，另外15户正是那次移民潮时期（据他们回忆是在1991年）才从邻县迁入本组居住的。当时是征得原组长同意并且还分了耕地和山林的，只是山林的面积不大，因为他们搬来时，原住民刚好造好了林，至少20年才能成材，如果他们一迁进来就想坐享其成，这也不合道理，而且当时国家的政策也是谁造林、谁受益。所以，当初后迁入的这些村民只分得了很有限的一些未造林的荒山。可随着时间的推移，人口的增多，他们对那一点点有限的山林很不满意，多次提出要重分山林，都遭到原住民的拒绝。而当他们获悉此次林改要实行分山到户的政策后，便想借这个机会争取自己的利益，把整个组的山林打乱按人头重分，他们最充分的理由是中央林改的政策，另外还有一条让那些迁入民更为气愤的理

---

[1] 李凌云：《苍茫林海竞风流》，载《希望在山》（刘礼祖编），第51页。

[2] 刘良群：《宗族复兴背景下的人口迁移》，《中国乡村研究》第四辑，社会科学文献出版社2006年版。

[3] 朱冬亮《土地调整：农村社会保障与农村社会控制》，《中国农村观察》2002年第3期。

由：既然当初接受了他们迁入村庄成为本组成员，就应该一视同仁，就有权分得合理的山地。而那些原住民却反驳说："你们这是过河拆桥，当初要不是看在同姓同宗的份上可怜你们，才答应接纳你们，给你们一口饭吃，要不然，你们还不知道流落在哪个街头呢。再说，我们能给你们分田地就已经很不错了，你们现在反而得寸进尺，连我们辛苦造的林也想平分，这说得过去吗？不要说已经造了林，就算没有造林，都是荒山，如果不是我们这些本地人世代在这里管护，恐怕连个荒山头都被其他村的人霸占喽，说话要凭良心嘛！"[①]

就这样，双方各执一端，都据理力争，相持不下。因为这个村小组所涉及的林改山林面积最大，因此，这一纠纷的处理从战略上说起着举足轻重的作用，可以说是牵一发而动全身，处理不妥的话，整个村的林改工作都难以开展下去。所以，为了妥善解决好这个难题，不影响整个村林改的进度，村干部和工作组的成员昼夜不停地进行了连续七天七夜的耐心调解和仔细研究，最后达成一个初步的处理方案，即目前，后来的那部分村民暂不参与分山，再过14年后，才参与分山。也就是从1982年算起，已经过去26年了，合同上写的是共40年，也就是还有14年，他们就可以分山。面对这个处理方案，后迁入的那十几户村民尽管在村干部耐心的劝说下口头上表示同意，但是，他们心里很不服气，觉得村干部是有意偏袒那些原住民，这也对村干部今后工作的开展产生了消极的影响。这场风波慢慢平息下来，睦村的林改进程也得以继续进行下去。

2. 不同组之间的林改冲突

由于睦村各小组所处的地理位置、人口数量及宗族势力的差异，各组占有的山林面积相差比较悬殊（见表1）。

表1　　　　　　睦村各组人口及土地分布情况　　　（单位：户、个、亩）[②]

组别	户数	人口	耕地	林地
塘村	150	55	644.3	607.4

---

① 源于睦村访谈记录。
② 资料来源于2006年睦村统计数据。

续表

组别	户数	人口	耕地	林地
山村	50	185	216.8	102.3
潭村	123	455	685.3	589.6
坑村	80	296	467.6	121.1
陂村	108	399	532.7	123.4
上巡	38	140	164.9	1140.6
下巡	23	85	184.2	90.8
大睦	130	481	739.7	1480.7
小睦	68	251	521.6	89.2
上田	67	248	451.9	40.1
下田	23	85	143.6	20.7
合计	860	3180	9158.8	4405.9

　　如大睦村和上巡村自其祖先移居此地以来，就依山（该区内最高山为杨山）而建村，所以一直以来就占有得天独厚的优势，仅这两个小组就拥有整个睦村一半以上的山林面积。

　　当村民得知这次新林改中央的政策是要分山到户之后，那些林地比较少的村小组就开始有意见了。他们觉得很不公平，同在一个行政村，同属一个集体，既然是林地都属于集体的，为什么不能分得平均一些呢？何况相差也太悬殊了，所以心里很不平衡，于是纷纷去找村干部讨个说法。村干部就引用上级文件精神中的"尊重历史"这条理由来敷衍村民，认为既然以前一直是这样的情况，"以前不闹，现在为什么要闹呢？以前'三定'的时候也分过山，那时候怎么不吭声，到现在又想打乱重来，这怎么说得过去呢？"当然，那些林地面积比较多的村小组如大睦村和上巡村肯定也不会同意打乱重来的，尤其是大睦村这么强悍的宗族村更是坚决反对将山林重新分摊的。据睦村书记反映，大睦村小组自分田到户以来，连耕地都没有再调整过一次，更不用说林地了。问及原因，村干部说该组"刁民"（即难说话，不讲道理的人）太多，大睦村人一直认为这些田地和林地都是他们祖先留下来的，与其他村组无关，就算要调整，最多也只限在本小组范围之内，再说取消农业税之后，就连镇政府都束手无策，村干部就更懒得管了。

然而，这场分山的纠纷才只是开了个头，其影响力远不止这么简单。正当村干部在宣传此次新林改政策，并耐心地做那几个吵着要均分山林小组的工作时，有信息灵通人士透露，村里即将要修通水泥路，需要大笔资金，到时候肯定全村人都得集资。于是，那些主张打乱重来，均分山林的村民像是抓住了一根救命稻草般，更加理直气壮地和村干部以及那些不愿分山的村民"谈判"起来。他们"谈判"的筹码就是：如果不均分，就不集资，至少是不能按同一标准来集资。理由是，村庄公路是公共基础设施，每人都有使用的权利，也有集资的义务，集体山林作为集体财产，也应该每个人都平等地受益才对，不然就有失公正。他们抱怨说，"要出钱的时候就知道平摊，有好处的时候就想到独享，没有天理嘛！"①

这样一来，事情变得更加复杂了。一方面，那些主张均山的村民据理力争；另一方面，那些反对均山的村民却无动于衷，这时的村干部突然显得有点束手无策了。可是，如果这个纠纷处理不好，不但影响整个村的林改进程和成效，而且还直接影响到关乎子孙福祉的村路的修建工程。由于此事事关重大，村干部们立即召集两委成员及各小组组长一起商讨对策，可是会上大部分村组长却保持中立，默不作声，因为他们的林地面积基本处于平均水平，因此，争论最激烈的还是山多和山少的那几个小组，前者以大睦村为代表，后者以上田村为代表，双方还是互不相让，各持己见。最后在村委的调解下才达成了一个初步的共识：将大睦村与上巡村前不久租出去的496亩林地所得款（共计86.8万元）三七分成，即村委会得30%（26.4万元），大睦村与上巡村得70%（60.4万元），其中村委会所得大部分用于修路，这样，山少收入相对也少的小组集资时便可降低一些标准，以便调和因集资不均引起的矛盾。会后，当村组长将该方案传达给各村民时，虽然山多的一方还是有些意见，但考虑到修路毕竟是造福子孙后代的好事，他们中的大部分人也就没有再说什么，这场纠纷终于得到了初步的解决。但是还有少数"钉子户"仍然坚决反对村干部的调解方案，于是出现了拖欠修路集资款的情况，这一点将在后面详述。

---

① 源于睦村访谈记录。

（二）村干部①与村民之间的冲突

1. 偷偷卖山

在此次新林改前，也就是2003年，原大睦村村委会干部趁还没有并村之前，将大睦村小组约200亩松树林低价卖给了原塘村人张某。而且整个拍卖过程既没有公开，也没有第三人在场，更谈不上公平公正，而且价格极其低廉，后来查实拍卖价仅为两万元。山林拍卖后好长时间村民都蒙在鼓里，直到大睦村一村民到该山场砍柴用作柴火，被买主刘某发现并发生冲突，村民们才如梦初醒，民怨四起。

这件事之所以引起极大的民愤，首先，因为该山场虽有些松树林，但因无人管护并未成才，大部分是村民世代当作柴火烧的灌木林，是全村村民燃料的重要来源，山场出卖后就等于断了村民的"火种"；其次，就算要卖山场，村干部也得征得大多数村民，至少是2/3的村民或村民代表同意方可。然而，事实上，村干部在卖这个山场时除了他本人和买主之外，并无第三人在场，村民就更不知道了。最后，让村民更加气愤的是，该山场竟然是卖给了外村原塘村（那时候大睦村和塘村并未合并，是两个独立的行政村）。村民们认为，"肥水不流外人田"，就算要卖也应该优先卖给本村人，更何况山场卖得这么廉价。

后来，经过分析，村民们一致认为村干部肯定"吃了冤枉"（得了好处）、贪赃枉法，因为这个山场肯定不只那么一点钱，而且，村干部之所以不声不响地把山卖给外村人，最重要的原因是，村干部可以从中得到不少好处，而卖给本村人，抬头不见低头见的，他们便得不到多少额外的好处，想到这些，村民们就更加气愤了。最后迫于村民舆论的压力，村长将卖山所得的两万元钱退回了买主，重新收回了山场，民愤得到一定的缓和，但村民对村干部信任度却大打折扣。

2. 强行签字

2004年2月12日江西省委省政府发布了《中共江西省委江西省人民政府关于加快林业发展的决定》（以下简称《决定》），根据该《决定》，"目前仍由集体统一经营管理的山林，要采取租赁、承包、招标、拍卖等

---

① 文中所指村干部若无特别说明，包括村"两委"成员以及各自然村组长。

形式，明确经营主体，落实经营责任。"Y县政府随即向各乡镇传达了该文件的相关精神。紧接着，睦村村干部便着手准备将村里近400亩的集体山林承包出去。承包方是原来在睦村居住，现移居县城的几个小学教师和做生意的老板，因他们和村干部比较熟悉，所以他们以山场"空着也是空着"为由说服村干部卖山，并私下约定只将山林承包给他们，不要贴布告公示了，并且向村干部承诺，事成之后，可以分给他们股份。于是，在没有张贴任何公告，村民也不知承包方是谁的情况下，村干部就答应把山承包给他们。只不过，有了之前偷偷卖山的教训之后，这一次村干部意识到了证据的重要性，并且也没有采取"一事一议"的方式召集村民商议，而是采取各个击破的策略，连夜起草了一份合同，挨家挨户地上门要村民签字。由于大部分年纪大的村民都不识字，就这样稀里糊涂地按了手印。而少数识字的村民看了合同之后觉得不公平，想拒签，结果遭到村干部的喝斥，最后还是很不情愿地签了字，村干部们深知林改政策，只要2/3以上的村民同意，合同即生效。

3. 集体上访

尽管村民在村干部的威逼之下在合同上签下了字，但此事并未就此结束。部分村民通过报纸或电视等媒体了解到这次新林改的政策，纷纷要求将集体山林分到各家各户，特别是他们意识到这块山场的价值实际上远不止合同上说的那样，而是高出几倍时，村民们更忍无可忍，要求废除合同，分山到户，不然就上镇政府去告状。然而村民的这些要求，村干部并未理睬，理由是他们手上有村民们的亲笔签字，"就算告到天王老子那里去也不怕"。果然，没过几天，由村民罗四海牵头联名写了一封上访信到镇政府上访，要求镇政府妥善解决这件事情。而接见上访村民的镇干部以"此事有待查明之后再作决定"为由，把上访村民打发走了。村民也只好回家等消息，可是等了很久都没有等到他们期待的结果。问及原因，镇政府的答复是要"尊重历史，尊重事实"，在林改之前承包出去的山是不能再收回来的，况且有2/3以上村民的签字，事实已经无法改变。当然，对这样的处理结果，村民是难以接受的，于是，他们声称要告到县里市里甚至省里去，一定要争取自己的权利。尽管此事到现在都还悬而未决，但是它所造成的影响却是巨大的，给接下来村干部工作的开展带来了许多困难。

2006年9月,村里按照"一事一议"的方式召集全体村民商量集资修建村庄道路的事情。以罗四海为首的近20户村民拒绝集资,理由除了前述强行签字卖山的事件之外,他们还认为,这么大的工程,最后得实惠多的还是村干部,村干部肯定会吃回扣,所以,无论村干部怎么做工作,他们就是铁板一块,决不屈服,他们宁可继续走泥巴路,也不希望村干部借修路来敛财。而其他大部分村民还是很迫切希望能修好路,造福子孙,无奈之下,村干部只有和承包商商量,先垫付一部分钱,先把路修起来,再去做那些"钉子户"的工作。可是等路已经修好,到现在两年多了,那些"钉子户"的钱还是没收到。这样一来,村干部的日子就不好过了,一方面上面拨的修路工程款还没完全到位,包工头隔三岔五地向村干部催款;另一方面,其他已经集了资的村民心里很不平衡,很多人甚至直接跑到村干部家去闹事,强烈要求把钱退回来,弄得村干部们不知所措,哭笑不得,村干部兴办公共事业的积极性也因此受到影响。

(三) 村委会与承包人之间的矛盾

20世纪七八十年代,县政府从相关村划拨了部分林地组建恩江国有林场。睦村被划拨500多亩。尽管划拨时双方约定林地所有权、使用权和处置权仍归睦村保持不变,恩江林场仅获得林地经营权,在林木成材采伐时按省政府规定统一林价的30%支付给睦村作为山价费,但没有约定合作经营期限。政府单方面确定林价的规则和收益分成比例也一直未变。然而,时过境迁,随着山林价格的不断上涨,在政府单方面确定林价的模式下,睦村所得利益的相对比例不断下降,加上合作林地的实际收益缺乏村民的有效监督,使得村民怨声载道。然而面对强势的政府权力,村民们只能端起"弱者的武器"来发泄自己的不满,他们所能做的无非是从最初的偷砍盗伐林场林木,逐步升级到在林场木材运输必经的路、桥、田等处设置障碍,索要过路(桥、田)费。村民的弱势地位使得其只能通过这种逐步激化矛盾的方式换取上级政府重视并进而获取利益。

在此次新林改过程中,睦村村民抓住这次难得的机会,强烈要求村委会解除与林场的合约,收回地权并均山到户。最后,在双方的不断博弈中以及地方政府的干预下,睦村与恩江林场达成协议:所有拨交林按采伐时的林木作价,将山价款全部支付给睦村。村里对500多亩拨交林的收益重新进行了安排,其中100亩的林地受益权作为村集体财产,其余林地受益权(约200万元的预期山价收入)按全村现有人口均林到户。合同还约定,以现有人口为准,被划拨的分到户的林地每个村民都终身受益,生不加,死不减,可以转让、继承。村民应协助林场管理,不得偷盗林场林木,不得以任何理由和借口收取道路、场地维修、使用费,不得干扰、阻碍和破坏国有经营区的正常生产经营活动,如有违约,村委有权收回该村民受益权并处以违约金。

最终,以双方达成新的协议为标志,发生在场、村之间的林权纠纷,基本得到解决。但调研中,仍有不少村民坚持一代林皆伐后,恩江林场应将山地归还村里。理由有三:①地权本属睦村,应在期限内归还;②监管成本高,恩江林场的实际经营收益难以掌握;③目前的分成水平(山价)实际由政府控制,政府对国有林场的偏爱必然使农民处于弱势,致使所得比例偏低。以国有林场形式占用集体林地经营的现象在南方集体林区十分普遍,而且长达数十年的经营历史,已形成了国有林场相对稳定的组织与经营体系。然而,睦村与恩江林场之间并未解决冲突的根源。合作经营期限不明确,经营期限的模糊和政府的偏好仍是引起纠纷的潜在因素,当山林经营预期收益与租金收益差再度拉大时,纠纷便可能再次发生。

(四) 村与村之间①的山林权属之争

睦村《周氏族谱》记载了该村大睦村小组与邻镇杨村的持续了上百年至今未决的林权纠纷。据该族谱记载,双方最早的一次冲突发生在清朝顺治年间,而且每次改革期间都曾有过激烈的冲突,并曾演变为流血事件,双方损失都很惨重,但争论的结果几乎都是大睦村获胜,据大睦村的年长者回忆,主要是因为当年的大睦村势力强大,是一个典型的宗族大村。该村主姓为周姓,全村人都非常团结,且所争山场距大睦村最近,而邻镇的杨村虽也是一个以杨姓为主姓的宗族村,但该村除杨姓外,还有很多其他的杂姓,且人口不多。所以,整个村庄势力相对较弱,加上离山场也远,更是鞭长莫及了。因此在这样一场较量中,处在"坐桩"的大睦

---

① 此处指跨行政村范围的行政村之间。

村与身处"走桩"的杨村的力量悬殊之大是显而易见的,加上杨村当时的证据除了其《杨姓族谱》之外,别无其他有力的山林权属证据,且该族谱所载理由在大睦村人看来也显得十分荒谬,因为他们声称其杨姓祖先最早葬于所争山场,故该山场便为杨姓所有。这让睦村人很难信服,这或许也是杨村历史上屡告屡败的一个重要原因。

  然而,近年来,随着城镇化和市场经济的发展,睦村大批中青年劳动力纷纷外出务工,村庄势力也因此逐渐衰弱,而昔日那个贫穷落后的杨村凭借其离县城很近的区位优势,发展迅猛,经济实力雄厚起来。于是,在这一轮新林改中,他们便卷土重来,大有复仇的意思,发誓要将祖宗留下来的山场夺回来。他们到处搜集对其有利的证据和材料,到处拉关系、托人情,聘请最好的律师,从县里告到市里,不惜一切代价,其间虽也曾多次败诉给睦村,但最终于2008年8月法院还是将其所争山场的一部分判给了杨村。据大睦村人说,这主要归功于时任县山纠办主任的杨某,因此人是从杨村考出去的大学生,回到家乡工作,经过一番打拼,现任县山纠办主任,正好由他主管县里所有山林纠纷的调处,很明显,他手中的权力加上良好的人脉关系,他的意见在很大程度上影响着此案的审理结果。

  尽管睦村人仍不服这一判决,表示还要继续将官司进行下去,不争回山场,无法向祖先交代,可是如今的睦村远不如昔日那么强大,而且"朝中无人,官司难打",而势头强劲的杨村也更加不甘示弱,扬言要将官司进行到底,把所有山场都要回来,这样一来,一场村际宿怨越来越演变成一场复杂的旷日持久的官司。更糟糕的是,这一村际纠纷的复杂程度远不是睦村村干部们所能想象和掌控的。试想一下,如果这个山场最终真的判给了杨村,而睦村又是杨村去这块山场的必经之地,那么,面对自己的夺山"仇人",睦村人是否能视而不见呢?还不知道要惹出多少新的纠纷来。如果真是这样的话,这必将给睦村的村庄治理增加更大的难度。

三 关于睦村集体林改引发的新纠纷的思考

  任何一项政治改革都是"社会政治经济和文化发展,特别是社会利益矛盾发展的必然结果",它能有效缓解或消除社会利益矛盾①,同样,作为推动林业经济和农村发展的一个重要途径,集体林权改革也引发了一系列的纠纷和冲突。从林改试点省份的经验来看,正如大部分学者的研究那样,这次新林改不仅取得了很好的经济效益,也取得了良好的社会效益。然而,改革就像一把双刃剑,它给人们带来好的一面,同时也会引起一些负面的效果。而且,由于地区性的差异,改革的效果也不尽相同。

回顾睦村林改的历史沿革,不难发现,由于历史上国家林业政策的反复多变,导致广大村民对国家政策的信任度也变得相对不稳定,加上历次改革的不彻底,从而为日后的林改工作埋下了纠纷隐患,而如前所述,睦村的这次新林改所引发的这些纠纷及其带来的影响是林改设计者始料未及的。农业税的免除已经如釜底抽薪般使睦村村组织的运转变得举步维艰,各种公益事业和公共设施几乎荒废,而新林改的到来又像是一个火药桶,把原来隐藏起来的矛盾一下子激发出来,尽管睦村通过这次新林改增加了一些收入(主要是山场的租金),但是这点收入相对于庞大的公共设施建设开支来说,犹如杯水车薪。

事实上,与有些学者的研究相反,睦村广大的村民收入并没有因为新林改而增加,因为一方面,大部分集体山林都承包给了少数"有钱人"或村民眼中的"关系户",林权集中到了少数人手中,导致村民意见很大,心里不平衡,并进而发生纠纷和冲突;"这种非正常的林权集中现象的出现,不仅严重侵害了无林地和少林地农民的多方面权益,也将导致他们对国家政策认同产生不利影响;它不仅会影响到乡村治理的有效开展,也将对今后林地制度走向甚至耕地制度改革产生消极作用。这是因为林改之后,大部分林权集中到少部分人或者某些经营实体手中,而大多数农民得到的收益是非常有限的,它们并没有分到属于自己的'第二份责任田',改革的效率与公平没有得到应有的兼顾。"② 另一方面,村民并未完全尝到改革的甜头,即承包出去的山林租金大部分未分给村民,而是用在了村庄公共事业上。按理说,"改革以前,山林是属于集体的,是属于村

---

① 王浦劬:《政治学基础》,北京大学出版社1995年版,第411—412页。
② 贺东航、何得桂:《社会排斥视角下的非正常集体林权集中现象—闽中溪乡实证研究》,《福建行政学院福建经济管理干部学院学报》2008年第1期,第80—85页。

民的，改革以后的收益分配也应该以一定比例在村民之间进行均分，仅将拍卖所得用于公共设施的建设，不能使村民得到经济上的收益，不能使村民感受到改革的好处，未能参加竞标获得山场的农民容易对改革产生抵触情绪。同时，首轮有林山的拍卖完成后，荒山的拍卖收入相比而言是很少的，这样的设计对当届村委有好处，能够在短时间内拿到大笔资金，但是一旦全部进入荒山的拍卖期后，村财政收入就会大减少。"① 这样一来，村庄以后的公共事业建设必然会受到比较大的影响。

另外更加值得注意的一点是，纵观睦村新林改过程中发生的这一系列林改纠纷，我们不难发现，村干部在这些纠纷中扮演着十分复杂而且尴尬的角色：一方面，他们作为地方政府的代理人不得不认真贯彻上级的林改政策，遇到纠纷要积极主动地去设法调解，以确保林改的顺利进行；另一方面，某些村干部在集体利益和个人利益面前，在个人利益的驱动和少数外来资本者的怂恿下，利用其信息和职位优势投机钻营，谋取私利，同时损害了广大村民的集体利益，也埋下了纠纷隐患。因此，尽管睦村有着分工相对明确的村委会正式组织以及较为严明的制度，甚至还有一些调解纠纷的民间组织，然而，由于村干部有失公正的纠纷处理方式而使纠纷不但没有得到彻底有效的解决，反而在某种程度上使纠纷变得更加复杂，村民对村干部的不信任感也与日俱增，进而导致干群关系恶化，村干部威信降低，村庄公益事业举步维艰，极大地影响了新林改的成效，并进一步威胁到村庄治理的基础。

当前要想有效防止林改纠纷的发生和升级，妥善解决各种纠纷和冲突，巩固已有的改革成果并供其他林改省份借鉴，使改革进一步深入下去，我认为可以从以下几个方面入手：

（一）调解需耐心及时，把矛盾化解在基层

村民小组或村委会所有的几百甚至千余亩的山林，在村委会组织有关领导的参与下进行发包经营，目的是发展农村经济。承包方系家庭或若干户合伙承包，他们投资修路、架设电线和建房，在非常困难的情况下拿出

---

① 王新清、孔祥智、郭艳芹等：《制度创新与林业发展—福建省集体林权制度改革的经济分析》，中国人民大学出版社 2008 年版，第 122 页。

一定数额的资金,常年支付雇请人员的工资,帮助购买农药防止病虫害,日夜管护所承包的山场,避免山上的林木等受到偷盗或破坏。若干年后承包合同发生纠纷,承包方投入的资金、人力、物力很难计算,承包后的增长部分也无法计算,故应先由乡镇村及有关组织进行调解,把调解工作作为诉前的一个前提程序。乡镇村对农村山区的情况非常熟悉,直接参与发包承包会议及合同的签订,对承包双方履行合同、投入管护、产生纠纷之原因及纠纷双方的思想动态等情况,知悉并有所了解,有针对性地做工作,耐心地说服教育,竭力消除对抗情绪,将矛盾纠纷化解在基层。这样,既避免承包方受损失,又不使发包方即全体村民因承包合同解除而背上赔偿损失的沉重经济包袱,促进双方团结协作,共同发展。

(二)纠纷解决需慎重,平等协商解决矛盾

林地承包合同与其他合同不同,承包期限较长,投入资金较大,承包前后的价值很难界定和分清。解决这类纠纷应慎重思考,当事人绝不能以过激的方法"强迫"对方接受自己的意见,更不能集体越级上报。发包方与承包方都是村委会或同一个村民小组的村民,相互之间非常了解,当林权发生纠纷后,双方应平等协商,各自都要为对方着想,均应认真检讨自己的过错或违约行为,如有不符合一方或双方真实意思表示的合同条款,可以协商变更或达成新的补充约定。双方在平等协商的过程中自行和解,澄清是非,解决矛盾。

比如,针对承包期限过长而引发的纠纷,可以采取缩短承包期的方法来加以引导和缓解矛盾。从实际来看,承包合同约定的承包期一般都在30年以上,有的为50—70年。中央关于发展林业方面的政策,是从农村农民的根本利益出发,家庭承包期可为50—70年,但对以招标方式承包的期限没有作出此规定,双方就可以协商,在合同有效的前提下变更承包期限,将较长的承包期缩短为20年以内,只要收回成本略有获利即可。集体财产不能数十年为少数村民受益和占有,否则不利于维护全体农民的合法利益。

(三)加强法制意识,调解无效可依法诉讼

全体村民或承包方如选择诉讼来维护自己的合法权益,应从林地承包

经营的实际情况出发。如果承包人实际投入较大，山场林木长势又较好，只是承包人不按合同的约定办事，对发包方提出的建议或警示不听不理的，发包方可提起违约损害赔偿之诉，这样既补偿了发包方的实际损失，又惩罚了承包人的违约行为。如认为承包人确实不能再继续承包下去，即根本违约，依法可请求解除承包合同。要求解除合同方应充分考虑相对方（一般为承包人）的直接经济损失和可得利益。因为承包合同依法被解除后，承包人返还的是一片茂密、生长旺盛的林木等，其中增值部分凝聚着承包人的心血和汗水，解决合同方应当赔偿承包方的直接经济损失和可得利益。

集体林改中基层林业站的发展困境
——以广西壮族自治区钦州市钦北区大垌镇林业站为个案

贺东航　张康芳[①]

众所周知，基层林业站是林业工作的最基层组织，是农村基层管理各项林业事务的职能机构，是国家林业主管部门的"腿"和"触角"，是林业工作延伸基层的"毛细血管"和"神经末梢"。"上面千条线，下穿一根针"，国家有关林业的法律法规、方针政策、林业的发展规划、各项林业任务，最终都要通过乡镇林业站落实到村屯、农户和山头地块。可以说，林业站是极其重要的基层工作单位，尤其是我国进行集体林权改革后，林业站的作用更是越发显著。2009年暑期我们到广西大垌镇林业站进行调研，通过参与式观察，了解乡镇林业站的日常运行的现状、困境，并力图提出相应的政策性建议。

一　大垌镇的林改情况

本文所讨论的大垌镇位于钦北区中南部。地处钦州城区北郊，距钦州市区13公里、钦州港41公里、首府南宁95公里。东与平吉镇相邻，南与钦北新城区相接，西与那蒙镇毗邻，北与小董镇接壤。全镇总面积155平方公里，辖11个村委会和1个社区居委会，133个村民小组，总人口3.65万，其中农业人口3.46万；全镇集体林地面积12.5万亩，9000多

---

① 张康芳，女，华中师范大学政治学研究院硕士研究生。

户林农。大垌镇于 2007 年 5 月 11 日正式启动林改外业工作,外业勘查工作于当年 7 月 16 日结束,历时 66 天。经内业统计,全镇 133 个村民小组全部参与林改,已完成外业勘查的村民小组 131 个、林地面积 11.8 万亩,分别占全镇村民小组总数和集体林地面积的 98.5% 和 94.4%;在外业勘查的林地中,已完成林改确权的林地面积 11.4 万亩,占全镇集体林地面积的 91.2%;已发放林权证 5000 多户,林地面积 8.8 万亩。能够在这么短的时间内完成林改任务,与大垌镇林业站的努力是分不开的。

二 林业站和村庄基本情况

(一)我国基层林业站职能

在林业发展建设与管理工作中,基层林业站的作用尤为突出。一般而言,林业站担负着辖区内的林地管理、造林更新、森林防火、林政资源管理(森林资源监测、林木采伐、木材运输及经营加工)、重点生态公益林监管、野生动植物保护、森林病虫害测报防治和林业行政案件协查等工作职责。

2003 年中共中央国务院发布了《关于加快林业发展的决定》,进一步对乡镇林业工作站的职能作了定位:"乡镇林业工作站是对林业生产经营实施组织管理的最基层机构,要充分发挥政策宣传、资源管护、林政执法、生产组织、科技推广和社会化服务等职能作用。"

(二)大垌镇林业站基本情况

1. 人员构成

大垌镇林业站位于大垌镇镇政府中,离钦北区只有半小时的车程,离米家村约 15 分钟车程。大垌镇林业站目前共有 5 位工作人员,其人员构成和职能(见表 1)。

表 1　　　　　　　　　大垌镇林业站人员构成表

姓名	职务	性别	年龄(岁)	文化水平	工作时间(年)	职责分工
李明英	站长	男	54	中专(工程师)	21	全面主管

续表

姓名	职务	性别	年龄（岁）	文化水平	工作时间(年)	职责分工
韦带晓	工人	男	35	高中	13	主管林改和采伐涉及
黄华溢	工人	男	34	高中	11	主管农村沼气建设和森林防火
黄文武	工人	男	35	初中	11	主管林改，协管林防
黄瑞娟	会计	女	33	高中	10	主管内务和报账，林权证发放

注：工作时间是指工作人员在林业站工作的时间年数。

从表格中可以看到，林业站五人分工明晰，而且工作人员总体的文化水平还是合格的，而且他们在林业站工作的时间都相当长，尤其是林业站站长，李明英站长在5个人中具有极高的威望，工龄达到21年，业务经验很丰富，能够有效带领下属开展林业管理与服务工作。

2. 办公设备

据实地调查了解到，大垌镇林业站目前使用的办公室是借用镇政府的一间办公室，此办公室是一个大约20平方米的小房间，里面摆放五张破旧的办公桌和一个旧的小文件柜，有一台GPS卫星定位仪，但是没有电脑、对讲机等工具。有两辆摩托车是公用的，自己买的摩托车公家会补贴部分油费。唯一像样的设备是一台老式饮水机。可以说此林业站办公条件很差。笔者在对林业站工作人员进行访谈的时候，他们诉苦道："我们工作很辛苦，没有交通补助，三个月没发工资，办公室就是这几张桌子，到山林上干活，尤其是夏天，一干就是一天。"①

根据几天的跟踪调查和采访，笔者切身感受到了林业站工作人员日常生活的艰辛。当笔者问及他们日常工作具体情况时，林业站站长李明英介绍说："这得分两种情况，一种是正常上班，一种是下乡。如果是正常上班，每天上午8：00准时到办公室，如果是冬天则是上午8：30，一般都是做一些业务学习和内务整理工作，比如办理砍伐证等工作，中午12：00下班。下午3：00上班，冬天是下午2：30，一直工作到下午

---

① 访谈记录——2009年8月13日在林业站办公室访问林业站工作人员韦带晓。

6：00。如果需要下乡，那么时间都是不定的，有时候天没亮就得上山地了，之后一天都待在山上或者村里，很多时候天黑了才回来，如果有些纠纷需要我们去调解，那么有时候晚上还要去工作，因为有些农民有时晚上才有空，晚上还要进村。下乡的工作主要是做一些勘界、解决纠纷工作。"①

广西大多数山村的沼气池建设都要基层林业站的支持，大垌镇也不例外。大垌镇林业站的主要职责之一就是协助各个村庄进行沼气池建设，据林业站站长李明英介绍："大垌镇所有村庄的沼气池都是我们林业站亲力亲为的，从开始的发动到规划、服务到最后的维修，都是我们在管，当然在这个过程中各个村的村委会也都会帮忙，但是主要工作都是我们在做。到目前为止，我们已经在整个大垌镇建设了大概3500座沼气池，而米家村则是600座。像现在建立一个一般标准的沼气池需成本大约是2200元，一般标准即8立方米。"②

据林业站站长介绍，林改后他们对林业站的工作任务定位主要是以下几个方面：行政执法、公共服务、造林指导、种树施肥等提供免费服务。此外，大垌镇林业站还有一个特点，那就是大垌镇林业站所在地离钦北区林业局很近，驱车大约只要半个小时，据林业站站长介绍，他自己的家就安在钦北区，几乎每天都会到林业局去看有什么通知或者拿一些文件。因为林业站没有电脑设备和打印设备，许多电子文本都存在林业局里。

3. 林业站林改经费

大垌镇的林改经费情况比较特殊，据钦北区纪检组组长张戈介绍："由于大垌镇是第一批林改试点镇，为了保证人力、物力、财力完成任务，上级拨款没有计划，林改经费是完成后才结算的，平均每亩0.4984元。"③此外，据李明英站长介绍："由于林业站距离钦北区林业局很近，同时业内涉及的绘制图表和登记台账等都需要电脑才能完成，而林业站办公室没有这些设备，加上路途比较近，林业局专业人才也比较多，所以大

---

① 访谈记录——2009年9月22日给李明英站长做电话跟踪访谈。
② 同上。
③ 访谈记录——笔者于2009年8月13日专访钦北区林业局纪检部组长张戈组长。

垌镇的内业大多是在林业局完成的。而像档案管理、纠纷调解和培训支出也都是由钦北区林业局统一管理的。"① 大垌镇林业站此次林改经费具体支出费用见表2。

表2　　　大垌镇林业站此次林改经费具体支出费用表　　（单位：万）

项目	外业勘测	林权纠纷调解处	内业支出	档案管理	培训支出	交通	总数
上级拨款	43.7	6.2	11.2	0.8	3.5	3.1	62.3
实际支出	43.7	6.2	11.2	0.8	3.5	3.1	62.3
结余	0	0	0	0	0	0	0

注：外业勘测包括聘请技术人员、踏界划定四至、勾图、确定明显标志物等；林权纠纷调处包括户与户、村与村、乡（镇）与乡（镇）、县（区）与县（区）、设区市与设区市之间的林权纠纷调处；内业支出，包括附图、附表绘制、公示、登记台账、签订合同等；档案管理支出，包括搜集、整理、归档及相关设备购置等；培训支出，包括对林改工作人员、技术人员、乡村干部、村组林改工作小组、农民的政策和技术培训。

（三）米家村的林改情况介绍

米家村全村有村民小组18个，现有农户895户，人口3885人，村庄面积11635亩，其中耕地面积有1705亩，林地面积9930亩，其中果园面积540亩，马尾松面积5270亩，速生桉4020亩，荒山面积100亩。该村林地中，集体经营山1165亩，承包责任山7925亩，自留山832亩。村庄中以林业为主要谋生手段的有230户，其中林业大户（经营50亩以上）为12户，大户经营的林地总面积有980亩。

大垌镇基层林业站在米家村的林改工作有以下几个方面：首先，宣传林改政策。林业站工作人员开着宣传车到村内宣传林改的基本政策和方针。其次，征求村民对（林改）《决议》的意见。如果确实有些群众外出不在家，基层林业站的工作人员就到村民家里补征求对（林改）《决议》意见，在双方确认无误的基础上，要求村民在《决

---

① 访谈记录——笔者于2009年9月22日给李明英站长做电话跟踪访谈。

议》上面按手模。最后,调节林权纠纷。乡土中国依旧遵循着老人统治、能人统治的治理模式。据调查,我们发现,当米家村出现林改纠纷的时候,基层林业站往往会进行多方面协调,几乎很少会走法律途径解决问题。

目前,米家村流转林地的面积有1360亩,其中村庄内部流转的数量有1230亩,企业经营的林地有380亩。林改后整个村庄造林更新面积为3530亩。林改中出现的林业纠纷有13起,全部都是林户纠纷,12起已经解决。林改后村里成立了由12人组成的半专业消防队,村干部召集村民参与,目前总人数已有15人,成立消防队火灾次数明显减少,由往年的20起/年减少到如今的3起/年。

通过观察基层林业站在米家村的林改,我们发现当前米家村的林改呈现以下几个特点:1. 该村整个林改在林地权属上基本没有太大的变动,主要工作是勘界确权,确权主要是依从林业"三定"时的划分标准;2. 由于刚进行林改不久,林改绩效尚没有呈现;3. 村里的纠纷大多是村与村之间,比较容易解决;4. 林改促进了农民造林;5. 存在比较多的村内林地流转现象,一些林农把林地流转给大户经营管理,收取租金。内部流转有1230亩,流转出去的集体林采取分股分利不分山的形式分配利润,其中70%给农户,30%给村集体,五年分一次。

三 集体林改后基层林业站面临的问题

(一) 人员不增,工作量大增

据林业站工作人员介绍,自从大垌镇2007年5月份正式启动林改以来,他们的工作量大幅度提高,从林改外业的勘界、勾图到内业的表格填写和受理申请等业务,无一不要林业站亲力亲为。在大垌镇,由于离钦北区林业局很近,加上大垌镇林业站没有电脑设备,所以林改的内业主要是林业局负责,但是林业站的工作人员在搞内业期间也要前往钦北区林业局帮忙。笼统地说,林改后,林业站的服务对象从过去的村集体变成了千家万户的林农。

在笔者调研期间,大垌镇的林改已经进入配套改革阶段,据了解,林改以来,大垌镇所管辖的各个村庄的关于林改的大事小事几乎都要林业站的工作人员亲自解决,林业站工作人员介绍说:"平均每个星期要进村4次左右,一般一去就是一天。"① 当问及林改后林业站工作量增加主要表现在哪些方面时,林业站站长李明英介绍说:"林改后,我们的工作量很大,服务对象由以前的村集体变成了千家万户,我们要亲自入户验收、协助防火和受理砍伐申请。如今很多村庄存在不少大户经营的现象,每次砍伐的时候都是大面积地进行申请,这样我们的工作量就增加了,因为我们要亲自到山地去测量砍伐面积。此外,一些只有几亩林地的农民,他们对申请砍伐整个过程都很不清楚,这都需要我们帮他们填写申请表,做一切事情。你也知道,一些农民也许连字都不认识,更不要提写字。"② 此外,"像我们大峒镇,50%的林地种有桉树,五年砍一次,平均每年要砍300—500块地,工作量非常之大。此外,除了勘测外,还有病虫防治、施肥等服务工作都是我们主管的。特别是病虫害,村民对这个问题还没有形成概念。"③

总之,在勘界确权阶段,工作人员到山林上测量、划界;在解决界线纠纷时期,工作人员要与村民、村干部一起协商处理;在山林起火或是干燥季节需要加大防火力度时,工作人员要组织防火,火灾来后随叫随到;当到了病虫防治和施肥的时候,工作人员更是给每户林农讲解和示范;在林木成熟时期,林业站工作人员要到实地勘测以受理砍伐,此外还要帮一些林农填写申请表。由于大峒镇有许多林木是流转给大户经营,所以申请林木砍伐的时候是大面积地申请,林业站站长说有时候一次就要砍300—500块地,这个时候就只能靠几个工作人员到林地去勘测采伐面积。如果遇到多家大户同时要申请采伐,那林业站工作人员更是天天早出晚归。可以说,本身林业站的职能就很繁杂,林改后更是大幅度加大了林业站的工作量。

(二) 工资不涨,工作积极性受挫

随着林业站工作量的增加,工作人员的个人支出也成正比大幅度提

---

① 访谈记录——2009年8月13日访问林业站工作人员韦带晓。
② 访谈记录——2009年9月22日给李明英站长做电话跟踪访谈。
③ 访谈记录——2009年8月13日专访大峒镇林业站站长李明英。

高。据林业站站长介绍说:"我们每天骑摩托车进村光油费和买水喝的费用一个月就得有400元/人,这还不加上到村里宣传或是解决纠纷时买的纸张,虽然说镇里每月每人给的油费、手机费补助是150元/人,但是远远不够。"①

据了解,大峒镇林业站属于事业单位而不是行政单位,所以很多办公经费没有一个清晰的来源渠道,当我们问及工作临时要用的纸张和笔单位怎么会不提供时,他们说就是没有,很多时候要自己贴钱。可见林业站体制上的规范化急需解决。

通常而言,当我们付出更多劳动的时候,工资报酬也应有相应的提升。但是在笔者调查期间没有看到这种同步发生的报酬增加现象,反而是"只见刮风,不见下雨"。笔者调查期间,问及林业站工作人员他们的工资收入情况,他们共同诉苦说:"8月份的工资还没有发"。大家都说林改后,所谓的经费下不到镇里来,只有看见工作量增多,但是却没有相应的报酬提升或是奖励机制,有时候影响工作积极性。

据一位工作人员介绍:"像我们站长是工程师,有30年工龄,在林业站工作了20年整,如今发工资的话,统统加上各项补贴,一个月到手的就只有1800元,像我们的工资就少得多了,凭我们站长的能力,一个资深工程师到广东去,一个月至少有7000吧。"② 不过当问及林业站站长他对这份工作的满意度时,相对那些后辈来说,他的满意度还是有的,据了解,由于他的技术过硬,能力强,所以在大峒镇的各个村的村民中比较有威望,这些也许是他的最大的个人价值的体现。在这个岗位工作了这么多年,无论好坏,都有一份难舍的情感。对于收入的问题,可能由于年纪大有了一点积蓄,外加儿女已经成家立业,不会有太大经济压力,而年轻的工作人员就不同,要结婚生子、养老,所以抱怨会更多一些。

四 林业站在集体林改中的新作用

集体林产权制度改革是面向农村、面向广大农民群众的林业建设工

---

① 访谈记录——2009年8月13日访问林业站工作人员韦带晓。
② 同上。

程，基层林业站在这次集体林产权制度改革中直接面对农村、农民，发挥了重要的基层战斗堡垒的作用。笔者通过实地调查，发现林业站在林改中除了发挥政策宣传、资源管护、林政执法、生产组织、科技推广和社会化服务的作用外，还起到调解纠纷、联结林农与政府之间关系的作用。

（一）化解林农纠纷

正如前面提到的，由于林业站站长技术过硬，能力强，为人磊落，所以在大垌镇管辖的所有山村中都有很高的威望，他跟各村的村干部关系也很好。在解决一些林地界线纠纷的时候，村民也比较信服林业站的话，这样就使得一些林地纠纷比较容易解决。据了解，在广西山村里，民风淳朴，大多村民们都很讲究礼节，当林业站工作人员去帮助他们施肥、防病虫、填写砍伐申请表或是勘测采伐面积的时候，他们都会很感激林业站工作人员，把他们当成自己的朋友。米家村村主任说："李站长在我们村可是有头有脸的人物，有时村里的林业以外的民事冲突我都得找他帮忙，村民们就是愿意听他的。"[①] 林业站工作人员的这种信任和威望是无价的，是乡村治理的一种新的资源。当村庄里增添了这么一股新的权威力量的时候，能为村庄带来些许和谐与宁静。

（二）联结林农和政府

每个省区、每个市县直至每个镇村选定的具体林改方案的落实在某种程度上都要以基层林业站的全面摸底工作作为基础。在林改中，林业站的调查摸底工作，包括对林地资源现状、管理状况、纠纷状况等情况的了解。林业站须将这些情况向林业局反馈，给上级决策者提供更多的决策依据。随着林改进程的深入，林业站又要尽量下到乡村中与林农交流和沟通，之后把林农对林改的意愿和意见反馈到林业局。整个林改过程，林业站还要及时向林业局反馈林改工作进展情况，总结林改工作的先进经验，剖析存在的主要问题，提出今后工作思路和对策，以便更好地贯彻执行国家林业方针政策和完成任务，为林农服务。具体过程可见图1。

---

① 访谈记录——2009年8月14日访问米家村村主任李国研。

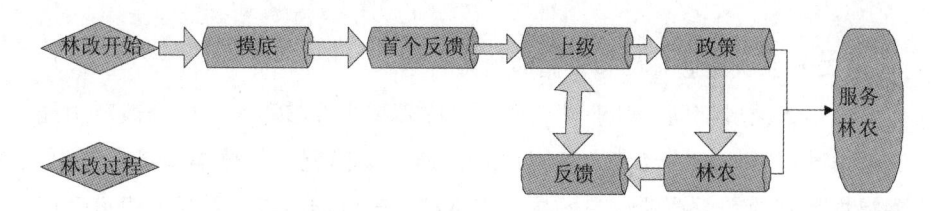

图 1　基层林业站在林改中的作用之摸底和反馈

五　解决基层林业站困境的建议

（一）规范林业站工资体系

用林业站站长的话来说："如今我们林业站处在一种尴尬的角色，虽说是事业单位，但是我们的待遇都不是事业单位的标准。""我们的工资都是林业局发的，虽然说我们面上说是事业单位，但是我们的工资来源并不是县财政局，而是林业局。当林业局资金紧缺的时候我们就会延迟发工资。如今行政收费都是直接交到县财政局，之后县财政局再返部分资金到林业局，最后林业局才把钱发给我们。现在我们能拿到工资了，明年就不一定能拿到了，因为明年没有太多成熟林可以采伐了，这样'两经一费'收取不来，林业局就会缺少资金。"①

关于林业站的待遇问题，笔者的建议如下：首先，转变如今的双重管理体制，可以试着将基层林业站的机构和人员直接上移至县级林业主管部门管理，争取做到把林业站机构、人员和业务职能放在一条直线上管理。在编制问题上，可以根据当地资源状况重新确认基层林业站的人员编制，实行定编定岗管理模式。其次，在财政方面，纳入县级政府财政管理预算体系，将基层林业站的编制经费纳入县级财政拨款管理体系，稳定林业站的经费来源。通过使林业站体制标准化，实现林业站的机构、编制、人员、经费相对稳定，从而强化林业站的职能与应有地位，让他们能够更安心、更积极地为广大林农服务。

---

① 访谈记录——2009 年 8 月 13 日专访大垌镇林业站站长李明英。

(二) 加大配套补贴和设施的扶持力度

在笔者调研期间，林业站工作人员强烈要求在接下来的配套改革中能够考虑基层林业站的经费、工资以及交通补助问题。具体操作上，首先，要提供足够的交通补助，一般林区道路都比较坑洼，而且各村的距离又比较远，林业站工作人员大多都是骑摩托车进村，在油费上花销相当大。其次，应该给林业站配备正常水平的现代办公设备，林业站工作人员尤其是负责采伐设计的人员工作时需要用到电脑，平时做各村林地统计时也需要用电脑，这些任务并不是用算盘就能解决的。最后，应该实施一些工作上的激励机制，在物质上和精神上都应该考虑，这样可以提高工作人员的工作积极性和工作效率。

六 延伸思考：如何在各方利益博弈中做到"全赢"

在笔者调研期间，遇到一个典型的问题，那就是在给林业局、林业站和林农一起做访谈的时候，三方都觉得缺钱。林业局工作人员觉得如今免收了林地使用费，育林基金费减免到10%以后，林业局的收入减少了许多，而林业局的工作量也很大，像钦北区很多镇的林改内业工作都是钦北区在做，开支也很大，希望上级政府解决林业站的工作经费。林业站的工作人员抱怨更多，工作辛苦不说，交通补贴不足也不说，连最基本的工资都不能及时发放，他们迫切希望国家能体恤在广大基层工作的林业人员。至于林农，即使免收了林地使用费，减少了育林基金费等费用，但是他们觉得这些都不够，希望国家像对待耕种田地一样给林农发放林地补贴，希望以后砍树不用钱。于是就产生了一个问题，即在国家拨款资金有限的情况下，如何在一定时期内做到三者利益最大化。

笔者认为，首先，可以从管理层面下手，管理得当，管理科学，才可以最大程度避免资金流失或是浪费。其次，可以从机构改革入手，把林业站体制规范化，特别是工资体系方面，林业站工资来源要直接纳入县财政局预算。机构改革后可以做到分工负责，职权清晰，提高工作人员积极性。最后，要从利益博弈各主体的心理方面着手，要让林农认识到林改是一个过程，要循序渐进，鼓励他们积极造林，方向是好的，只是需要时间。

集体林改后农村社区的变化与挑战

——基于福建省永安市的调查

贺东航　张婷[①]

福建省于 2003 年就作为全国集体林权制度改革的试点省份，而被称为"中国林改小岗村""中国林改第一村"的永安市洪田村，早在 1998 年就自发将集体林"秘密"进行"分山到户"，历经 20 年的不断深化改革，洪田村已经发生了很大变化，为了充分了解集体林权制度改革对乡村治理及基层组织的影响，2009 年 7—9 月，我们课题组对福建省永安市进行了深入的林间农户实地调查。总的来说，永安林改后，成效是明显的，在林业增强、资源增长、林农增收、社会和谐等方面都取得了不同程度的成效，同时农村社区结构和基层组织也发生了很大的转变。

一　集体林改后永安农村社区发展的新变化

由于与之前的统一经营不同，分山到户极大地调动了村民的积极性，不但缓解了林改前的"五难"[②]，最重要的是农民得到了实惠，增强了经营山林的主观责任意识，有力推动了农村社会结构的变革。下面，我们以洪田村林改前后主要指标的对比为例，说明村庄林改前后的一些变化。

---

　① 张婷，女，山东聊城人，华中师范大学政治学研究院硕士研究生。
　② 福建省永安市在林改前存在"五难"：即造林难、护林难、科技推广难、干群关系难、农民增收难。

（一）村财政收入增加与村庄公共事业的发展

林改后，永安市各村的财政收入都有明显的提高。永安的村集体中的涉林收入主要有下列几个来源：一是征收林地使用费。永安市林地使用费平均每年每亩10—17元，最高标准达到近50元/亩/年。2008年永安市各村共收取林地使用费2046万元，年均每个村可达9.1万元。二是林地承包经营分成。如洪田村，林木在砍伐时，村集体与个人的分成比例为3:7。三是通过集体林权转让和拍卖，如西洋镇湖山村在林改后，经过林权拍卖转让，村财政收入增加了498万元。村支书感慨道："做了20多年的村干部，从来没见过村里有这么多钱"。四是一些村通过村集体投资店面、房地产等项目，实现以财生财。如洪田村2008年全村集体财政收入100万元，不少是来源于此。

村集体财政收入的不断增加，使村庄内公共设施建设改善和发展公益事业有了可能。如洪田村在经过村民代表大会讨论决定后，将村集体财政收入的87.1%投入到公共设施和公共服务中。2008年村内道路建设投入40万、太阳能路灯投入33万元。还有部分投入到公共福利中，该村对60—69岁的老人每年发放120元生活费，70—79岁的老人每年发放160元生活费，80岁以上的老人每年发放200元，"五保户"、低保户每月发放25元生活费。针对每年村内考上大学的学生也发放400—500元的奖金。残疾人每月发放60—80元不等的生活费。由此可见，林改也相应地带来了村庄公益事业的发展。

（二）集体林改后涌出一批致富能人精英

1998年的永安洪田村林改，打破了原有利益结构，带来了农村社区结构的分化与重组，主要表现在出现了林业经营精英能手和普通林业生产农户两个层面群体。林业精英是通过林改"确权"和"明晰产权"后，迅速成长起来的林业经营大户或者私营林场主，多是村庄社区内的"能人""内行人"，这些人的来源包括现任或以前的村干部和林业部门职工、林业技术员、长期从事木材经营的木材销售人员、林业大户或者林场主。他们在政策扶持下，走上了发家致富之路，成为林改中"先富起来"的一批人，并在林改中发挥着独特的社会作用。林业精英们对社区公共事务的决策具有较强的影响力。一方面，他们对在社区林改方案的确定、社区公共资源的支配等方面，有着较大的话语权；另一方面，他们能够凭借自己在社区内的威望和影响力，发动和领导一些群众，吸引他们加入股份合作林场或者加入其他形式的合作组织中。

（三）集体林改后村庄基层民主趋向活跃

课题组在永安调研时，正好遇到村委会换届选举，课题组注意到和林改前的村级选举相比，林改后的选举出现了两个积极的变化。

一是村民参选的热情明显增强。村民的投票率较以往也有很大的提高。往届选举，村民对整个选举事件很少关注或者关注度不高。妇女更是很少关心此事。而这次选举，不仅在村的所有人关注此事，即使是那些在外打工经商的也专门委托家人代为行使投票权。有的甚至专门回到家来竞选村干部。在这段时间内，村民谈论最多的就是选举，他们不仅对整个选举过程保持高度关注，而且对每个参选的候选人情况也展开了广泛的评论。由此构建起一种前所未有的正向选举氛围。广大村民积极参与村庄管理治理、参与村民选举，表现出高涨的村民政治参与热情，整个村级民主政治建设发展呈现出全新气象。所有这些积极因素的出现与转变，作为一个以森林资源为主的山村，都与林权制度改革有直接关系。

二是村民代表的选举竞争激烈。在林改前，村民代表大都由村"两委"干部指定。由于永安制定的林改政策严格规定新集体林改实行"一村一策"政策，村级林改方案必须经过本村 2/3 的村民代表或者村民会议讨论通过方可施行。林改后，许多村庄的林地使用费标准及征收方式都由村民代表讨论决定，采取一次性征收还是分年度征收也是由村民代表决定，因此村民代表的职责和地位受到了前所未有的重视。林改后，广大村民为了维护自己的林权权益，就会自发地了解《村民委员会组织法》的相关内容；村民代表出于履行代表职责及维护个人权益的需要，同样也会去学习《村民委员会组织法》的内容。而包括村书记、村主任在内的村干部，他们也真切地意识到自己手中的权力是会受到约束的。课题组在洪田村调研时，正值一位村民决定要竞选村民代表，他认为本小组原有村民代表未能充分表达本小组意愿，因此他要出来参选为本小组争取福利。

在村务公开方面,也有积极变化的一面:永安市各村的村务财务报表定期公布于众,当地涉林腐败案件明显减少。

二 集体林改后村庄治理面临的挑战

永安的乡村治理在林改后所发生的"质变",总体上是积极的,对全国也具有先导作用,但也面临若干问题。

(一) 资本竞争对乡村社会关系的挑战

林改前,林业基本上属于资本的"荒漠",林业投入的主体主要来自于国家,但福建省自 2003 年开始林改政策试点后,资本开始陆续进入到林业中。根据投入到林业中的资本来源,大致可以分为三类:第一类是林业系统内资本。林业是个极具特殊性的产业,受林业政策影响比较大,且对生产经营能力要求比较高。由于林业系统相关人群的本职工作就是林业生产经营管理,他们具有相对职业性的优势。林改后,永安市曾鼓励干部群众参与林业投资。2004 年,永安市共有 30 多位林业科技人员独自或者合资参与桉树造林,种植面积达 4169.7 亩,占集体桉树总面积的 47%,共投资资金 50 余万元。除了林业工作者对林业的投资外,这部分资本还来源于村庄社区内部从事林木经营的村民或者与林业站交往比较密切的村干部等。这部分资本具有技术及"土生土长"的优势。第二类是行业外资本。林改所带来的巨大经济发展潜力,吸引着林业行业外拥有雄厚资本的城镇人员。行业外资本因更多涉及市场因素在里面,部分资本进入后,把林地、林木当商品一样倒卖,如洪田镇有一片林子在很短的时间内转手了 4 次。第三类是普通林农的资本投入。这部分资本主要是对自己分到的或者以前承包的林地进行投入,这部分资本所占的比重较少。三种资本在进入林业之后,势必会造成竞争,并将会造成村庄内原有社会关系网络的瓦解。因此,采取何种措施建立林业精英与普通农户的利益调节机制?如何对非农资本进入林业竞争市场进行合理限制?哪些因素引起村庄社会关系的改变?如何应对林改后复杂的村庄社会关系?如何协调各方利益关系,使其共同从林改中获益,并促进林改后乡村治理的转型和重构?这些都值得我们深入研究。

(二) 利益调整后随之而来的林权纠纷问题

制度的变迁必然带来一定的制度摩擦和碰撞，林改具体落实的过程其实就是对利益的重新调整和分配，这不可避免地会带来林权纠纷和涉林上访案例增加。永安市林权纠纷的主要类型包括：第一，山林权属争议（特别是山场经营权界限争议）。在这一类型中含有：村民之间的纠纷、村民与村干部之间的纠纷、本村与外村的纠纷、村庄与永林公司的纠纷。第二，山林转让不规范（主要是村干部违规操作的转让）。第三，历史遗留问题而引发的林权纠纷。包括1982年"三定"证山不符问题而引发争议以及对林业合同纠纷问题的上访，特别是2003年林改前后订立的林木转让、承包、林地租赁合同与1984年林业生产责任制合同冲突问题。

据课题组调查了解到，2008年永安市林业局共调处山林纠纷44起，涉及面积2131亩，共受理涉林信访件58起，已办理答复43起，占应答复案中45起的95.5%，其中涉及林权纠纷信访43起，已结办的40起。虽然涉及的林业信访案件大部分已经得到解决，但是如何从根源上解决林改纠纷的问题，进而避免林改中违反政策法规事例的出现？如何引导村民通过制度化渠道表达利益诉求，维护乡村社会的稳定与和谐？值得我们进一步探讨。

(三) 集体林改后农村社区的再组织化问题

林改影响到农村社区的组织资源。与林改前实行的股东会不同，林改使得之前集中经营的山林分到每个农户手中，这就形成了短期内的以"单家独户"经营为主的格局，但是这种经营格局又不利于实现林业的经济价值和生态价值，不利于实现林业的规模化、集约化经营，而发展现代林业最基本的就是实现规模化、集约化经营。如何把林改后山林分散、单家独户的小农经营集中起来，建立新型林业经济组织，实现农村社区的再组织化是目前在集体林权制度改革后面临的主要问题。据调查，永安市先后有61个合作林场，平均每个合作林场面积约为2968亩。合作林场主要分为家庭合作林场和股份合作林场。家庭合作林场的建立主要是因为合作农户因私人关系比较好，因亲情友情，因林地分到一起或邻近区域，考虑到营林生产的方便和效益，从而将各自林地联合成片共同经营。这类林场规模比较小，运营机制主要建立在"人情"基础之上，参与市场竞争的能力较为低下。相比之下，股份合作林场的规模较大，采取公司制的运营机制，制定了规章制度，而且因资本比较雄厚，参与市场竞争的能力比较大。在我们对洪田村的调研中，发现大部分村民选择加入家庭合作林场而不愿意加入股份合作林场。目前因股份合作林场还缺乏相应的政策和资金优惠，所以林农对其发展前景还在观望中。因此，如何引导农户重新组织起来，成立新型合作经济组织？如何发挥社区内原有的社会动员力和社会信任，探索村庄基层经济组织建设的新途径？仍有待探索。

（四）集体林改后基层林业站的转型问题

基层林业站在林改启动以来，工作量大幅度提高，从林改外业的勘界、制图到内业的表格填写和受理申请等林改档案业务，都要经由乡镇林业站来完成。由于林改后山林由千家万户经营管理，加上流转给大户经营的林地面积增加，所以申请林木砍伐的时候经常是多户数、大面积申请，林业站工作人员到林地去勘测采伐面积工作更加繁杂。随着林改工作的推进，经费支出也大幅度增长。据某一基层林业站站长介绍说："林业站工作人员骑摩托车进村每人每月得花油费等费用400元，还得购买纸张供实地测量或是解决纠纷使用，而镇里给每人补助油费、手机费150元/每月，远远不够工作人员开销。"因此，如何对林改后的基层林业站进行正确定位和提升服务手段与能力，实现由管理向服务的职能转变，这些问题也需要我们进一步研究。

三 应对乡村治理新挑战的建议

总的来说，此次林改带来了村庄社会与林业领域的巨变，改革的效应逐步向林区的各个领域延伸，伴随着各种新现象和新问题的出现，有必要认真评估林改对乡村治理机制带来的新挑战。要应对这些挑战，我们认为应当从以下四个方面着手：

（一）做好基层党建工作

基层党支部是党组织中最基本的单元，抓好支部各项工作是基层党支部加强自身建设的重要内容，也是新形势下加强基层组织建设工作的要求。党支部是党在农村各项事业的领导核心，其作用是保证党员在村社区公共事务中的骨干作用，要充分发挥基层干部和党员的积极性，要鼓励合作经济组织中建立基层党组织，保证党员的先锋队作用渗透到社区的方方面面。这就要求我们落实党建工作责任制，全面推进基层党组织建设，优化组织设置，扩大组织覆盖，创新活动方式，充分发挥基层党组织推动发展、服务群众、凝聚人心、促进和谐的作用。

（二）推行民主透明的管理模式

村民民主，最重要的就是通过民主选举，选出真正代表村民利益、对村民负责的人，并且建立有效的制度，制约当选者的权力，保证村民全程监督村干部行使权力。在林改过程中，社区内部采用更民主、更公开公正的方式，通过对话和集体内部谈判，让林农有更多发言机会、能更广泛地参与发展过程，共同分享林改和社区发展带来的收益，是农村社区管理未来的重要发展方向，对巩固林改成果至关重要。因此，要进一步加强村财政收入的公开、透明与民主管理建设，充分发挥村民理财小组和村民代表的重要作用。契约化管理村务，将村官决策建立在民主协商之上，将村官执行决策置于村民监督之下，使村官从为民作主转变为由民作主，从随意作主转变为依法作主，从制度上铲除个人说了算、以权谋私的土壤，以期减少村官的腐败行为和决策失误。相应地，加强村干部廉洁高效的工作作风，增强服务和接受监督的意识，提高依法办事的能力，进一步实现"还干部清白、给群众明白"，有效改变农村基层干群关系不和谐的状况。积极鼓励各村探寻符合自身实际的管理方式，并推广行之有效的管理方式。

（三）推动农民经济合作组织的健康发展

通过成立农民合作经济组织，可以把农民组织起来、共同参与市场竞争，维护农民自身的利益；可以使农业科技推广与对农民的技能培训、提高农民素质相结合。合作经济组织往往成为农产品加工龙头企业产业化经营的依托、农产品产销衔接的中介、农业生产资料采购选用的服务中心；成为实现金融机构向农户发放信贷的担保主体，促进国家支农惠农政策的落实。地方政府应进一步规范林业合作社经济组织运作，在木材采伐指标、林权证抵押贷款、专项资金补助方面，对林业合作经济组织给予政策扶持，促使其健康有序发展。同时，将合作社作为当前农村社区组织资源的新补充，以提高农民的组织化程度。在实践中，应注意以下三个问题：一是毫不动摇地坚持家庭联产承包责任制，不能超越生产力发展阶段和市场发育水平，搞强迫命令，搞形式主义；二是坚持尊重市场经济规律、群众自愿、形式多样、自主经营、利益共享和风险共担等原则；三是尊重农民群众的意愿要求和首创精神，探索符合各地实际、具有自身特色的发展形式。

（四）促进基层林业站转变

保证基层林业站的办公经费，提高第一线林业工作人员的收入和待遇，发挥他们在农村林业改革和生态文明建设中的主力军作用。与此同时，随着林业形式的不断发展变化和林业经营主体的变化，基层林业站应从管理为主向服务为主进行转变，以广大林农的实际需求为导向来确定工作计划和工作安排，真正解决林农面临的难处。在依法管理的基础上，应积极为林农提供法律法规和科技信息的服务，为林农的林业经营做好规划设计、帮助林农做好市场调查和预测，引导和扶持广大林农及林农合作企业走市场化、产业化、规模化、集约化经营的发展模式。

集体林改对乡村治理的影响

——以湖北省京山县胜境村为例

贺东航　吴国峰[①]

胜境村位于新市镇北部山区，是一个山多田少自然条件差的行政村，全村有8个自然村落，每个自然村落形成一个村民小组，共农户205户，人口715人、劳动力410人，行政面积34406亩，耕地面积1362亩，林业用地面积27720.2亩，其中生态公益林5551亩，林改前已流转山林4339.9亩。二轮承包确权经营农田175户673人，确权经营水田960亩、旱田402亩。人均纯收入3000元；外出务工人员135人，人均年收入1万元左右；有27户贫困户，人均纯收入不足1000元。胜境村是一个偏僻的村庄，村小组分布十分零散，更不利于形成一个紧密的村集体与村民的联系纽带，村民与村集体的关系变得松散和淡薄。

一　集体林权制度改革对村民社会心理的影响

社会心理是社会成员在社会政治实践中对社会关系及其表现出来的社会行为和社会生活各方面现象的一种自发的心理反应，具体表现为人们对社会关系的认知、情感、态度、情绪、兴趣、愿望和信念等。村民的社会心理与村庄的自然经济社会情况有密切关系。

林改前，村民对于乡村公共事务消极而被动。在林改以前，胜境村村"两委"管理涉及的事情主要是看护山林，防止山林偷盗以及调解村内的

---

① 吴国峰，华中师范大学政治学研究院硕士研究生，从事国家建构与中国农村政治研究。

各种纠纷，规划村集体内部的各项基础设施建设，例如道路、自来水工程等，落实计划生育政策及稳定农村生育率。在农业税没有废除之前，负责征收各项税收，村"两委"几乎负担了上级部门延伸到农村的所有事务。在这样的状况下，村民处于一种与村集体政治单向沟通、被动接受的状态，形成一种被动消极型的社会心理，所以一般都不热衷于村庄的公共事务，认为无力改变这种状况，村里的"政治状况"是比较萧条的，村民对村集体政治的态度是漠不关心的。造成村民消极社会心理的原因有很多，这种单向度的强制命令是一个很大的原因，村民不愿去参与一些公共的事情，越是大家的事情越是没有人去管。因为胜境村属于山区村落，居住十分分散，村小组之间相距很远，最远的两个小组之间有近4公里远。因此，空间布局上的分散也使得组与组之间的村民联系频率下降，由此造成单个村民对村集体的公共事务热心程度下降。即使在一个行政村内，大家也觉得村集体的事情离自己较远，不自觉地形成了一种消极社会心理。在林改以前，山林流转由村"两委"决定，并没有开什么村民代表会议，即使村民有不同意见也不会被重视。2005年8组山林流转的情况充分体现了这一点：村"两委"决定对8组2400亩山林进行拍卖，用以缓解村庄债务，第8组有村民提出异议，说不能随便拍卖山林，但村委依旧把山林拍卖了出去。第8组有村民说："当时我们是不同意的，但是也没有办法啊，村委说了，你也可以参加竞拍，拿出钱来山林也可以给你，可是我们拿不出钱，所以山林就拍卖给村外的人了。"在转让山林这件事情上，除了个别村民私下表示反对外，其余村民都抱着无所谓的态度。

　　林改后，村民积极参与公共事务。集体林业产权制度改革对村民产生了重要的影响，影响了村民的社会心理，由消极状态向积极状态的转变提供了契机。胜境村林改的第一步就是向群众宣传林改政策，发动群众，鼓励群众参与林改过程的方方面面，在村里显眼的地方刷写林改标语，把林改明白袋发到村民手中，让村民了解林改的含义与目的。通过召开村"两委"会、村民代表会、户主会传达林改精神。同时还对在外打工、求职、经商的村民采取发函、发电、发信息的方法，将林改的有关精神传达给他们。这充分发扬了基层民主精神，让各个村民、组长、代表等都充分发表自己的看法和要求，充分尊重村民自己的选择。村民逐渐明白自己可以参与到这次林改中去，并且可以发表自己的观点以维护自己和本组村民的利益，可以影响林改方案的制订。这一心理转变使得村民有了参与村庄林改公共事务的意愿和动力，促成了村民社会心理由消极向积极转变，参与林改的积极性大大提高。

林改是土地家庭承包经营在林业上的拓展实践，通过试点逐渐在全国展开。林改使林农有了自己的林地，能够合理地对其进行经营投资，这是林业生产资料与林业劳动者的结合，促进了生产力的发展，林农由此提高了收入，拥有了一部分资产，对未来的生活充满了希望。这样不仅稳定了林农的心，使他们有"业"可乐、有"居"可安，与此同时，也使林农的物质环境得到改善。有了自己的林地以后，就等于有了自己的物质财富，村民自己的利益诉求得到了加强，在政治生活中也就容易变得积极自信，就会关注林业站、村"两委"和其他林业消息。在林改过程中，林农通过民主选举、民主决策、民主管理、民主监督，参加了一次政治锻炼，有助于养成公民性格，完善自己的政治人心理，对以后的新农村建设有重要意义。林农社会心理的制度政策环境得到了保障，这种民主开放的政策环境为林农的社会心理实现从消极被动型向理性参与型转变提供了政策支持。林农通过林改还逐步增强了维护自身权益的意识和能力。通过林业协会加强了与外界的联系，扩大了眼界和知识面，增强了与外部沟通的能力，培养了新一代农民。同时使林农认识到信息的重要性，有了成本核算的意识。林改作为一项林业政策在促进林业生产力发展的同时，也肩负着完成林农在新政策形势下新思维的转变任务，促进了林农的全面发展。这进一步改善了林农的思想文化环境，促进了其社会心理的转变。新林改在转变村民观念、提高村民政治参与度、促进其社会心理由消极被动型向积极主动型转变中起到了重要作用。

二 集体林权制度改革对基层民主的影响

新集体林权制度改革涉及每个村民的切身利益，中央政策规定，必须按照《村民委员会组织法》和《土地承包法》等法律政策来推行新林改，林改方案的制订必然联系到村集体决策机制，因此林改必然对村级基层民主产生影响。胜境村属于山区，村民民主自治的进展还比较缓慢，村民也缺乏参与热情，"村里没有什么大事，没有值得村民表决的"[①]。林改后，

---

① 根据录音访谈整理。

通过田野调查发现,新林改的推行促进了村庄基层民主的发展。

林改使村民认识到参与集体决策的必要性,对村民社会心理由消极到积极的转变发挥了重要作用,社会心理的转变直接促使村民积极地参与到村庄林改进程中,促进了基层民主的发展;同时,林改政策的要求也为村民参与民主决策提供了法律保障。根据《村民委员会组织法》的相关法律条文规定,村集体经济财产分配、村重大公益事业实行方案等关系全体切身利益的事项,必须提请村民会议或者村民代表大会讨论,决定通过方可实施。因此,这次新集体林改当然也要经过村民会议或者村民代表大会讨论决定。林改的程序、方案、内容、结果都必须向全体村民公开,名为"四公开"。

胜境村林改遵循了京山县制定的"人人三清楚、四明白"的原则,即清楚林改的含义、目的和意义,明白林改的范围、对象、方法和步骤。同时做到"六个公开":一是公开林改;二是公开林改工作人员身份、工作程序、工作纪律;三是公开村情、组情、民情;四是公开确权方案;五是公开勘界划块;六是公开签约确权。胜境村林改方案必须经2/3户主签字同意方可有效。这样村民的参与并签字认可成为村林改方案合法性的来源,因此林业产权制度的改革为乡村基层民主提供了新的平台(见图1)。

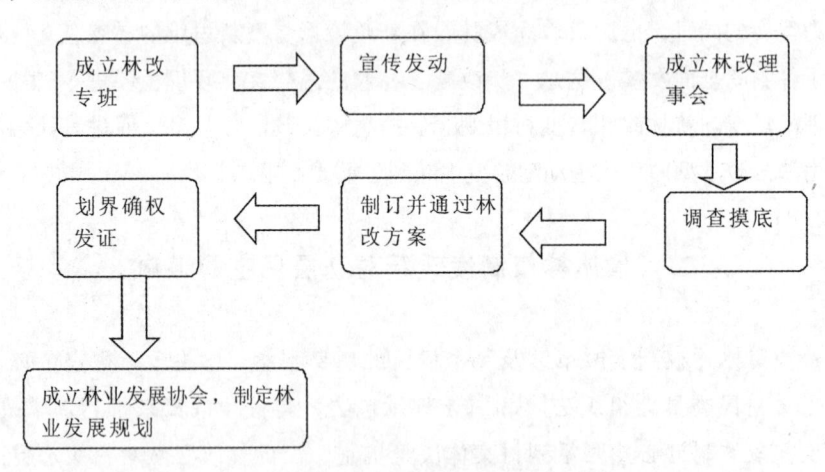

图1 胜境村林改的工作流程图①

---

① 资料来源于京山县农村工作暨集体林权制度改革《林改资料汇编》"胜境村篇"。

胜境村林改实施的是"一村一策、一组一案"的政策,并成立林改理事会负责林改方案的制度和实施。以组为单位召开户主会,民主选举理事会成员,并召开理事会选举理事长,制定理事会的章程。林改理事会负责制订本组的林改方案。每个村民小组的林改方案必须经过本组村民集体讨论形成意见初稿,然后2/3以上的户主讨论通过以后方有效,再报林业站备案。

胜境村林改进程中林改理事会成员的生成,是由各组村民民主选举的,并且是记名投票选举的方式,这就更加增强了真实性。既然理事都是大家选举产生的,并且在同一个组的人相互联系得比较密切,非常了解彼此的为人处事风格,林改涉及每个村民的利益,大家自然会把公正无私、办事公道、热心为群众说话办事,并且能说会写、遵纪守法的人选出来作为自己的代表。这样直接促进了村民的民主参与。林改理事会的成立无疑为广大村民参与林改、实施民主治理提供了具体的组织支持。在自留山的划分上,由于历史原因,自留山多次变更,地块、界线、面积、村、组、户均不清楚,难以认定。在自留山权属确认的问题上,有证的以证为准;证件丢失的,经过2/3以上的农户认证,以原地块为准;无证的重新划分,经该组村民讨论并由2/3以上表决通过,划给15亩。这个划分自留山的决策过程统一遵循了集体民主决策的原则,村民的参与意识和民主意识得到进一步锻炼和提高。在确定生态公益林管护的方式上,每年召开户主大会,落实两名责任人,由集体决定通过管护人员以及管护经费。同样,在确权户数与人数、林地等级划分、等级价格以及林地使用费交纳办法、确权方式的确定等步骤都必须经过集体讨论,并由2/3以上户主签字同意方可生效。所有这些措施和标准,都为村民行使民主投票、民主决策、民主管理、民主监督创造了有利条件。村民民主自治的原则在林权改革中得以广泛体现,促进了基层民主在农村的可实践性与认可度。通过新林改,使得村庄基层民主透出了生机与活力。

第一,村民积极参与林改过程。新林改的过程中,村民政治心态积极主动,参与理事会成员(村代表)选举热情高涨,村民投票率也比以前有了很大提高,实际参与选举的村民范围扩大了。每次小组会议,户主都积极参加集体讨论林改事务,提出自己的意见建议,围绕林改展开讨论。课题组曾访谈过一个在外打工返回参加林改的村民,他就说:"这个事情对我很重要，如何分山林影响到我以后的生活，我不可能在外面打一辈子工，还是要回村里来的，所以我赶回来，看看山林到底怎么分。"这样的重视程度在以前是很难见到的。

第二，林改实施采用分工负责制。胜境村的林改实行工作组分工负责制度，有宣传专班、技术专班、协调专班，并且制定了林改工作组工作人员纪律，这些措施进一步规范了林改过程中村民民主参与的秩序，提高了林改的效率，同时加强了对这个过程的动态监督能力，使得村民民主参与积极有序，不因参与热情的高涨而造成无序混乱的局面。由于林改关乎每个村民的切身利益，村民内部之间便存在着隐形的相互监督的一种制衡机制，在外则表现为政策要求以及乡镇林业站的一种制度性监督。这样一来，在村林改决策的相关环节当中，得出的最终方案必然是利益充分博弈后的结果。

第三，村民竞选的职位范围变宽。以往选举，很多村民都只竞争村长等"一把手"的位置，对其余的职位不感兴趣。但是这次林改过程中，村民不仅关注"一把手"的位置，而且关注每个村委委员候选人情况，甚至连村民代表的选举都要展开激烈的竞争。而在过去，村民代表并没有什么实际的权力，大都由村两委干部指定，本村村民也不在乎村民代表到底是谁，甚至连村民代表本人都不知道自己是村民代表。现在的村代表或理事都由各村民小组讨论推举产生。

可以说，新林改的实施直接促进了村庄基层民主的发展。胜境村通过新集体林改这一涉及每个村民切身利益的民主实践平台，成立了林改政策宣传专班，展开了声势浩大的法律政策宣传活动。把林改的方针、政策、范围、原则、方法、步骤讲解给村民听。既增强了村干部依法行政的意识，也提高了村民维权意识和民主意识。在宣传的过程中，明确了村民作为决策主体地位的要求，林改方案必须由全体村民通过村民代表大会表决来决定。改变了过去"一言堂"的决策模式，使普通干部和村民都有发言的权利。

在新集体林改前，村级重大事务或者事件都是村"两委"决定，广大村民也只是听听而已，根本不知道其中的过程和内幕。至于平常的村集体山场的流转出让，村民更是基本被排斥在外。从胜境村林改前流转出去几块山林的案例看，村民不甚了解其中的内部情况，这样客观上容易造成村干部违规转让山场，而且也为村干部的寻租腐败行为提供了便利的外部条件。村集体迫于村级债务的压力转让给村外大块山林获取的山林转让金，虽然能暂时缓解村级债务，但是从长远来看，这种拍卖青山的做法无异于饮鸩止渴，给村集体造成了重大的损失，从而损害了村民的利益。

胜境村林改之初就充分借鉴了其他地方林改的先进经验，确保了村民的决策主体地位，让村民参与到林改进程的各个环节，保证他们的发言权、知情权、参与权和决策权，从而极大地推进村级民主的健康发展。村民以及过去没有什么实际发言权的村民代表在林改所要求的民主决策中发挥越来越重要的作用，村民积极参与的民主决策意识得到了强化，认为自己能影响决策的观念在普通村民心里得到认可，这样的结果必然会带来村级民主政治的进一步发展。政策宣传对村民心理上产生了积极作用，使他们尝试着去参与林改的决策；参与民主讨论确定林改方案的政治实践反过来加强了这种积极参与，通过这种良性循环，胜境村基层民主政治实践和村民政治参与意愿都出现了良好的态势。

先例示范效应、政治借鉴、蝴蝶效应、路径依赖理论都告诉我们新林改的影响还会进一步蔓延到其他范围和领域，并不局限于林改这一事件本身，通过这一次深入的学习实践，村民们了解到了自己的权利和义务。广大村民踊跃积极参与村庄治理，参与村民选举，表现出高涨的村民政治参与热情，整个村级民主发展呈现出新气象。新林改的意义以及对村级民主的积极影响使得它成为一个促进基层民主的新引擎。继续合理正确地引导这一良好的趋势，保持并进一步完善基础民主，成为以后工作的重要内容。

三 集体林权制度改革对胜境村组织状况的影响

林改后村庄组织变化最明显的是成立了林改理事会，胜境村以小组为单位开了户主大会。在这个基础上，以组为单位召开户主大会，成立林改理事会来专门负责林改的推进。在完成林改方案的确定、勘界划块、确权发证之后，林改理事会自动转变为林业协会，制定协会章程并负责全村的林业发展规划。

胜境村林业协会在 2007 年 4 月 28 日成立，它是一种顺应林改而产生的林业基层组织，仅仅服务于一个村庄。其宗旨是搭建政府协会桥梁，疏通市场协会通道，编织会员联系纽带，服务林农、林业、社会，本着遵守国家的法律法规、执行上级指示决定、规范运作、诚信处事的原则。协会是为发展壮大本村林业产业而奋斗的非营利性民间组织，没有龙头企业的带动和供销社的参与，所以协会采取会员制，而非股份制。胜境村林业产业协会是本村林农自愿参加的，协会成员可以包括本村庄内所有分到林地的林农，这是一个开放性的组织，后来者也可以加入，凡在本村境内从事林业生产经营加工的林农，承认协会章程、执行协会决定、遵守协会纪律、履行协会义务，有入会意愿的，经本人提交书面申请、取得协会2/3会员批准，即可成为协会会员，由协会发给会员证书。协会会员的义务有遵守协会章程、执行协会的决定、完成协会交办的工作、遵守协会的纪律、按规定缴纳会费等，其所享有的权利主要包括享有本协会的选举权和被选举权、表决权；有权利参加协会的活动；享有协会提供服务的优先优惠权；协会工作的知情权和监督权；采取入会自愿、退会自由的原则。在会员大会上，与会会员不少于协会总成员的2/3，议决人数不少于与会会员的2/3；在表决中实行一人一票、少数服从多数的原则。

该林业协会并没有具体分出从事林业哪一个行业，主要是促进林农进行生产、做技术指导以及交流种植经验等。该组织是林改过程中出现的便于落实林改政策、发挥基层民主、听取群众意见的一种组织，实现了民意自觉，充分尊重当地人的选择和传统。其主要的职能有：第一，宣传党和国家的林业政策、法规，传达上级有关指示决定；第二，开展林业技术培训、技术交流、技术协作、技术咨询活动，引进和推广林业生产、经营、管理的新技术、新方法、新经验，交流市场信息，推介会员产品，发布会员成果；第三，指导会员规划设计和作业设计，帮助会员办理生产、经营、加工等方面的有关手续，反映会员意见和建议，维护和发展会员的合法权益；第四，监督会员依法经营，维护协会声誉，协调协会内外关系，构建和谐经营环境；第五，承担本集体经济组织和本协会会员委托的其他事项。

林业协会在经营上，采取民主管理，会员大会是协会的最高权力机构，主要的职权是：制定修改《章程》；选举或罢免会长，选举或罢免理事，接受或除名会员；审议协会工作报告和财务报告；决定中止事宜；决定其他重大事项。会员大会每年至少召开两次全体会议，需有2/3会员参加，其决议须经过2/3以上的与会会员表决通过方能有效。设会长一名，副会长一名，会长主要主持日常工作、向会员大会报告工作、组织实施工作计划、检查决议执行情况、代表协会签署有关文件、审批财务收支凭证、委托副会长代行职权。理事会是协会决议的执行机构，由五名理事组成，任期三年，可连选连任。目前的状况正在生产阶段，包括苗木的引进、林业物资化肥农药等的购进实行团购，其购买价格优惠等。由于山林正处在培育期，没有办法开展经营、销售和运输等工作。不过随着时间的推移，这些工作肯定会慢慢地展开并得到落实。

林业协会在财务管理上，协会有独立的财务账户，配备会计人员，执行国家财务管理制度；协会的经费主要来源为会费、捐赠、政府资助、利息及其他合法收入，经费用于林业发展，不得在会员中分配。会费的收费标准和形式由会员大会决定，收多少、怎么收由会员自己说了算。协会专兼职工作人员的工资待遇等也一并由会员大会决定。

协会从2007年成立到现在尚未超过三年时间，是一个新的组织。协会在统一引进种苗方面起到一定的作用，先是统计各个林农准备改造的亩数、改造树种，然后报到林业站，由林业站统一购买，确保树苗的成活率，解决林农买树苗的困难。这样一个服务于林农的组织，在降低林业生产成本、解决单个林农无法解决或解决成本过大的事情上发挥了重要作用，取得了预期的效果，会员的参与性还是比较高的。由于林业协会中的所有成员都是本村的人，所以成员之间都比较熟悉，联系也比较多。这样的协会增强了沟通的流畅性，使得成员之间的联系更加方便快捷，也更能达成共识。林改以后，大家分到山林后就在进行地产林改造，也是通过林业协会上报树种、种植亩数等申请地产林改造指标。给林农带来了实实在在的好处，会员对协会的认可度逐渐提高。在从事林业生产过程中，会员的生产成本要低一些，在技术、信息等方面都要好一些。通过林业协会这个整体的名义，取得在市场上更大的自主权，以维护每个林农的切身利益。因为单个林农的市场适应能力相对较弱，处于一种劣势地位。在信息及技术等方面，林业协会已经开展了有益的探讨和交流，通过及时公布林业领域里先进的科学技术和最新的林业成果，使林农获得了相对充裕的信息技术，在信息就是生产力的当今社会，信息的交流显得十分重要，这对林业协会提出了更高的要求，必须及时地总结与当地实际相关的林业信息，必须促进当地林农获取信息能力的提高，必须在当前市场竞争中取得优势。林业协会的成立提高了林农的再组织化程度，提高了林农的合作意识，培育了一批有管理知识和奉献精神的农村精英和农村带头人，并且加强了农村文化的建设。以上若干方面情况的改善既有助于林区乡村治理效用的提高，也增强了林农的市场适应能力。

林业协会目前完成了林改理事会的转型，负责本村林业发展规划，协调当地林农与基层林业站的联系，在取得林业地产林改造面积中起到了一些作用；协调林农纠纷以及办理林业相关的许可证件等，提供林业快速评估，以便于取得银行的抵押贷款等，起到了一些作用。林业协会是林农与外界联系的窗口和纽带，随着林业的发展会进一步的完善。同时，林业协会还要加强与村"两委"的互动联系，村"两委"作为村庄传统合法的代理人有不可低估的作用，林业协会与村"两委"组织的密切合作，更能发挥组织优势，服务于广大林农。

与此同时，我们也必须看到需要注意的问题。现在的林业协会只是刚刚起步，做的多是一些基础性的工作，至于制定全村的林业发展规划，具体的产品收购、按交易量（额）返利、按股分红等都还没有在考虑范围之内。在对村民做访谈时，当问及如果林业协会进一步发展，他们是否愿意增加投资这个问题时，他们的意见是："投资一定要有回报收益，并且比自己单干时候要大，至少持平，不然就没有追加投资的动力，这是一个林业协会如何发展的问题，能起到示范作用自然会继续加入协会、增加投入。否则就只有自己单独做，这样心里踏实，也没有什么后顾之忧。"现在林业协会的组织规模限于一个村庄之内，课题组个人觉得已经是中等了，村庄一共有2.6万多亩山林，如果能把这些组织好了就不错了，太大规模的协会就考虑不到基层的普通林农了，所以协会的规模不宜过大。这就要求不能极力推动这种组织的建立，它必须是村民自主选择的结果。

在这里还有一个问题需要说明，就是有一些林农自己育苗改造低产林，这也是很好的办法，既提高了林地利用率，又减少了造林育林的成本。但是这样的改造没有低产林改造补贴，只有通过林业站统一购买苗木才能享受补贴，林业站统一购买的苗木虽然保证成活质量，但是价格上要贵出一些，这是一个值得注意的问题。村林业协会对这些却没法拿出具体的解决办法，而且在很大程度上依赖于林业站等部门，造成一种行政命令式的"引导"，不利于以后林业和林业协会的健康发展。我们看到，林业协会的发展受到基层林业部门的引导和支持，在很大程度上林业协会还得依赖这些部门。现在要考虑的问题是不要让林业协会变成一个单纯的林业部门的派出机构，强化自己的独立决策能力是现在林业协会要加强建设的重点。认同协会的组织原则和经营宗旨，服务林农，关键在具体的实际运行中是不是真正地体现出了这一宗旨，这种执行方面出现偏差是很容易损害林农利益的。在协会中如果得不到好的服务与支持，或者得到这些的成本太大，村民当然考虑要退出。

四 林业经济利益相关者分析

林改是各相关方利益的再调整，利益的再调整必然引起各方面不同的反应。林业经济利益相关者分析就是分析利益方不同反应以及各方互动博弈。林业经济利益相关者分析可以被视为利益相关者分析的扩展，其目的在于了解整个系统是如何运作的？主要角色是谁，他们的决策动力是什么？政策如何影响不同的利益相关者？[1]

新林改前，胜境村直接林业经济利益相关者主要有：国家利益代表者、林业站、村"两委"、外村承包人、一般林农。1. 国家利益代表者：由社会、经济、政治和环境等方面的关注而构成，在一些情况下，可能由林业部门来代表；2. 林业站：收取林业相关税费，关注环境保护，防止水土流失；3. 村"两委"：作为村庄的代表者，是村集体山林的管理者，负责管护山林、收取林地使用费等；4. 村外承包者：关注森林商业利益的组织与人员；5. 一般林农：当地森林使用者，以林业为提高生活水平、增加收入的来源。新林改以后，又增加了一个林业经济利益相关者——林业协会：它是由林农组成的民间组织，以发展本村林业、加强林农合作、提高林农收入为目标。

新林改以前，村里的山林属于村集体共同财产，由于强调的是"绿

---

[1] Michael Richards / Jonathan Davies：《参与式森林管理经济分析手册》，中国社会科学出版社 2007 年版，第 40 页。

化祖国"的政策,因此国家利益在这个时期占据了主导地位,在确保绿化荒山、防止水土流失、增加森林覆盖率、改善生态环境的政策背景下,林业砍伐指标限制得很紧,个人不得随便砍伐。林业站负责山林的防火、病虫害防治等工作,同时山林由村"两委"负责管护。一般林农除了自留山以外,对其余的山林是没有权利去取得收入的,在关注环境的同时,忽略了林区经济社会的发展,林区林业经济比较落后,林农的生活水平较低。

在这个时期,林业经济利益相关者之间的互动博弈以国家利益的胜出为结局。基层组织如林业站、村"两委"也是坚持了这个政策,一般林农也就不能从山林中取得收入。林业站作为国家利益的代表,积极执行国家的相关政策,村"两委"特别是村党委必须服从上级组织的安排决定,因此,为了自身的利益自然也不敢贸然与国家利益对抗。但是国家利益的胜出也并不是完美的,因为这个博弈最后会演化为护林与偷伐的较量,一般林农经常会采用斯科特所谓的"弱者的武器",采取消极护林、小偷小摸、偷伐树木等手段来获取一些经济利益[1]。林业站由此成了罚款的部门,村干部与村民之间由于管护与偷伐而变得关系紧张,形成护林难度加大、山林起火出现"干部打火,群众观火,领导恼火"的局面。同时,村民由于在村庄内得不到林业经济的合法来源,种几亩田也远不够日常消费花销,越来越多的青壮年外出打工,留在村里的多是老人、妇女和儿童。在胜境村,人口715人,共410个劳动力,外出务工人员就达到了135人,几乎能出去打工的都出去了,造成了村落的空虚,村庄变得没有生机与活力。

20世纪80年代林业"三定"以后,虽然划定了责任山,但其主要的职责仍是管护,还是没有明确权属关系,同时由于经营山林各项税费繁杂、负担沉重,带来的林业收入非常少,大家植树造林、管护山林的积极性都不高。在林改前已经先后将面积7790亩的10宗林地进行了流转。进行流转的原因,一是由于该村山林面积大,看林护林的难度大,而且林农管护山林的积极性也不高,时常发生山林偷伐现象;二是村级债务严重,拖欠的各种债务急需得到缓解,为了应急解决村级债务,拍卖山林成了村

---

[1] 詹姆斯·C. 斯科特:《弱者的武器》,译林出版社2007年版。

庄想到的第一个办法,也是唯一可行的办法。在这 10 宗地中流转给本村农户两处共 130 亩,流转给村外 7 处共 3800 亩,与县种苗站联办林场 1 处共 3860 亩。

表 1　　　　　　胜境村林改前林地具体流转情况① 　　（单位：亩、年、元）

流转对象	面积	林地坐落	签约时间	期限	流转金额
彭文友	50	陈字坡	2002-02-01	10	2400
万兴发	230	王子畈	2002-08-04	25	10000
张建华	130	孤家冲	2003-10-30	20	3000
吴涛	180	袁家冲	2002-09-08	20	6500
胡学军	300	李家冲	2002-10-26	20	15000
梁红刚	2480	芝麻冲	2005-03-04	30	80000
	200	朱堰冲	2005-07-11	30	18000
李朝发	280	张家	2002-10-30	10	16000
陈学中	80	小堰冲	2003-10-30	20	8000
种苗站	3860	大烟冲	2004-06-11	50	联办林场
合计	7790				158900

从表 1 中可以看到,林地流转总收入共计 158900 元,其中的 88000 元用于修建通村公路,70900 元用于化解村级债务。

其中村里与种苗站联办林场的那 3860 亩山林在新林改时已收回,重新确权分给林农,由林农自己经营山林,村里不再与种苗站合办林场。胜境村在新林改以前已经流转的山林面积 4340 亩,约占全村山林总面积的 1/6。胜境村 2007 年开始林改,在此之前国家已经于 2003 年在福建、江西两省实施集体林权制度改革,关注林业商业利益的组织和个人会关注林业林改相关的信息,他们极有可能在对信息了解掌握的基础上开始大面积的承包山林。2005 年胜境村对村外个人流转了最大面积的山林共 2680 亩。在集体山林林权流转的问题上,各林业经济利益相关者为了各自的利益展开了博弈。在中共中央国务院《关于加快林业发展的决定》和《京

---

① 胜境村林地流转资料汇编。

山县林地流转管理办法》相关政策允许山林流转的情况下，国家利益已经由"绿化祖国"向"经济、环境两发展"转变。在"加快林业发展"政策背景下，势必造成各个利益相关者的反应，但是，由于信息的不对称性以及对信息灵敏度感应的不同，各个利益相关方的反应不同。

村"两委"决定缓解债务和减轻护林压力而转让山林，因此是山林转让的积极推动者。山林转让是村"两委"与承包人之间商量谈成的，村干部在转让山林的过程中可得到一些好处，一般村民对其内幕并不清楚，这也为内幕操作提供了客观条件。承包者作为关注林业商业利益的主体，通过对林业政策的解读，对林改试点省份的发展趋势的了解等，对山林的潜在价值有一个准确的判断，他承包山林就是为了升值、取得经济利益，也是山林转让积极主动的一方。一般村民是持保留态度的，特别是要流转的山林所在组的村民是不愿意把山林流转出去的，这是他们世世代代得以生存生活的地方，流转出去以后连上山的权利都没有了，所以有些村民还是不愿意将山林流转到村外。但是作为沉默的多数人，村民并没有参与到转让山林的决策中，因此其意见得不到有效的反映。在决定村集体是否转让山林、如何转让山林这个问题上并没有实际的发言权。在这一次的互动博弈中，村"两委"对外流转山林虽然暂时缓解了债务，但是由于存在着流转面积过大、时间过长、费用过低等问题，即"三过"问题，从长远利益来看，还是给村集体财产造成了严重的损失。一般村民处在了一个相对弱势的地位，权益受到侵害。村外承包者利用政策信息的完备、市场信息的充分、经济实力的支撑取得了这次博弈的胜利。

2007年新林改，林业利益相关者多了一个林业协会（前身即林改理事会），要真正了解各方对新林改有多大程度的赞同，这就需要正确地分析林业相关者的利益关系，寻找出他们的利益共同点和不同点，在相互博弈的过程中形成一个均衡，这样才是客观真实的反映。这次的林改采取了放权让利的政策，取消了很多林业部门的收费项目，加大了林业部门的工作力度。在这种既加大了工作量，又让其减少了其资金来源的格局下，林业主管部门内心里是不情愿的。要解决这个问题，使他们也积极有效地促进林改并成为林改的领导力量，只有靠政府行政制的直线管理制度，靠命令—执行机制，并适当提高其待遇。此外，在林改后林业部门通过职能转变去做一些更专业化的工作，更注重服务，提供林业相关信息和指导。把以前需要自己做的事情交给广大的林农去做，不必再为植树造林、防止森林盗伐等具体繁杂事务而苦恼。现在主要负责林业信息发布，及时发布有关林业法律、法规和政策性信息，推荐林业项目和最新林业科技成果，办理采伐许可证、木材运输证，林业科技、法律、政策咨询服务。从长远来看，林改促进了林业部门专业化的形成。

村"两委"在林改中可以收取一定的林地使用费，这对村财政也是一个很大的支持。另外，村"两委"会成员是村庄村民的一分子，对全村有利的事情，对他自己也是有利的，他也从林改中得到自己应得的一份利益和权利。并且在村庄政治过程中，有些村干部在乎声誉，很在乎在一个熟人社会里其他村民对他的肯定和尊敬，毕竟他一直住在村子里，是这个小集体的一分子，他要维护好与其他村民的融洽关系才能得到支持和肯定。所以村"两委"倾向于支持林改。

村民是这次林改的主体，是主要支持力量，林改就是要解放林业生产力，提高林农的收入，理所当然地受到了林农的大力支持。新林改遵循了在公平合理的基础上更加注重本地林农利益的原则。因为本地林农有优先权来管理山林，有太多的理由来说明这一点：

1. 通常状况下，本地林农是本地森林进行林改最重要的受益者，这是改革的宗旨所在。

2. 作为实际上的森林资源使用者和主要利益相关者，他们的动机和土地利用决定对林改政策的完善和配套措施的跟进至关重要，他们对从这种调解中能够得到多少或者损失多少的感知直接影响到他们如何对这些政策作出回应。

3. 本地林农对山林的依存度比较高，林改关系到林农的生存问题和生活水平的提高与否。

4. 当地的贫困问题比较严重，生活水平不高，在这样的调解过程中，当地人所有的山林应该服务于解决当地林农的生活贫困这一重大问题[①]。在这次林改中充分尊重和保证了村民群众的决策主体地位，同时成立了林改理事会（在完成确权以后成为林业协会），这些都在形式上

[①] Michael Richards / Jonathan Davies：《参与式森林管理经济分析手册》，中国社会科学出版社 2007 年版。

保证了林农行使管理监督的权利,在以后的管理和监督中也将起到重要作用。这个林改的过程也是一个村庄群众成长为一个政治人的过程,在这个过程中他们得到了应有的权利,在民主选举、决策中扮演了重要的角色。

以胜境村的林改情况来看,在这次新林改中,村外承包者应有的权利也得到了保障。在"尊重历史、兼顾现实、依法依规、协商解决"的原则下,最重要的一点就是这个村流转到村外的山林只占村山林总量的1/6,而且村山林总面积很大,所以还是有很多的林地可以确权到户,林农的抵触情绪也得到了缓解。并且有些流转出去的山林也快要到期了,所以林农对收回山林还是比较有信心的。这也是胜境村林改过程比较顺利、林农普遍都接受的一个重要原因,即大家还是有山林可以分,还是有一部分自留山的。

新林改使得各方都得到了合理的定位,权属关系明确,各利益方彼此之间的关系也变得融洽。通过对胜境村新林改后林业经济利益相关者分析,有助于我们更好地了解村级林改的运作机制,分析出运作的前提和动力以及各方的政策敏感度,为进一步完善林改配套措施提供依据。

五 小 结

综上所述,胜境村通过新林改把山林确权到户,使林业生产资料与林业生产者相结合,无疑会极大地促进生产力的发展,提高林农植树造林的积极性,为增加林农收入、提高林农生活水平奠定基础。通过对胜境村林改的实地调研,在微观层面上考察了林改背景下村民社会心理的变化、基层民主的发展、村庄社会经济组织状况的变化、村庄林业经济利益相关者博弈,分析了村庄对林改政策的回应和集体林权制度改革对乡村治理产生的重要影响。由此,课题组认为应该从村民社会心理、对基层民主的影响、村庄社会经济组织状况的变化、村庄林业经济利益相关者这四个维度来综合分析新林改政策对村庄产生的冲击及村庄的反应。关注基层群众在林改中的社会心理转变的动因和动力以及如何强化这种心理,使他们在基层民主的参与中保持热情。关注村组织状况的变化以及变化后村"两委"与林业协会的相互协作、林业协会的运作环境。关注基层群众对林改的满意度以及潜在的需求，分析林业经济利益相关者的互动博弈，由此了解林改的微观运作，为林改积极有效的推行和配套政策及时合理的跟进提供了现实依据。

集体林改——基层民主的催化剂
——安徽省潜山县天柱山镇河西村林改研究
王 芳[①]

潜山县是安徽省21个重点山区县之一，全县辖16个乡镇、185个行政村（居委会）、57.2万人；土地总面积1686平方公里（202.9万亩），林业用地面积140.8万亩，其中集体林地面积131.8万亩；国有林场2个，其中天柱山林场3.5万亩、公安林场6.5万亩、板仓省级保护区1.8万亩；森林覆盖率53.1%，活立木蓄积量383.9万立方米，毛竹1419.4万株，林业综合产值3.32亿元，这是笔者所调查的潜山县的概况。此次在华中师范大学中国农村研究院"林改百村"项目的支持下，笔者前往潜山县所属河西村进行走访和调查该村的林改状况以及林改对该村乡村治理的影响。所得数据均源于此次调查。

一 河西村的集体林改情况简介

（一）集体林改概况

虽然潜山县林改起步较晚，却在3个月左右基本完成了林改的初步工作。县林业局局长告诉我们该县的森林覆盖率是只增不减的，因为潜山县是个生态旅游城市，林地就是该县的"绿色银行"，任何个人和单位群体要占用林地都必须缴纳森林植被恢复费，其中用材林的价格是6元/㎡，公益林的价格是10元/㎡，而且此类审批指标较少，只审批建学校、机

[①] 王芳，女，华中师范大学政治学研究院2008级硕士研究生。

场、医院等公益性质建设用地。县林业局规定农村建房用地小于 100 ㎡ 可不用交钱，大于 100 ㎡ 的则必须写申请并交钱。县林业局收的森林植被恢复费全部上交给省林业厅，再由林业厅划拨给县林业局用于在荒坡、荒地上造林，达到占补平衡。该县林改过程中总共有 667 起林地纠纷，相当于宁国市林地纠纷的一个零头，是林改纠纷最少的一个试点县，目前已成功调处纠纷 641 起，调处率达 96.1%。

天柱山镇紧连天柱山风景区，周边与梅城镇、痘姆乡、水喉镇、龙潭乡、天柱山林场接壤，辖 6 个行政村、51 个村民组、3699 户、13456 人，山场面积 55794 亩，其中国家公益林 12519 亩、省级公益林 20921 亩、商品林 22354 亩，涉及山场、宗地 15701 宗，完成确权面积 55764.1 亩，未确权面积 29.9 亩，确权率 99.9%，发放林权登记表 4283 份，制作宗地示意图 31402 张，签订承包合同书 6036 份，发证率达 95%。林改期间发生林权纠纷 60 起，成功调处 58 起，调处成功率达 98%。天柱山镇林业站站长向我们介绍说，该镇的河西村是林改进展较快的村，积累了很多经验。当我们于 2009 年 8 月 3 日到达河西村时，该村的林改初步工作已经结束，为了获得第一手资料，我们便对不同的农户进行入户深度访谈并查阅会议记录和档案进而收集资料。

河西村隶属天柱山镇，距潜山县城有 13 公里，地形地貌较复杂，既有丘陵，又有山地，有村民小组 11 个、农户 713 户，共计 2800 人。该村有村干部 6 名，其中村支书 1 名、村主任 1 名、村支委 1 名、文书 1 名、计生专员 2 名。有耕地 1220 亩，其中旱地 500 亩，主要种植小麦、玉米和棉花；水田 720 亩，全部种中季稻。林地面积 7806.6 亩，公益林面积有 6191 亩，主要原因在于该村有一条流经县城的护城河即潜河，沿河两岸林地在 2005 年都被化为省级公益林；有商品林 1615.6 亩、经济林 350 亩，主要种植马尾松、板栗和茶叶。村里既无合作社，也无集体林场。

该村林地在 1984 年林业"三定"时全部划为自留山，户均林地 10 亩，由农户自己经营。分山时为了显示公平，首先依据山与村的距离分为近山和远山，然后把近山和远山按照林地的立地条件分为上等山、中等山、下等山；再按照户数平均分配，对于面积过小不便按面积分配的山则依据树种平均分配，这样造成每家每户的山都较零散，有的一家山场多达 30 块。公平的分配方法并没有引起村民们对林地的重视，各家各户简单地用手指一下、口头说一声便算分了山，分山干部也没有把握好细节，在林权证的填写和发放过程中较粗糙，为林地纠纷的产生埋下了伏笔。过于分散的山场、模糊的产权和对林业政策的不了解，不仅造成了村民的滥砍滥伐现象，也导致该村林业发展出现停滞状态。马尾松和毛竹是天然生长的，板栗和茶叶多是集体化时期留下来的，农户除了从山上砍柴做燃料和采摘茶叶自己使用外，林业的经济收入甚微。高密度的人口、稀缺的土地和较多的林地使集体林权制度改革具备了客观条件。解决林业"三定"遗留下来的矛盾的迫切希望以及农民对发展林业经济的渴求成为集体林权中制度改革的主观条件。[①]

（二）集体林改进程

为了真正实现"山定权、树定根、人定心"，河西村在林改过程中将林权改革分为确权和配套改革两部分，林改初期主要是以确权发证、明晰产权为主，待时机成熟后逐步实施配套改革。该村于2008年5月3日召开了"两委"专题会议，认真学习传达县、镇两级关于"集体林权制度改革"工作的会议精神。针对本村实际情况，在既按要求大干一百天又尊重历史情况、维护地方稳定上达成了林改工作的共识。成立了以书记为组长、主任为副组长、"两委"委员及11位村民组长为成员的工作领导小组，制订了林改工作方案。并于6月5日召开了组长、党员和村民代表大会，讲明改革的目的和要求，使村民认识到林改工作的重要性。6月6日至6月9日，村干部分头到11个小组召开了户代表会议，在开展宣传发动工作的同时成立了组林改小组，并对林改方案进行了部署，其具体步骤如下：

1. 深入农户调查研究，统筹规划林改蓝图

6月10日，各组组长及村民代表走村串户，调查本组村民有无林权证及拥有山场情况，并及时反馈到村里，使林改小组成员了解到该村户主变更、兄弟分家、违规出租、强权占林等各种矛盾纠纷。通过这样的调查摸底，一方面，能全面掌握农户对山林的占有状况以及相关的纠纷；另一方面，为后期林改工作的顺利开展打下了坚实的基础。

[①] 此材料来源于河西村村委会。

2. 选调业务人员，进行操作培训

针对本村林地分散、林改任务重、时间紧迫、工作量大等情况，为了确保林改工作的质量，6月14日，村林改小组通过会议决定对各村民小组林改工作组进行操作培训；当得知有些村民文化水平低下不能正确填写图表和绘制图形时，村林改小组决定以40元/天聘请有一定文化基础又能较快接受培训的何安华、王金波为业务员，于6月20日到村办公室逐组逐户填写林权登记申请表、农户山林基本情况登记表并绘制山林示意图。两位业务员在工作中发现以前的老山林证"四界"填写马虎、模糊不清，为此，工作组要求小组长带领共界农户上山确认后再进行填写，白天不能解决的问题，晚上业务员就带着资料下组上山摸底核实。

3. 两轮公示，发放林权证

在村委会的领导下，该村按照潜山县集体林权制度改革领导小组办公室文件《关于规范林权登记申请材料上报的通知》要求，进行规范操作，不少一份材料，第一轮结果于7月10日进行了公示。公示前一天由各组组长通知该组农户，各户对照自己情况确定无误后，填写正式表格。8月15日，村委会召开村民代表大会，宣布张榜公示结果，对于有错误的及时更正，确定无误后于8月18日进行二次公示，1个月后在所有村民对公示结果都无异议后便存档。10月20日，村开始发放林权证，发放时全组村民必须全部到场当面确认，无误的现场签字并发证，有错误的立即汇报并重新打印。11月3日，2138块宗地全部确认，553份林权证发放完毕，10起纠纷也都一一调处，且无一人上访或闹事，林改工作便暂告一段落。①

表1　　　　　　　　　　河西村林改统计表　　　　　　（单位：块、亩）

组名	宗地数	自留山面积	确认宗地数	确认自留山面积
河口	163	582.1	163	582.1
精冲	237	595.9	237	595.9
杨冲	110	853.2	110	853.2
徐畈	213	675.8	213	675.8

---

① 此材料源于河西村林改方案。

续表

组名	宗地数	自留山面积	确认宗地数	确认自留山面积
花屋	265	465.5	265	465.5
彭店	123	414.7	123	414.7
彭屋	310	1064	310	1064
鲍冲	190	847.6	190	847.6
中店	66	136.1	66	136.1
山包	145	763	145	763
毛领	316	1408.7	316	1408.7

这次改革之所以迅速结束并受到群众好评，其原因在于林改顺应了广大林农的要求、维护了林农的利益，调动了群众参与的积极性。林农们通过召开代表会议、看电视、听广播或亲自咨询村干部等途径积极了解当前的林改政策，在勘界时共界农户都提早赶到现场，确认后又动手挖界沟埋石头，避免以后产生界限纠纷；当各种纠纷发生时，林农们都按照程序找到组里或村里的纠纷调处小组，调处小组便会和村干部一起本着"组内纠纷不出组，村内纠纷不出村"的原则，通过查看档案资料、请"三定"时林改工作者回忆、村民的反映等方法提出调处建议并要求双方协商解决，申请调处的双方都积极采纳调处意见，同意协商并签字确认，为完成确权任务节省了时间。

林业"三定"时，分山就是上山随便指一下，村里记录也不详细，事后也不看管。在木材紧俏时，树被偷砍了，界限不容易辨认了。林改时，两家都理直气壮地说界限在对方林地里，这样就产生了纠纷。当事人找到组里，组长就带着纠纷调处小组，找到当时分山的人，分山的也记不清了，林权证上也没记清楚，组里就按照实际情况，给双方做工作，让他们协商解决。结果两人各让一步，以中间为界一人一半，然后双方签字并画"四至"图，双方各持一份，村里保留一份以避免再出现纠纷[①]；在户外作业勾图时，上级要求画出村、组、户的示意图，在完成户示意图后画组示意图时，业务员无法采取先画总体轮廓的办法，试过多次也无法准确

---

① 此材料来源于河西村村民彭木松（采访人：王芳、孙双义）。

画出图形,这时村民们积极出谋划策,建议先给各家各户编号,画出各户的示意图即"小图",然后再将小图按序号拼起来标好田、房屋、河流和比例尺即可形成组示意图即"大图"。几易其稿后,组示意图便出炉了,业务员又借鉴此法迅速画出村示意图,此类"大图转小图"的勾图法被镇里林改工作组宣传到其他村,大大提高了该镇林改的工作效率。

二 集体林改:民主参与的催化剂

1987年,国家将起源于基层社会的村民自治制度加以升华并推行至全国,用富含民主元素的治理机制来建构乡村秩序,是一次"民主下乡"的过程。基层群众的"自我管理、自我教育、自我服务"体现了"民主选举、民主决策、民主管理、民主监督"的基层民主原则,具有社会直接民主的特征[1]。时隔20年的集体林权制度改革给自治中的村民带来了民主管理、民主监督的机会,调动了村民们参与的积极性。

(一)集体林改给基层民主参与提供了制度保障

林改的主要宗旨是实现"耕者有其山"[2],张蕾司长在接受国家林业局政府网专访时说:"林改最重要的原则就是两个,一是尊重农民的意愿;二是依法办事。首先按照农村土地承包法的规定,让农民自己来作主,自己来决策,作为改革的主体,要尊重他们的意愿,让农民真正得到实惠,这是基本的原则。"[3] 河西村在林改过程中坚持公开、公平和公正的原则,充分尊重农民意愿,确保农民的知情权、参与权、决策权和监督权。由于该村是以小组为单位开展林改工作,所以村干部便将各村民小组的户代表会议变成了村民民主参与的平台。各组的林改方案必须在户代表会议上讨论并有2/3代表同意才能通过,国家的林改政策、该组的林改动态及纠纷

---

[1] 黄辉祥:《民主下乡:国家对乡村社会的再整合》,《华中师范大学学报》2007年第49卷第5期,第10—16页。

[2] 朱冬亮、贺东航:《集体林权制度改革中的林权升值因素分析:对福建林改的思考》,《东南学术》,2007年3月,第25—29页。

[3] 张蕾:《贯彻落实中央林业工作会议精神 积极推进集体林权制度改革》,国家林业局政府网。

处理情况也必须及时召开户代表会议告知全组村民，村民通过参加户代表会议不仅了解了国家政策和该村的林改情况，也充分行使了知情权、参与权、决策权和监督权。

（二）集体林改增强了林农的民主参与意识

林改时，村干部一改往日作风，不仅召开村代表和党员会议确定林改小组，还召开户代表培训会议、户代表会议，在制订组林改方案时还积极征求村民意见。村民们开会和勘界时都积极到场，出席率达到100%。两轮张榜公示时都仔细核对数据，茶余饭后谈论的也是林改的种种事情，干部们通过林改增加了与村民的接触机会，了解到了村民的想法，和村民们有了共同语言，村民们遇到不了解的政策也会主动咨询干部，干部除一一作答外，还请林业站技术人员来给村民们讲课、出钱聘请有文化的村民代填各种表格。村民们都认为林改时村干部干了不少事，干群关系有所改善，村民们比平时更关注村庄事务，民主参与的热情高涨，参与意识明显增强。

在林改前，村民的民主参与状况却与林改时大相径庭。依据村民自治的规定，村民可以通过村民会议直接行使民主权利，监督评议村干部，充分表达自己的意愿，切实维护自己的利益。可以说，实行村民会议是最理想的选择。但村主任却说该村召开村民会议困难较大。

其一，人多地小。随着近几年农村并村的进行，村组织规模较大，2005年该村由原来的三个行政小村毛岭、石龛、甘坪合并组成，人口较多，达2800人，很难找到一个足够大的地方容纳那么多人召开会议。

其二，区域分布过于分散。河西村占地8平方公里，虽然是丘陵和山地兼有，但山区占了65%。一条颇宽的潜河绕山而过，自然村跨度较大，村民居住分散，往往是两三户聚居在这一块，另外的几户住在另一畔，间隔距离较远，从离村委会最近的河口组翻山到村委会大约要半个钟头。这就增加了召开村民会议的难度。

其三，时间难统一。农村实行联产承包责任制以后，单个家庭成为生产单位，种什么和何时种都由自己决定，这就造成各家各户的生产和休息时间不统一，召开全体村民会议的时间难以保证。

第四，外出人口较多。该村耕地较少，剩余劳动力较多，随着社会流动的增加,大量青壮劳动力外出务工或经商,经济来源中务工占了90%,外出人口达800人,这就给召开村民会议带来了极大的困难。实际上,该村从没有召开过村民会议,而是以村民小组为单位召开户代表会议,即由小组长主持、每家每户的户主为代表参加的小组会议。户代表会议每年召开1—2次,主要是传达村委会关于一些重大事项的决策。该村按照地理位置将10个村民小组分为三大片,每片设一位片长,有大事需要商议时,片长便通知该片的村民小组组长,组长通知该组的村民代表。村民代表由该组村民通过户代表会议投票产生,每组2人,共计50人。[1]

据农户王胜明和金林友说,林改前村中在建设自来水厂、修水泥路、新修蓄水工程等大事需商议时,只召开村民代表会议,除了选举村代表和传达村级会议精神外,很少召开以组为单位的户代表会议,村民代表平时忙于生产和经济活动,很少有时间去了解民情,更难去代表民意。由于没有参加村级事务民主协商的平台,村干部对村务建设事务从来不征求村民的看法和意见[2]。调查中80%的村民反映自己对村中重大事情如何决策并不知情,但也没有人因此而责问村干部。大家觉得知道和不知道都一样,干部们该怎么搞还是怎么搞,平时大家都忙着外出打工和干农活,也没有时间管开不开会、开什么会,选举村民代表和村干部的时候好多外出务工的人都没回来,谁当代表和干部都一样,还是得自己赚钱养家糊口。村民对村务公开并不关注,只要不向老百姓收钱就行了,因为没有人知道村里到底有多少钱,账本几乎没有给村民看过。当问起干群关系如何时他们都表示关系很一般,因为村民们除了有事到村委会,平时几乎不和干部打交道。

三 集体林改前后基层民主参与趋势呈"∧"形("波峰形")

在对林农的访谈中,我们发现随着林改确权工作的结束,村庄公共事务的聚合度又急剧下降,户代表会议销声匿迹,林农民主参与的热情也随着减缓,干群关系又回到从前。该村村民的民主参与并不是一个连续不断

---

[1] 此材料来源于河西村村主任葛德坤(采访人:王芳、孙双义)。
[2] 此材料来源于河西村王胜明和金林友(采访人:王芳、孙双义)。

的过程,而是阶段性的。林改前村民代表虽然参与村庄政治,打破了少数人对村庄权力的控制和分享,但普通的村民却被排斥在村庄事务之外,他们并没有将参与化作一种自觉行为,更不积极关注并采取多种形式参与政治生活。这次林改在村级治理中发挥了重要作用,它不仅使村民茶余饭后有了谈资,也使每个村民都有进入村庄政治中心的可能性,民主参与的效能感使他们真正感受到了自身参与的必要性,产生了对村庄的归属感和对村干部权威的认同感。而林改的结束,不仅使村民们失去了民主参与的平台,还使农民自身的政治判断能力失去了表现的机会,故参与意识下降,参与态度趋向冷漠。因此,林改前后基层民主参与趋势呈"∧"形,即"波峰形"或"金字塔形"。即林改前到林改时,村民们的政治参与热情不断高涨,在发放林权证时达到顶峰,随即又呈下降趋势,出现参与冷漠。该村村主任似乎也觉察到了这一点,他指着办公室对我们说:"林改那会儿这里是满屋子的人,有办事的,有了解情况的,都大老远骑着摩托车跑来。现在林改搞完了全都不来了,要想保持老百姓的林改积极性,只有快点搞配套改革。"[①]

四 小 结

在林改过程中,农民的民主参与热情高涨,而农民积极的民主参与使得林改工作得以顺利开展并且受到了村民的一致好评,林改制度的推进带来农民的民主参与,农民的民主参与进一步巩固了集体林权制度改革,推进改革深化。在这次改革中,制度推进与农民的民主参与呈现出良好的互动。林改的首要目的是明晰产权,产权明晰极大提高了农民造林以及护林的积极性,从而提高林地的使用率,带来巨大的经济价值和生态价值。在乡村治理过程中,基层民主参与态势呈现"∧"形与林改的出现并没有必然的联系,任何一个能够触动所有村民利益的事件都能产生同样的结果,但林改的到来使其凸显在我们面前,因此我们在注重改善农民经济生活环境的同时更要关注他们的政治生态环境,只有逐步完善林改的配套改革和健全乡村民主化治理机制才能使基层民主跳出怪圈。

---

① 此材料来源于河西村村主任何松节(采访人:王芳、孙双义)。

农民对林地的期求困境

——基于江西省兴国县豪溪村的调研

陈燕芽[①]

江西省林改走在我国农村集体林权制度改革的前列，今年暑期在华中师范大学"百村观察"调研项目的支持下，笔者选取江西省的兴国县豪溪村进行了林改调研，发现该村的林农存在对林地的期求困境。这里的期求侧重于林农内心的一种矛盾，对林地的期望与对实际要求的反差和矛盾。随着集体林权制度改革的进一步深化和发展，林农的期求矛盾影响了其发展林业的积极性，阻碍了村庄林业产业的进一步繁荣，势必也会降低林改的绩效，因此，对农民的林地需求困境的分析和研究显得尤为重要。

一 村庄概况和林地使用基本情况

豪溪村位于江西省兴国县永丰乡西南部，属丘陵地形，是"八山一水半分田"的典型山村。全村共有 13 个村民小组，415 户，总人口为 1998 人。全村总面积为 12150 亩，其中耕地面积为 1848 亩，林地面积 8130 亩，林地面积约占全村总面积的 70%，人均林地为 4 亩左右，村森林覆盖率约达 67%。该村大部分集体林地是在 20 世纪 80 年代分山到户，为了响应国家集体林权改革的政策号召，该村于 2005 年进行了新的一轮林改。该村林改是以小组为单位，分别根据各组的实际情况召开小组村民代表会议，小调整大稳定，对林地进行确权发证。除了少数难以确权的林

[①] 陈燕芽，华中师范大学政治学研究院政治学理论专业 2010 级研究生。

地外，该村的林权发证率在95%以上。

林改后，该村的林地使用状况基本和林改前相差无几，主要林木资源为马尾松。由于豪溪村各家各户林地分散，单个农户无力转入林地，形成规模经营，同时村里交通不便，无法很好吸引外来资本进入。直至2010年开始，外来开发公司进入豪溪村，通过村委会流转林地面积2000多亩，发展油茶基地。但一般的农户对林地的投入少之甚少，基本上都是劳力投入，短期内大部分农户都无法从林地中获得实质性的收入，林地的价值还不能得到很好的体现，农户的主要家庭收入还是来自于耕地或务工收入所得。

虽然，豪溪村早在2005年就完成了集体林权的主体改革，但是配套改革还处于初级阶段。在调查的农户中，99%以上的林农都反映本村还没有实行相关的配套改革政策，甚至有些农户对林权抵押贷款、林业合作社、林下经济等政策闻所未闻。随着改革的深化，林权的升值，村民也意识到林地潜在的价值，开发经营林地的愿望越来越强烈，但苦于各方面的限制，他们也只能抱着金山过穷日子。

二　林农的林地期求困境

集体林权制度改革已经进入了后林改时代，主体改革已经完成，配套改革还在继续，提高林地生产力和使用效率，规范林地流转，放活经营，发展林下经济等已成为现阶段林改的首要目标。在市场经济无孔不入的时代，林改在某种程度上加快了林权升值，豪溪村农民也急切希望抓住林改的契机，充分利用林地资源，获得现实的经济效益。然而，在社会化进程中，农户在渴望最大化利益的同时，受到各种条件限制，再加上社会化小农①理性支配，也存在着其他方面的顾虑，因此产生期求困境的心理。

（一）"期流转"与"求参与"的困境

林权流转是指林木所有权以及林地使用权的流转，实现森林资源的优化配置，解决由"分林到户"产生的林地细碎化问题，提高林地经营效

---

① "社会化小农"的概念首先由徐勇教授提出。

果,实现林地规模经营,提高林地经营效率,从而适应迅速变化的市场要求,带动林地经营相关环节产业链的繁荣①。同样林地流转是一种有偿的合法的市场交易,因此,林地的流转势必给林农带来短期的直接现实收益,在集合规模经营下,也会间接给林农带来好处,但是林业有别于其他的产业,它具有周期长、见效慢的特点。在这种情况下,林农迫于货币支出的压力,无法坚持长期的投入,进而也无力转入林地,却期待能将自家的林地流转出去,从而获得货币收入。

然而,随着林改的大力推进,林木市场不断活跃,林业又是一个朝阳产业,发展林业是山区多林农民的重要出路。如果纯粹地将林地进行"一锤子买卖式"的流转,农户在后面几十年的承包期内,根本无法从中获得一丝一毫的收入,因此,农民在期待林地能流转的同时,也在寻求一种能长期享受林权升值的"参与式"流转,即能在林地转出时,参与到林地经营,长期受益。正如一名受访村民所说的那样:

> 我们这里的交通不便,山也挺陡的,如果单凭我们自己的力量肯定是很难的,也吃不消。我们现在希望有人或者公司进来把我们的林地都包去,给我们一些租金,这样至少还能挣得一笔钱。但其实我们也挺不愿意的,像我其他村的一个亲戚现在就后悔了,他当年给别人种茶油树的那块山,现在别人都发了,现在一见面就说这事,说他自己后悔了……所以我也很怕划不来,这一包就是几十年,几十年谁知道政策怎么变啊,如果现在有人说来包我的山用,除了给租金,还能让我参加开发就好了,不用那么高的租金我都愿意,这样,我的山在这几十年里,还是跟我有关系的……唉,这样,别人肯定不愿意的……②

村民上段诉说将他内心那种"期流转"和"求参与"的困境表现得淋漓尽致,不愿让林地半荒废,希望通过林地的流转来获得直接的收入,

---

① 曾华锋:《林地承包经营权流转中存在的问题与对策分析》,《林业经济》2009年第4期,第50—53页。

② 来自作者2011年暑期豪溪村调研资料整理,对其语序作了一定调整。

但也不愿意将林地的使用权全权转给别人，渴望能参与到被转林地的经营管理中，这反映了豪溪村大部分农民的困境心理。

（二）"只愿纯劳投入"与"求高回报"的困境

在传统农业发展时期，农业生产主要投入为劳力投入，其他方面的投入基本没有。进入到现代农业时期，落后地区的农民还习惯于"锄禾日当午"的纯劳作模式。同样，在林地的投入中，大部分林农在经营自家林地的过程中，劳力投入几乎占据其全部投入。

调研中，询问农户林业成本和投入主要是在哪个方面时，99%以上的农户的答案都是劳力投入，只有少数几位农户回答是农药、化肥投入，这就表明，在进行林业生产时，农户的货币资本投入相当微薄，几乎所有人都倾向于纯劳力投入。从与农户的交谈中也可以发现他们纯劳力投入的愿望：

> 问：现在林木市场很火爆，你说你家山也不远，也挺适合树木生长的，你有没有加大投入，好好整整这片林子啊？
>
> 答：想肯定想的啊，但是那一大片山要开发出来，全部种上树，那得花多少钱啊。现在本来就只靠打工挣几个钱，全家人都靠这几块钱生活，我全部种上树，还得在家管管看看吧，还不知道几年才能卖呢，再说到时候万一亏了怎么办啊，我还不如就顺其自然，需要的时候上山看一下。
>
> 问：那如果和别人合伙，别人出钱，你出力，你乐意吗？
>
> 答：那肯定乐意的，就出出力，就能有收入，肯定是好的啊。反正就是干活，干什么不是干啊，只要有收入就行，还能照顾家呢。[①]

"有收入我就干，到哪不是干活"，这充分反映了农民在林业开发经营上的局限，随着社会经济的发展，"继续采用人海战术的农业生产已经变得不经济了，可行的策略就是加大农业资本的投入，相对降低劳动在农业生产中的比重，使农业经济发展重新达到经济状态"。因此，如果在林

---

① 来自作者2011年暑期豪溪村调研资料整理。

业的发展过程中,只是一味地寻求单纯的劳力投入而希望得到很高的经济产出是不可能的,因此如果不改变投入方式,林农在投入时不舍得货币资本投入,仅仅局限于劳力投入,同时又期望高现钱的产出,这种期求困境会一直存在。

(三)"求合作"与"缺信任"的困境

合作是指两个或两个以上的个人或群体为了达到共同的目的而在行动上相互配合的过程[①]。合作行为的发生需要两个必要条件:一是必须存在可供选择的合作者;二是行动者之间的相互信任[②]。由于单个农户的力量比较薄弱,要想进行大规模的林地经营和开发,必须寻求各自之间的合作,但是在实际中,农户对其他个体是充满不信任感的,正如一位农民所说:

> 问:你有没有想过和周边的人合伙啊,你们山在一块的,如果能够合作,连片经营多好啊?
>
> 答:好是好,但是合伙这里面存在着太多的困境了,比如干活,谁干得多干得少啊,到时候还分钱啊,太麻烦了,到时候肯定会打死人架的。再说,如果不是自己家里人,林子长大了,万一对方起心眼,去偷几根,我又看不见,这不好……[③]

从上面对话可以看出,自身的缺点促使单个的农户之间想相互寻求合作,但是由于种种利害关系与既定思维,他们之间又存在着很强的不信任,没有信任的合作行为是很难维持的,因此期望合作,但相互之间又没有信任的困境严重阻碍了当地林业的发展。同样,农民也缺乏相应的制度信任。

(四)"想经营"与"怕风险"的困境

任何投入都会有风险。林农投入经营林地,由于受自然、人为等因素

[①] 刘祖云:《社会交往新论》,湖中师范大学出版社1991年版,第73页。
[②] 徐晓军:《社会距离与农民间的合作行为》,《浙江社会科学》2004年第1期,第15—20页。
[③] 来自作者2011年暑期豪溪村调研资料整理。

的影响,势必存在风险。但是在调研的过程中发现,豪溪村90%以上的农户都担心在林地经营过程中出现各种风险,只有不到1%的农户觉得无所谓,这就导致了在实际作为中,很多农户采取保守的方式,或不进行开发,或等政府、外来投资者铺路。目前,自然风险是不可能完全规避的,再加上一些配套设施、政策都有待完善,因此,想经营和怕风险的困境会一直持续下去。

三 林农林地期求困境的原因性分析

林改过程中,林农在小农理性和政策等因素的多重作用下,产生期求上的纠结。下面将对林农产生期求困境的具体原因进行分析。

(一) 中国小农理性的影响

目前,中国农民基本上还是以家庭为单位进行生产和消费的,绝大多数农民仍属于小农,但属于社会化小农。社会化小农是理性的,其理性表现为追求货币收入最大化,环节生产和生活的现金支出压力,小农家庭的一切行为围绕货币展开,生产是为了最大程度获取货币,生活要考虑最大化的节约货币[①]。基于这一点,林农便产生了对林地"期流转"与"求参与"的困境。现阶段,农村林地流转主要是林地经营权和使用权的流转,大部分林地流转都是有偿的经济行为。社会化小农追求"货币最大化",林地的流转能给林农带来显性的货币收入,因此,很多林农期望将林地流转出去。同时,根据弗里曼德的持久收入理论,一个家庭的存续是靠持久收入来维持的,家庭经济行为的决策在很大程度上取决于家庭对其持久收入的理性预期,这样,林农转出林地时势必会考虑到林地流转后的收益问题,便产生了期待流转但又不甘旁观的困境心理。

从长远的眼光来看,进行林地的规模开发与经营是林农通过林地获得大量货币收入的主要途径。但规模开发和经营都需要林农前期的大量资金投入,而林地的资金投入会造成林农暂时性的货币损失,在短期的货币保

---

① 徐勇、邓大才:《社会化小农:解释当今农户的一种视角》,《学术月刊》2006年第7期,第5—13页。

有和长期的货币收入的选择面前,由于中国社会化小农的行为和动机受货币压力的指引,这就决定大部分林农会选择保有手头上的货币,从而使得他们在林地投入上期求纯粹的劳力投入,尽量避免资金的投入。同时,在投入劳力之后,对于林地的回报,他们又是期待很高的货币收益的,因此,只愿投入纯粹的劳力,却期盼高水平的回报,这种困境会一直存在。

(二) 外部制度不完善

现阶段,集体林权制度改革在全国范围内取得了较大的成效,但是在一些地区,改革的政策和相关制度并没有起到预期的效果,林农也没有从中得到真正实惠。如在豪溪村调研受访对象中,有50%以上的农户对林改不了解,发出"山还是那个山,没什么变化"的感慨。有些对林改有一些了解的农户因没有享受到真正的惠农政策,担心政策不完善、不规范和不稳定而不敢对自家的林地进行开发经营。正如一位林农所描述的那样:

> 林改刚开始的时候,鼓励植树造林,说是以后树木成林了卖木材就能把这些投入给挣回来。今年,突然又说要封山育林,砍树还要硬性的指标,我们一般老百姓哪能拿得到那个指标啊。现在很多人山上那树已经长得很好了,但就是不能砍,看着那树,不能砍,不能卖的,看着就心疼,不知道这什么时候又来个改变,我山上那些树怎么办啊,早知道就让它荒着了……①

上段讲述真切地道出了林农对现阶段外部制度的强烈不满和缺乏安全感。林改的外部制度稳定性和规范性缺失让本身就缺乏规避风险能力的农户对林地的开发经营望而却步。林地经营开发行为本身就存在着自然、市场等方面的风险,再加上外部制度不能给林农提供强有力的保障后盾。因此,很多林农陷入"想经营"和"怕风险"的困境,严重挫败了他们投身林业的积极性和信心。

---

① 来自作者2011年暑期豪溪村调研资料整理。

(三) 农村社会的相对封闭性

中国社会,农民仍然主要以家庭为单位进行生产生活活动。由于农村社会相对封闭,在一定范围内,农户所从事的生产活动大同小异,农民间合作行为的发生便缺少合作对象,也同时对与自己有着相同经历或生活的农户是否值得信任产生了怀疑,这种渴望合作,但又对合作者的能力等方面素质产生严重不信任的困境严重阻碍了合作行为的发生。

同样,虽然市场经济无孔不入,但相对封闭的豪溪村受市场经济的影响相对较少,这必然导致大部分林农在投资眼光和谋略上低人一筹,再加上农民受教育水平不高,农民整体素质较低,这些都极大地限制了林农发挥主观能动性,制约其实现林地价值的行动,也导致了各种期求困境的产生。

四 解决林农期求困境局面的建议

(一) 完善林权流转等相关制度保障,增强林农的制度信任感

制度信任来源于对社会制度的信任,影响制度信任的主要因素有社会制度的完备性和合理性等[1]。林农的期求困境在很大程度上是由于对制度信任的缺失,从而出现在林地的开发经营上的保守主义行为。

林地使用权流转是市场经济条件下林业发展的客观必然,是林业改革进程中一种创举[2]。林地流转有利于优化林地资源配置,促进林地的可持续发展。因此,现阶段,要进一步规范林权流转制度以及相关的政策制度,建立完善的制度保障体系,加大政策性宣传,为农民提供更多的制度性公共产品,使制度信任深入人心,从而让广大林农在实践中敢于尝试、创新,提高林地使用率,活络林地经营,真正实现林地的价值。

---

[1] 徐晓军:《社会距离与农民间的合作行为》,《浙江社会科学》2004年第1期,第16—21页。

[2] 柯红发:《基于农户视角的集体林地使用权流转调查分析》,《北京林业大学学报》2010年第4期,第99—103页。

（二）提高林农的投资意识和能力，促进其劳力与资本投入的和谐结合

此次在豪溪村的调研表明，林农的投资能力和意识还比较薄弱，劳动力与资本结合程度低，林农资本投入严重削弱了林农规模经营的积极性和信心。因此国家要不断加强财政对农民的扶持和保护，进一步完善林权抵押贷款机制，为农民提供多元渠道的资金支持，给林农投资林业提供强有力的后盾，从而增强其风险抵御能力。同时林农要不断提高自身素质，增加驾驭资本的能力，在国家政策和金融体系的支持下实现劳力投入和资本投入的和谐结合，实现投入的"最经济化"和林地的高收益。

（三）进一步完善林地使用者的产权，规范村两委的职能

今年年初到年末，整个永丰乡都在实行封山育林，豪溪村的村民深受林木采伐制度的影响，有树不能砍的困境使得村民对投资林业产生了怀疑，因此，政府应该根据各地的实际情况，对于那些由政策造成的损失给予适当的补助，尽可能弥补农户的产权损失。新一轮的集体林权制度改革也赋予了村集体组织相当大的决策权和自主权，作为农村集体林地产权的法定代理人，村集体组织是新集体林改村级实践的主要组织实施者。为了真正发挥村"两委"为林农服务的职能，应当规范"两委"的职能，在发挥其法定范围内决策权和自主权的同时，要对其进行适当限制，解除林农的后顾之忧，从而破除林农的期求困境局面。

（四）大力支持发展林业合作组织

发展林业合作社是农业适度规模经营和农村经济转型的必由之路，符合林业发展的趋势和潮流。由于外部限制和林农自身的一些原因，林农只有通过林地流转才能实现规模经营，但理性的林农在流转的期限内，不想放弃林地的使用权，存在着"期流转"与"求参与"的期求困境。而林业合作社采用不同的经营模式，通过多元的渠道，既充分利用了林地，又能使林农参与到其中，实现民主管理。因此，大力支持发展林业合作组织是林农走出林农期求困境的重要途径。

多中心视角下林农集体林改态度的转变
——以湘中 L 村为例
张德军[①]

L村坐落在林业资源丰富的湘中地区，2007年开始集体林权制度改革，其中集体林权改革分为两个阶段：第一阶段为主体改革，其核心内容是确权发证，即将林山林地确定产权归属，明确受益人。然而在勘界确权发证主体阶段，村民对林改保持观望态度，面对当地林业工作员热火朝天的勘界确权的行为也保持着淡然冷漠的态度；第二个阶段为林改配套措施阶段。勘界确权基本完成后，林农对林改的态度发生转变，由前一阶段的淡然冷漠逐渐转变到热情参与。通过笔者的驻村调研发现，林农对林改态度转变的原因在于：林农"有限理性"下的参与；村委会的推动；村庄精英的人格与魅力；林业政策的绩效诱导。透过这些原因的背后，其根本原因是林权主体改革阶段（勘界确权发证）时期，林改的推动主要是以行政手段为主的"单中心治理"模式推广，而在林改配套措施，在维护林农利益与调动村庄各种力量的基础上，实行"多中心治理"模式推广，即由政府单中心模式向政府、林农、村委、村庄精英等多中心转变。

一 个案村简介

L村坐落在湖南省中部雪峰山脉北端的分支上，有一条盘山公路通往县城，车程约为两个半小时，或载船通往县城码头，船程约两个小时，距

[①] 张德军，男，华中师范大学政治学研究院2010级硕士研究生。

离较远，但该村的村民去往乡镇比较方便，步行约半个小时即可。村民来源于该村所在的六座山峰，其中五座山峰围绕其中另一山峰坐落，呈五条卧龙戏宝珠的祥瑞布局。此外，一条河流与公路贯穿全村，河水是村民耕地的主要来源，而村民大部分定居在河流或公路两侧，部分村民定居在山脚下。村落整体布局呈条状结构，群山环绕，自通往外界的乡镇公路开通后，村民生活交通方便，生产与生活水平也有了一定的提高。村落公路入口处，在一侧附近的山峰上坐落着村民供奉的"土地山神庙"，一年从头到尾香火不断，村民不仅祈求村落风调雨顺，还祈求家庭平安、生意兴隆等。

L村林业资源丰富，一直以种植柑橘与黑茶（该地一种特色茶叶）为主要经济来源。耕地主要种植水稻，如有旱地也种植一些玉米用作饲养鸡鸭与猪的饲料。山林的林木以野生沙树与马尾松为主，混合一些毛竹等经济林木。村落原有两个自然村，后来自然村合并为12村民小组，共有349户，人口为1459人，其中青壮年劳动力大部分外出打工，打工劳务收入是家庭收入的主要来源，人均收入约2300元。村庄面积共8.65平方公里，村落耕地资源较少，约为862亩，人均耕地为0.6亩，部分口粮需要从乡镇购买。林地面积10586亩，生态公益林7087.5亩，退耕还林672亩，公益林自然树种多为杉树与马尾松，主要由几位护林员与各家各户看管，生态补偿金每亩8.5元。此外，村民栽种的约2320余亩柑橘，亩均产600公斤，并组建有L村柑橘合作社。L村在1984年林业"三定"时期，将村内集体林地分山到户，采取先分山到组，由组内协商分到户，村集体预留林地2000亩。2007年L村开始新一轮的林改，确权发证，并于2009年再次复核，发证率100%，林改给村庄经济、政治、生态等各方面都带来了良好的绩效，被评为当地林改工作先进村。

二 林权主体改革阶段：林农的"淡然冷漠"

在林改的第一阶段，也就是主体改革阶段，其核心内容是确权发证。明晰产权、勘界发证是集体林权制度改革的核心工作，是深化改革的基础和前提，关系着集体林权制度改革的成败。维护家庭承包经营责任制度、保障林农依法享有的集体林地承包经营权，是林业主管部门的重要职责，是农村林业改革发展的一项长期任务和常态工作。①

提到 L 村开始林改的那一段时间，所在乡镇林业站的站长杨某感慨颇多，特别是在初期勘界工作给杨某的感觉就是出力不讨好。2007 年 8 月，在县林业局开完全县集体林权改革动员大会后，杨某立刻回到林业站召集林业站的工作人员进行探讨当前的主要工作即勘界。乡镇林业站在"热火朝天"的执行确权发证的政策，与此形成鲜明对比的是村民对确权发证的"淡然冷漠"，对确权工作不是很配合。比如说勘界员约好村会计刘某在上午九点在山脚下碰面，然后一起上山进行勘界。然而勘界员在山脚下等到十点时刘某才姗姗来迟，并在山上勘界员在忙于测算界线时自己在大树下自顾抽烟，等到要划分界线时刘某看完图纸后认为还需要相邻村的村干部张某共同划分才能认同。当勘界员打电话通知张某时，张某却因为人在亲戚家中无法到来，勘界员的工作也不得不终止（据后来了解张某并没有走亲戚，而是在村内麻将馆打牌）。对此，大部分村民只是觉得稀奇，认为勘界这种事情就是政府部门应该做的事情，村民自己只要在一旁看热闹就行，不必随勘界员东奔西走。总的来说，勘界难已经成了勘界员的共识，下面是对一位曾经参与确权勘界的工作人员的访谈。

> 那几个月我们每天都在山上跑来跑去辛苦得很，有的山还好点，平时有人经常上去，虽然山路不好走但还是有路可以走的。但有的山是荒山，是没有路的，因为没有详细地图，当地村民有时也不配合一起上山，我和另一个勘界员有时在山腰抱着仪器根本不知道往哪个方向走。下雨后路又滑又泥泞，山路是根本不能走的，但林业站下达的任务又必须得完成，所以每天都希望天气是个大晴天，宁可热得厉害也不想下雨。虽然林业站给我们每天 15 元的餐饮补助，为了勘界方便，我们基本上都是背个大水杯带些干粮就上山，因为中午休息时一般回不来，也就在山上解决午饭和休息一下。在天黑之前一般就要下山，因为晚上山路根本就没法走，怕出现危险意外。要是勘界有困难的话，我们就通过林业站联系当地村委和村民，可经常得到的答复是

---

① 贺东航：《中国集体林权改革存在的问题及思考》，《社会主义研究》2006 年第 5 期，第 79—81 页。

不在家、走亲戚等。反正感觉我们的勘界工作是没有村民配合，出力不讨好，如果再有勘界任务的话，我是肯定不会再参加，因为勘界这个工作实在是太辛苦了。①

除了各个行政村之间的林地界线要确定清楚，各个行政村内部的各个农户的林地之间也需要勘界，划清林地界线。L 村于 20 世纪 80 年代初响应国家林业政策，开始对林业实行"稳定山权和林权，划定自留山，确定林业生产责任制"的林业"三定"工作。经过村委会的讨论决定，将村庄的集体山以责任山的名义分发到各个村小组中去，由村小组内部再分发到各家各户。"林业三定"规定山林权属关系 20 年不变，村民可以从自留山上砍伐木材。由此，在新一轮林改之前 L 村各家各户的林地界线虽然因年久而不太清楚，但只要各家各户到林地进行实地勘察与商讨，界线还是很容易被划定的。然而由于乡镇林业站缺乏前期的准备工作即对林改的宣传与村干部的沟通不到位，村民对待这次林改认识不足，对待由基层林业站与村委会分发下来的村内勘界任务不重视。"三定"时期，林地部分模糊的界线，村民仍然划分不清楚、不准确，结果在领取林权证时就无法描绘出自家林地的林地界线。在发放林权证的时候，林农同样不积极，一方面是因为林业站要收取 5 元的基本费用；另一方面部分村民认为自家的林地本身每年都没有产生太大经济价值，也就没有去申领林权证，造成林业站林业证部分堆积，林改确权发证的工作难以展开。

美国学者麦克道内尔和爱尔默认为，政府使用行政政策手段是任何新政策执行时的最有效途径。然而这种政策执行模式很容易形成所谓的以政府为核心的"单中心"，难以调动其他社会力量投入到政策的执行中去。"政策执行手段是指政策执行机关及其执行者为完成一定政策任务，达到一定政策目标，而采取的各种措施和方法。"② 政策执行活动的复杂性，决定了政策执行手段需要多样性。如果以简单的单中心模式来推行林改勘界确权发证工作，势必造成林农等其他社会力量的淡然和不参与。

---

① 根据访谈录音整理。
② 陈振明：《政策科学》，中国人民大学出版社 1998 年版。

三 集体林改配套阶段:林农的"热情参与"

勘界工作历经三个月,总体上将46个行政村的界线划分完毕,村庄内部各自林户的林地之间的界线也在村"两委"的帮助下基本完成。L村的集体林权改革随着乡镇的指示进入林改第二阶段即配套改革,包括造林补助、森林保险和科技支农等,旨在促进林农经济增收。然而,与林改主体阶段大不相同的是,林农对待林改的态度有了较大的改观,从确权发证时的"淡然冷漠"逐渐转变到"热情投入"。

(一) 造林补助:种树就能挣钱

L村生态公益林面积庞大,然而平均每亩3.5元的生态公益林补偿标准却不能让村民感到满意,不能提供村民劳动之外的额外收益。自2004年开始,湖南省就逐年提高当地的生态公益林补偿标准,L村的生态公益林补偿金也就逐年调高,至2010年补偿标准已经达到每亩8元,其中荒山人工植树造林补助也逐步提高到每亩160元。虽然总体而言,村民每年获得的补偿金额不是很多,但是对经济尚不发达的L村部分留守老人来讲,这些补偿金基本上可以照顾到自己半年的口粮。因为随着大部分年轻劳动力出去打工后,在L村留守的空巢老人①不算少数,这些老人部分虽然生活尚能自理却不能进行体力劳动。因此每年家里承包的几十亩林地的几百元生态公益林补偿金与几百元的新农保,基本上就可以不再向打工在外的子女们伸手要钱,但生活过得仍差强人意。如果子女再每半年寄过来上千元的生活费,那么这些老人甚至还有些闲钱在麻将馆里娱乐一下。这样一来,老人自己过得比较舒心,子女在外也可以放心地工作。此外,L村所在地理环境较好,如果老人们想省时省力的话就在山上种植生长快且容易成活的杉树。老人只要将杉树种植好后的初期进行定时的除草与防虫,等到成材后就可以只进行简单的看护就能每年获得公益林补偿金。简

---

① "空巢老人",一般是指子女离家后的中老年夫妇。随着我国经济的发展,社会老龄化程度在不断加深,空巢老人越来越多,已经成为一个不容忽视的社会问题。当子女由于工作、学习、结婚等原因而离家后,独守"空巢"的中老年夫妇因此而产生的心理失调症状,称为家庭"空巢"综合征。

单来说，这些看似不多的生态公益林补偿金关系着 L 村老年人的生活保障，而有了生活保障的老年人对这次林改无疑持有肯定的态度。村内的老人率先接受了新一轮的林改，此后老人们对林改其他措施的态度也都逐渐由漠视转变为肯定与支持。

(二) 森林保险：省钱又省心

根据实际情况，L 村所属林地基本上都是种植的杉树与马尾松，还有部分村民种植的柑橘林。这些树林为当地的生态环境保护发挥着积极作用，但却容易受到自然灾害损害。据村支书刘某讲，近几年村内林地受到的自然灾害还是有的，最近的有三次：一次是马尾松毛虫大面积的虫灾，一次是2008年的雪灾时冻伤部分树木，一次是柑橘林爆发大部分的大果蝇而引起柑橘减产。虽然这三次自然灾害对村内都造成一定的损失，但对村庄的影响都不是非常严重。因为当地乡镇林业站都为全村的林地免费投了每亩1.6元森林保险[①]，这批森林保险费是完全由乡镇林业站所出，而L村只要享受森林保险成果即可。乡镇林业站依据上级林业部门的指导以及当地自然灾害与地质特点等情况，将森林资源保险的范围定义为全险，即明确将森林火灾、旱灾、水灾、冻灾以及病虫灾等几种较易发生的风险灾害都纳入保险责任范围。在森林保险金额方面，乡镇林业站考虑到保险公司的经济实力以及森林资源灾后的恢复成本，最终设定灾后森林保险金额为每亩400元，即如果一片一亩的马尾松遭到虫害或火灾的面积达到10%时就可以开始按比例赔付森林保险金。由此，L 村所属林地全部参保，在马尾松毛虫灾使村庄3200余亩林地受到损失时，保险公司对林地进行勘察后支付了8.1万元的理赔款，帮助村庄挽回了部分损失，这对村庄而言是前所未有的事。村民纷纷对政府的林改政策称好，认为新的林改政策对他们降低林业经营风险，为生产及时恢复提供了保证。可以说，免费的森林保险让村中的林农重新认识了新一轮的林改，进而开始对林改理解与拥护，认为林改政策是一个强林惠农政策，优化了村庄林业发展环

---

① 湖南把森林保险费率确定为4‰，即每亩收取保费1.6元。明确保费补贴即按照现行政策规定，中央财政补贴30%，省财政补贴25%，市、县两级财政补贴不少于10%，其余保费由林农、农村专业合作经济组织承担。

境,增强了对林业发展的信心,是国家与地方林业部门对林农做的一件大好事。

(三) 定期科技服务:不惧天灾虫害

由于 L 村大部分林地树种是杉树和马尾松以及柑橘林,因此所遭受的自然灾害还是以病虫灾为主,乡镇林业站也就在此充分发挥了林业科技服务的作用。林业站充分利用广播与报纸等媒体工具,定期向 L 村等村庄介绍与推广相关林业防虫防病等科技知识与成果,向林农提供最新的林业市场信息。如林业站站长杨某在林改期间多次带领乡镇林业工作人员与技术人员到达各个村庄,开展林业科技下乡活动,向村委会与村民发送各种简单易懂宣传册(如连环画等),还在村委大院以放电影的形式召开柑橘生产的技术讲座(当地乡镇林业站中有林业技术人员 6 名,其中 3 名是林改后从林业局抽调过来,特别是对柑橘更是有所深入研究)。这些柑橘新技术与新成果至今对 L 村的上千亩的柑橘产业有着较好的帮助与扶助作用。如果在技术员走后村民还有一些技术难题的话,这几位林业科技人员还与 L 村村委留下联系方式,只要林农遇到种植柑橘的难题都可以直接打电话向技术员询问,如果电话中不能解决的话只要约定时间,技术员也会到柑橘林现场帮助林农解决技术问题,确保种植柑橘的林农的问题得到解决。前年,L 村种植的柑橘林遭到大果蝇泛滥成灾而使柑橘大面积减产。林业站技术员张某应老支书刘某之邀来到 L 村,将所有种植柑橘的林农集合起来,现场向林农示范如何防治大果蝇虫灾,并让林农识别无病柑橘与被害柑橘的区别所在。

此外,张某还在村委的帮助下将被害果集中销毁而防止来年复发,并向县林业局申请大批的防治大果蝇的农药并以每瓶补贴 5 元钱的价格卖给林农(林业站补贴 3 元,村委补贴 2 元),为橘农最大限度地挽回损失。张某在这次大果蝇虫灾中的表现被 L 村的橘农所称赞,并赠送一筐上等的柑橘作为谢意。此外,这些林业技术员不仅能够提供林农所需要的林业科技知识,还能利用自身与外界联系较多的优势向 L 村林农提供柑橘的储藏和销售等服务环节,还能向林农及时提供柑橘的市场价格信息,为林农在销售柑橘时争取最大的利润。总体说来,随着新一轮林改的科技服务的到来,L 村林农认为这次林改给他们的林业生产与经营带来了较大的便利,是为林农提供实惠与服务的政策,林农对这次林改的态度也正在逐步转变。

四 集体林改态度转变的原因分析

多中心治理以自主治理为基础,允许多个权力中心或服务中心并存,通过竞争和协作给予公民更多的选择权和更好的服务,减少了"搭便车"行为,提高了决策的科学性[1]。这也是本次林改中林农态度转变的根本原因。具体来看:乡村中多个权力中心被调动,即"有限理性"参与的林农,驾驭村庄关键的村委会,魅力与权威并重的乡村精英,以及具有现实绩效的政府部门林改政策。多个乡村权力中心积极性被调动,相互作用,相互影响,在共同协调的机制下将林改更加有效的推行。

(一) 林农:"有限理性"下的参与

亚当·斯密认为是每一个从事经济活动的人都是利己的,力图以自己最小的经济代价去获得自己最大的经济利益。近年来L村经济的发展水平与周边城镇有着一定的差距,再加上该地区林业市场化水平也低于其他产业发展,林农对如何进行林业生产的决定因素是家庭需要和生活经验而不是市场需求,换句话说林农只是部分地参与到林业的市场化。农民经济理性受很多因素的影响,并不是非经济理性,而是一种条件经济理性[2]。虽然林农的自身经济行为也力求最小的经济成本而追求最大的经济利益,这只能说是一种有条件的理性或者说有限理性,与传统的理性经纪人有着一定的区别。

1. 对自身经济利益的信心

作为有限理性的L村林农,影响他们经济行为的因素有很多,总体概括起来分为自身利益、风险预测、资金技术、政策环境等。从自身经济利益来讲,L村林农是社会主义市场经济条件下的独立的经济主体,同样

---

[1] 王兴伦:《多中心治理:一种新的公共管理理论》,《江苏行政学院学报》2005年第1期,第96—100页。

[2] 汪源:《浅论我国农民经济理性的存在》,《商场现代化》2011年第2期,第165—166页。

以追求最大的经济利润为目的,以不断提高经济效益为手段。然而农民与其他社会主体不同,仅仅依靠认真努力的劳动不能够带来经济收入的增长,而且还要取决于经营水平的高低,因为经营水平的高低直接关系到林农的收入及生活水平能否提高。因此,最大限度提高经济利益,增加经济收入是林农经济主体的最根本的动力。林农因为经济行为的短期性,不能够认识到林改后产生或带来的长期的经济效益,所以在林改的主体阶段勘界确权发证时并没有触动林农的自身利益这根敏感的神经。林农简单地认为确权发证只是又一次的划定界线,又一次的归属权的变动,因此对此保持着一定的漠视与冷漠态度。然而,林改配套改革阶段实施后,如森林保险、造林补助、抵押贷款、科技下乡等众多措施让林农经济水平得到明显提高时,林农才意识到林改会在自身经济利益上带来较大的提高与变化。也正因为林改后续的配套措施触动林农经济利益这个根本动力,作为有限理性的林农对待林改的态度自然由漠视而转变为热情参与。

2. 对资金、技术的信赖

从资金技术来讲,资金是林农任何经济活动的物质前提,没有充足的林业资金也就无法从事一定的林业产业活动,因此林业资金短缺也是L村林农在林业生产中遇到的首要问题与困难。在林业抵押贷款实施以前,林农的资金短缺是众所周知却难以解决的问题。林农难以通过正常手续办理银行资金,而社会资金来源和渠道却不稳定,其他途径也受到较大的限制,从而林农纵然有发展林业经济的天时、地利也"难为无米之炊"。此外,林业技术是林农发展林业经济活动的关键因素。如果没有资金尚可通过村庄熟人网络进行借贷的话,那没有林业技术则是难以用其他方法代替或解决。对于部分经济条件较好的林农,也会出现有资金却没处投资的尴尬境况。针对L村多日的走访,村中劳动力中具有初中文化及以上的青壮年大多外出务工,而留守在村庄内大多是年龄较大且文化水平较低的村民。对待这些留守劳动力而言,他们仅凭着多年的林业生产经验而没有受到专业的技术培训,是无法满足当前的林业经营要求的。为此,他们只能经营一些技术要求和价格都低的产品。然而,林改配套措施中林业抵押贷款与林业科技服务的推广恰恰解决了这两个困扰林农多年的难题,林农通过合作社的林业抵押贷款获得丰厚的经营资金,为林农大力发展柑橘产业奠定了物质基础。而乡镇林业站的林业柑橘技术的宣传与传授则彻底解决了林农在柑橘生产上的技术难题,扫除了柑橘经营中的技术障碍,为今后柑橘产业的做大做强提供了技术后盾。由此,作为有限经济理性的 L 村林农,受到资金与技术的因素刺激,对待林改的态度必然会随着自身的经济活动改变而转变。

3. 对政策环境的信赖

从政策环境来看,"三农"问题一直都是整个社会关注的热点领域,而"三农"问题的解决同样离不开整个社会政策环境的发展,社会的政治与经济环境发生的任何不同程度的变化都会影响到林农的有限理性。如通货膨胀、金融危机等,可以说良好的社会发展环境会使林农的经营水平提高,收入增加,反之会降低生产及生活水平。另外,政府的政策对农村社会经济的影响也是长期且深远的,因此国家及政府的经济工作政策对林农的经济行为、经济生活的影响也是难以估量的。尤其是在林业经济尚不发达的 L 村,林农在林业市场的各种经济活动中仍属于弱势地位,他们更需要政府相关部门的扶持或引导,林业部门的各种林业政策的调整、变化都会影响到林农的既得利益分配。近几年来,整个国家将经济的发展重心都放在农村经济建设上,新一轮的林改政策也都将给林农带来更多的实惠利益,因此林农根据社会环境政策的变动,及时地调整自己的林业经济行为,是其必然的、正确的选择。概括来讲,社会环境政策逐步向林农倾斜,林农对林改的态度也会随着自身的经济理性由冷漠向热情转变。

(二) 村委会:驾驭林改实施的关键

党的十七届三中全会指出:"要加强农村基层干部队伍建设,着力拓宽农村干部来源,提高他们的素质,解除他们的后顾之忧……"。村干部是农村基层工作的执行者和落实者,是共产党在农村全部工作的基础,村干部能力的高低、作风的好坏直接影响到和谐新农村的建设大局,因此着力提升村干部的业务素质和工作积极性,更好地发挥他们为群众服务、为乡村社会发展的意义重大。[①]

前面已经简单介绍过 L 村的村委和村干部队伍的基本情况,经过面

---

① 陈柏锋:《乡村干部的人情与工作》,《中国农业大学学报》(社会科学版)2009 年第 2 期,第 187—192 页。

对面访谈和村民的反映，对几位村干部在林改中发挥的作用进行简单的评论。首先，作为L村的政治、经济等各方面的领导者与组织者，虽然在林改主体阶段没有发挥应有的组织动员能力，但在林改配套措施实施阶段表现出良好的统筹林改全局的能力。在林业改革不断深入与发展的过程中，村委成员即村干部服从整个林改大局而将自身利益暂放其后，目光放在林改为村庄带来的长久经济与生态效益上。此外，村干部从村庄实际出发，在贯彻乡镇的林改政策时保留一定创造性与灵活性，没有盲目简单照搬实施上头的规章文件，而能在村落中运用资源认真协调各方面的利益关系与格局，使县乡林业部门的政策能够最大限度地发挥最大效果。其次，村干部在林改过程中具有一定的决策水平，且具备较好的群众基础。L村的村委在对林改中抵押贷款等重大事务的决策上，听取林农意见，了解林农的困难，在保障村民利益的基础上进行民主投票决定，因为只有良好的群众基础，林改政策才能得到群众的支持和配合而有效地展开。村干部认为随着村民物质生活水平的提高，平等的意识也逐步加强，在政治与经济行为中独立性也变强，如果村"两委"和村干部没有一定的群众基础与权威，就会出现"事不关己不理你，有了事情要找你，办得不好不依你，损害利益要告你"的状态。传统的强制性行政命令式的农村工作方式已经过时，伤害村民感情和损害群众利益的事更是不能发生，凡是关于林改的事都要找几个村民说道说道，商量出最好的方法来。

据村主任张某讲，村"两委"班子是带领村民脱贫致富的负责人，要进取心较强，有能够不断提高自身修养的能力，通过多读书、多看报来不断提高自己的眼界，跟得上当前农村发展形势。特别是在前一段时间乡镇科技站来讲解林业科技知识的时候，我们不能只到场充充样子，我们村干部也必须带头学习林业生产技术知识，不能在生产上当"门外汉"。啥叫带头作用，那就是我们村"两委"成员啥事都得学习，都得摸索，如果平时不思考、不学习、不了解村里的情况和外面的形势，那我们这些村干部也就和普通人没啥区别。要是村里出现什么事情，村干部没有点子和法子，又没有协调组织能力，那村干部就是处在村里的矛盾和夹缝之中，两边人都不给你好脸色而里外受气。村干部要随时了解目前村庄工作的新情况，如果连日常的农村事务的纠纷和矛盾都解决不了，就更别说带领村民脱贫致富。还有，村里要我们调解矛盾时，不能相互推诿，我们要抓住矛盾的源头在哪里，做人公正，不能因为有亲戚关系而偏袒任何一方，更不能涉及个人恩怨，公报私仇，只埋怨村民素质差、没觉悟、上面不理解，而要耐心地给村民做思想工作。不然在村民心中没有了威信，平时连正常的亲戚邻里关系都处不了，以后啥工作就更开展不起来。①

（三）乡村精英：老人的魅力与权威

我国乡村社会是个乡村精英治理的社会，乡村精英在发展乡村经济、维护乡村稳定等方面发挥了巨大作用②。林改配套措施实施后，L村对待林改的态度已经由漠视逐渐转变为热情参与，其中原因除了林农为自己的利益考虑和村"两委"的宣传与推动外，一些德高望重的留守老人也起到较大的推动与支持作用，其中老支书刘某就是其中具有代表性的一个。下面会用一定的篇幅来介绍这个令人感动的老人。

卧龙村位于风景秀丽的柘溪水库库区，紧靠湘黔铁路安化县烟溪站，靠山吃山，村民们也傍着矿产告别了"肩挑、手提、点油灯"的历史，生活基本达到小康水平。2000年年初，刘某将党组织关系从县委机关转到了卧龙村党支部，在2001年，村上进行班子换届选举，刘某被全票推选为村党支部书记。2007年林改开始后，更是尽心尽力带领村民在林改中脱贫致富。

2007年L村开始了集体林权制度改革，以干实事的思想宣传为先导。白天忙着林改措施怎么推行，晚上刘某就去村委大院里的电化教育厅（多媒体播放室）自己再细心观看林改宣传片，再细心琢磨这些林改措施怎么能让村民感兴趣，明天在电化教育厅播放哪部林改宣传片，党员们对林改有什么想法，村民对林改有什么看法。这些从2007年林改实施以来，刘某在自己的林改宣传记录本上写得一清二楚，两年来的林改记录已经整整写了三大本。村广播室按例每个月都做一次柑橘、黑茶技术广播指导，如果林农还有什么不清楚或需要帮助的时候，刘某就直接联系林业站科技员进行有效的帮助。在村级内部林改矛盾调处中，矛盾数量很多，而且类

---

① 根据录音资料整理。
② 王中标：《"乡村精英"发挥作用的制约因素及对策》，《特区经济》2007年第10期，第136—138页。

型很多，但刘某只要有时间就会将矛盾双方集合在一起，问清矛盾根源，尽量作出让双方都觉得满意的调解，因此就刘某作为调解人签字的也占到了40%以上。村林改宣传队是刘某的妻子在平时和街坊邻居组织起来的，18个宣传队员平均年龄在56岁以上，但是为了宣传林改她们还是很乐意东奔西走。柑橘合作社得到抵押贷款那天，宣传队就将编好的舞蹈和歌曲在大院里共同庆祝，因为刘某的妻子知道做这些东西可以尽量减轻刘某的工作量。

据刘某讲：林地有了，政策也有了，但是林改后村子里要重点种植什么和发展什么这是当时考虑最多的。我当时组织几个老党员和几个有见识的人到农村经济发展好的江苏、浙江一带的几个农村去实地考察，看到那些村子都有自己的一项支柱产业。回来后我琢磨着那些村的林业产业发展和自己村的实际情况，我和老人商量一下后就向村"两委"建议在全村大力发展桑蚕业和水果种植业，即地势不太好、水源不足、灌溉条件差的稻田种植桑树，在村里建一个养蚕室，发展桑蚕业。另外，用整理出来的荒山地和以前的林地发展优质水果种植业，种植优质柑橘"安化红"。自从有了橘场，我利用老交情请来了高级农艺师、县里的农业技术推广研究员给橘农用电化教学亲手指导了一堂《柑橘优质丰产栽培技术》培训课，以后这位柑橘技术研究员也就成了我的"贵宾"，经常被我打电话请来指导村庄的柑橘种植技术。①

从林改配套措施实施到现在，刘某带头种植"安化红"蜜柑等优质水果1200多亩，水果种植面积人均达1.5亩，成为安化县有名的水果村。其中柑橘的产量达50多万斤，增加收入200多万元。从林改后至2008年，1250亩的柑橘园全部可以挂果，每年的产量都在40000担左右，仅柑橘一项年产值达200多万元，村庄平均每人柑橘年产值达2300元。

如今，刘某已经81岁，但村委换届选举时，组织和村民又将刘某留在了村支书的岗位上，因为在林改中为村庄作出的贡献让刘某在村民心中的地位难以撼动。刘某作为县委组织部的退休老干部，每月都有千余元的退休金，膝下有事业有成的三个儿子、两个女儿，有的是国家公务员，有的是企业老总，而且孝顺的儿女们都想把老两口接到县城生活，不用再吃

---

① 根据录音资料整理。

苦受累。因为刘某患有严重的支气管炎，一到感冒或天气转冷就咳个不停，刘某完全不必拖着病躯上山下水、东奔西跑了，但却最终又留在了村子里。刘某觉得村里还有几件事没有办完，村上两条新修的村组公路还要硬化，这样才能把村里成熟的水果更方便地运送和销售出去。另外山上还有170多亩桑园必须进行品种改良，眼下的蚕丝市场价格会因为品种的不同而上下浮动。总而言之，作为乡村精英的村支书刘某对这次林改有着不可或缺的推动作用。

（四）林改政策：林改绩效的诱导

林改为L村的山林带来巨大的变化，实施的集体林权制度改革的配套措施的实施无疑也成为村庄经济政治的关键点、转折点。村庄的林业收入明显提高，村"两委"权威与威信进一步得到稳固，生态环境也有着显著变化，可以说这次林改的配套措施改变了村庄，也因此改变了林农的林改态度。

1. 林改经济绩效的诱导

近几十年来L村林业产权方面一直有着大变动，因为林业经营主体不明确等一些问题，林业经济也一时难有较大的发展。然而随着新一轮的林权制度改革的开展，不仅在林业权属上给予肯定，在此基础上开展的林权改革的配套措施即林业抵押贷款、森林保险、林业要素市场等，都极大提高了L村林农经营林业资源的积极性。这次林改是在国家连续多年大力发展农村经济的背景下展开的，其根本目的也就是激活林业经济，提高林农收入，是一个以肯定林农利益为核心的改革。其中，允许林地林木的依法流转即转让林地使用与林木的处置权。可以说这次林改配套措施的政策推广在村庄达到一定的广度和深度，让村民对林改政策的稳定性与连续性给予一定的肯定。从L村林农对柑橘以及其他林业产业的资金与技术投入就可看出，林农对这次林改在经济效益上有着一定的信心。村庄经济林地不断增多，生态公益林的保护日益增强，林农的林业收入也不断提高，可以说林权改革给村庄带来了较好的经济效益。

2. 政治与生态环境绩效

此次林改对村庄的政治影响主要反映在村庄政权的治理与稳定上。在林改初期的勘界发证阶段，林改给村庄带来更多的是因利益再次分配而表现出的林权纠纷。然而，L村大多数林地已在林业"三定"时期分到各家各户，而且勘界工作也主要是由当地乡镇林业部门完成的，村委也只是有限的配合，所以这些纠纷与矛盾并没有给村庄稳定带来较大的影响。到林权改革配套措施实施阶段，林改虽然将林农与林地推向市场，但L村地理位置相对较偏僻，林地与林权流转也仅限制在村庄内部范围内，并没有出现大规模的外来资本进入而引发与当地资源相对薄弱的林农的矛盾与纠纷，一些械斗、上访等群体性事件也并未出现。但森林保险、抵押贷款、造林补偿金等种种有效措施却在村"两委"人员与部分老人精英的运筹下，对村庄林业经济有了较大的促进作用，从而提高与增强了村集体组织的公信力与权威。另外通过村委民主投票决定林改的一些重要决策，柑橘合作社内部民主协商的管理方式，这些都对L村的基层民主发展，村庄社会的稳定有着良好的推进作用。

集体林权制度改革使现代林业经济提升到一个新阶段，改变过去林业经济即采伐经济的模式，已经从单纯追求经济效益转变为经济与生态效益并重。L村在林改后发展自身特色柑橘种植业，不仅使当地林农自身经济利益最大化，而且最大限度减少了几十年前留下的生态环境的破坏问题。林改后，生态公益林补偿金的提高也激发了村民造林护林的积极性。村民的收入大幅度提高，因此对林业经济产业投资也大为提高，对待山林的观念也从砍树卖钱转变为一次投入、终身受益，因为村民也逐渐懂得生态也是一种资源。据村支书刘某讲，现在L村毗邻库湖区，山清水秀，环境优美，水果产量丰富，只是交通还不太便利而已，等到公路交通与水路交通都达到要求后，村庄完全有能力发展山村旅游业。那个时候随着村庄借助生态优势将第三产业经济逐渐发展起来，村民的物质生活水平肯定会再上一个台阶。

ard
第二篇

不同区域的

集体林权制度改革模式

均山到户:农民理性的运用
——以闽西捷文村为例
史绍华[①]

在中国人的传统认识里,常常把土地简单等同于耕地,而把林地遗忘了[②]。事实上,我国拥有巨大的林地资源,比耕地多出25亿亩,其中占绝大多数的是村集体所有的林地。林地的合理利用是破解"三农"问题的重要方面,因为凡是森林繁育的地方,也通常是贫困山区,林地经营的好坏是影响农民生计的重要因素。

新中国成立以来,我国林地经营制度几经变革[③],历史揭示出一个道理,那就是制度理性必须符合农民理性,从而找到国家利益与农民利益的结合点,实现更加均衡的发展。集体林权制度改革从2003年在闽、赣两省开始试点,2008年在全国全面推行。这次改革是农村土地改革的一部分,将林地明晰产权,确保农民的主体地位。

如此重要的农村改革引起了众多研究者的关注。早期的林改研究多持有官方性资料,赞美胜于问题,对问题的探讨通常较为肤浅和笼统[④]。很少有人注意到林改中农民的利益和诉求,较少从农村地方性文化—制度的

[①] 史绍华,男,华中师范大学政治学研究院2009级硕士研究生。

[②] 费孝通:《从沿海到边区的考察》,上海人民出版社1990年版,第140页。

[③] 贾治邦:《集体林权制度改革给我们的几点启示》,《林业经济》2006年第6期。文章把集体林经营制度发展分为五个阶段:土改时期的"分山到户"、农业合作化时期的"山林入社"、人民公社时期的"山林统一经营"、20世纪80年代的林业"三定"和2003年开始的集体林权制度改革。

[④] 张红霄、张敏新、刘金龙:《集体林权制度改革中均山制的制度机理与效应分析——基于上坪村的案例研究》,《林业经济问题》(双月刊)2007年第4期,第290—293页。

视角来分析对林改政策实施的影响①。这种研究取向较少对制度的创造主体予以关注，因而有失偏颇。不同于前几次林地制度变革政府主导型的色彩，此次集体林权制度改革较多地尊重农民的愿望和利益，使得农民参与到了集体林权的决策和实施中来。对于农民行为和动机的研究意义，在于总结新时期农民理性的特点，更好地实现国家政策与农民需求的均衡发展。为此，有学者指出"村级层面的集体林权制度安排是国家力量和民间非正式力量（村民、村干部、林地经营者）博弈的合力作用的结果，并非国家力量单方面所形成的"②。

在这种现实关怀与价值取向的引导下，笔者试图从农民的视角来考察集体林权制度改革，通过对试点村开展的调查，描述捷文村均山到户的过程，总结农民理性的内容和运用效果，从而为林改研究提供来自田野的视角，避免信息不足而造成的失真、误读。有鉴于此，笔者以 2010 年 7 月在武平县捷文村田野调查为依据，对林改中农民理性作一个尝试性的探讨。

一　捷文村概况

武平县，位于闽西南，武夷山脉西麓的最南端，界于北纬 24°47′—25°29′、东经 115°51′—116°23′。以"其地但彝、人尚武"而得名，武夷山脉从长汀南部蜿蜒进入县境，形成西列与东列 2 条山脉。境内溪流密布，总长 499.4 公里，流域面积 228.3 平方公里，分属梅江、汀江、赣江 3 个水系③。武平地处闽粤赣三省接合部，是革命老区县、原中央苏区县，是全国南方集体林区县和福建省重点林业县，也是典型的"八山一水一分田"的山区县。全县土地总面积 396 万亩，含 17 个乡（镇），36.8 万人，328.8 万亩林地（其中有林地面积为 306.6 万亩，生态公益林 87.7 万亩占有林地面积的 26.7%），活立木蓄积达 1187 万立方米，森林覆盖

---

① 朱冬亮、贺东航：《新集体林权制度改革与农民利益表达——福建将乐县调查》，上海人民出版社 2010 年版，第 12 页。
② 同上书，第 456 页。
③ 武平县地方县志委员会：《武平县志》（1988—2000 年），方志出版社 2007 年版。

率为79.7%①。

捷文村在306省道旁，距离乡政府7.5公里。全村现有5个村民小组，153户，共579人②，林地面积26763亩，其中商品林面积24876亩、生态公益林面积1887亩，人均森林面积46.2亩，是万安乡人口最少、森林资源最丰富的林村。捷文村的集体林权制度改革具有很强的典型性，早在2001年7月便进行了林改试点，以其"耕者有其山"的模式和先行先试的精神而得到认可。2001年林改时捷文村集体林地构成见表1；2002林改后确权面积见表2。

表1　　　　2001年捷文村集体林地构成及比例　　（单位：亩、%）

类别	村集体所有	自留山	插花山	捷文水库征用	总计
面积	22942	6600	3642	185	33369
比重	68.8	19.8	10.9	0.5	100

表2　　　　2002年捷文村集体林已确权面积③　　（单位：亩）

类别	承包到户	自留山	总计
面积	23031	3726	26757

捷文村先后开展了林业"三定"和完善落实林业生产责任制等改革。早在20世纪80年代的时候已经划定了自留山、责任山。村委和农户都保存着1981年签订的《集体山林管护合同书》，并据此作为本次林改时确权发证的依据。当时还是人民公社时期，虽然合同上约定有林价分成，如"现有林木的林价权属单位得5%，经营单位得95%；新造林幼林自营出材的林价，权属单位得5%，经营单位得95%"④。1993年8月在落实林

---

① 《武平县集体林权制度改革工作情况汇报》，2010年6月18日。
② 截至2010年7月数据，2001年全村共164户，632人。
③ 经2010年捷文村林改工作总结整理而来。
④ 《万安公社捷文村大队集体山林管护合同书》，1981年12月25日。

业生产责任制的改革中,武平捷文村模式成为龙岩地区的四种模式①之一。具体做法是:"把林农的自留山、责任山按面积入股,林场实行场长承包,独立核算,自主经营,自负盈亏。林业收入按林场、村委会、林农以 3∶2∶5 分成。林农的分成部分再按出材量每立方米 6 元分给采伐山场的责任户后,其余按入股面积分配。"②

改革基本未触及集体林地、林木的产权,实际上山林由集体统管。全村山林无论是集体经营,还是已落实承包到户的自留山、责任山,村民都没有经营自主权,一切采、育、管、造和林业资金收支使用皆由村集体把持。这就造成了少数乡村干部说了算的局面,村民处于不利地位,很难获得林业收益。有人打了个比方说这好比"群众养了一只鸡,下了蛋后,卖几个、卖什么价钱、卖给谁、何时卖都不是群众说了算,显然不合理"③。

二 捷文村集体林改前的发展困境

(一) 林权权属关系不清晰

林权包括了林木、林地的占有、使用、处分与收益四项权能。最重要的是林地和林木的使用权与所有权。根据我国土地相关法律规定,我国土地为社会主义公有制、全民所有制与劳动群众集体所有制④。集体林地的所有权为农民集体所有,而村集体经济组织、村民委员会等主体只是受委托行使权利,并不是林地所有权人。"作为行政组织,村集体组织不应该是经济实体,而目前我国的实际做法是把村集体组织对林地的管理权和使用权混淆了,导致了集体林地所有权不明确。"⑤

---

① 分别为永定内坑式、漳平半华式、武平捷文式、长汀大埔式四种股份制办林场的方式。详见《龙岩地区年鉴》(1993 年),中国大百科全书出版社 1995 年版。
② 《龙岩地区年鉴》(1993 年),中国大百科全书出版社 1995 年版。
③ 姜继红、林琳:《"放"出来的活力——我市林业经济体制改革纪实》,《闽西日报》,2001 年 6 月 10 日。
④ 张愈强:《论政府在非公有制林业中的角色与作用》,《绿色中国》,2005 年 4 月,第 31—33 页。
⑤ 朱冬亮、贺东航:《新集体林权制度改革与农民利益表达——福建将乐县调查》,上海人民出版社 2010 年版,第 57 页。

实际上,产权是指因物的存在和使用,而引起的人们间相互认可的社会关系[①]。影响集体林业经营效率的发挥主要还在于村民与村"两委""委托—代理"关系的异化,广大村民很难采取有效措施来维护自身利益,而代理人也缺乏约束自身的机制。"由于所有者同他们的代理人之间没有明确的委托契约,又缺乏内在的约束机制,在行政组织的权威下,代理人同所有者的关系成了上下级的行政关系。"[②]

笔者在与村支书进行访谈时得知,林业"三定"时国家将林地分为自留山和责任山。该村自留山占林地总面积的20%,但是村庄只愿意选择离村庄较近的林地。尽管划分林地时获得了村民的同意,但过程很粗糙,并没有进行实地测量。而且此时林木仍是集体的,土地属于国家,农户责任山只有管理,没有采伐权,也没有收益权,这极大地挫伤了林农的积极性。在利益分配上,村集体占80%—95%,而责任管护人员只占5%—20%。在村集体经济较差时,只占5%—20%的管护人员只能拿到一部分,有时拿不到。更为严峻的形势是,当时的林木价格还比较低,村庄并不是年年都有收入。此外,当时的责任山划分比较粗放,因此山林纠纷多,责任不明显。另外,经营处置山林的权利、采伐林木的权利都在村里。该采伐多少,哪里采伐、林价多少责任户无权干涉,所以说,责任山弊端在于权、责、利分配不公,村集体得大头,林农只能得到很少一部分,不能充分调动林农的爱林、护林积极性。[③]

由于村集体组织在对林地的管理权和使用权的认定和处置上存在混淆,使得林地所有权的真正主体不明确,这就极易出现"干部林"、"大户林"的不良现象,集体林产权主体虚置,农民利益受损,从而影响到林农的积极性,影响林区和谐和林业的经营发展。

(二) 林地经营激励机制缺乏

林权权能不清晰是造成林地经营缺乏积极性的体制性障碍。然而,农民经营林业积极性受到多方面因素的影响,如国家政策、林业税费、林农

[①] 谭秋成:《关于产权的几个基本问题》,《中国农村观察》1999年第1期,第23—30页。
[②] 汪四臻:《江西林业产权制度改革》,《江西林业科技》2005年第6期,第21—23页。
[③] 对村支书ZTF的访谈,2010年7月19日。

经营山林的意识等。

与经营田地的认识不同，村民认为生长在山场上的东西是自然作用的结果，并不需要进行专门投资。村民们习惯于运用地方性、传统的做法来对待山场，如随意拾柴、挖点冬笋，砍几棵树、几根毛竹自家零用，村民认为这是很自然、符合常规的事情①。"山林是大家的"，由于林业在农村属于兼业，在林木市场发育不完全的情况下，一般农民很难从事相关产业，因而除了砍柴、建房等伐点木头之外，很难与林业产生关联。在农民的意识里，这些受传统和外部条件限制下的行为恰恰是理性的表现，因为在没有可靠产权预期的情况下，对林业的投资经营是危险的，也是不可靠的。而一旦外部条件限制改变，农民也能"变沙成金"。

同时，国家税费、林业部门税费和乡村提留等负担，直接影响到农民从林业经营中获得的收益，不能为林农经营林业提供充分激励。1988年武平县每立方米（原木）木材经销价分别提取如下：育林基金占12%，道路维修费占8%，而每立方米分别收取林业建设保护费5元，造林绿化押金35元，养路费3元。其中育林基金、道路维修费、林业建设保护费按省、地、县2∶1∶7的比例进行分成使用。②

在林业收益本来就少的情况下，加上村集体提供公共服务的能力也很差，就连正常的工作运行也很困难，所以在林改前村集体林业收入不足4000元，于是在这样的情况下农民就很难拿到之前与村集体协定的林木收益分成。

（三）偷砍滥伐现象严重

千百年来，靠山吃山都是山区老百姓谋生的寄托和希望。以正常方式经营难以获得收入的情况下，促使了农民短期行为的发生。村民为谋生计，利用地处城乡结合部交通便利的优势，偷砍盗伐、乱收乱购、无证贩运木材的歪风屡禁不止，林业秩序一度极为混乱。由于长期只砍不造或重砍轻造，全村造林、育林几乎处于停滞。③

---

① 訾小刚、赵旭东：《"偷"与林权——以赣南某村落林权状况调查为例》，《云南大学学报》（法学版），2007年11月，第117—118页。
② 《武平县志（1988—2000年）》，方志出版社2007年版。
③ 捷文村林改工作总结，2010年。

在这些反常的行为背后,农民的行动逻辑值得深究,老实本分的农民缘何做出"出格"的行为,理性的农民个人为什么达成不理性的结果?事实上,他们的行为选择很难说是非理性的,其行为决策显然是仔细考虑、权衡利弊之后而作出的。理性的农民既无法形成稳定的产权预期,也无法把握别人的行为,容易产生机会主义行为。"他们之间几乎不需要计划或协调,利用心照不宣的理解和存在的非正式的网络,常常体现为一种个体的自助形式,而避免直接地和象征性地与权威发生对抗。"①

农民的行为受国家政策的影响和限制,使得他们不能作出使得整体利益最大化的抉择。当现有制度框架和体制无法满足他们利益诉求的时候,他们选择了"弱者的武器",这些平时形式的反抗通常包括偷懒、偷盗、诽谤、纵火、开小差、装糊涂、假装顺从、装傻卖呆、暗中破坏等②。正如历史学家布洛赫所言,"相对于'农村地区顽强发生的沉默的、坚韧的斗争'而言,伟大的千年运动只不过是'昙花一现';此种类型斗争的目的在于防止对他们的生产剩余的索要,同时维护自己对生产资料(如林场、耕地、牧场等)的所有权。"③

随着盗砍盗伐的蔓延,村集体对此深恶痛绝但却无能为力。长此以往,只砍不造或重砍轻造,使得全村造林、育林几乎处于停滞的状态,村集体经济和村民林业收入逐年下降,严重制约和阻碍林业的发展。

总的说来,捷文村作为典型的林村所面临的困境代表了同时期许多林村共同面临的问题,集体统管山林的运行模式导致了农民理性与集体理性的不一致。林农并非仅仅作为制度安排的影子而消极存在着,他们有选择性、自主性,对制度和结构造成影响。"当然,这儿不是说农民有多高明,他们的行为是自觉的制度变迁行为。然而,农民的行为的确使执政者们意识到体制和政策的不合理性。"④ 面对困局,捷文村村民和村干部作出了怎样的权衡和选择?

---

① 詹姆斯·C. 斯科特:《弱者的武器》,译林出版社 2007 年版,第 2—3 页。

② 同上书,第 2 页。

③ Marc Bloch, French Rural History, trans. 捷文村 Anet Sondheimer (Berkeley: University of California Press, 1970), 170.

④ 徐勇:《农民改变中国:基层社会与创造性政治——对农民政治行为经典模式的超越》,《学术月刊》2009 年第 5 期,第 5—14 页。

三 捷文村农民均山的微观机制

在林改进程中,农民既是改革的原始动力,又是政策的目标群体,他们的动机和行为影响到制度变迁和实施效果。本章以时间为维度,从村民和村干部的行动策略角度来解构捷文村均山的微观机制。

(一) 理性的村民

1. 村民在林改过程中的参与

捷文村也成立了林权改革试点工作领导小组,以村支书为组长,村委会主任为副组长,其他村委成员和村民小组共同参加。领导小组成立后便开始着手林权改革宣传工作,组织召开村民代表会议、村"两委"扩大会议,宣传林改精神;同时按自然村召开村民小组会议和进行走访入户的宣传。既让广大村民充分知晓,又借此征求群众对林改的意见和看法。

林改的具体实施步骤包括宣传组织、调查摸底、制订林改实施方案、签订合同并确权发证四个环节(如图1)。这一工作的顺利开展离不开有切身利益关联农户的亲身参与。

宣传组织
↓
调查摸底
↓
制订林改实施方案
↓
签订合同,确权发证

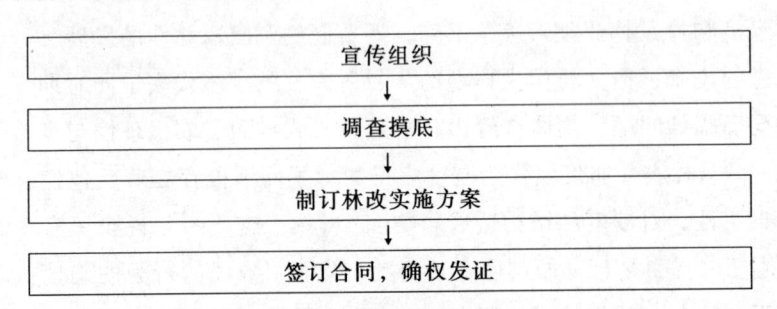

图1 林改实施步骤

由于改革关照和确认了大部分农民的利益,因而群众对改革的支持和热情极高。正如一位村里老人所说:"捷文村搞林改比当年土改更积极"。

据村干部回忆,当时家家户户情绪高涨,大会小会场场满座。为制订确实可行的改革实施方案,工作队员和农户一起深入山场地块,调查摸底,做到每一块山、每一片林心中有数;为广泛听取广大村民意见,通过开座谈会、入户宣传等形式,即使外出务工人员也通过电话、书信等方式，与他们取得联系，充分征求他们的意见、看法，全村 500 多人都把林改当作与自己切身利益息息相关的大事，积极建言献策。①

林改实施方案的制订首先需要搞清楚实际情况，了解农民的经济情况与林地、林木的具体管护状况。做好村庄森林资源的评价估量工作。各乡之间、村庄之间、农户之间的每一块山场都需要勾绘地形图，勾绘农户自家山场地形图的时候，邻近山场的农户必须参加并到现场，确定没有争议和分歧之后再由双方签字。技术人员根据实际情况来绘制总图，按每日的时序进度进行，并填写《林权登记台账》。通过完成之前扎实有序的工作，对林权申请登记予以公示。

为确保"耕者有其山"落到实处，全村村民、村民代表、党员大会和村"两委"反复讨论，制订了改革实施方案，并依法对方案进行表决通过。其中村民强烈要求把集体山林像土地一样承包落实到户，并由农民申请换发林权证，绝不允许像过去一样再由村集体统管，为了防止内外勾结，也不采取对外招投标形式进行转让。

2. 村民对林改方案的选择

（1）耕者有其山

由于武平县是全国最早推行林权改革试点的县，缺乏可资借鉴的改革先例。试点对于林改方案进行了各式探索，采取各种形式把林木产权有偿转让给农户或联合体，大致采取了公开招标转让、协议转让②、股份和合资转让等方式。③

笔者了解到，当时林业部门在这方面没有什么经验，摸着石头过河，采取了各种形式，而村集体主要采取了均山的方式。但是比较大的乡镇、村庄和农民不靠山来生活的村庄，有的农民只分到了自留山，在实际操作中留下了一些矛盾。④

试点中对于林地使用权和林木产权转让给个体或联合体承包经营主要

---

① 对村干部 L 的访谈，2010 年 7 月 19 日。
② 协议转让即村委会根据评估结果，将山场林木作价后协议转让给农民经营，并签订转让合同。
③ 《中共武平县委、武平县人民政府关于深化集体林地、林木产权改革的意见》，2002 年。
④ 对武平县林业局副书记林改分管领导 LXX 的访谈，2010 年 7 月 23 日。

有两种形式：在林区，农民对林业依赖性大，将林地按协议价格转让给各家各户经营；在非林区，群众不以林业为主要收入，为促进规模经营，将林地分为几大块，进行公开招投标，林地由中标者经营。①

眼看着一座座山头被盗砍，如果村里的林子如此发展下去，不用几年将被砍光，村民"靠山不能吃山"，困境中的捷文村干部经常在一起讨论如何解决现存问题。争取到全县最早的林改试点村庄后，从2001年8月到11月的三个多月时间里，多次召开村民代表大会和村"两委"成员会议，商量到底怎么改。通过对村民代表意见的汇集，最终表决通过以协议转让的方式来明晰产权。

通过走访，笔者发现，村民对于稳定的诉求在此次改革安排中占了主导地位。村民普遍认为，林权要稳定，林权稳定才有发展。如果外来资本在村里参与山林经营权的流转，将有很多村民无法获得经营权。

之所以选择均山的模式，具体说来有以下几个方面的原因：

首先，出于试点的需要。林业"三定"时已经将责任山划分给农户。此次林权改革特别是确权发证的工作面临的阻力较小。2001年这次林改就延续了1981年那次林改的成果，所以后来改到捷文村，是由于捷文村1981年的时候各家各户已经分好了，可能就只是存在界址等需要划定清楚。②

其次，农民需求的反应。集体统管的模式已经难以维持。农民有着强烈的自己经营管理山林的意愿。群众通过向村民代表、工作组、村委会反映自己的意见，明确反对对外招标转让。

最后，是民主决策的结果。捷文村在工作组的指导下，拟定了林改实施意见和方案，将其发放给村民小组来征求意见，同时召开了村民代表大会，讨论通过林改方案，由村民代表签字确认并公示。"重点把握了以下三条：一要稳定1981年划定的责任山、自留山；二要将其实地规划清楚；三是村集体统管山林多，为确保家家户户都能分到山，不采取对外招标转让等形式，防止内外勾结，外人进村来买山场，造成部分村民无山

---

① 王志贤：《记者调查——林农有干头 村里有赚头》，《福建日报》2003年11月17日。
② 对万安乡林业站工作人员访谈，2010年7月19日。

（2）分成不折价

捷文村林改争议的一个症结在于林地上所栽种的林木的收益归属问题，是折价卖给林农，还是免费送给农户，抑或是采取收益分成的方式，一时成为争议的焦点。改革的方向一旦明确，利益纠纷的调整变成了横亘在集体和农户之间的问题。

20 世纪 90 年代政府倡导绿化工程，发动群众进行大规模的植树造林。尽管政府声称对农民的造林行为进行了一定的补偿，但普通农民并没有获得补偿。当树木长成材后，林农认为自己对林木拥有所有权和收益权，但政府却认为这是政府花钱雇佣农民造的林，因而两者之间存在着尖锐的矛盾。

笔者查阅相关材料后发现，本来 1981 年林改时候的林木应该折价分给农户，但因以前村里面的林木是村庄集体种植，所以就不可能无偿分给农户。当时，村干部、村民代表、小组还有村民都有自己的利益考虑和诉求。由于当初造林时村庄集体投入较大，现有的林子都是集体的，折价也是很合理的。但后来村干部考虑到农户也是村庄的成员，于是决定无偿分到农户。②

虽然农户手中握有 1981 年签订的《集体山林管护合同书》，但大部分农户并没有尽到管护职责。20 世纪 90 年代刚开始，福建省利用世界银行的贷款来造林后，面临着综合还贷的压力。捷文村陆续召开全村党员会议和村民代表会议，经过细致耐心地开展工作，村委和村民均做出让步，最终达成协定。据农户手中持有的《捷文村集体林林地使用权林木产权合同》显示，当时协商结果是："基于转让山场从 1981 年起由乙方（农户）管护事实，此次转让免收林木转让费，但考虑到甲方（村委）历年有借贷造林，为便于甲方承担偿还，乙方同意在转让山场林木采伐时，按实际出林数交 2 元/m^3，给甲方还款，不足部分由每年收取的林地使用费中支付，直到全村造林借款还完为止。"

（3）林地使用费

林改作为村集体与农户之间的利益调整，产权改革方向定下来后出

---

① 《万安乡捷文村集体林权制度改革工作情况总结》，2010 年。
② 2010 年 7 月 19 日对捷文村村支书 ZTF 的访谈。

现了"村集体要不要得"的问题,有村民认为既然林业税费都在减免,那么向农民收取林地使用费的理由何在？出于利益兼顾、降低改革阻力和实施成本的考虑,村集体坚持林地使用费宜宽宜低的原则。按照福建省的认识,林地使用费有"三个不同"、"三个需要"："它不同于政府税金,是村民自己决定的;不同于农田,林地上有地被物,是公共产品;不同于以往的'三提五统',必须是承包、有收入才能收取。出于利益再调整的需要,维护基层组织正常运转的需要,提供农村公共服务的需要。"[1]黄建兴形象地表达了这样的观点,"叫鸡也要半把米"[2]。农村改革不能以冲垮了基层组织为代价,需要维护其提供公共服务和正常运转的能力。

捷文村对商品林林地收取使用费,依据林地资源状况、立地条件和交通情况等的不同,决定一年一亩收 0.5 元到 2 元不等的林地使用费。这实际上是把集体林地以有偿租赁的方式转让给本村农民。

捷文村对集体造林和天然林进行了区分：集体造林中未间伐的按每年每亩 1.5 元收取,已间伐的按一块钱收取。天然林分为四种类型：有通路、路程短且资源好的,按每年每亩 1.5 元钱收林地租用费;有通路、路程较长而资源较差的,按 1 元钱收取;没通路并且资源也差的边远山,按 0.5 元收取;没有开发也无法利用的特殊山场,等到以后再作处理。[3]

3. 村民在林改后的合作——联户管理

随着捷文村原集体统管山林部分转让到个体私人农户经营,为了应对森林火灾或偷砍盗伐林木等突发事故,降低山林管护危险。捷文村在林权发证以后,逐渐形成了联户管理的模式,根据互惠互利的原则,捷文村成立了护林防火协会。林农视山林如家产,自觉投入巡山护林中,尤其是森林防火,一有风吹草动,全村男女老少都能快速作出反应。2003 年地处边远的金屋坑发生一起火警,不到半小时全村出动了近百人,一举把山火扑灭了。

"比如说有人去偷砍我隔壁的树,就会有人出来制止。还有就是防

---

[1] 黄建兴：《林权改革的核心是产权》,《中国林业产业》,2006 年 6 月,第 15—16 页。
[2] 同上。
[3] 《武平县万安乡捷文村深化集体林地、林木产权改革实施方案》,2001 年 10 月 27 日。

火，大家都是比较重视，如果谁不小心烧到你的山，由于监督的存在，最起码你要赔嘛。这样就不会乱来了。还有一个新出现的就是开路，农户组成一个联合体，一个组织他们自己协商，组成了自筹资金的联合体。整个村庄大概有 2/3 的农户联合起来了，另外的 1/3 是离村比较远联不到的，还没有联。"① 目前加入的会员已经有 122 户，管护面积为 15000 多亩。

协会的职责包括：第一，大力宣传，贯彻党的林业方针、政策和法律法规，提高广大村民群众爱林护林的积极性、主动性，增强责任心；第二，制止偷砍盗伐、非法占征用林地和违章用火等行为的发生，维护林区秩序稳定；第三，发生火警、火灾，积极组织扑救，并协助有关部门查处火灾肇事者；第四，积极组织会员交流，推行和应用林业方面的新技术，从而提高林农经营林业的水平。与此同时，制定了护林防火的村规民约，并经村民代表大会讨论通过后公布施行，有效地规范了林业经营和管理行为，提高了全村林业自治管理水平。

捷文村虽然没有形成林业专业合作社，但是护林防火协会的职责也较为广泛，联合体的存在实际上起到了村民间的桥梁纽带作用，特别是林业经营并不能像耕地一样分得那么清楚，在管护、经营等环节上需要合作来克服分散化、碎片化经营带来的困难。目前，周边乡镇如中赤乡、岩前乡等出现了村民从广东引资合股开发山地的现象，吸收社会资本办林业，拓宽了社会办林业的范围。"武平县引导林农走'合作造林'、'联户经营'等多种形式造林的新路子，对于较为分散、面积小的林地，从便于种植管理的角度出发，由几户或十几户联合起来，采取一同炼山造林、一起管护和收益统一分配等手段联户造林。"② 捷文村农民的合作仍然局限于村内，并没有吸收外来资本进入，村内的林权流转也只是由于村民不再务农迁入城内而出现的。

（二）理性的村干部

按照公共选择学派的观点，与参与经济活动类似，人们参加政治活动

---

① 对捷文村村支书 ZTF 的访谈，2010 年 7 月 18 日。
② 《发展林业生产力——我县集体林权制度改革综述》，2006 年 3 月 27 日。

也追求个人利益最大化,也进行着成本—收益比较①。村干部作为理性的个体,他们的行动逻辑对乡村社会的发展有着深远的影响。村干部作为国家代理人与村庄当家者的双重身份使得其常常陷入角色冲突的境地。有学者从过程—事件的角度认为,"村干部究竟采取何种角色和行为,不仅受到具体的村庄政治环境的影响,而且也是村干部作为主体对这种环境主动选择和适应的结果"②。实际上,"作为一个理性的个体,有的村干部会在维护村集体组织利益、地方政府利益、村民群众利益和个人利益四者之间寻找一种利益平衡"③。村干部的行为选择是存在道德风险的,捷文村村干部在林改中作出的角色扮演与其归结为高尚的品质,不如说是外部条件限制下自己的理性判断。以下的划分不一定十分准确,只是反映了林改前后的变化趋势,更多的时候是几种角色的综合反映。

1. 盗砍滥伐时的"旁观者"

在面对村民群体性偷砍盗伐的事件中,村干部扮演的更多是"旁观者"的角色。村干部处于国家与农民之间,办着国家的事,却处于科层化结构之外,特别是实现村民自治以来合法性基础和权威来源很大程度上来自农民,易产生"治理的失效","作为具有理性的社会行动者,在农民和国家两端之间摆平衡、踩钢丝乃至两头应付,有可能形成他们行为的最具有代表性的特征。"④ 村干部作为村集体组织利益的代言人,有维护林业秩序的职责。但在多次警告无效的情况下,很无奈地最终选择中立的角色。村民对集体统管下不满情绪的扩张以及集体经营本身的低效,这都使得村干部在制止偷砍盗伐过程中多少显得有些底气不足。村干部的话正好说明了这一点,"至林改进行前的 2000 年,不要说村民在林业方面的收入微不足道,就连村"两委"也穷得没有钱买标语。"

如果任由这种糟糕情况弥散开来,极易导致国家利用村干部治理农村

---

① 布坎南:《宪法经济学》,《市场社会与经济秩序》,生活·读书·新知三联书店 1996 年版,第 341 页。
② 吴毅:《双重边缘化:村干部角色与行为的类型学分析》,《管理世界》(月刊) 2002 年第 11 期,第 78—85 页。
③ 朱冬亮、贺东航:《新集体林权制度改革与农民利益表达——福建将乐县调查》,上海人民出版社 2010 年版,第 409 页。
④ 吴毅:《双重边缘化:村干部角色与行为的类型学分析》,《管理世界》(月刊) 2002 年第 11 期,第 78—85 页。

的失效，村干部成为国家和农民都不信任的自在性力量。一方面是林业管理失序；另一方面是国家与农民关系的疏远隔离。

2. 试点中政府的"帮手"

实行村民自治以来，村委会和乡镇之间的关系由原来的被领导和领导的关系转变为协助和指导的关系，这种分离并不彻底。制度变迁过程中会发生"路径依赖"的现象，制度形成之后，无论效果怎么样，都会持续一段时间。这背后实际上是国家行政权与乡村自治权关系界定所伴随的问题。村治一方面具有草根性，是社会自治意识的体现；另一方面又必须嵌入到自上而下的结构中去，必须体现国家意志，因而难免出现不相适应的情况。不管是被领导还是协助乡镇政府开展工作，在林改试点中，捷文村干部很好地配合了武平县林业局下派的工作队的工作，村集体成立了改革试点工作领导小组，入户走访、山林调查、资源评估、内业整理、林权登记及确权发证。没有村干部的配合，试点不可能顺利的发展和运行。

3. 村民利益的代言人

村干部的行动策略受到多种因素的影响，这其中包括村民自治制度、正在实施和以往存在的集体林权制度、乡镇政府的指导和农民的利益诉求等。村集体组织也有自己的经济利益追求，要使其符合村庄共同利益。按照亨廷顿的观点是，"决定于它是否有着超越所有集团的特殊利益。"[1] 村干部既是村民利益的代言人，又是国家利益的体现者。有学者认为，"即使村委会是群众自治组织，也仅局限于村务自治，在处理政务时还是应该受乡镇领导。"[2] 关键是在其中找到国家利益和村民利益的均衡点。

本次林改中，捷文村村干部也有过寻租的考虑，在分田到户以后村集体林地林木成为村财和村干部的主要收入来源。只是对山场的买卖和收益的代管已经难以为继，继续这种方式只能面临更加严重的信任危机，所以也不敢消极怠工，抵制政府的林权改革试点工作。实行村民自治以后，村干部还面临着连选连任的压力，同时在林改中通过林木协

---

[1] ［美］塞缪尔·亨廷顿：《变革社会中的政治秩序》，华夏出版社1988年版，第27页。
[2] 徐勇：《中国农村村民自治》，华中师范大学出版社1997年版。

议转让给农户而得到的收益分成和收取的林地使用费,使村财得到了补偿。

捷文村在笔者所调研的村庄中是唯一真正做到"耕者有其山"的行政村。实际上,实行分山到户的村,基本上是在20世纪80年代林业"三定"时就已经把集体山林承包到户了。而在林改中,也很少有村庄采取均山到户的做法。相反,很多村是采取招投标的办法,把集体山林拍卖给企业或私人经营。捷文村除了20世纪90年代转让给外地老板经营的2807亩山场外,其余集体实际控制的20135亩林地相对公平地承包到农户手中,这种做法获得了政府和社会的赞许。

> 好的方面呢,是家家户户,每个家庭或多或少,都有分到自己的山,自己有山了爱种什么就种什么。这也是林改为什么能走遍我们全省,甚至推广到全国的原因。我们县里面从2001年开始进行林改,最早是在捷文村。国家出台的政策也是均山啊,我们福建出台的政策也是均山,但是当福建出台均山政策的时候,我们县已经改完了。[①]

在本次林改过程中,作为理性个体的村民和村干部积极参与、影响林改方案的选择与制订。"在制度相对稳定时期,是'制度形成政治',而在制度分化时期,则变成了'政治形成制度'。"[②] 在捷文村林改过程中,作为理性行动者的村民、村干部都权衡利弊,从自身利益角度进行行动策略选择。与其说是为了改革本身着想,不如说是从实现自身利益角度出发而做出的理性行为选择。当然,这些行动者的行动和策略都受到既定社会环境的制约,尤其从村干部的策略选择中我们可以观察得很清楚,行动者在选择策略行动时受其所"嵌入"的社会背景所限制,村干部之所以没有选择流转招标这种能使自己迅速富起来的方案,而要保证人人在林业经营上有发展,不得不说受到乡村社会结构和村民意愿的制约。

---

① 对武平县林业局LXX书记的访谈,2010年7月23日。
② 胡荣:《理性选择与制度实施:中国农村村民委员会选举的个案研究》,上海远东出版社2001年版,第40页。

四 结论与讨论

通过选取2001年闽西捷文村集体林地林木产权改革作为个案，对均山到户模式原因的追踪和与其他模式的对比，笔者的主要发现是：

（一）集体林权制度改革是一种有一定选择空间的改革

早期开展的试点总是带有很强的"摸着石头过河"的意味，由于各地实际情况不一样，因而地方对于集体林权制度改革本身有着不同的解读，实际上为做不同的选择留下了一定的空间。对于是否适宜实行家庭承包经营林地，农民生计对于林地的依赖性程度本身的认定是灵活的。同样是"均山"，既可以均山到农户，也可以均山到小组或者均山到联户。同样是明晰产权，武平县也存在农户承包经营、联户经营、协议转让到户、乡村集体林场经营、村民小组或自然村联户经营等多种方式。从同期开展试点的Y村的公开招投标的探索可以看到，对于林权改革本身的认识并不统一。

林权改革工作，乡里已开始，省从我乡搞试点，我们乡又从Y村先走一步，1983年前林业"三定"落实自留山、责任山，管理有落实。但林木产权未落实，砍树还要审批，而且手续繁杂，这次林权改革是一项减轻农民负担、增加农民收入、提高山地效益的好主意。林地集体所有，林木产权落实到农户，每年向集体交林地租赁费0.5—2元，现有林木评估作价，落实到农户；自留山无偿使用，责任山管理较好的签订合同给原种植承包户。这次林权改革不是重新分山，而是集中连片，适度经营，也不是每个人要分配山地①。这次林权改革工作，要达到便于管理，适当集中，才有利于经营、效益较好②。

事实上，集体林权制度改革作为一项重大的公共政策，其中作为主要任务之一的"明晰产权"具有一定的模糊性，既可以采取家庭承包经营林

---

① 《城厢乡园丁村村林木、林地产权改革试点会议记录》，2002年7月26日上午，林副书记讲话。

② 同上。

地的方式，对于不宜均山的，需要依法征得本集体成员同意，也可以采取其他方式落实产权。政策设计本身没有问题，关键是宏观政策落实到地方社会时，会形成不同的解读和认识，甚至对林改政策采取差异化处理，被各种地方性和村庄社区性实践所左右。Y村2002年进行的林改试点就不是要分山到户，而是鼓励适度规模化经营，采取了公开招投标的方式使山林集中到了少数人手里。

当然，集体林权制度改革本身并不否定地方开展符合自己情况的实践，需要从村集体森林资源状况和农民对林业的依赖性出发设计公平有效的林地经营制度。但是为了保证初始产权的公平配置，避免集体林权制度改革流于形式，出现不规范的林权集中和分配不公，需要增强村级民主，依法依规进行改革。有学者研究指出："实际上，无论是福建省还是江西省，凡是那些实行分山到户单户经营的村，基本上是在20世纪80年代林业'三定'时就已经把集体山场承包到户了。而集体林改过程中，则很少有村庄采取均山到户的做法。相反，很多村是采取短平快的招投标的做法，把集体山林拍卖给个人或企业经营。"[①] 这种选择执行的方式虽然降低了改革的成本，但是由于以牺牲公平为代价，容易埋下林权纠纷的隐患。

（二）村集体实际可控的森林资源和村民的参与是确定均山的关键因素

笔者在调研过程中接触到了家庭承包经营、公开招投标和协议转让等几种模式，在对比过程中注意到能不能选择均山到户主要取决于两方面的因素：一是村集体实际可控的森林资源。如果林地实际经营权流转到少数大户手中，则均山便失去了客观基础。另外还涉及农民生计对林地的依赖性程度，人多地少、立地条件差的林地一般不适于家庭承包经营。二是村民的参与是影响均山的关键因素。实际上村民的参与直接影响到林改的实施情况，在村民参与程度高的地方，不仅按规定召开了村民会议或村民代表大会，而且集体林地使用权和林木产权大都能按照农民意志得到公平的

[①] 朱冬亮、贺东航：《新集体林权制度改革与农民利益表达——福建将乐县调查》，上海人民出版社2010年版，第295页。

分配；而在村民参与程度较低的地方，村民权益难以得到保证，实际为村委会暗箱操作留下了空间，出现了林权的不规范流转和林地的分配不公平现象。

村民通过集体林权制度改革这一平台，参与到农村重大公共事务的决策中来，在此过程中，既提升了农民参与公共事务的意识，也增强了农村自我管理的能力。通过发挥农民的主体作用，集体林权制度设计和实施更加符合农村实际，有助于缩小外来制度安排与农民需求之间的张力，从而克服外部条件对于农民理性发挥的限制。

（三）集体林权制度改革是有特色的制度变迁方式，来源于基层创造性实践

为了改变集体统一经营所导致的困境，政府、村干部与村民不同角色的作用促成了集体林权制度改革的试点与推广。捷文村村民选择的均山到户模式是一种"诱致性制度变迁"[1]，源于原来的林业制度供给不能满足农民的利益需求，制度变迁的发动受到了利益的驱使。同时，即便是早期林改试点村的改革探索也带有很强的政府规划的色彩，是地方政府有意识推进的结果，借助"强制性制度变迁"予以保障和推广。这种制度变迁方式的优势在于一方面，允许小规模试点探索，本身就是尊重群众性智慧的体现，可以积累经验和总结教训；另一方面，等到时机成熟再全面铺开，替代旧有的制度，类似经济体制转轨时期所采取的"双轨制"。

有学者认为"政府主导的制度变革是中国改革显现于表面的主线，然而来自民间自身的变迁是真正的主线"[2]。这在一定程度上揭示了制度演进的内在机理，外来的制度安排必须以满足主体的需求为准则。笔者认为，集体林权制度改革是来源于基层社会的创造性实践，是地方政府、村干部和农民合力创造的结果。邓小平赞赏了基层社会和农民的创造性，指

---

[1] 林毅夫：《关于制度变迁的经济学理论：诱致性变迁和强制性变迁》，载 R. 科斯、A. 阿尔钦、D. 诺斯等著：《财产权利与制度变迁——产权学派与新制度学派译文集》，上海三联出版社 2005 年版，第 373 页。

[2] 周业安：《中国制度变迁的演进论解释》，《经济研究》2000 年第 5 期，第 3—11 页。

出:"农村搞家庭联产承包,发明权是农民的。"① "农村改革中基层创造了好多东西,我们将其加工提高后作为全国的指导。"② 这一评价同样适用于集体林权制度改革的实践,林改的原始动力是农民,林改是"农民的原始要求、基层干部的响应推动和各级政府决策者主动提升几方一起作用的结果"③。

---

① 《邓小平文选》第3卷,人民出版社1993年版,第382页。
② 《邓小平文选》第3卷,人民出版社1993年版,第382页。
③ 徐勇:《农民改变中国:基层社会与创造性政治》《学术月刊》2009年第5期,第5—14页。

安徽省集体林改的变革与经验总结
——基于宁国市调研

纪亚泉[①]

一 宁国市基本情况论述

宁国市地处安徽省东南部，处于天目山北麓地带，与黄山余脉交错，境内海拔约300—500米，境内峰峦叠嶂、南高北低，属于典型的皖南山地丘陵区。境内水资源丰富，主干河流主要有东津河、西津河、中津河，水阳江源就是由这三条河流在宁国市东北部交汇而成。山水相间，使得宁国市境内林业资源相当丰富，总体格局为山林面积80%，河流面积10%，农田跟道路庄园各占5%，成为安徽省重点山区县之一。

全市管辖范围内，乡镇或街道办事处19个，行政村109个，社区居委会20个、村民组2490个。农村农户数8.97万户，总人口38万人。全市土地总面积是2487平方公里，其中林业用地是285.642万亩，林地面积率达25.6%，占土地总面积的76.6%，有林地面积276.7万亩，占林业总面积的90.9%，其中有约4500亩松树林，约6.3万亩灌木林地，约14420亩未成林造林地，约664亩苗圃地，约9223亩无林地或荒山，森林覆盖率是75.3%，林木绿化率75.8%，全市的活立木蓄积量704.6万立方米。全市有经济林（包括竹林）110万亩，国家公益林52.3万亩，省级公益林20.89万亩，共计公益林73.19万亩。市级公益林正在规划，初步统计约3万亩。目前统计的退耕还林约8.5万亩。林业年产值达

---

① 纪亚泉，男，华中师范大学2009级硕士研究生。

32.2亿元，2009年林农人均收入7700元，林业收入占林农收入的48.9%，约3700元。

宁国市作为安徽省重点山区县（市）之一，发展林业是必由之路。市委、市政府大力实施"生态立市、林业富民"战略，创新运行机制，培育龙头企业，提升特色基地，拓展市场空间，以产业发展促生态建设，着力构建具有特色的产业体系和生态体系，林业经济在全省名列前茅，培育了山核桃、毛竹、苗木花卉、红豆杉、油茶五大产业，是全国有名的山核桃、元竹、竹子产地，曾获得"全国林业科技示范县"、"绿色小康县"、"经济林建设先进市"等荣誉称号。

二　宁国市集体林权制度改革进程

2006年，宁国市被安徽省林业厅列入集体林权制度改革试点单位名单，根据省林业厅对试点县（市）的要求，在一系列调研考证及征求民意的基础上，宁国市发布了《宁国市委市政府关于进一步深化集体林权制度改革的意见》，出台了《宁国市（县）集体林权制度改革实施方案》等具体指导措施，在全市范围内开展了林权主体改革，改革重点以"确权登记发证、完善税赋减免、形成规范化流转机制、经营模式多元化"为主；组织实施了以规范流转，减负让利，拓宽融资渠道，放活经营，创建林业服务体系，推行林业综合执法等为内容的配套改革。历时一年，2007年5月底宁国市完成了省林业厅对试点单位要求的90%以上确权登记任务，同年年底完成了已登记林权的发证任务。2008年各乡镇办事处的林改档案全部向市档案馆的移交，标志着我市主体改革任务基本完成。宁国市集体林权制度改革配套改革进展顺利，成效显著。总结宁国市集体林权制度改革，林改过程主要分为五个阶段：

（一）前期准备阶段(2006年2—7月)

1. 成立领导机构

市委市政府成立了以市长为组长，分管书记、市长为副组长，市政府办、法制办、法院、财政、林业、土地、农业、司法、档案等部门负责人为成员的高规格的领导组,同时设立专门的领导小组办公室,指导宁国市集体林权制度改革。同时市林业主管部门、乡镇办事处、行政村也相继成立了以主要负责人为组长的领导组。采取"市直接领导,乡镇(办事处)组织,村组具体操作,部门搞好指导服务"的工作机制,全市上下各司其职,各负其责,积极采取有效措施,稳步推进林改。市委市政府建立了林权制度改革市级领导及领导组成员单位联系乡镇(街道)制度,及时做好林改工作的综合协调,定期检查指导,积极帮助联系乡镇协调解决林改过程中遇到的困难和问题;市林业主管部门在成立领导组基础上,下设业务、政策咨询指导组,督察、宣传、后勤组,纠纷调处协调组三个工作小组,全方位为林改提供保障,并从局机关科室抽调15名干部,联系乡镇,全过程指导检查林改;乡镇办事处实行乡村干部分片包村、包组制度,责任到人,任务到人,定期汇报,通报进度。

2. 学习林改知识

宁国市林业局对参与林改工作的工作人员进行了集体林权制度改革的专题培训,对集体林权制度改革的工作步骤,集体林权制度改革的外业调查,乡、村林改文件档案管理等内容进行了详细讲解,使他们从思想认识和业务知识上打下了良好的基础。

3. 调查林情、民意

宁国市林业部门相继开展了集体林权状况调查,林改民意调查,林业大户能人、企业老板座谈会等,全面了解宁国市林权状况、村情民意,并通过政策引导,消除了林农对林业政策是否要变的疑惑。

4. 开展试点,总结经验

在反复调查研究的基础上,2006年7月分别在梅林、霞西镇共选择8个村民组开展试点,接着每一个乡镇办事处又选择了一个以上村民组进行试点,摸索积累经验,做好全面改革各项准备。

5. 确定林改基本方针

鉴于宁国市广大林农的林业收入主要来自经济林(含竹林),而由于结婚、生子等新增人口没有经济林的只是少数,主要是20世纪90年代中后期以来新增的人口,而从全市十余年来人口状况看,总人口稳定在37万—38万人左右,总体变化不大,因此净增人口的农户少之又少,约在5%;根据《中华人民共和国农村土地承包法》有关规定,任何调整承包土地方案需经村民会议 2/3 以上成员或 2/3 以上村民代表同意，因此不宜再进行经济林的小调整。因此，宁国市正在开展的集体林权制度改革的主要内容之一，就是稳定现有林权，完善有关法律手续，即对"三定"以来划定的自留山保持长期不变，林农享有集体林地的继承权和转让权，但必须向宁国市林业局申请换发新一代林权证；对"三定"以来承包到户的责任山，由村民组与林农重新签订承包合同，自 2006 年 1 月 1 日起一律延长承包期 50 年，承包经营者应该主动向林业局申请核发新版林权证；对"三定"以来划为集体经营的山场，换发林权证，继续实行集体统一经营，或依法流转，在林地所有权不变的前提下，以分股代替分山，以分利代替分林。

6. 制订实施方案

宁国市市委、市人民政府出台了《宁国市林权制度改革工作实施方案》宁发〔2006〕33 号、《关于进一步深化林权制度改革的意见》宁发〔2006〕37 号等指导性文件，明确了林改的指导思想、总体目标、工作原则、组织领导、工作任务、工作方法、工作步骤、验收标准、工作要求等基本原则，力争为乡镇村组林改提供具体操作的模板。

（二）宣传发动阶段（2006 年 7—9 月）

2006 年 9 月 12 日，宁国市市委、市政府召开了集体林权制度改革动员大会，全市 19 个乡镇街道、109 个村（社区）、2329 个村民组全部召开了林改动员会议和村民代表会议，动员广大林农和社会各界了解林改、支持林改、参与林改。在充分发挥宁国市广播、电视、报纸、网络等新闻媒体宣传集体林权制度改革作用的基础上，宁国市林业局编写和印发了 10 万份《致全市林农朋友的公开信》、2 万份《林改政策问答》、5000 份《林改登记发证工作程序》，免费发到乡村和林农手中，充分利用广播、电视、报纸、简报、专栏等宣传工具，广泛宣传林改的相关法律法规、政策规定、意义、目标、要求和方法，报道林改工作的进展情况，解答林农提出的问题，营造浓厚的舆论氛围。创办《林改简报》，及时反映全市林改工作动态，总结宣传各试点乡（镇）、村（组）在改革过程中好的经验做法。

(三) 全面推进阶段(2006年9月—2007年5月)

鉴于宁国市林情的相似性，以及此次林改以申请换发新证的基本方针，市委市政府在对试点林改经验总结的基础上制定了《宁国市林权制度改革工作实施方案》、《宁国市林权制度改革林权登记发证工作程序》等制度性文件，对召开村民会议、推选村民代表、勘界登记、宗地面积测算、《林权申请登记表》的填写、《林地承包经营合同书》的签订、登记材料的整理、各级组织的审核上报等程序都作出了详细的规定和要求，为主体改革工作提供了操作指南。以宁国市林权制度改革工作领导组名义下发了《关于进一步强化林改质量管理的紧急通知》和《关于做好林权登记发证内业整理和审核录入工作的通知》两个文件，进行了统一的规范和要求，以避免在具体操作过程中，出现程序不规范、登记质量隐患等质量问题。制定《林改工作考核评比办法》，把林改列入新农村建设和乡镇年度目标考核范畴，对成绩突出的单位和个人给予表彰奖励，对组织不力，或因工作失误影响改革推进的，追究相关人员责任。

事实上，宁国市各乡（镇）、行政村均是在这一准绳指导下开展的集体林权制度改革，结合本地实际制订了工作方案。林改是对这一实施方案的灵活执行。

1. 宁国市林改工作方法流程：

（1）成立机构。各试点乡镇成立领导组和办事机构，配备专职人员，负责试点全过程的组织协调，处理试点中出现的重大问题。

（2）宣传发动。多层次召开会议，广泛发动，统一思想认识。各乡镇、办事处要召开村组干部会、党员会、村民大会，全面发动。充分利用宁国市各类宣传媒介，采取丰富多样的宣传形式，广泛深入群众进行宣传，用最简单明了、通俗易懂的方式将集体林权制度改革的目的意义和步骤程序传达给林农，让林农清楚认识到集体林权制度改革的政策和方法，使集体林权制度改革工作深入人心、家喻户晓，使林农充分了解、积极支持并参与到集体林权制度改革工作中来。

（3）组织培训。市、乡镇林改办工作人员和村主要干部由市统一组织培训，明确指导思想、基本原则、方法步骤和内容要求。

（4）制订方案。市林权制度改革方案报宣城市人民政府和省林业厅备案。根据市改革方案,乡村两级分别制订具体实施方案。各集体经济组织的方案,须经村民大会或村民代表大会2/3以上讨论表决通过,经乡镇政府审核,报市政府批准。

(5) 组织实施。及时清理林区涉及林业税费项目,及时向林农公布税费项目清理情况,保证投诉电话的透明和畅通。市、乡两级工作组深入改革一线,协助指导各村开展明晰山林权属,完善承包合同,申请林权登记工作,并换发统一式样的林权证。

(6) 加强督导。市委督查室、市政府督办室组织对改革全过程进行督促指导;建立定期领导组联席会议制度,编印林权改革简报,召开改革情况经验交流会,推动全市林权制度改革工作。

2. 乡(镇)林权登记发证工作实施方案

第一阶段:成立机构,制订方案(10月14日—10月15日)

召开全镇林权制度改革动员大会,对本村林权登记发证进行工作部署,制订方案,将联村干部和村干部落实到组,营造出良好的氛围。

第二阶段:组织宣传发动及业务培训(10月15日—10月22日)

首先是入村组织召开村民组长会议。由乡镇及村委负责人作动员报告,林业站技术员介绍林权发证基本工作程序。会后,要求各组立即以村民组为单位召开村民大会,积极做好林改宣传,向村民发放《致农民的一封信》,并推选出三名至六名村代表,成立工作小组,充分调动他们的积极性和智慧,积极推进山场勘查统计工作。(联村干部参与会议)针对本组山场经营状况,讨论制定并通过林改具体措施。会上联村技术人员对各组代表进行简单的业务培训。重点培训林权登记工作程序、表格填写、绘制范围图、面积分摊控制等。

第三阶段:外业调查和登记造册阶段(10月22日—11月20日)

各组的林改工作组组织村民到山场逐块进行现场勘界、登记四至、绘制示意图、填写表格。林业站技术人员在村民指认下勾绘出村民组总面积和分地块、分树种面积,同时指导代表做好各户山场面积分摊。填写好《林权登记申请表》、《分地块分树种山场面积登记表》,绘制出宗地范围图。各组在外业调查结束后,及时整理好表格资料并登记造册,在村民组会议进行公示,修正材料无误后签署村民组意见。

第四阶段:资料整理和上报阶段(11月20日—12月10日)

将各组林改内业资料汇总完善，组织召开村民组长会议，向农户公开公示登记内容，组织大家签字盖章。后经组和村委会初审并签署意见后报镇林改办公室申请发证。

3. 村级层面林改操作基本流程图

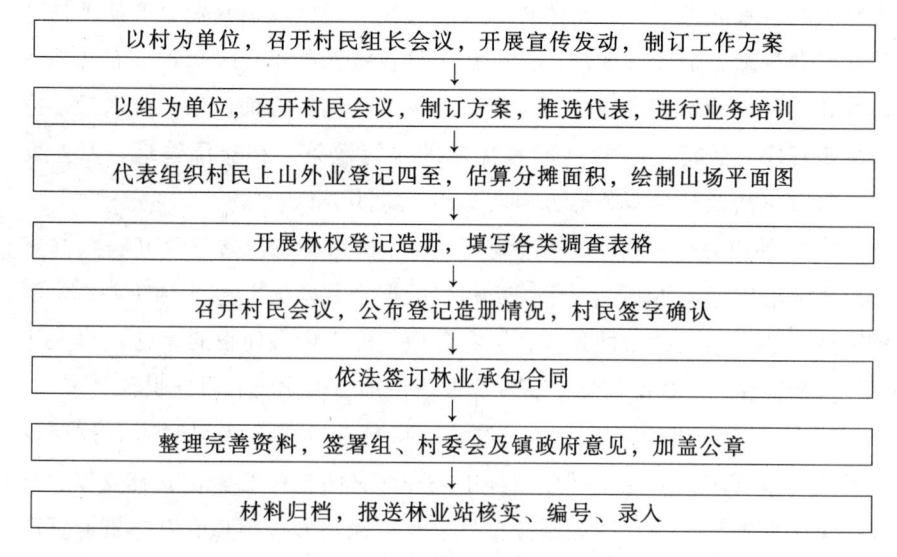

```
以村为单位，召开村民组长会议，开展宣传发动，制订工作方案
                          ↓
以组为单位，召开村民会议，制订方案，推选代表，进行业务培训
                          ↓
代表组织村民上山外业登记四至，估算分摊面积，绘制山场平面图
                          ↓
       开展林权登记造册，填写各类调查表格
                          ↓
     召开村民会议，公布登记造册情况，村民签字确认
                          ↓
              依法签订林业承包合同
                          ↓
   整理完善资料，签署组、村委会及镇政府意见，加盖公章
                          ↓
           材料归档，报送林业站核实、编号、录入
```

图1　林改操作基本流程图

（四）自查自纠阶段（2007年5月—2008年）

针对林改过程中可能存在有登记发证程序不符合规定、逻辑混乱，登记内容不真实，图表卡不一致，林权登记申请表、公布决议、联户发证协议书及申请表相邻人栏代替签名、未签名等现象，少数村民组存在登记不细致、公布公示不到位、登记发证的质量不高等问题，2007年9月5日宁国市林权制度改革工作领导组印发了《宁国市集体林权制度改革确权登记发证检查验收办法》（宁林改办〔2007〕003号），并分两次组织开展了全市林改确权发证的检查验收工作，其中2007年9月10日—20日为预验收，并对检查验收工作中发现的问题，以宁林改〔2007〕004号文件下发了《关于检查验收整改工作意见》，11月5—13日对全市林改确权发证工作进行了正式检查验收，并再次以宁林改〔2007〕006号文件下发了《关于要求对林改确权发证工作进行全面自查和完善的紧急通知》。

（五）配套改革阶段（2008年— ）

在开展林权主体改革过程中，宁国市制定了《推进集体林权制度配套改革的指导意见》等一系列配套改革政策规定，搭建专门服务于宁国市林农的政策服务平台，从集体林权的登记、流转以及林业资产的评估到林业税费征缴、适龄林木的申请采伐、林业资源的培育和保护、宜林地造林绿化、林木栽培技术服务、林业相关政策咨询等方面，给予林农最便捷的办事程序、较低的收费标准和优惠的扶持政策，在资源管理、产业发展、行政执法及社会服务等方面均做出了大胆尝试。

1. 完善相关林业政策。相继制定了《宁国市林权流转管理办法》、《宁国市林木采伐管理办法》、《宁国市林权抵押贷款办法》、《宁国市森林资源资产评估办法》、《关于加强森林资源管理、促进生态建设的意见》、《关于进一步加强绿化工作的意见》等配套改革政策，强化政府服务职能。

2. 建立服务机构。结合林权改革，市林业局整合内设科室，按照现代林业发展要求，成立了林业服务中心和营林科技中心。设立林业作业行政许可服务窗口、林权登记服务窗口、林权流转服务窗口、森林资源资产评估服务窗口、林权抵押贷款服务窗口、林业科技政策咨询服务窗口等，积极打造林业要素市场，完善林业管理体系。

3. 推动林业规模经营。针对单个农户林地碎片化分布的状况，宁国市出台了相关补贴政策，鼓励连片经营山场，在政策上支持林农按照就近原则和连片经营的原则，实行规模化、专业化、区域化经营，在林权证的登记发放方面，允许采取林户申请的方式申请林权证。

4. 全面开展森林资源资产化经营。通过林权流转、林权抵押贷款，林农和经营者手中的林地、林木资源变成了现金，自林改开展以来，共用林权抵押贷款达3000万元，实现了森林资源资产的价值化，提高了林农收入、拓宽了林业投入、扩大了林业再生产。

5. 严格生态保护。宁国市始终把生态建设与保护摆上首要位置，结合林改，完成了全市森林植被保护区建设和省级公益区划界定，先后开展了"开天窗"等多项专项整治活动，严查乱垦、乱占用、乱砍伐等违法行为，全市国家和省级公益林达到79.07万亩（其中国家级52.3万亩、省级16.77万亩），占林地总面积比例约为24%。

三 宁国市集体林权制度改革评价

截至 2007 年年底，宁国市完成了勘界发证面积 263.6 亩，占集体林地总面积的 94.8%，目前实际发证面积 261.5 万亩，占任务的 99.2%（详见附表），涉及全市 102 个行政村，2080 个村民组，农户 9.5 万户，宗地 29.9 万宗，发放林权证 12 万本。并且在自查的基础上，全面通过了省林改办组织的检查验收。在配套改革方面，制定出台了林权流转管理办法，进一步规范了林权流转行为；调整了育林基金征收范围，暂停山核桃、竹笋等经济林育林基金的征收，减轻了林农和经营者负担；完善了林木采伐制度，简化审批程序，放活林权所有者经营；加强与信用联社、农业银行等商业银行合作，推行林权抵押、林权担保、林农信用、第三方担保、林农年保等多类型贷款，解决林业生产周期长、林木"变现难"问题；探索森林保险，组建了 2 家林业担保和森林资源收储公司，努力化解林业投资风险；各类林业经济合作组织约 60 家，投入资金达 4100 多万元，社员人数累计达 2 万多户，建立林业基地 15 万余亩，提高了林业的组织化、规模化、集约化程度；建立了林业要素市场，初步建立了信息采集网络，统一、公开发布林权流转信息，高效配置林业生产要素；推进林业综合执法，建立以森林公安为主体的综合执法大队，规范执法行为；林改基本实现了促进资源增长、生态增优、林地增效、林农增收的目的，建立"林权归属明晰、责任与权益严格明确、森林资源保护机制健全、林地流转规范顺畅"的现代林业产权制度。

表 1　　　　　　　　集体林权制度改革基本情况表　　　　（单位：万亩、%）

单位	集体林面积	确权面积	确权率	发证面积	发证率
宁国市	278.2	263.6	94.8	261.5	99.2

（一）带动了林农就业，林农收入持续增加

2009 年年末全市乡村从业人员 198054 人，其中农业从业人员 96873 人，农业从业人员其中林业从业人员 69748 人，从林人员分别占乡村、农业从业人员的 35.2%、72%，可以看出林业从业人员占有较大的比重，

山区绝大部分林农已将发展林业作为家庭谋生的重要手段，而且随着集体林权制度改革的逐步深入，林业从业人数将进一步增多。（见图2、图3）

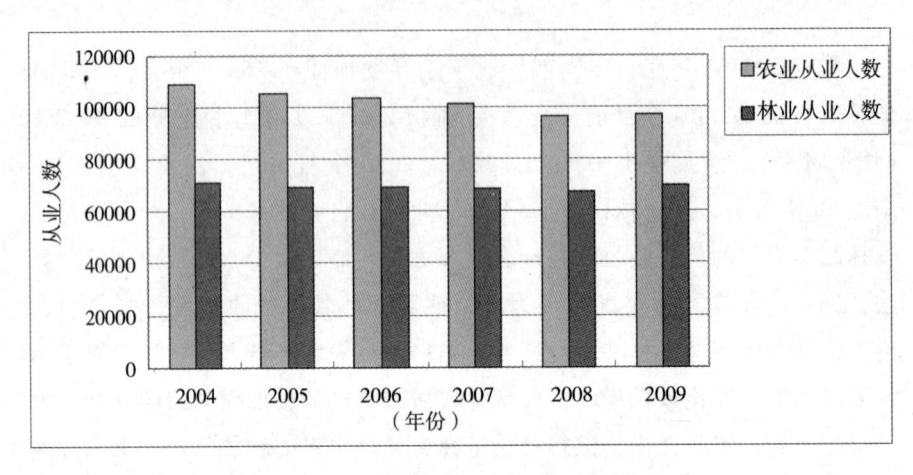

图2 2004—2009年乡村从业人员数量变化图

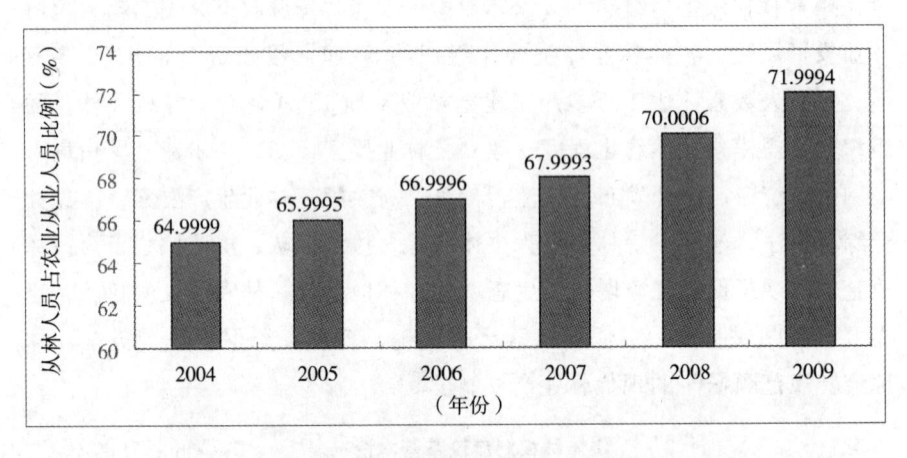

图3 2004—2009年从林人员占农业从业人员比例变化图

2009年全市农民人均纯收入为7293元，其中来自林业纯收入达3771元，比例高达51.7%，林业收入成为农户家庭收入的主要来源，经济林产区部分农户在90%以上。以主产山核桃区域为例，林农中单项收入超过1万元的在70%以上，其中部分林农收入高达35万元。主产核桃的梅村，林农收入人均约2.5万元，全村私人小汽车多达200辆，200多户在市区购置房产，成为名副其实的中国山核桃第一村。以核桃生产为主的天目山区乡镇，年均收入超万元的农户高达70%，年均林业收入最高约25万元。以早笋主产区为例，林农人均收入均在4000元左右，农户中的90%住进了楼房，私人摩托车、小汽车拥有比例约80%。(见图4，图5)

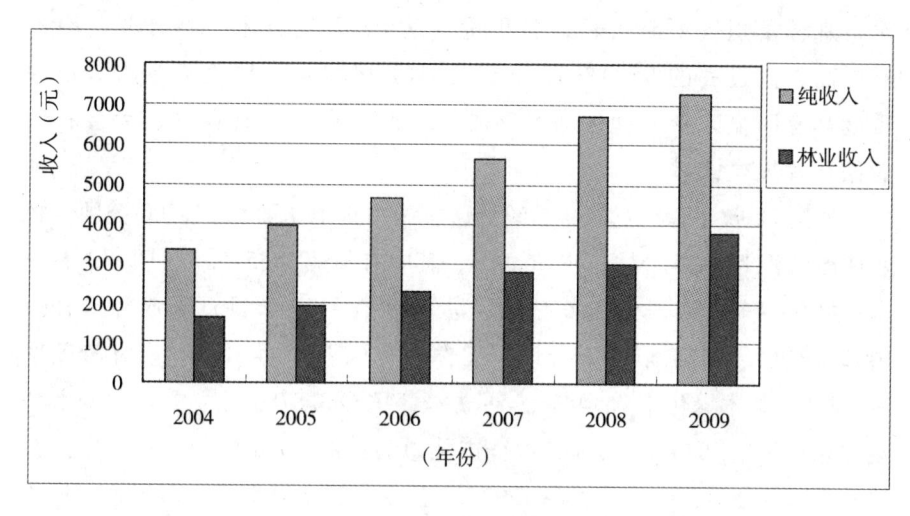

图4 2004—2009年农民收入情况变化图

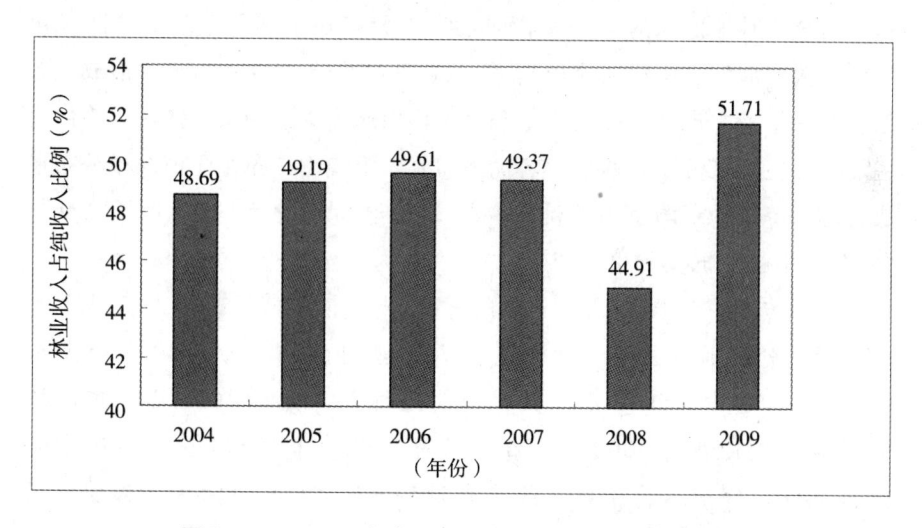

图5 2004—2009年农民林业收入占总收入比例变化图

(二) 森林资源持续增长，生态环境不断改善

通过深化林权制度改革，壮大林产业，拓展了农民增收渠道，改

变了农民收入构成，木材销售收入占山区农民收入的比重降至5%以下。非木质林产品成为林区林农致富的重要途径，林木砍伐量大大减少，林地林木资源得到有效保护，生态环境不断改善。与林改前相比，森林蓄积量不断增长，蓄积量高达65万立方米，森林覆盖率不断提高，由过去的65.4%提升至现有的74.2%，林业资源的数量和质量都有明显改善，林区基本形成了生产发展、生态良好、社会和谐的循环发展模式。

根据2008年森林资源年报统计，宁国市土地总面积248700公顷，林业用地面积190428公顷，占76.6%，其中有林地183515.3公顷，占林业用地的96.4%，疏林地106公顷，灌木林地4197公顷，未成林造林地1002.5公顷，苗圃地44.3公顷，无林木林地1082.4公顷，森林覆盖率74.92%，林木绿化率75.48%，活立木蓄积688.8786万立方米。全市公益林总面积达48793.3公顷，占全市林地面积的25.6%，其中国家公益林34866.7公顷，省级公益林13926.7公顷。其中以毛竹、河淡竹、早竹为主的竹林，以山核桃、板栗为主经济林所占比重较高，合计面积115万亩，占全市林地面积的40.3%，而且集中分布在东部及东南部地区（水阳江支流东津河、中津河流域）；特色林产品生产区域格局基本形成，东部地区为早笋主产区、山核桃分布以天目山脉为主、板栗主产区以中部为主、毛竹主产区分布在西部、名优茶和元竹沿境内三条主干河两岸分布形成长廊带等。"宁国市山核桃之乡"、"中国元竹之乡"、"竹子之乡"、"绿色小康县"的美誉由此产生。

造林方面，宁国市通过三年的努力，初步完成了新增人工林3万亩，绿化公路110公里、沿河造林7公里的目标。仅2009年全市年度完成人工造林15940亩，其中退耕还林荒山配套4000亩、防护林3400亩，封山育林3000亩。新增竹林、经济林10594亩，占造林面积的66%。完成退耕还林工程补植1157亩。组织16万人次参加全民义务植树，植树种竹65万株。县乡两级绿化公路新增20多公里。组织雨季造林，新增绿色长廊600余亩。造林近1.5万亩，经济林占50%。年度造林面积占林地面积0.52%以上。年度封山育林山场占林地面积15.2%，呈递增态势。幼林抚育平均42万余亩，成林抚育近7.4万亩。

表2　　　　　　　　　　宁国市森林资源培育情况统计　　　　　（单位：亩、%）

年度	林地面积	人工造林 面积	人工造林 占林地比例	封山育林 面积	封山育林 占林地比例	幼林抚育 面积	幼林抚育 占林地比例	成林抚育 面积	成林抚育 占林地比例
2007	2853657	16106	0.56	255000	8.90	201032	7.00	30260	1
2008	2856420	15940	0.55	315000	11.00	503007	17.60	42076	1.50
2009	2856420	14756	0.52	435000	15.20	421513	14.7	73899	2.60

生态方面，已划定国家级重点公益林面积52.3万亩，省级重点公益林面积20.89万亩，共计73.19万亩，市级公益林约3.5万亩，划定省道、县道两侧生态植被保护区15万亩，对划定的国家级、省级公益林以外的重点区域，如夏林、石柱风景区，南极乡的重点山核桃产区村天然林山场，准备区划县级公益林。总体上说，公益林区社会经济秩序稳定，森林资源呈增长态势，建成了以板桥自然保护区和青龙湾国家级森林公园为点，森林生态网络体系线面布局覆盖城乡，线性布局以打造绿色长廊和沿河元竹长廊为主，面线以生态林和商品林覆盖率增加为主，成为名副其实的安徽省园林城市。

（三）林业纠纷减少，林区安定和谐

通过林改，广泛宣传了《森林法》《农村土地承包法》等法律法规及党对农村的发展政策，促进了农村民主法制建设和精神文明建设。林业发展在新农村建设中扮演着重要角色，已经成为新农村建设最重要的经济支柱。

在推行林权制度改革当中，把纠纷调处作为和谐林区建设的重点，坚持公正、公开调处，依法、公平办事。按照纠纷处理从下到上逐级负责和分级调处的原则、林业工作人员主动协商处理的原则，纠纷以调解为主的原则，发挥乡村组三级的调处作用，力争做到组内纠纷以村民组调解为主，村庄内纠纷以村民委员会调解为主，乡镇内部纠纷以乡镇调解为主。市、乡、村、组都成立了山林纠纷调处工作小组，安排专门工作人员负责山林纠纷调处工作。仅2006年1—8月全市共调处各类林权争议365起，面积1870亩，其中省级1起，面积32亩，市（县）内364起，面积1838亩，包括七八月份林权制度改革即林权登记发证过程中调处的82起

面积165亩的山界纠纷。据统计，2006年开展林改试点以来，结合林权勘界、登记造册，全市共调处各类林权争议4154起，面积达18430亩，主要为农户个人之间山界纠纷（占70%）、农户与集体山场、纠纷（占10%）、项目造林组合山场纠纷、集体林权流转纠纷等，纠纷的调处和解决，使得许多历史遗留问题得到处理，使得林地产权更加明晰，干群关系和邻里关系更加和睦，林村更加稳定繁荣。

同时，加强大案要案查处力度，适时组织专项斗争，打击盗伐滥伐、乱捕滥猎、乱占林地等违法犯罪行为。充分发挥林业执法的权威性，严格依照林业法律法规办事，加大对林业违法犯罪案件的惩治力度，通过林业执法的威慑力将林业违法犯罪行为扼杀在萌芽状态，增强林农的法制观念。宁国市成立了以林业公安为主体的林业综合执法队伍，积极开展"林涛一号""绿盾二号"行动，查处涉林案件2114起，处罚教育2120人次，挽回经济损失130万元，其中查处刑事案件3起，移送起诉2人，案件查处率100%。林区林业产业发展环境空前良好。

表3　　　　　　　宁国市林改以来林业案件统计表　　　　（单位：个、年）

案件＼数量＼年度	2007	2008	2009	合计
森林火灾	5	4	3	12
林业行政案件	2651	2100	2026	6777
刑事案件	7	8	4	19

（四）调整林业产业结构，壮大林业产业规模

宁国市的林业产业结构布局中，建设商品林一直被定为产业发展的基础，在建设商品林基础的同时，发展经济林被设定为林业发展的重点。通过对全市林业的整体布局和合理规划，宁国市重点发展了山核桃产业、竹林产业、苗木花卉产业、杉木产业、油茶加工产业五大支柱产业，使得境内各区域均产生了1—2种独具竞争优势的林业产品。在村级林业结构布局中，宁国市着力推进兴林富民示范工程，打造"一村一品"格局并取得了初步成效。笋竹生产基地重点推广"元竹、淡竹、毛竹"的培育和生产，有机绿色食品生产基地着力培育和推广山核桃和油茶的种植和深加工，花卉苗木基地将牡丹、红豆杉等观赏植物的栽培技术推广和销售作为林业发展的重点，速生丰产林基地以提供松木、杉木等木质产品为主进行规模化发展，工业原料林基地将南酸枣和枫香作为着力培育的林业经济增长点，林下经济生产基地则重点发展宁前胡、白术等独具地方特色的中药材产品，主生态旅游度假基地将打造青龙湾森林公园作为林农创收增收的重要途径。在发展特色产业基地的同时，宁国市将培育龙头林业企业和林业经济合作组织作为林业产业化的两个抓手，积极引进社会资本，联手国内知名企业做大做强境内优势林业产品，培育了一批林业龙头梯队和林业经济合作组织，初步构建了面向全国最大的森林食品加工和绿色食品供应基地，竹胶板加工和供应基地在安徽省境内企业中名列前茅。

截至2009年，有438家涉林企业落户宁国市，企业规模超过千万元的有31家，规模上亿的企业有6家，全市林产品加工产值接近10亿元，1家企业进入国家林业龙头企业，8家企业跻身安徽省农业产业化龙头，22家企业被评为省林业产业化龙头企业，森林绿色食品加工体系、人造板加工体系和竹材加工体系等业已形成规模，林业资源得到了较为充分的利用，资源利用率高达90%。全市已组织成立山核桃、竹笋、毛竹、水果、茶叶、苗木花卉等各类种植、经营、加工林业专业合作社67家，注册资金4756万元，组织社员2万余户，带动了6万多名林农共同致富，约15万亩林地被纳入林业经济合作组织的经营归属。

宁国现拥有詹氏食品有限公司、山里仁公司、林佳公司、徽芝园公司、乡味源公司等32家规模加工企业，其中有7家被列入省级龙头企业范围，有12家被宣城市、宁国市列为龙头企业进行重点扶持，年加工能力可达5000吨，年加工产值达4亿元，椒盐、奶油、原味、山核桃油等一系列绿色健康林产品相继被开发。经国家认证，宁国市境内获绿色食品标志林产品生产加工企业有12家，获国家有机食品认证的林产品生产加工企业有6家，有3家林产品生产加工企业的林产品被安徽省列为省农产品品牌；产品行销国内外许多地区，尤其在苏、浙、沪大中城市占有较大市场份额，不仅打入了家乐福、麦德龙等连锁超市，而且跻身航空食品行列，部分产品还走出国门，远销欧美。

全市现有竹材加工企业42家，竹笋加工企业18家，竹材加工率达到50%，竹笋加工率达到40%。竹产品加工企业主要有：以宁国中集竹木制品有限公司、宁国健宁实业有限公司为龙头的竹地板（集装箱板）及竹胶板加工业；以宁国"乡味源"农特产品开发公司、安徽仙霞食品有限责任公司、宁国菜篮子食品有限公司为龙头的脱水笋和水煮笋、笋干、笋丝等笋制品。

已建立苗木花卉协会五家（以万家花木协会为龙头）、苗木经济合作组织六家，共有育苗户800余户，其中育苗面积10亩以上，办理"生产、经营许可证"的已有110余户。花卉苗木企业现有恩龙、林海等60余家。育苗总面积达15000余亩，绿化苗木基地达8000亩，绿化苗木存圃量2000多万株，树桩盆景2.5万余盆，主要苗木品种有广玉兰、白玉兰（望春花）、桂花、香樟、红叶石楠、紫薇、红花继木、南天竺、南方牡丹、梅花树和驯化的野生大苗等50余种，产值近2亿元。

建成青龙湾国家森林公园（主要包括板桥自然保护区、青龙湾生态旅游区、万家道场坪风景区）、恩龙世界木屋村、夏霖风景区（九银飞瀑）、东津河漂流旅游区、石柱山风景区、一万岭红豆杉生态景观区。

四　宁国市集体林改经验总结

来自经济发展研究中心（隶属于国家林业局）的调查表明林改成果显著：林改后，林农的山林面积增长趋势明显、营林造林投入和产出均有明显增长、林业税费减免效果显著、规范林地流转的机制初步形成、社会资本投资林业的力度加大等；调查也发现存在诸多影响林改进程的问题：林改后，林地的碎片化经营影响林业生产的规模化和集约化、生态公益林经营模式多样但争议较多、外来资本的逐利性使得其经营林地的方式过于粗放、配套改革措施没有及时跟进、林业经济合作组织遍地开花但维持时间较短、林业服务平台搭建参差不齐、县乡村级财政不足等[①]。可见，集

---

① 国家林业局经济发展研究中心：《中国集体林产权制度改革主要政策问题研究》，《林业经济》2011年第8期，第8—19页。

体林权制度改革总体成效显著,但仍存在着很大问题。鉴于此,笔者试图通过总结宁国市的经验来为林改落后的地区提供可供借鉴的模式。

(一) 因地制宜,选择正确的改革路径

在林改中,宁国市从执行国家政策和充分尊重林农利益和需求的角度考虑,采取强制性变迁与诱致性变迁相结合的方式推进林改,政府通过对林农或林业组织实行奖励机制等鼓励性措施,增强林农的林权意识,倡导林权制度改革的理念,激发林农或林业组织寻利的源动力,促使其在寻利的过程中自发顺应林权制度变迁的趋势,推进林权制度变革。既避免了政府自身或林农盲目的遵从"路径依赖",又避免了强制推行林权改革可能遭遇的阻碍和纠纷。具体表现在:

1. 充分调研林情、民意,确定林改的基本原则

林业工作人员通过入户走访、填写调查问卷、召开讨论会议、林业大户能人及企业老板座谈会等方式理顺并确认宁国市集体林地权属、面积和林地状况等林情,了解林农的改革意愿和意见。对于林农的意见和担忧进行总结和疏导,通过政策引导,消除了林农对林改是否林业政策要变的疑惑。在调研结束后,综合林农意愿,提出林改的基本原则:以尊重历史为推进林改的前提,以维持政策的连续性和稳定性为推进林改保证;坚持以人为本,取信于民;坚持主体改革与配套改革交叉推进,稳扎稳打,有序推进;坚持因地制宜,形式多样。提出林改基本内容是确权发证而非分山到户:即以维稳为基准,继续承认"三定"时期及其后时期明确划定的自留山,按照"生不增,死不减"但允许林地继承的原则进行确权发证,由林农按照要求对林地范围进行确认签字,由林业工作人员向确认签字的林农换发新版林权证;已经完成流转的林地,要核查并完善林地流转手续,向林业部门申请办理林权变更登记手续;统一延长农户承包经营的责任山合同期为50年,不考虑合同到期日期,生效日期为2006年1月1日,由林农向林业部门申请换发新版林权证,充分保证林农对承包经营林地的林地使用权和经营权,充分保证林农的林木所有权;建立健全规范的林地流转机制,允许林地的充分合理流转,给予林农真正意义上的林权,真正还权于民;对林业"三定"时划定的自留山和承包经营的责任山,在村民自愿的基础上,可以

通过协商的方式互换，自由组合形成新的联合体，实行规模经营。对"三定"以来划为集体经营的山场，换发林权证，继续实行集体统一经营，或依法流转，在林地所有权不变的前提下，以分股代替分山，以分利代替分林。

2. 总结试点改革经验，制定主体改革的措施，细化林改的工作程序

在反复调查研究的基础上，2006年7月宁国市林业局分别在梅林、霞西镇共选择8个村民组开展试点，接着每一个乡镇办事处又选择了1个以上村民组进行试点，摸索积累经验，做好全面改革各项准备。在调查研究及试点的基础上，市委、市人民政府出台了《关于进一步深化林权制度改革的意见》宁发〔2006〕37号，明确了林改的指导思想、总体目标、工作原则、组织领导、工作任务、工作方法、工作步骤、验收标准、工作要求等指导性措施。

3. 依法依规，结合实际，细化林改工作程序

根据国家申请林权登记发证有关法律规定，结合林权实际，在省厅林改指导组的指导帮助下，宁国市制定了《宁国市林权制度改革林权登记发证工作程序》、《宁国市林权制度改革林权登记发证工作指南概述》、《林权登记材料内业整理的基本程序及具体要求》等文件，对召开村民会议、推选村民代表、勘界登记、宗地面积测算、《林权申请登记表》的填写、《林地承包经营合同书》的签订、登记材料的整理、各级组织的审核上报等程序都作出了详细的规定和要求，对林权登记发证工作步骤、如何做好召开村民组会议前的准备工作、召开村民会议的注意事项、开展外业勘界登记具体要求、公布及公示林权登记结果要求等都作了细化和要求，通过细化林改程序，确保林改过程公平透明，为主体改革工作提供了操作指南。

（二）高位推动，层层落实

1. 成立高规格领导机构推进林改

为加强对林改工作的领导，宁国市委市政府成立了以市长为组长，分管书记、市长为副组长，市政府办、法制办、法院、财政、林业、土地、农业、司法、档案等部门负责人为成员的高规格的领导组，同时市林业主管部门、乡镇办事处、行政村也相继成立了以主要负责人为组长的领导

组。采取"市直接领导,乡镇(办事处)组织,村组具体操作,部门搞好指导服务"的工作机制,全市抽调了1100多名兼具法律、政策、技术和农村工作经验的高素质干部参加林改工作,全市上下各司其职,各负其责,积极采取有效措施,稳步推进林改。市委市政府建立了林权制度改革市级领导及领导组成员单位联系乡镇(街道)制度,及时做好林改工作的综合协调,定期检查指导,积极帮助、联系乡镇协调解决林改过程中遇到的困难和问题;市林业主管部门在成立领导组基础上,下设业务、政策咨询指导组,督察、宣传、后勤组,纠纷调处协调组三个工作小组,全方位为林改提供保障,并从局机关科室抽调15名干部,联系乡镇,全过程指导检查林改;乡镇办事处实行乡村干部分片包村、包组制度,责任到人,任务到人,定期汇报,通报进度,另外梅林、云梯、河沥、胡乐等乡镇还实行奖惩制度,奖勤罚懒,调动干部参与林改积极性;村民组会议推选的村民代表不计报酬,乐于奉献,善始善终,精心组织林权登记,确保了林改的顺利完成。

2. 建立高级别的林业保护区域保护生态环境

林业是维护生态体系的最后一道屏障,林业生态极其脆弱且毁坏后极不易恢复,在林改过程中必须注重对生态环境的保护。但我国市场经济体制建立较晚,市场在保护环境方面的基础性作用短时间内还无法真正发挥出来,而且林业具有生长周期长、见效慢、破坏容易恢复难的特点,为避免林农单纯追求经济利益和短期效用滥砍滥伐,必须加大对生态植被的保护和恢复。宁国市在着力保护国家公益林和省级公益林的同时,以市县级名义规划了市级公益林,对公路沿线和水库区等生态脆弱地区进行保护。

(三) 引进激励机制,调动林改主体的积极性

根据一般西方行为科学理论的观点,有三个动力因素对人的行为发生产生重大影响,一是行为者的需要;二是行为者的动机;三是既定的行为任务或目标。在这三者之中,行为者需要被认为是行为发生的动力源泉,而行为产生的直接推力则来源于行为动机,处于第三位的行为任务或目标则被看作是引诱行为发生的吸引力(见图6)。

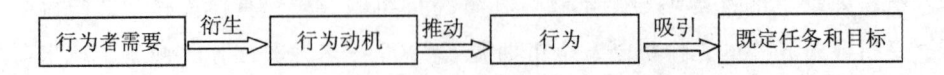

行为者需要 →衍生→ 行为动机 →推动→ 行为 →吸引→ 既定任务和目标

图 6　人的行为发生过程

具体到新一轮集体林权制度改革，这一改革行为的既定任务和目标之一是生产足以满足当前形势下社会对于林业经济产品和生态产品日益增长的需要。但这一目标的实现需要依靠实际行为人积极行动，即林农造林营林行为。但对于农民来说最大的积极性就是要赋予其更大的经济效益，正如经济基础决定上层建筑一样，离开了经济基础，其他的一切措施都是玄学①。尤其是在传统小农向"社会化小农"②转变的过程中，货币支出压力日益增加，林农生产和家庭资源构成了其行为者需要，这一行为需要表现在市场上即是货币，林农行为的既定目标和任务也表现为获取具有购买力的货币。基于此，宁国市在林改中注重引进奖励机制为主的激励机制。

1. 引入税费减免机制

按照国家政策规定，结合当地实际，宁国市相继取消了林业税杂费，并计划逐步减免育林基金和检疫费等税费。截至 2011 年，宁国市基本取消了一切木竹收费项目（育林基金和检疫费除外），同时根据逐步减免育林基金和检疫费的改革思路，逐年分类减免育林基金。例如，针对种植山核桃、竹笋的农户，为鼓励规模经营，目前已经暂时取消了其育林基金的征收；但普通林木则按照基价的 15% 进行征收。这种差别率一定程度调动了林农发展特色林业的积极性，也促进了当地特色经济林规模化和集约化经营。

2. 引入林业经济合作组织奖励机制

针对林改后经营相对分散的现状，制定了《关于成立农业经济合作组织奖励办法》，积极引导农民在明晰产权、明确利益分配的基础上，以资本、技术等生产要素和个人关系为纽带，以入股和合伙的方式组建合作组织。同时，为了保障组织成员的合法权益不受侵害，引导林业经济合作组织积极进行注册登记。对于符合组建条件的，宁国市政府给予奖励，标

---

① 朱明凯：《山东省集体林权制度改革研究》，山东农业大学，硕士学位论文，2011 年。
② 邓大才：《社会化小农：动机与行为》，《华中师范大学学报》（人文社会科学版）2006 年 5 月，第 9—16 页。

准为3000元/林业经济合作组织。同时引导加工企业独建或同林农合作新建原料林基地，促进了林业经营现代化。

3. 引入在林补贴机制

按照国家有关在林补贴的各项规定，同时结合当时实际，宁国市积极推行奖励补贴机制。补贴标准为：新造毛竹100元/亩，毛竹垦复30元/亩，新造山核桃30元/亩；经济林补助，按照林木生长的不同时期给予不同的补贴，例如，造林当年收益达到1500元/亩的，补贴为80元/亩。为鼓励规模化经营，创建具有特色的自主品牌，对获得国内外认证的优质产品进行鼓励性奖励，标准为：全国驰名商标5万元、国家级优质产品1万元、国际认证产品5万元、ISO 14000和HACCP认证产品1万元、绿色食品认证产品2万元、有机食品认证产品4万元。

（四）构筑创业平台，推进产业升级

发展林业经济，林业龙头企业是核心力量。为顺利推进林业产业化，宁国市理顺思路，坚持将扶持龙头企业作为扶持农民的第一要素，坚持将扶持产业化作为扶持农业的核心，将龙头企业作为产业化发展的关键环节来抓，强化政策引导，构筑创新创业平台，大力发展具有地区特色的骨干产业、优势产业，扬优成势，集群成强，打造面向全国最大的森林食品加工供应基地、面向全省最大的胶板加工供应基地。

1. 构筑招商引资、集聚平台

加强对外联络协调，及时捕捉招商信息，采取以商招商、专业招商等有效形式，确保完成招商引资任务。围绕主导产业升级和优势资源开发，以资源精深加工和终端产品开发为重点，编制林业招商项目库。实行班子成员联系招商项目制度，实现招商工作常态化。鼓励企业开展对外协作，参与展示展销，走出去、引进来，自主招商，做大做强。注重招商质量，重点引进规模较大、关联度较高的精深加工项目，限制高消耗、高排放项目的进入。

发挥中集竹胶板加工的龙头作用，通过扶持加工农户，实行订单加工，定向配套，建设霞西、青龙两个竹材加工小区。依托汪溪竹材市场和健宁公司，加强政策引导，壮大汪溪竹材加工贸易小区。鼓励詹氏公司通过品牌动作，定向收购，委托加工，整合山核桃加工企业，提升山核桃产业集中度。依托专业协会建设，扶持仙霞早笋和河办竹工艺加工集群。

2. 构筑科技创新和推广平台

加强与大专院校和科研院所的合作，扶持詹氏、恩龙、乡味源公司建立山核桃研究所、绿化苗木繁育中心和森林食品开发中心。对建立科研开发机构的企业，在人才提供支撑、项目上优先安排，在资金上实行倾斜，形成创新要素向企业集聚的长效机制。要积极推进技术创新体系建设，重点培育一批科研中心和开发中心，力促以企业为主体、以市场为导向、产学研相结合的创新体系尽早形成。要尽快建立林业科技推广责任制度，将首席推广专家、责任林技员、林技指导员纳为核心成员。量化项目、目标、人员、经费指标，强化林业科技服务。加大科技下乡和林农技术培训力度，强化林业科技意识和水平。继续抓好六个科技示范基地建设，积极争创国家级科技示范园区和科技示范县，全面提高科学营林水平。

3. 构筑项目融资平台

依托项目抓融资，围绕产业争项目。以组建融资担保中心为契机，推进银企合作，拓宽融资渠道，降低融资成本。继续实施好林业贴息贷款、农业综合开发项目，积极争取开行和世行五期项目，加强退耕还林配套、灾后恢复重建和小渊项目的跟踪协调，引进投资较大、关联度较强的项目。积极推进在建项目，在不违反原则的前提下，给予在建项目尽可能的扶持政策，力求项目早达产、早见效。促进詹氏山核桃精加工，帮助绿健油茶基地建设，支持乡味源、亿帮、绿剑公司扩大规模。创造条件帮助引导林业企业股份制改造，力争优秀企业进入上市辅导对象。

表4　　　　　　　　　　　　财政支持政策

适用对象	企业所得税	增值税	营业税、使用税房产税土地
固定资产投资500万美元或5000万人民币以下的内、外资生产性工业企业	自获利年度起，地方留成部分前2年补助90%，第3—5年补助45%	自投产之日起，3年内增值税地方所得部分补助45%	自投产之日起5年内补助50%

续表

适用对象	企业所得税	增值税	营业税、使用税房产税土地
固定资产投资500万美元或5000万人民币以上的内外资生产性工业企业	自获利年度起，地方留成部分前2年补助90%，第3—8年补助45%	自投产之日起，3年内增值税地方所得部分补助50%	自投产之日起，5年内补助60%
固定资产投资500万美或5000万元人民币以上的内外资非生产性企业（专业市场、四星级以上宾馆、旅游开发、工业物流设施、交通运输业、文化教育、体育设施、大型连锁商场）	自获利年度起，地方留成部分前2年补助90%，第3—5年补助50%		自投产之日起，5年内补助60%

注：上述优惠政策于次年6月底前报财政局审核后兑现。

生态脆弱[①]区的集体林改实践

——以山西省祁县闫家庄村为例

乔凤英[②]

山西省是我国煤炭资源极为丰富，生态环境极其脆弱的地区。由于其自身情况的特殊性，山西省集体林权制度改革的思路和做法区别于南方林区的林业大省，探索出一条具有山西特色的林改之路。本文以"生态脆弱、资源丰富"为研究的切入点，以国家渐进式的林权制度改革和农民自愿参与改革为主线，以山西省晋中市祁县闫家庄村为调查研究的对象，围绕着闫家庄村林改"要不要改，为什么改""靠谁改，怎么改""改得怎么样，好不好"这一线索，详细阐述闫家庄村林改的全过程，以及改革中存在的问题。

一 村庄简介

闫家庄村位于祁县的东南方，是大山深处一个偏远的小山村，目前为止还没有任何一条国道通往这个小山村，全村土地面积大约1.93万亩，由7个自然村组成，现有户数97户，284人，是一个典型的山多坡陡、地多人少的小山村。

历来影响闫家庄村农业生产的第一大灾害就是干旱。闫家庄村位于太

---

① 生态脆弱，就是指大自然的生态系统在一定的时间和空间之内对于外力的作用而产生的敏感的反应和其自我的修复与恢复的能力，这种脆弱性是由于自然界的外力和人类活动相互作用而共同造成的。

② 乔凤英，女，华中师范大学政治学研究院2009级硕士研究生。

岳山北麓，境内受北温带大陆性季节性气候的影响，旱灾遭遇基本上可以说是十年九旱，按其出现的时间可以分为春旱、夏旱、秋旱三种。对农业生产的影响程度，后两种为甚，特别是秋旱最为严重；但是按其出现频率来说，春旱又是最多的。据年长的村民说，在闫家庄村，严重的干旱是平均20年一次，大旱平均每四五年一次，小旱基本年年都有。由于闫家庄村干旱且农田又没有水利灌溉设施，完全靠天吃饭，农作物经常低产甚至绝收。干旱的气候条件虽然不利于庄稼生长，但是对于苹果的生长却是极为有利的，现在闫家庄村村民以在耕地上种植经济林苹果树为生，品种以国光、金冠、红星为主，所产苹果具有果型端正、着色鲜艳、含糖量高、硬度大等特点。经国家和省的多次鉴定评比，所产苹果均以质优名列前茅，被列入国家级特供苹果[①]。从此，果树生产经营为闫家庄村人提供了就业的门路。

二 集体林权制度改革在闫家庄村的实践

（一）自上而下，推动林权改革

政府推行政策是以其强大的政治和经济资源为后盾的，在改革中政府从宏观上把握政策对社会的影响，在林改政策的推行中它占据着绝对优势的地位，政府利用这种优势地位设计出林改制度，并强制推行到基层林区，动员群众参与改革，支持改革的活动，在整个林改过程中，从计划开始，准备工作到试点开展再到全面执行，政府都主动地推进改革的深入进行，表现出较大的自主性。

1. 进入闫家庄村，走进林改现场

一次暑期调研，选取闫家庄村作为我调研的个案村庄，进入闫家庄村结识了村支书LYC，当地有名的造林模范、先进村支书。2010年7月份的暑假，华中师范大学林业问题研究中心受国家林业局委托，调查集体林权制度改革的实施情况及其效果，我作为地道的山西人，调研点就确定为山西省祁县，到达目的地之后，接受当地林业部门的建议，进入闫家庄村开始了为期一周的调研活动。

---

① 资料来源：《祁县志》，中华书局1999年版，第24页。

我调研目的就是要详细了解闫家庄村林权制度改革的进展、成果与问题。那么参与林改全过程，对林改基本情况最为熟悉的必然是支书 LYC，他今年 73 岁，家住山西省祁县峪口乡闫家庄村。1954 年，LYC 考上祁县中学，正准备去上学的时候，村书记找他，要他留在村里当会计，因此而辍学。当了 6 年会计，1960 年被村民选为书记一直留任至今，51 年如一日，他带领着全村党员和群众修路、植树、引水、通电，走上了一条富裕的道路。岁月磨白了他的鬓角，却把绿色留给了大地。也正是由于他的付出与奉献，在这个村里，形成了他个人的领导权威，村民们发自内心地相信他做的每个决定。他的这种领导权威既推动着林改的开展，也同样是改革之初的阻碍因素。

2. 一纸公告，启动闫家庄村林改

根据省、市的统一部署，2008 年 8 月 8 日，山西省委、省政府本着"试点先行、积累经验、稳步推进、全面铺开"的原则，确定了晋城市和祁县、灵石县、方山县、清徐县等 1 市 17 县为林改试点区，先行开展林改试点工作。祁县县委、县政府紧紧抓住林改试点县的改革契机，全力推进集体林权制度改革。很快根据自身实际情况出台了《关于全县集体林权制度改革的实施方案》，开展以落实"明晰产权、放活经营权、落实处置权、保障收益权"[①]为主要内容的集体林权制度改革，一场自上而下的改革就这样轰轰烈烈地开始了。

祁县位于晋中平原，全县总面积 854 平方公里，管辖 6 镇 2 乡，160 个行政村，人口 26.3 万人。其中林业用地面积 51.1 万亩，占全县总面积的 39.9%，其中林地面积 37.5 万亩，森林覆盖率达到 29.3%。此次林改总面积达 26.7 万亩，因此，任务主要集中在 LY 镇和 YK 乡两个山区的乡镇。YK 乡的闫家庄村是此次林改中林地面积最大的村庄，因此，也是此次改革的重点。

宁静的山庄被县委政府的一纸林改公告打破了，山庄沸腾了，人们议论纷纷。闫家庄村村民收到了《集体林权制度改革公开信》、《致全县农民朋友的公开信》两封信，宣告了林改的全面铺开。大致内容是为了改善林业建设中集体植树、管护的传统做法，扭转林地集体所有，农民造林

[①] 《中共中央国务院关于全面推进集体林权制度改革的意见》，中国林业出版社 2008 年版。

积极性不高、管护水平落后的局面，充分体现林业发展的经济、生态和社会效益，不断增强发展林业的动力，对林业的产权制度进行全面的改革，确立农民的经营林地的主体地位。此次集体林权制度改革是以"明确农民对所得山地和林木的所有权，农民自主经营搞活林业生产，自由处分自己林地，确保自己的林业收入"为主要内容的改革。要把集体的林子、林地分到户了，全村都沸腾了。

同林业基础好的南方林区相比较，闫家庄村的林改面临着诸多需要人们不断克服的困难，首先是适宜种植林木的林地比较少，造林难度加大，投入增多，单位面积产出低，经济回报率低；其次是闫家庄村大部分的林地都是寸草不生的青石山，山又高、坡又陡，土壤层很薄，气候干旱少雨。在这种先天不足、后天发展不良的情况下，林木成活率低，很难大面积种植，一般不适宜选择太难成活的树种，只能选择一些生命力较强的树种如油松、侧柏，这些树种发挥的生态作用大而经济效益小。当地的林农如果想追求丰厚的利润，获得经营林业的巨大收入，只能不断加强林业科技的学习和技术的推广，种植适合当地气候条件的苹果树、核桃树等。

人少山散，闫家庄村全村只有200多人，并呈现老龄化状态；而且林地多分布在沟沟坎坎上，很不集中。特别是支书从20世纪80年代就带领村民造林之后，立地条件好的山地基本都已经完成造林，剩余的荒山大多是立地条件差、造林难度大的荒山。山上的大多数林地都被划分为防护林，林业经营不能成为林农最主要的收入来源，农民不愿花费太多精力经营林地，林地分山到户，往往会导致林地撂荒。作为煤炭资源大省的山西，煤矿为农民提供了就业渠道，收入远远高于经营林地的收入，农民更倾向于外出打工，经济利益大于一切。如果真的将山分到各家各户，更容易出现无人看管、无人造林、病虫害无人防治的混乱状况，造成林地资源的重大损失。这种情况在祁县是普遍存在的。在这样的大背景下，面对这样的林业条件，如果祁县政府只是单纯效仿其他地区的林改模式，将林地机械地平均分配到各家各户，单纯的一分了之，显然是和进行林业改革的初衷相违背的，不能实现林业生产的永续性。

一纸公告，两种反应。面对公告，闫家庄村对于原属集体所有的林地分山到户的政策，村民和村干部都不支持，出现了"两头冷"的现象，即"干部不愿意分，村民不愿意要"。村民的"冷"，来源于他们对林地的了解，他们深知在这个大山里，成活一棵树苗有多么不容易，得耗费多少人力和物力，而又基本没啥回报，真的分山到户了，无疑他们就要承担更多的责任；干部的"冷"，来源于他们对林地的不舍与担忧，不舍的是村里的林子都是支书带着干部们一起种的，辛辛苦苦40年，说分就分了，很多干部都想不通；同时，他们也担忧山林分到户之后，集体丧失了主要的经济收入，村里的基础设施建设不好办了，干部也更难当了。

村干部的疑虑不打消，林改很难在闫家庄村推进；林农对林改前景的错误估计和想法阻碍了林改的进程，无法达到预期的林改效果。林改在闫家庄村还没有深入开展，政策执行就遭遇到了困难。如何调动闫家庄村村民和干部的林改积极性，参与林改，成了摆在县、乡两级政府面前的首要问题。很快他们就抓住问题的实质，从支书身上寻找突破点。干部的思想工作做通了，才能推动林改在村庄的贯彻执行。形成了市委书记、县委书记和村支书"三级书记"共抓林改工作的管理体系。

3. 分林到户，支书不乐意了

曾经的造林模范村，如今却成了林改工作推动的最大阻力了，林改的通知刚下达到闫家庄村，就遇到了阻力，以支书为首的村干部不同意林改，不同意将集体的山分山到户，不同意将几十年辛苦种植的林木分林到户。从1972年开始，闫家庄村在书记的领导下，党支部开会讨论制定了"松柏盖帽、果树缠腰、低水高调、道路畅通"的奋斗目标，也就是从这一年开始，全村在15名党员的带领下开始植树造林，向山地要财富。人们常说"靠山吃山，靠水吃水"，但是，在这里山是寸草不生的石头山，有什么可吃的呢？在这个靠天吃饭的山村，农作物完全靠天，没有水源，低产、低质，仅维持温饱。所以，LYC决心向山地谋求村民的生存和发展空间，"松柏盖帽，果树缠腰"。一方面，种植大量经济林增加了农民收入；另一方面，在山坡山种植油松刺柏防风固沙，保持水土，改善了村里的生态环境。但是，事情并没有那么顺利，造林之初就遭到了党员、干部和村民的反对。

"当时村里有好多人都不理解这个事，想不通，别说老百姓想不通了,咱们的党员干部也想不通,都说祖祖辈辈留下来的就是荒山秃领,咋能在个人(自己)手里改造了呢,就是种了树呢,也活不了。上上下下都反对我做这个事,但是,我当时是下了决心的,通过支部讨论之后就决定了,荒山迟早得改啊,咱们这一代人不改,那哪一代人能改造得了呢?就决心造林了。"

"造林第一步就是先去咨询相关部门,去了晋中林业局,搞明白咱们这地方到底能不能造林。林业局的工作人员来了看过之后说是,山上连土也没有,都是石头,怎么可能造林呢,想要造林得先种草,种了草有了土之后才能植树。晋中市林业局局长及相关领导也都在场呢,当时我也就想了,等到种草种到有了土之后,人也老的不能动了,还谈啥造林植树呢。当时咱们村里就说咱们可以自己考察试种嘛,主要是山上光秃秃的,啥也没有也不是办法,现在不种啥时候才能有树呢,因为咱们山上有的地方也种果树,也能成活,那种树肯定也差不多能活吧。于是咱们村就从1972年开始植树了。"

"开始栽树的时候,投入很多人力、物力、财力,成活率却很低,很多功夫都白下了啊,有些人就是不理解啊,就说我像你这样年年栽树,又活不了几棵,怕是死了连根哭丧棒也捞不着啊。当时咱是这样和人们说的,咱植树主要也不是为了自己啊,是为子孙后代考虑呢。前人栽树,后人乘凉。这就是当时造林时确实是遇到了一些困难。"①

将近40年的时间,刘书记带领村民植树造林,每一棵树苗就像他自己的孩子一样倾注了他的心血,山西林业厅厅长耿怀英就曾经说过,"在山西要种一棵树,比养活一个娃还困难",而如今要把自己的"孩子"分人,除了舍不得之外,还有更多的担忧,为"孩子"的将来担忧。所以,无论是从时间上,还是个人感情上,在改革之初面对林改政策,他是抵触的,更是抗拒的。

截至林改开始,在刘书记的带领下,闫家庄村荒山造林面积2万多亩,四旁植树共计8万多株,发展经济林1300多亩,真正实现了"松柏

---

① 笔者于2010年7月26日,对祁县闫家庄村支书的访谈整理稿。

盖帽，果树缠腰"的奋斗目标，而这些都是闫家庄村全体村民40年来艰苦奋斗的结果。把集体造好的林子分山到户之后，能不能经营好、管护好都是问题。一时间，LYC等干部都接受不了。LYC是村里乃至峪口乡最有威望和影响力的村干部，他对林改的抵触与不合作，使闫家庄村的林改工作陷入了僵局。为此，由县、乡各级领导组成的林改工作小组进驻闫家庄村，对村干部和群众进行耐心的劝解、宣讲政策，晓之以理，动之以情，让他们真正了解林改的内容，掌握林改的政策。广大的村民与村干部们终于慢慢地了解了林改政策。LYC的思想也逐渐发生了转变，由抵触逐渐慢慢地接受政策。

"当时种树主要考虑的是生态效益，想把祖上世世代代留下的荒山彻底改变了，能够涵养水源，保持水土，减少洪涝灾害。大伙生活的环境变好了，山的面貌改善了，才能种活果树，才能靠山吃饭了哇，有了好的生态也就有了钱了。这些年村里修路、通电、通水，都是靠种树得来的。种好树就是为了村庄，为了大伙儿。"

一把钥匙开一把锁，当年LYC种树的出发点是为了山绿起来，人富起来，那么，今天，这个结同样还得从这里打开。工作小组的同志耐心详细地为他讲解林改政策，正是为了山区的林农能够更好地靠山吃饭，获得更大的利益，同时，也可以改善生态环境，最终实现"农民得实惠，生态受保护"的目标。从这个角度做思想工作，他很快就想通了。"这些年带领群众辛辛苦苦种树为了啥，还不是为了让百姓富起来、让山上绿起来？中央推行林改，是为了百姓好、为了生态好，我坚决拥护、坚决落实。"

以LYC为首的村干部的思想工作做通了，实现了林改工作的第一步，之后"三级书记"共抓林改工作，做群众的思想工作，毕竟群众才是林改政策的贯彻执行者，他们的参与才是根本。

4. 分山到户，林农却不愿要

在闫家庄村支书LYC是全村人的主心骨，他的工作做通了，林改工作也就有了一个好的开始。在LYC的配合下，利用宣传单、广播、开会等各种形式，广泛宣传林改的精神，想方设法采取多种方式联系村里的外出务工人员，回村参加林改工作，让人人知林改。

但是支书眼里的香饽饽，村民可都看不上。对于林改政策，林农是抵触的；对于分山到户，林农是抗拒的。因为这里的山和南方的"绿水青山"相比，是实实在在的不毛之地。而且，由于立地条件、气候条件的综合作用，使得这里的树投入大、成活率低、收益小，在南方种植一年的树就可以砍了卖钱，而在山西种植十多年都看不到收益，闫家庄村的人都觉得他们的山不是"金山银山"，他们的山无利可图，他们从来就没有想过要"靠山吃山"。50多年来，植树造林的困难是每一个村民都有目共睹的，林地归了个人，不但基本没有什么利益可言，它还意味着更多的责任，需要投入更多的人力和物力。每个村民都知道造林难、成活难，想要挣钱那更是难上加难。归根结底，农户之所以不愿意要山地还是由于他们认为这里的气候条件、立地条件、地理位置等多种因素导致林木生长周期长、造林成本高、经济效益低。付出了却没有回报。对症下药，针对农民的顾虑，在县乡村"三级书记"的推动下，逐个解决突破，打消农民的疑虑。

"这山啊，我们确实是不想要的，要了有啥用啊，能来钱吗，一点都来不了，那我们要这荒山干什么。我们这儿祖祖辈辈就是这样山高坡陡，缺水少绿，在这山上别说是树了，草都长不出来，要了不是给自个儿找累赘嘛。要真想种活一棵树，比我们这儿养个娃娃都费心，这些年跟着村支书造林，这里面的难处我们还是知道的。一年造三次林，春植、雨植、秋植，到头来能活下来的树并不多，别的不说，这损失的种苗就值很多钱了。这要是分山到个人家了，这些损失谁负担，谁管啊。话又说回来啦，我们这儿山上的大都是油松和刺柏，即使真的种活了，长七八年的树也只有胳膊粗，砍了卖都不值钱。也就是支书带着造林我们去干干，分给我们自己谁愿意要啊。费钱费力还没啥好。这山林还真是烫手山芋啊，光投钱，没收入，就是无底洞，一直投钱，山地对于我们啊还真是个烫手山芋，不想要得很。"[1]

---

[1] 2010年7月26日，对闫家庄村村民W的访谈整理稿。

"看见县里发的林改的信，也是愁啊，凭白的干什么要分山呢，分到户单独经营山林啊，说实话，我们这地方不适合这样搞，还不如以前统一由村里管，支书到了植树的时候组织大家种更好些，现在村里的人难管啊，但是都尊重老支书，听支书的话，所以在支书的组织下种了50多年的树，现在树才多了起来，好了起来，这要是真的分到个人家了，谁愿意种啊，光投钱没收入，之前的成果肯定都得毁了，新造林就不可能了；要不投了钱不见收益，为了补偿损失，都有可能把原来林地上的树偷砍了卖了。"[①]

农户愁的不仅仅是造林、育林，他们更愁的是管护，以前村委会专门有护林员，谁也不用操心林子的事，这林子成了自家的了，分散开来，每家每户都得投入人力管护林地，实际上管护比之前更为困难，发生问题后果更为严重。一旦管护不好发生火灾，殃及周围邻居的林地，后果将不堪设想。林改"分山到户"之后，一片山林可能是属于几十户的，这在无形当中形成的散乱格局给山林的防火、防盗、防治病虫害等带来一系列管理上的难题。

影响当地林权改革的因素：一是在闫家庄村农业人口少，山地多，林地的坡度大，道路狭窄崎岖不平，立地条件差。20世纪90年代初，在支书的带领下，该村开始在本村地理位置和立地条件都好的林地进行了植树造林，现在剩下的需要人们进行造林的山大都是造林难度较大的荒山，而且大部分都零散地分布在立地条件差、交通不方便的山腰上，加大了农户日常工作的难度与负担。二是自主经营，粗放管理。林地在农户家庭承包之后，经营的独立性与自主性增强，限制了林业的发展，一些农民重视眼前利益，林业生产不能迅速见效，丧失了经营积极性，不进行精耕细作，只是粗放管理。三是农户受市场利益驱动，受市场影响，往往盲目造林，造成林业资源的损失。闫家庄村农民久居深山，对于市场信息反应不灵敏，在树种种植的选择上往往跟随市场价格的方向，但是市场经济的滞后性，导致巨大损失，阻碍了林业的可持续发展。四是缺乏林业技术知识。受知识水平限制，农民无法正确选择适合当地气候土壤条件的树种，通常

[①] 2010年7月25日，对闫家庄村村民L的访谈整理稿。

都是什么挣钱种什么，忽视了树种本身的生长条件，造成巨大的经济损失。五是林业建设与发展的资金少。与耕地相比较，林业是一项投资时间长、见效慢的产业，农民无法支付长期经营林业所需要投入的资金，政府需要在适当时候给予资金上和政策上的资助与扶持。"难"，是因为闫家庄村气候恶劣、地形复杂、栽树难度大、生长周期长、经济效益差，农民缺乏应有的积极性。

一项改革如果要真正做到被农民所认可，就需要为广大群众所接受、所拥护，就应该选择正确的林改模式。降低成本，提高效益，直接关系到林改实施的效果，广大林农能否获得最直接的经济利益，是决定林业又好又快发展的一个关键性的因素。舒尔茨就认为农民是"理性小农"，他们并不像我们认为的那么盲目；相反"理性小农说"认为，农民更像是企业或商人，他们会最大限度地利用自己所掌握的资源获得最大限度的利润，因此，这些小农无论是在购买还是在生产方面都会敏锐地在不同行为的价值中通过比较之后才会有所行动。农民是理性的，在林权改革中，在家庭林业经营中他们追求以最小的投入获得最大的受益，并且在可以预期的时间内，追求长期的林业收益最大化。因为林业是一个投资期长、回报期也长的产业，如果农户预计自己在未来较长时间内拥有林地和林木的相关产权，确保经营林业的回报，必然会激励林农从事林业经营的积极性，从而加大对林业投入的力度，实现对林业的可持续经营管理；相反，如果林农预计自己将来不能取得回报，就会丧失对经营林业的动力，积极性降低，减少对林业的投入力度或对林业进行掠夺式开发。

政府要在技术和资金上对林农提供更多的扶持，来提高林农的林改积极性。闫家庄村的林农之所以对林改没有积极性，主要的原因有两点，一方面是造林技术掌握得少，对林改后承包到户的山林没有信心能够经营好，提高林木成活率和林木质量，同时在对病虫害防治、采伐等方面由于缺乏技术而可能造成经济损失；另一方面是农业周期短，见效快，而林业却恰恰相反，林业的生产经营周期长，需要不断投入，经历很长的时间，见效较慢，这也降低了林农对林改和经营林木的积极性，所以林业部门如果能在技术和资金上给予支持，林农对林改以及发展林业的积极性一定会有很大程度的提高。另外，趋利避害这也是林农对林改消极甚至反对的最根本原因。

(二) 自下而上,走出林改之路

林改政策如果在农村基层政权的运作下进行,那么它的执行必然会受到当地的自然条件、地理因素、历史传统的影响,所以在村级改革的推行中更要结合当地的实际情况具体执行、具体操作,结合当地的传统习惯来执行中央政府的政策,完成改革的任务,在地方传统文化中宣传改革,为广大群众所接受与参与其中。

1. 均山到户,农民作主

闫家庄村在集体林权制度的改革过程中对于选择哪种林改模式,在改革初期,农户和村干部在模式的选择上就表现出了分歧,林农更重视经营林业所获得的经济效益,而不重视林业的生态效益,所以在林改模式的选择上,农户更加支持"均山到户";但是另外一方面是村干部,由于村干部和村民所处的立场不同,他们在考虑个人利益的同时,还会兼顾村集体的整体利益,村干部更希望林改后对于林地的经营能像过去一样,集体管理、种植、统一经营,他们认为,这样不仅能够保证农户实现经济效益,也不会削弱集体的经济收入,影响村里的公共事业发展,因此在林改模式的选择上,干部倾向于"均股不均山,均利不均林"。

闫家庄村在改革中坚持依法改革,村委会在县、乡同志的配合下,确保公正、公平、公开。切实维护了村民的知情权、改革的参与权、改革程序步骤的决策权以及改革过程和结果的监督权,全面公开改革的全部内容与细节、实施改革的程序步骤、操作的办法和分配的结果。在省、县统一政策的基础上,各村根据自己的实际情况制定,按照"一村一策"的原则,闫家庄村在改革的过程中,民主讨论制订了适合自己情况的林改实施方案。不断健全完善林改工作的机制。林改工作开展配备县乡村三级工作人员,实行相关部门和领导负责制,形成了"县政府直接领导,乡镇配合工作,村集体亲自执行,各单位认真配合"的工作方法。同时,在林改中,把林农放在第一位,尊重他们的意见,保护他们的权利,依靠群众的智慧,共同摸索林改之路,这就要做到改革的内容、程序、方法和结果"四公开",民主决定林改的工作方针,林改的大事小情都要经过闫家庄村全体村民的多次讨论和商量,具体的林改实施方案和一些重大事件的决定都要通过村民代表大会中全部成员的同意才会正式生效。严格规范各项操作程序。闫家庄村明确要求每次会议都要通知确认，每次会议到场要签到，会议形成的结果要签名确认，举手表决通过的林改方案都要签字留档，签字不允许代签，更不允许使用铅笔签字，排除一切隐患，要确实做到每一个林改决策方案的通过、每一次林改问题讨论的结果、代表大会的每一次举手表决都依法依程序进行，经得起群众的监督和时间的考验。

2. 虚拟到户，权责搁置

闫家庄村在支书 LYC 的带领下，林改工作小组的配合下，组织全体村民制订了集体林权制度改革方案，选择了分山到户的改革模式，力求做到公平、公正与公开。村林改工作组带领着村民代表、党员代表和老年人划定闫家庄的 7 个自然村的春节，并全面地摸清闫家庄村现有的林木、林地和宜林荒山的面积，对自然村林木资源进行等级评估，各户主对林木评估进行审查后，签字确认，通过抓阄的方法，每 2 人 1 阄，如果一户当中出现剩余的 1 人，就与别的户主自主组合，平均分配。

截至 2008 年 10 月 1 日，共有 97 户 284 人的闫家庄村，有 2 户共 6 人放弃了本村此次的林改分配的林地，涉及的林改面积约 13999.56 亩，除集体保留的 5% 以外，全部以人均山分配到 95 户的 278 人。

闫家庄村的 2 户农户不愿意参与林改，他们还不能理解林地的价值，片面地理解了林改政策，认为林改分到的林地不具有价值，反而是受罪，投资高，回报低，经营林地还不如外出打工收入高，所以拒绝接受应得林地，就写了申请主动放弃应分到的山地。

那么，农户放弃的这部分山林 400 多亩地，该如何处理呢？村民议论纷纷，意见不一。主要有两种观点，一部分人认为，既然这几个村民放弃了自己应分到的林地，其余农户也得到了其应得的林地，这部分分给谁都容易引起纠纷，那么就应该将这些被农户放弃的林地交给集体，由集体统一经营；另一部分人认为，将这些林地承包给愿意经营林地的农户更为妥当，可以最大限度地发挥林地的功能，也可以避免部分干部挪为私用。这两种观点都有其合理的地方，但是都没有考虑到这几个村民的利益，这是与我们以人为本的改革方针相悖的，闫家庄村的林地是很具有经营价值的，如果在林地上种植果树，人均年收入可以上万元，几年以后，这几个村民回到家乡看到其他村民红红火火地经营林地，反悔了，想要回属于自己的林地了，到时候怎么办？

基于此闫家庄村经过认真研究，村民代表大会讨论，一致认为：林地和耕地一样重要，是老百姓所依赖的重要的生产资料，拒绝接受林地的村民还没有看到林业的广阔发展前景，终有一天会后悔。为避免纠纷的发生和潜在的隐患，他们探索性地创造出了"虚拟到户、权责搁置"的处理方法，即对于已经主动写了申请的农户，放弃所属林地权益的，在进行确权分山时，仍然与其他村民同等对待，平均分配。有所区别的是，对于写申请放弃山林的农户所应得的林地暂由集体代管，如该农户返乡，回来经营林地时，去相关部门办理手续领回自己应分得的那部分林地，通过这一做法有效地避免了山林的无序占有，也杜绝了因此而造成群众的利益的失衡，防止了日后可能发生的林地纠纷和群众上访，"极大地降低了林改'后遗症'的发生率"。

3. 松柏盖帽，果树缠腰

国家生态保护的目标和林农经营利润的追逐二者很难平衡，为了更好地协调解决生态与经济的关系问题，闫家庄村林改领导小组除了对村民做政策动员之外，还依据现实情况，制定了"松柏盖帽、果树缠腰"的林改奋斗目标，既照顾到了生态环境又考虑到了经济效益。

松柏盖帽，就是在山地的高处、交通不便、不适宜种植经济林的地方，发展公益林，种植以油松、侧柏为主的林木，以达到防风固沙、保持水土的目的。

果树缠腰，在坡度小的山腰上，立地条件好、树木易成活的山地上种植经济林如苹果树、核桃树等特色果林，增加农民的林业收入，提高生活质量，奠定良好的经济基础，加快新农村建设的步伐。

"松柏盖帽，果树缠腰"的实施，把林农眼中的"烫手山芋"变成了"香饽饽"，既解决了生态环境保护的问题，又照顾到林农追求经济效益的出发点。林业改革政策的推行，从之前的"要我改"变为"我要改"。原本不愿意经营林地的农户，也都不再外出务工，提交申请，将原来由集体代管的林地重新经营。在支书 LYC 的带领下，每年春天在山上的荒地植树造林，种植油松、侧柏等公益林，不断增加森林覆盖率，改善本村的人居环境。同时，在当地林业部门的帮助下和村委会的带动下，闫家庄村人积极地发展经济林，其中以种植苹果树为主，辅以酥梨、核桃，到了丰收的季节，人均收入上万元。

"松柏盖帽，果树缠腰"这一目标平衡了国家生态保护与农民经济利益二者的矛盾，既让农民享受到改革的实惠，又保证国家的生态环境得到改善。既保证了林农增收，脱贫致富；又促进了森林资源的稳步增长，在闫家庄村杜绝以牺牲生态环境为代价，单纯追求经济效益的做法，更不允许保护生态环境而牺牲农民的利益。

4. 以煤补林，保护生态

作为煤炭资源丰富的大省，资源的大肆开发不断的加重当地的环境压力，谋求当地的经济转型，改善生态环境的工作刻不容缓，而此次集体林权制度改革在山西的开展，可以很好地解决山西的环境问题，是继"碧水蓝天"工程之后的又一个惠民政策，改善山西的生态环境，促进经济的持续发展，加快经济转型的改革步伐。山西祁县闫家庄村人在政府的领导下，结合自己的煤炭资源的优势，在政府与群众相互配合共同努力下，探索出一条具有山西本土特色的"以煤补林"的林改之路，并按照"谁开发谁保护、谁受益谁补偿"的原则，从各个煤矿或相关企业缴纳的发展资金中拿出一部分资金来补偿被破坏的生态，对林农的植树造林，公益林管护给予政策上的扶持和经济上的资助，对祁县县域内的生态公益林给予每年 10 元/亩的补偿，并且随着时间的推移也会不断提高补偿标准。

在南方林区林地多而耕地少，林地是他们重要的生产资料，经营好了可以帮助他们脱贫致富过上小康生活；而在山西却不同，作为煤炭资源大省的山西，煤矿及相关产业是山西经济发展的支柱，而林业却是当地保持生态平衡所必须要支付的成本。所以，山西林改推行过程中所面临的主要问题是如何花钱造林的问题，其次才是分林增收的问题。

在祁县造林工程上投资不足，林农只想挖煤不愿意造林，为了解决这一矛盾，以煤补林，当地县委、县政府正式出台了"一矿一企开发治理一山一沟"的政策，有煤矿企业出资，再由当地林业部门统一补助到各个林村的林农手里，作为专项资金补贴林农造林育林投入的资本。"以煤补林"的做法为资源丰富生态脆弱地区开展林改打开了一扇窗，在山西省这样一个由于资源开发加剧生态脆弱的地方，经济发展带来的生态欠账如何补？这是一条可以尝试的路。这种做法也告诉我们，植树造林不仅需要林农的努力，政府的扶持，更需要社会的力量。

三 闫家庄村集体林改存在的主要问题

随着集体林权制度改革工作的不断深入，林业产权得到了明晰，林农育林、护林的积极性有了进一步的提高，加快林业的发展、改善生态环境成为政府和村民共同努力的目标，但是，在闫家庄村的林改过程中我们也看到在林地分山到户之后，农民经营林业所面临的问题。

（一）林改资金投入渠道单一

林改实行以来，祁县的生态建设的投资因为缺乏长效的利益驱动机制，社会各方面参与林改的积极性和主动性并不强，没有形成多元的林业建设的投资渠道，因此林业发展的内在机制并没有形成，林改的投入完全依靠国家扶持和地方财政，长期以来地方政府不堪重负，对于县财政收入只有3亿元左右的祁县来说无法维持长期的林业建设，建设需求与投入不足之间的矛盾更为突出。因此，当地确定了生态公益林的补偿标准，但是为了节省地方财政支出，迟迟没有将防护林划定为生态公益林。从2008年开展集体林改以来，农民对于生态公益林的划定与补偿，由期望变成失望，造林积极性回落，对政府不满情绪显现，在调研中，多数林农对于林改的评价就是"政府的承诺不兑现"，威胁到林业改革所取得的成果。

（二）林改技术力量薄弱

集体林权制度改革的核心是明晰产权，那么前提就是确权勘界，工作的难点就在于对于各家各户的林地面积进行勘测，勾绘图纸，尽管县、乡镇从相关部门抽调了人员组成了专门的林改工作小组，但是由于技术业务水平上参差不齐，工作小组的成员不能熟练掌握先进的林改技术和设备，对于使用卫星航拍的林地影像图看不懂，不会勘界勾图，技术水平的限制，直接影响了林改工作的开展进度及质量。当地林地部门应对各基层林业站人员进行培训，推广林业科技，指导农民选育优良的树种，提供生长周期短、经济效益明显的树苗，通过林业科技提高林地的产出率。为了保障林改工作的继续深入，要不断加强对于林改工作人员的专业技能培训，实现科技兴林的目标，最终确保生态改善农民增收。

（三）林农参与积极性下降

闫家庄村地广人稀，人均林地拥有量在 100 亩左右。改革初期，政府承诺林改后，防护林划定为生态公益林，每亩补偿 10 元，有林地越多，补偿相对越多。尽管补偿很少，但是原属集体的林地分到个人之后，国家还有补助，虽然不多，但是总比没有强，所以农户的造林积极性很高。2011 年 7 月底，笔者进入闫家庄村调研，发现与 2010 年相比，补助标准有所下降，农户的话语中还有很多不满。"政府说话不算数，答应我们的都没有做到"，这是笔者在访谈中，听到的最多的抱怨。闫家庄村林农分到的很多林地都是荒山、荒坡，由于立地条件差，山区缺水，造林难度和造林成本增加，突出表现为防护林比例大、商品林少；低产林多而丰产林少；林地面积虽大但是产出极少，是故在没有任何收入补偿的情况下，农民肯定会逐渐丧失积极性。

（四）林业合作组织发展滞后

快速实现林业的经济效益与经营效果的重要途径之一，就是开展规模化经营，建立以各种经营目的为基础的林业合作组织，形成合作式经营，可以有效地弥补由于分山到户之后造成的经营上的困难，更好地抵御林业经营中的风险，从而更好地实现林地经营的规模效益。然而，现阶段的闫家庄村由于农业合作组织的发展还不健全，其运行的程序及监管的制度还不全面不完善。农户还都是以家庭为单位的私人经营，这也使闫家庄村的林业发展受到了制约。因此，当地应该大力发展相关的林业合作组织，建立以单个林农为主体，以乡村能人为核心，以合作为主要方式的林业合作组织，以弥补林农单独经营之后所产生的弊端，让林农能够在防火、防病虫害等方面互相合作，并及时交流林业生产上、技术上的相关信息。

四　进一步反思的问题

"不谋万世者，不足谋一时；不谋全局者，不足谋一域。"当前山西的林业改革形势是机遇与挑战并存、困难与希望同在、机遇大于挑战的重要时期,我们必须要正确认识和把握当前林业发展的大势,"变挑战为机遇,化危机为转机"。

(一) 完善:主体改革与配套改革

新一轮集体林权制度改革的核心就是产权的改革,但是明晰产权并不意味着改革的成功完成,它只是万里长征的第一步,希望通过改革建立现代林业产业制度、改善生态环境依然任重而道远。面对林改之后经营单位由集体变为个人、资金更加缺乏、林业产品销售困难等一系列问题,迫切需要政府加快林业配套制度的改革,建立健全林业公共设施与社会服务,不断地巩固和拓展林改后取得的积极效果,逐步建立起适合社会主义中国市场经济发展要求的林业经营体制与管理机制。建议重点在以下方面进行探索:针对林业服务不到位的情况,要进一步地完善林业社会化服务体系、包括发展林业的金融体系、林业科技的推广应用和林业产业化服务等问题;针对森林资源保护的问题,我们要摒弃以往的"堵"和"禁"的消极做法,节省因此而产生的监督费用,从而用来激励农民自觉保护林木资源;针对林地的流转,要建立起规范的市场流转体系,既要保障农民收入不受损失,同时还要确保森林资源不受破坏;针对新形势下政府职能的转变,要求政府能够发挥市场的作用,依照法律和程序建立起适应市场经济需求的以管理、执法和服务为主要职能的经营管理体制。

不断推进配套改革,祁县已经基本完成了主体改革,但是林改能够达到预期目标,更需要强有力的政府支持和市场协作,应不断尝试建立活立木的交易市场、完善的林权抵押贷款程序等所有与林改相关的政策,加大对林农的资金支持,建立森林保险系统。在调研中,笔者发现森林保险在闫家庄村还没有开展,开展森林保险的运作程序,减少林农经营林业的投资风险,为林改提供保障。同时,由于,林农文化知识有限,应不断普及林业知识,解决农民造林育林过程中的难题,给予技术支持,减少病虫害的威胁。

(二) 耦合:资源开发与生态保护

众所周知,山西省是依靠煤炭资源的开采而发展并繁荣起来的,不仅为我国的经济发展提供了资源保障,而且促进了该地区经济的快速发展,但是经济的发展是以牺牲生态环境为代价的。人们过分重视经济的发展，而忽视生态环境，只注重眼前的利益，而忽视长远的利益，加上环保意识淡薄、乱砍滥伐、毁林开荒、过度放牧、植被数量减少，加剧了生态环境的恶化。

山西省应该在合理开发煤炭等矿产资源的基础上，考虑日后资源枯竭的过程中以及枯竭后地区经济的可持续发展，保证地区经济持续健康的发展就要处理好资源的利用、人口的增长、环境的保护、经济的发展与社会活动之间的关系，任何发展都要以经济的可持续发展、人类社会的不断进步为前提，高效合理地利用矿产资源，更加重视环境保护和生态修复，推动经济社会的进步。以往山西省过分注重地区经济发展而忽视了生态保护，煤炭开采造成了固体废弃物、废水、废气和废水的污染，水资源的不断枯竭、土地的沙化、退化以及森林面积的锐减，严重破坏了山西的生态环境，那么如何处理好经济发展与生态保护二者之间的关系，如何既让山西省经济繁荣，又能保证山西的碧水蓝天，集体林权制度改革的推行会改变山西的面貌，由黑山西走向绿山西。

作为重要的煤炭资源化工基地，恶劣的自然条件和人为活动的影响，导致生态环境的不断恶化，"山西的优势在于煤炭，劣势在于森林，发展的希望和基础就是林业"。开展集体林权制度改革，尽快扭转经济发展与生态环境之间的矛盾，已经成为山西省人民的共同心愿和建设生态山西的迫切需要。山西省政府决定于2008年8月开始集体林权制度的试点改革，山西由"黑"变"绿"靠林业。

林改的核心就是确立集体林业的经营主体地位，改变以往的集体经营制度，确立农民的经营地位，让林农对自家林地享有经营管理权，建立以单个家庭承包经营为基础，辅以合作经营等多种经营形式共同发展的新型林业经营体制。通过林改，建立了农民主体的经营地位，保障了收益，激发了他们的造林积极性，森林覆盖率有所提高。山西省抓住林改这一历史机遇，取得了成效，但是植树造林、保护生态不仅仅是林农的事情，我们应树立全民的环保意识，在经济高速发展的同时，更加注重生态保护的问题，树立群众的环保意识，能够自觉主动地保护我们的生存环境，留给子孙后代一个青山绿水的山西。

国家推进集体林权制度改革的初衷是要发展现代林业，拓宽林农增收渠道，改善生态环境。从根本上还是符合广大人民利益的，通过发展现代林业，对林业产权制度进行变革，确立农民对林地的权利，并通过发放林业证从法律上保障农民的权利，使广大林农直接地拥有生产资料，并通过相关的配套改革，为林农的林业生产提供保障与服务。这都极大地激发了林农保护生态环境进行林业生产的热情，也满足了农民致富增收的愿望。人与人、人与社会、人与自然的关系更加和谐，稳定了农村社会，巩固了基层政权，融洽了干群关系。

以集体林权制度改革为契机，山西省协调了资源开发与环境保护二者之间的关系，不断实现由生态的失衡到生态平衡的过渡，走上了科学发展的绿色之路，为山西经济的转型奠定了基础。

（三）抉择：经济与生态效益的取舍

山西作为中国煤炭生产的第一大省，国家在开采煤矿资源的同时，有义务也有责任通过植树造林保持生态平衡，确保生态安全。生态环境的保护是一项全社会的公益事业，像山西生态脆弱的资源型地区，林业立地条件差，十年九旱，经济效益并不显著，无法调动农民的造林积极性，因此生态脆弱区的林改重点应该更加注重生态效益。随着煤炭资源的深度开采，山西逐渐失去了适宜人类生存的最基本的生态环境。所以林改之后，山西区别于福建、浙江等省，追求生态效益是头等大事，在改善生态的基础上，鼓励有条件的地方通过发展林下经济、经济林种植等林业经济，促进农民增收。董江爱教授就认为，在山西推进林改解决的首要问题是花钱造林改善生态的问题，而不是分山造林增收致富的问题。因此，自然条件差、林地资源禀赋差的山西省应该将林改关注的重点放在生态效益方面，不应过分追求经济效益，不能只顾眼前利益忽视长远利益，在人类发展经济与生态环境恶化的关系上，一直被认为是一个"两难"的问题：追求经济的高速发展以破坏生态环境为代价，而环境的保护与治理又会制约经济的发展，降低发展速度。可持续发展理论为人类解决这一两难问题提供了理论指导。

可持续发展的基本观点可以概括为从传统地单纯追求经济发展的战略逐步转变为实现人类环境社会的协调发展，当代人的发展决不能以牺牲子孙后代的利益为代价，这是人们总结了人类发展过程中的教训，对经济发展和生态破坏关系问题反思的结果，也是人类作出的最正确的选择。

根据山西的区位特点和社情林情，走出一条符合当地实际情况的林改之路。政府始终坚持以保护和修复生态环境为主要目标，以保障农民的利益为前提的生态型林改之路。必要时"花钱买生态"实现山西省生态环境尽快改善、人民生活水平不断提高的目标。通过明晰产权，把长期稳定的林地承包经营权、处置权、经营权交给农民，给林农吃上"定心丸"，在生态建设的新平台上开辟脱贫致富之路。同时，要增加政府的财政补贴，提高林业经济在家庭收入中的比重。①

集体林权制度改革的影响深远，是土地改革的延伸与拓展，让林农获得实惠。但是对于这项长达 70 年的林地改革，不少山西农民并没有出现像南方林农表现出来的热情，根本原因还是由于山西省大部分林区气候干旱、立地条件差、林木生长周期长、木材质量差、产量低，短期内很难见到经济效益，即使长期也难以有可观的回报。所以，在山西省以生态效益为"天"、林改配套政策还不完善的大背景下，山西林改，注定要打一场持久战。

所以，我们在山西省推进集体林权制度改革，是要在抓好生态建设的条件下，再来追求经济效益。

---

① 贾治邦在西北地区林业座谈会上的讲话，2008 年 11 月 11 日。

没有林权流转中心介入的交易
——福建省圳头村集体林权流转纪实
陈华威[①]

产权不清、经营主体缺位等体制性问题是制约我国林业经济快速发展的最大障碍。为了解决这一问题，发掘林业资源的潜力和促进林农的增收，福建省于 2003 年率先在全国进行了集体林权制度改革。通过这次改革，有效解决了产权不清的问题。林业产权的明晰，为林权流转的开展打下了基础。本文首先，在介绍福建省集体林权制度改革相关情况的基础上，以福建省圳头村为研究个案，应用产权理论和市场经济理论等，分析林权流转过程中村委会和村民不同的流转逻辑；其次借鉴福建省其他县市林业经营和林权流转管理的实践，从林权流转的参与主体角度，全面分析了出让方、受让方、交易市场和政府监管等在流转中存在的问题；最后，针对流转过程中出现的问题，尝试提出相应的解决路径。

本文认为林权流转中存在的种种问题并不是由林权流转本身造成的，而是由林权流转不规范和集体林权制度改革的配套改革不完善造成的。其实促进集体林权流转以实现林地的规模经营和让林农分享改革中的收益并不矛盾，关键是如何对改革的收益进行更加公正合理的分配。只要处理好林农、林业大户，市场和政府之间的关系，最终必能实现资源增长、林农增收、生态良好、林区和谐的目标。

---

① 陈华威，男，华中师范大学政治学研究院 2009 级硕士研究生。

一 圳头村集体林权制度改革和林权流转概况

福建省是我国集体林权制度改革六个试点省份之一，也是集体林权制度改革各项配套改革进行较早的省份之一，林地流转规模位居全国前列。圳头村位于闽西北丘陵地区，这次集体林权制度改革的主要对象是15000亩左右的用材林。在2004年进行集体林权制度改革的时候，圳头村有467户，1868人，按照每人3亩的自留山，一共分给村民5604亩自留山。这些林地采取的是均股不分山的形式进行分配的，并没有分山到户，采取的是联户经营的方式；有些村民自己种植了一些毛竹林，面积678亩，这些也分给了村民。

按照大多数学者的观点和福建省现实情况来看，集体林权流转按时间先后顺序可以分为一级市场交易和二级市场交易[①]。笔者调研发现，圳头村集体林权制度改革的最大特色是林权流转的普遍，但是又表现出不同于一般情况的特色。村里在20世纪80年代林业"三定"的时候每人分了3亩左右的自留山。30年过去了，当时分的自留山大部分被村民开发成了经济林，种植黄花梨。按照"谁造林，谁拥有"的原则，这些经济林分给了造林的农户，一共是6375亩。由于种植黄花梨的经济林是历史原因造成的，这次集体林权制度改革对这部分林地只是一个确权发证的过程，基本没有什么改动。除掉这些，剩下的10000亩左右的用材林基本上都被村委会流转了出去。我们可以看出，这和福建省的一般情况有所不同，在林地流转的一级市场上并没有以家庭承包为主要方式，而是以招投标的形式流转了出去。分给林农联户经营的自留山绝大多数也通过二次流转转让或者租赁了出去（见表1）。

[①] 一级市场交易是指由于村集体经济资金困难或者是集体无力管理等问题，将集体林地的使用权和林木的所有权在一定期限内有偿出让给林地使用者所形成的市场。在一级市场上的林权流转称之为一级流转，家庭承包经营是主要方式。二级市场交易是指林地使用者在使用期内，将林地使用权和林木所有权再一次转让给单位和个人开发使用，即是发生在林地使用者之间的交易活动。在二级市场上的林权流转称之为二级流转，表现为农户将责任山、自留山的经营使用权再租赁或承包给个人和公司开发使用。主要的方式有转让、互换、租赁、抵押和入股。

表1 圳头村土地流转的案例

(单位：亩、元/亩、元、年)

		类型	面积	单价	总金额	期限
一级流转	案例一	荒山	62	205	12710	10—40
	案例二	荒山	53	185	9805	10—40
	案例三	有林地	39	512	20000	07—37
	案例四	有林地	500	752	376000	06—36
	案例五	有林地	434	760	330000	06—36
	案例六	有林地	254	555	141000	06—36
	案例七	有林地	384	1015	390000	06—36
二级流转	案例一	荒山	100	200	20000	06—30
	案例二	荒山	170	150	25500	06—36
	案例三	有林地	280	400	112000	04—36
	案例四	有林地	450	711	320000	04—06
	案例五	有林地	100	800	80000	05—06

注：根据林业站资料和访谈整理的部分流转案例。

二 圳头村集体林权流转的原因分析——以制度变迁的视角

新一轮的集体林权制度改革之前，圳头村的林权流转并不频繁，而且规模比较小。圳头村大规模的林权流转是在2004年集体林权制度改革之后才展开的。可见，林权流转的发展与集体林权制度的变迁有密切联系。新制度经济学的代表人物诺斯认为，制度变迁是由正式制度、非正式制度和制度的实施三个因素共同决定的。正式制度由政府颁布的规章规则、法规条例构成，一般以正式成文的形式存在。而非正式制度是指民间习俗惯例，以非成文形式存在。所以，我们在分析圳头村林权流转的原因时，国家和地方政府的正式制度和农村各种民间习俗惯例等非正式制度的影响都要注意到。正式制度与国家的制度变迁紧密结合，容易受其影响产生较为频繁的变化，而非正式制度扎根于广大村民内心的思想观念之中，形成地方性知识，反而更加稳定。上文已经提到，圳头村的林权流转分为一级流转和二级流转,它们由不同的正式制度和非正式制度原因引起的,我们有必要分别来论述。

(一) 一级流转的原因分析

1. 正式制度:分类指导政策的影响

2004年福建省林业厅出台了《关于集体林权制度改革若干问题的指导意见》,其中规定"耕者有其山"有三种实现形式,各地在具体操作时,要根据当地村情、林情,因地制宜,分类指导。(1)本集体经济组织内部成员对山地依赖性强的,原则上要均山,实现实物意义上的"耕者有其山",保证农民有必要的生产资料,解决群众就业和收入问题;(2)本集体经济组织内部成员对山地依赖性一般的,允许采取多种形式,本着先村内、后村外的原则,将集体山林发包给集体经济组织内部成员或外村能人、经济组织;(3)本集体经济组织内部成员对山地依赖性不强,或没有什么依赖性的,本着先村内、后村外的原则,可发包给企业或大户经营。①

圳头村的经济林和用材林对村民的意义是不一样的。经济林一般是种植黄花梨,是村民家庭收入的重要来源,村民对经济林有很强的依赖性,属于上面说的第一种情况。因此Z村按照"谁造林,谁拥有"的原则,把经济林全部分给了村民。但是用材林对村民来说,并没有如此重要的意义。集体林权制度改革前,村里统一经营用材林,村民在用材林方面基本没什么收入,村民普遍对用材林不重视,依赖性不强。所以在进行集体林权制度改革时,村民每人分了3亩的自留山,只占用材林的很小一部分,其余的则流转出去。

2. 非正式制度:村干部的考量——村财收入

圳头村是典型的农业村庄,工业和服务业较为落后。一直以来,农业收入都是村庄财政的主要来源。自从国家在农村取消农业税以来,村财收入除了上级的转移支付之外,就只能从林地中获得。上级的财政转移支付只是一个很小的数额,根本不够村庄日常的开支,村财在支付了村干部工资之后,已经所剩无几,另外还要兴办公益事业,比如修路、架桥、教育

---

① 福建省林业厅:《关于集体林权制度改革若干问题的指导意见》,2004年。

支出等。所以村庄从集体林地中取得收入有一定的合理性，也被广大村民所认可。

据圳头村村书记 DZL 介绍，在集体林权制度改革之前，村委会统一经营村里的用材林，根据采伐指标，村里每年大概会砍 1000 立方米的木材，获得 10 万元左右的收入，这样基本上够村委会一年的日常开支。砍伐 1000 立方米的木材，大概需要采伐 100 亩左右的山林。圳头村有用材林 2 万多亩，所以这根本不会影响 Z 村的生态环境。所以这个收入很稳定，每年都会有。[①]

在 2004 年圳头村进行集体林权制度改革的时候，曾经有人提出，要把全村的用材林全部"均山"，全部划分为自留山，或者划为责任山，承包到户，这样每人可以分到 10 亩左右的用材林。但是如果采取这种做法的话，村财收入就没有了来源，村里的公益事业没有资金，村委会的工作也无法开展。另外一个重要的问题是，由于历史原因，村里修路、修建水利设施等工程欠了将近 200 万元的外债，如果这次集体林权制度改革把林地全部作为自留山分了下去，村里就没有任何能力还清这笔外债。村干部力主每人划分 3 亩的自留山，剩下的全部流转出去获得收入。经过几次村民代表会议，反复做工作，终于确定了这样的集体林权制度改革方案。

流转的收益是明显的，圳头村通过流转林地林木，取得了 400 多万元的收入，其中 200 万元分给了村民，剩下的资金在清偿了债务之后，还剩下一部分结余，留作公益事业资金。

（二）二级流转的原因分析

1. 正式制度：规模经营的影响

福建省的集体林权制度改革正式开始于 2003 年，在 2008 年中央出台《关于全面推进集体林权制度改革的意见》之前就已经开始了，所以福建省集体林改主要依据的是国务院出台的《关于加快林业发展的决定》、《福建省人民政府关于推进集体林权制度改革的意见》等文件。这些文件都是把实现林地经营的规模化、专业化和集约化经营作为此次林改的重要

[①] 与圳头村村书记 DZL 访谈，2011 年 7 月 19 日。

目标①。但是这些政策文件也表示要防止林地过度向大户流动，造成林农失山失地。为了解决这个矛盾，既形成林业的规模化经营，也防止林农失山失地，福建省创造性地发明了联户经营。具体做法是将集体商品林按人均分到村民小组，由村民小组成员联合经营，或者成员自愿分成更小的几个经营小组。联户经营在法律上属于合伙的性质，成员法律地位平等，共同经营、共同投入、风险共担、利益共享。比如，中国新集体林权制度改革的"小岗村"——洪田村，就是采用的联户经营的方式，符合了林业规模经营的需求，取得了良好的经济和生态效益。

2. 非正式制度的影响：普通村民的流转逻辑

在此次林改中，有的农民认为统一经营根本搞不下去，因为没有人管，管这个事情要用时间，耽误自己的事情，管不好还要得罪人，出力不讨好②。另外，圳头村村民普遍有"钱财入袋为安"的想法，这主要是基于一种转嫁风险、急于兑现的考虑。一方面是政策风险。政策风险来源于国家林业政策决策上失误或者不稳定。新中国成立以来，运动频发，政策屡变。林业政策也是这样，特别是20世纪80年代的林业"三定"，当时在福建省很多地方是先把山林分给了林农，后来又收了上去。圳头村在林业"三定"时候分的责任山被村集体收回，虽然自留山没有收回，但是林业政策的多变还是在村民心中留下了忧虑。虽然有林权证，但是他们还是担心，哪天政府的一纸通告就能收回他们分到的山林。所以还是把山林转让出去，收到现钱才是保险的。另一方面是偷盗风险。在集体林权制度改革之前，圳头村偷盗伐很严重，村干部经常蹲点守林，多次与偷盗林木的人发生纠纷，甚至是大打出手，但是还是制止不住。偷盗集体林权制度改革之后，偷盗伐现象有所减少，但还是比较严重。因为圳头村的山林分布偏远，很多山林离村民居住的地方有十几公里，护林十分不便。村民CLF说："我要是不转让出去，放20年，就被偷光了。"③

村民把林地林木流转出去的普遍逻辑是这样的：集体林权制度改革时确定的是联户经营，没有好的带头人，无法合作，联户难以维持。林木

---

① 朱东亮、贺东航：《新集体林权制度改革与农民的利益表达——福建将乐县调研》，上海人民出版社2010年版，第391—392页。

② 与圳头村村民WGY访谈，2011年7月17日。

③ 与圳头村村民CLF访谈，2011年7月17日。

20年的生长期，村民认为有巨大的政策风险和偷盗风险。所以，圳头村村民把分到的山林流转出去也就在所难免了。

三 圳头村集体林权流转中存在的问题

一个比较完善的林权交易过程，应该是出让方和受让方依照市场交易的原则，在政府的适度监管下进行交易。但是，笔者在圳头村调研时发现，在圳头村的林权实际流转中，这几个方面都是存在问题的。虽然我们在前面提到，一级流转和二级流转的逻辑不同，但是它们存在的问题很多是一致的。

（一）"议论纷纷"：林农的利益保护机制不完善

1. 集体林所有权主体代表制约失效

虽然我国农村集体林地归本集体成员所有，但是在现实生活中，集体成员对属于自己的那部分林地并不能单独处分，而需要通过自己所在的"集体组织"行使处分权。按照我国法律规定，这个"集体组织"是行政村或者自治村农民集体经济组织。村民委员会是村民自我管理、自我教育、自我服务的基层群众性自治组织，[1] 村庄内部的公益事业和公共事务由村委会负责办理。

但是我国各地村民自治的民主发达程度不同，这种代理关系发生了变化。在圳头村，很多村民忙于自家的生产生活，对村庄事务不感兴趣，村民不愿意出任村民代表和村民小组的组长，更没有形成一些履行村务监督作用的组织。经过长期发展，委托—代理关系严重扭曲，变成了领导与被领导的行政隶属关系，广大村民对村委会及村委会领导人缺乏有效的监督约束。《福建省森林资源流转条例》规定，集体森林资源流转应当召开村民大会或者村民代表会议，经2/3以上的村民会议成员或村民代表讨论通过之后才能流转[2]。但是经笔者查阅圳头村村委会的会议记录，只发现了在2004年召开的一次村民代表会议上有关于集体林地流转的表决，大概

---

[1] 《中华人民共和国村民委员会组织法》，1998年。
[2] 《福建省森林资源流转条例》，2005年。

有 3000 亩左右的林地。而在圳头村实际经村委会流转出去的林地大概有 8000 亩左右，还有 5000 亩左右的林地是在村民不知情的情况下流转出去的。广大村民没有对集体山林的流转实施有效的监督，利益受损也就在所难免。

2. 林权流转价格不合理

只有信息在市场主体之间对称，才能保证公平的林权流转①。在林权流转市场上，林农和林业大户理应是平等的市场主体，获得充分的市场交易信息。但是林农由于缺乏林权交易的经验，对林权森林资源流转的相关政策不熟悉等原因，导致林农市场信息获取不充分，不了解林权流转的市场行情和宏观经济运行状况，在交易中处于劣势地位。而林业大户则不一样，他们长期活跃在林业交易活动中，不管是视野还是信息获取的渠道都比普通村民要开阔得多。他们在交易的过程中，很有可能利用普通林农不懂市场行情，不了解价格的态势和山林流转的相关政策，故意压低价格，以低价承租林农的林地和林木，使林农的利益受到损失。这种情况在集体林权制度改革进行的初期尤为明显。

交易价格不合理的现象在 Z 村的林权流转中多次出现，其中以王家组的流转最为典型。王家组共有一百来户，400 个人，1100 多亩山林，都是有十几年树龄的杉木，是集体林权制度改革后最早进行山林流转的。当时的村民普遍对林地价格没有什么概念，被本组的组员 JGD 伙同外地的一些林业老板，以每亩 400 元的价格承包了过去②。严重低于市场价格，村民利益受到巨大损害。王家组的村民提起此事，都懊悔不已，感觉被人欺骗了。

3. 林权流转程序不规范

福建省在 2005 年制定的《福建省森林资源流转条例》，依照该条例规定，规范的林权流转程序是：召开村民会议或者村民代表会议—县级或以上的森林资产评估机构进行资产评估和提交申请书—审核、信息发布—招标或者拍卖—林权变更登记。

但是《福建省森林资源流转条例》在圳头村落实得并不好。首先，

---

① 冯达、温亚利：《对我国林权流转问题的探讨》，《绿色财会》2010 年第 2 期，第 16—18 页。

② 与村民 CLF 访谈，2011 年 7 月 17 日。

上文已经说过，由于村民和村干部之间委托—代理关系的扭曲，监督约束的缺失，有些集体林地的流转没有通过村民大会或者是村民代表大会的讨论通过；其次，大多数的林权流转没有通过森林资产评估机构进行资产评估，一般是经过双方私下估算确定价值，带有很大的随意性；再次，建宁县没有森林资源的交易场所，所以圳头村的集体山林的拍卖大多在镇政府举行，镇政府具有监管的职责，可是这种监督流于形式，镇政府主要目的是收取拍卖场所的费用；最后，合同签订以后，大多数的交易方没有到林业行政主管部门申请办理林权变更登记手续，为以后的矛盾纠纷埋下隐患。没有及时办理林权变更登记手续也是林业主管部门没有掌握当地林权流转的具体状况的一个重要原因。

（二）"我们也不容易"：受让方的经营困境

虽然林权流转的受让方特别是一些林业大户，对国家的集体林权制度改革政策和林权流转的市场行情比较了解，比普通林农有更多的信息获取渠道，在交易过程中占有优势，但是由于集体林权制度改革的配套措施不完善、林权流转合同的不规范等原因，他们在林权流转中和流转之后的生产经营中也面临着一些困境。

1. 合同不规范和违约引起的纠纷

林地流转合同制度是防止违约、提高合同履约率的保障，完备的合同条款能有效减少违约产生的各种成本[①]。签订的合同有可能会因存在不明条款，日后引起争议，所以合同应该尽量制定得准确、细致，而且要明确违约责任，降低合同的违约率。

《福建省森林资源流转条例》对流转合同的条款作了规定[②]。一般来说，经村委会流转的集体林地签订的流转合同还是比较规范的，但是村民私下流转所签订的合同，格式不一，内容的规定也不尽相同，很少能做到《福建省森林资源流转条例》具体要求的条款。经笔者查看，很多村民私

---

① 徐秀英：《集体林地使用权市场制度的建立与完善》，《资源开发与市场》2004年第1期，第11—25页。
② 流转合同应当包括流转双方名称；流转的森林资源的树种、林龄、地点、面积、四至、蓄积量或者株数；流转价款、付款时间和付款方式；森林管护责任、风险承担；流转期限、用途和更新造林责任。

下流转所签订的合同，只是简单地写明了流转双方名称、树种、地点、面积、四至、流转价款和流转年限，其他的条款就规定不一了。

当前，很多合同没写更新造林责任，这留下了很大的矛盾隐患。一些林农认为："当时承包给他的时候，是长着树的山场，等承包期限到了，他还给我们的应该是造好林的山场，不能是荒山。"① 相对地，林地的受让方就不这样想了，LX 认为："我的承包款里包含木头的钱，没责任造好林再还给他们。"② 他也听说了林农的想法，但是由于当时的流转合同上没有写明造林责任，只能等到承包到期之后再协商。

囿于一些林农法律意识淡薄，签订合同之后，违约的现象屡有发生。《福建省森林资源流转条例》和《国家林业局关于进一步加强和规范林权登记发证管理工作的通知》规定，森林资源流转后应该申请办理林权变更登记，而且只有及时办理林权登记，才能保证林权流转的安全、合法、有效，但是圳头村的董家 2 组发生了这样一件纠纷。董家 2 组 40 多户，180 人左右，一共有 500 多亩山林，山林在 2008 年砍伐之后，要重新造林。砍伐收入预留的造林资金在造林时已经用完，山场需要抚育时无钱可用了，向村民收钱也收不上来，村民都不想交，所以只能转让出去。2010 年，以 50 多万元的价格转让给了一个外地的林业老板，交了 5 万元的押金。林业老板想申请办理新的林权证，拿林权证去抵押贷款，搞到钱来管理山场。但是董家 2 组的村民不同意，他们认为山场可以让中标者经营，但是绝对不能更换林权证③。由于不能进行林权变更登记，无法拿到林权证去申请抵押贷款，林业老板就不想承包这片林地了。而董家 2 组就以违约为由，拒不返还先前交的押金。林业老板和董家 2 组几次协商未果，只好起诉到建宁县法院。在法院开庭的时候，董家 2 组的村民租了几辆车，去了好多人，给法庭造成很大压力。一审判决林业老板人败诉，现在他已经起诉到三明市中院，案件还在审理之中。据董家 2 组村民介绍："中标人交的 5 万元押金，已经用来抚育山场了，不可能要回来了。"④

---

① 与圳头村村民 WGY 访谈，2011 年 7 月 17 日。
② 与圳头村村民 CLX 访谈，2011 年 7 月 17 日。
③ 与圳头村村民 XGJ 访谈，2011 年 7 月 19 日。
④ 与圳头村村民 XGQ 访谈，2011 年 7 月 19 日。

2. 林权抵押贷款难的经营困境

福建省林业厅制定的《关于集体林权制度改革若干问题的指导意见》规定集体山林的流转应本着先村内、后村外的原则，将集体山林发包给集体经济组织内部成员或外村能人、经济组织。从这个文件中我们可以看出，外村人有权利承包村集体的山林。但是在圳头村制定林权流转政策的时候，明确规定村集体山林只能承包给本村人，外村人没有参加投标的权利。制定这个政策的初衷是为了保障本村人承包山林的权利，防止山林被外人承包之后，遭到破坏性的开发，但是这个政策也产生了意想不到的结果。一些资金不太充裕的村民利用身份优势竞标到林地，但是后续缺乏资金，造成经营困难。林业产业比较特殊，林木的成熟达到主伐的标准，需要20年甚至更长的时间，所以林业投资大、周期长，一般的村民很难靠自己的家庭收入经营大量的林地。针对这种情况，国家在政策上鼓励林农用林木抵押贷款。但是现实情况是，金融部门考虑到林业是兼有市场风险和自然风险的弱质产业，风险高，变现难，所以不愿意接受森林资源作抵押，即使有些农村信用社和农业银行愿意接受此项业务，但是手续繁琐、申请困难、利率高，林农难以承受。

圳头村村民LXZ在前几年承包了村集体的300亩山林，这几年已经陆续在每亩山林上投资了700元。本来他家的经济条件还算不错，但是还是无力承担这么大的投资。所以，他只能向银行申请抵押贷款。据他讲，"贷款很麻烦，有很多手续，还要托关系、送礼，更要命的是贷款越来越难，利率越来越高。2009年从农村信用社贷了5万元，从农行贷了5万元，利率是7.6（即年利率是7.6%）；2010年从银行贷了3万元，利率是8.6（即年利率是8.6%），今年还没有贷款，不过听说很难贷到款，而且利率高得吓人，是9.9（即年利率是9.9%）"①。而且他进一步说，由于自己的资金不宽裕，本来是想通过林业贷款获得资金，没想到利息这么高，只好尽量少贷。这导致对林地的投入不是很充分，能省的就尽量省掉了。幼林应该每年劈草两次，可是有时候就只能进行一次，该用的肥料也是有所减少。和一些资金投入比较大的林木相比，自己承包经营的林木质量不是很好。笔者曾经在同是三明市的洪田村调研，据村书记邓文山讲，树苗刚种上的前

---

① 与圳头村村民CLZ访谈，2011年7月17日。

五年最为重要,要及时上肥料和劈草,这样树苗才能长得好,多出木材。

林业抵押贷款的发展滞后,林业大户贷款难,不能向林地投入充裕的资金,影响了林业发展质量的提高,不利于林业资源的优化配置。

3. 发泄不满的偷砍盗伐

上文已经说过,圳头村制定林权流转政策的时候,明确规定只有本村的人才有资格承包村集体招标的山林。这个规定虽然严格,但是在实际的运作过程中,有些"聪明"的外村林业老板还是可以找到方法躲避这个规则的管制。外村林业老板如果想投标村集体的某片山林,他自己不出面,可以在圳头村找个村民,以这个村民的名义进行竞标,自己做幕后老板,或者直接找个本村人合伙竞标,共同经营。这样还是使一些村集体的山林不可避免地流转到了外村的林业老板手里。这些林业老板既然敢到外村承包林地,他们往往是经营山林多年的林业大户,他们资金比较雄厚,技术经营也比较丰富。所以利用资金和技术的优势,能把山林经营得比本村人更好。笔者在圳头村,曾不止一次听到村民反映,外村的林业大户经营承包的林地比本村人经营得更好。

虽然外村的林业大户不但没有破坏承包的林地,反而经营得更好,但是圳头村的很多村民心里还是很不满。圳头村很多村民认为,本来村里规定外村人不能承包本村的集体林地,他们是靠"钻空子""耍滑头"的手段租到的集体林地[1]。特别是一些本来想承包村集体林地的村民,由于没有外村林业老板的资金雄厚,而没有竞标成功,更是认为外村的林业老板抢了他们的生意。这几年林地、林木价值的一路升高,很多林农看见那些经营大户依靠"自己的林地"迅速"发家致富",他们认为自己受到了不公正、不合理的待遇,那种"不患寡而患不均"的思想被激发,强烈剥夺感驱使他们进行自己的利益表达。

一般而言,林农的利益表达方式有规范的和非规范的两种[2]。在圳头村,是由于受"不外扬""耻颂"等民间习俗的影响,心中不满的林农往

---

[1] 与圳头村若干村民访谈,2011 年 7 月 18 日。

[2] "规范的利益表达方式是法律允许的利益表达方式,包括公开与当事人交涉、信访、诉讼等。非规范的利益表达即是法律不允许的利益表达方式,比如盗砍盗伐、林木走私甚至是群体性事件。"——郭细卿、陈华威、许接眉:《社会稳定中的林农利益维护机制研究》,《东南学术》2011 年第 5 期,第 118—125 页。

往采取盗砍盗伐的方式低调处理。这和美国著名政治学家斯科特提出的"弱者的武器"比较相像。圳头村的绝大部分村民以木材作为家庭的主要燃料，这些木材都是取自外地老板承包的山场，他们在砍伐柴火的时候，经常会偷砍一些成熟的木材。外地林业老板不在村庄居住，这给山林的看护带来很多不便。那些与本村人合伙经营的山场，虽然有本村人的看护，还是不能幸免于难。因为他们制止同村人盗砍木材的时候会有顾虑，不敢向林业派出所报案。在同村人的眼中，他们和外地林业老板一起"骗"走了村里集体山林，如果还向林业派出所报案的话，那么他们在村庄的生活就会遭到集体的排斥。就这样，虽然圳头村的盗砍现象比集体林权制度改革前少了很多，但是在某些区域还是比较严重，不利于林业的发展。

（三）"没人管"：政府监管服务职能的缺失

林权具有私权和公权的双重性质。因此，林权流转应该受到公共权力的制约，即政府的适度监管。一是为了限制或者禁止林权流转当事人的违规行为；二是为了保护林权流转各方当事人合法的权益；三是避免或者减少林权流转的纠纷。但是，笔者在圳头村调研发现，在林权流转的过程中，政府监管处于缺位状态。

1. 流转的法律依据不健全

当今大部分学者认为林权是以复数形式出现的权利束，这些产权可以相互分离而分属于不同的主体，也可以存在于一个主体之中。所以林权流转内容丰富，而且牵涉到村委会、林农、林业大户等众多主体，是较为复杂的一种产权变更过程。这需要相关的法律法规作出相应的规定，以保证林权流转的有序进行。但是，我国关于林权流转的有关法律法规滞后，目前，各地的林权流转大部分是依据本省的地方性法规进行，但是人们对这种低阶位的规定的权威性存在疑惑，不同省份的地方性法规的内容也不尽相同，作用相对有限，而且很多省的地方性法规本身存在着缺陷。《福建省森林资源转让条例》（以下简称《条例》）是指导福建省林权流转的主要的地方性法规，但是它的合同条款规定存在以下问题：一是缺乏林地使用权转让的条款，这与该《条例》的名称不相符。森林资源应当包括森林、林地和林木，该《条例》偏重对林木转让的规定；二是未明确规定转让双方的权利和义务。尽管森林管护责任、更新造林责任的规定实际就是义务的规定，但义务与责任毕竟是两个不同的法律概念。应将受让方所承担的管护义务、更新造林义务作明确的规定，违反该义务所应承担的法律责任规定在责任中；三是没有规定争议解决方式①。相关法律规定不完善，极易导致不法分子钻法律的空子以及出现争议无法可依。

2. 流转中政府监督缺失

对于集体林权的流转，各级人民政府及林业职能部门应该把好监督审核关。严格控制林地流转后的"林转非"、审核流转的基价和方式是否合理、监督流转收入的使用等，引导和监督集体林地林木流转的有序有效进行。

圳头村集体山林的流转一般是采用招投标的方式进行。《福建省森林资源流转条例》规定：招标流转森林资源，依照《中华人民共和国招标投标法》的有关规定执行。但是笔者在圳头村调研时，圳头村的村领导对《中华人民共和国招标投标法》并不了解，甚至有的村领导没听说过。圳头村村委副书记 WBR 谈到村集体山林的招标时，一般是向镇政府打报告，通过之后贴公告，在镇政府举行招投标仪式，镇里的监察部门要出席②。按照规定，镇里的监察部门应审查要流转的林地是不是村民大会或者村民代表会议讨论通过的，应对招投标的过程进行监督，对投标人的资质进行审核。但是，在该镇的现实情况是，这些审查都流于形式，完全没有起到应有的作用。据圳头村村民 WGM 说，镇里要求村委会在镇政府举行招投标活动，不是为了监督管理，而是为了收取场地使用费③。而且按照规定，集体森林资源的流转合同应当报县级以上人民政府林业主管部门备案，但是在圳头村的情况是，这个政策没有很好地落到实处。笔者曾经到建宁县林业局查阅资料，发现根本没有圳头村林权流转的合同备案，只是在濉溪镇林业站发现有几份流转合同，但是备案的林地面积远远少于村委会实际流转出去的数量。

3. 流转后管理缺位

林权流转后，及时办理林权变更登记手续可以进一步明晰权属，有效

---

① 聂影、吕月良、沈文星：《福建省集体林权制度改革的理论探索与创新》，中国林业出版社 2008 年版，第 96 页。

② 与圳头村村民 WBR 访谈，2011 年 7 月 18 日。

③ 与圳头村村民 WGM 访谈，2011 年 7 月 17 日。

减少林权纠纷。通过林权变更登记，可以获取新的林权证。林权证是以政府信誉为保障，通过公正的程序对林权进行登载确认的一种财产权利证书。林权证在林权流转过程中起着尤其重要的作用，要想保证林权流转的合法、安全、有效，就必须做到在出让方凭林权证流转时，受让方及时办理林权登记。

在圳头村林权流转的大部分情况只是签订了转让合同，去林业主管部门登记林权变更手续的情况很少见。很多受让方并不知道有这道程序，即使有极个别对流转政策比较熟悉的受让方知道有此政策，想进行林权变更手续也很难成功。比如，上文中提到的圳头村的董家2组发生的纠纷，承包董家2组山林的是个外地人，比较熟悉集体林权制度改革政策，本来打算到林业部门申请林权变更手续，但是董家2组的村民不同意，也拒不返还先前缴纳的押金。在林业老板没向法院起诉之前，曾到建宁县林业局反映过情况，但是各个部门相互推诿，不能解决问题，只好向法院起诉。造成这种情况的主要原因是：林权流转管理机构的缺位。我国《物权法》规定不动产登记应成立专门的管理机构。而目前的情况是专门负责林权流转管理的机构没有成立。

（四）"没有林权交易中心"：流转市场发育滞后

农村改革的目标去向是市场化。市场经济中各种生产要素的有效配置的前提是形成完整的市场，市场机制也只有在完整的市场体系中才能发挥应有的作用。森林资源是重要的生产要素，如果把森林资源排除在市场体系之外，就不能形成完整的市场体系，会对林业产业经济甚至是整个国民经济产生制约和阻碍。一个发育完善的林业流转市场对林权流转的意义重大，但是Z村所在建宁县的林业要素市场的发展严重滞后，主要表现如下：

1. 缺乏专业的森林资源评估机构

进行准确的林权评估是实现林权顺利流转的前提和基础，在林业抵押贷款和林业产权交易过程中都需要对林地林木价值进行准确的评估。

在建宁县的现实情况是林业局虽然有林业服务中心，但是这个中心并没有专业的资产评估机构，只有几名非专业的兼职工作人员，这对Z村的林权流转带来了很大的影响。虽然《福建省森林资源流转条例》没有规定村民林地林木的二次流转必须经过专业评估机构的测评，而且村民为了节约成本私下流转更倾向于简单评估，但是村委会流转的集体林地林木价格是村民私下流转的重要参考标准。如果村委会流转的林地林木经过专业机构的评估，就会给村民的林权流转形成一个合理的价格标杆。村民可以参考着村委会流转的价格，根据不同的林地林木状况，作出适当的调整，形成合理的流转价格。但是现在的情况是，村委会流转的林地林木价格不尽合理，村民的林权流转肯定受此影响。圳头村村民联户经营的几次低价流转和这有很大的关系。

2. 缺乏有形交易平台

以市场特征的角度来划分，产权交易市场一般可以分为有固定场所的有形市场和没有固定场所的无形市场两类。一些发达国家的产权交易市场由于产权清晰、法制完善、中介组织发达，所以以无形市场为主。相比较而言，我们国家的林权交易市场正处于起步发展阶段，很多地方不完善，所以现阶段，林权交易的无形市场并不适合我国林业产业的发展状况，我们还是应该以统一的有形市场为主要的交易平台，辅之以无形市场。

目前，我国具有专业性质的有固定交易场所的林权市场很少，不利于林权流转甚至是整个林业经济的发展。为了有效解决这一问题，2004年林业要素市场首先在福建省永安市建成，是集信息发布、林权交易实施和综合服务于一体的林业综合服务机构。自从永安市林业要素市场成立以来，共完成林权流转交易面积33.07万亩，交易金额3.2亿元；林业贷款总额达16.4亿元。实践证明，林业要素市场的建立有效解决了永安市林权交易载体缺失，规范了林业市场交易，是保证林权交易有序进行的成功范例，成绩斐然。①

建宁县和永安市同属于三明市的管辖，然而在林业要素市场的发展方面相差甚远。目前，建宁县没有建成林业要素市场，也就没有形成林权交易的固定场所，交易载体缺失，这对整个建宁县的林权都有重大影响。由于圳头村的林权流转规模较大，因此对圳头村的影响更甚。虽然Z村的林权规模较大，但是笔者了解到有的流转过程并不顺畅。在林权流转过程中，一方面，转让方没有交易载体，不能在市场上进行市场化的运作和公

---

① 《贾治邦局长到福建省深入调研集体林权制度改革》，《中国绿色时报》2006年1月16日。

示交易信息，信息传播的渠道少，辐射面小，不能使更多的林农了解到交易信息，不利于形成合理的流转价格；另一方面，想要承包山林的林业老板也只能依靠自己的人脉资源获得交易信息，这有很大的局限性，有时会错过很多好的林地林木的交易机会。总之，往往会造成"想卖林地的找不到合适的买主，想买林地的找不到合适的卖主"的局面。[①]

3. 缺乏中介组织

在市场中，信息不完备往往成为交易过程的常态，通过中介组织则可以减少信息成本。虽然中介组织的服务也要成本，但是这个成本和信息不对称引起的成本相比，显然是划算的。由于我国林业交易市场发展不完善，交易信息不畅通，交易中缺乏公平性和透明性，建立林业交易的中介组织就更为迫切。

林业交易的中介组织主要分为信息服务机构、法律咨询机构、委托代理机构、融资公司、科技服务公司、保险公司等。这些机构通过媒介功能，实现林业经济的专业化和社会化，提高林权交易的规模、速度和效益。在建宁县，这些组织或者是没有成立或者是没有发挥应有的作用。以目前圳头村的林权流转情况来看，亟需建立和完善的是信息服务机构，因为圳头村林权交易中出现的许多问题都与这个机构的缺乏有莫大的关系。信息服务机构应该提供专业的林权交易信息，使市场主体特别是普通林农充分了解市场信息，消除信息不对称的劣势，促进公平竞争。林权交易服务机构要公布林地的面积、立地等级、树种树龄、所有权人情况等相关林权信息，并做到公开、独立、客观。通过林权信息服务机构的各种信息收集和发布，交易价格被透明化和公开化，相当于为广大林农树立了一个价格标杆，给林农一个明确的价格信号，并且通过价格标杆的上走，林农的价格期望值也会相应提高。应该注意的是，相当一部分林农不会主动关注这些信息，但是，这些信息具有强大的外溢性，它会影响村集体林的招投标价格和广大林农的价格期望，促进林地林木的公平交易。

---

① 与圳头村村民 LXZ 访谈，2011 年 7 月 17 日。

四 规范集体林权流转的路径选择

新集体林权制度的主体改革就是明晰产权的过程,在主体改革完成之后,引导林权依法有序流转是实现规模经营、提高林业资源配置效率的重要途径,是集体林权制度改革不断深化的必然,是进一步解放和发展林业生产力的必然要求,也是落实林农处置权、实现兴林富民的有效途径。但是从目前来看,集体林权制度改革的配套改革和林权流转相关的管理服务工作不完善,流转不规范、林农和村集体利益受损严重、林业大户和林业公司的生产经营受困的问题制约着林权的有序流转。通过对建宁县Z村集体林地林木流转进行深入调研,依据集体林权改革的指导思想和林权流转的法律法规,借鉴和结合相关的土地流转的理论与实践,提出了完善建宁县林权流转的几点对策建议,以期能为进一步规范和完善我国林权流转理论与实践提供有益的借鉴。

(一) 强化林农经营主体地位

1. 规范村级民主程序

虽然广大林农在法律上被赋予林权主体的地位,但是却无力或者无法行使权利,被有些学者称之为"虚幻的主体"。在现实的运作逻辑中表现为,林农在村庄集体林地的生产经营中没有任何发言权,也得不到集体林地生产经营的收益。林地由农民集体所有变为乡、村干部小团体或个别乡、村干部所有,乡、村干部成为所有权的现实主体。

此次集体林权制度改革的一个很大的特点在于村级林改方案必须经过2/3村民代表讨论通过,做到"四公开"(即程序、内容、方案、结果公开),否则不具有法律效力。福建省明文规定,凡是没有经过2/3村民代表讨论同意的林权转让行为,都属于"非规范"行为。实践证明,凡是没有经过2/3村民代表讨论同意的村集体林地的流转,村民会有很强的剥夺感,意见很大,容易引发矛盾纠纷甚至是大规模的群体性事件;反之,流转后矛盾隐患少,村民的满意度高,而且在客观上促进了村级民主的发展,使村民在林地经营和村庄事务上有了更大的发言权。但是,在实现中,确实有一些村庄的集体林地的流转程序没有按照相关法律法规进行,不够规范。

因此，必须加强村级流转程序，保障林农的知情权、监督权和决定权。此次集体林权制度改革的明晰产权是以家庭承包经营为主体的。确需要流转的，流转的整个过程应该坚持阳光操作，将流转方案和森林资产评估结果在村组织内部公示，接受村民监督，做到使广大林农知情流转。而且流转方案须经过村民会议或者是村民代表会议讨论通过，保障林农的决定权。在林权流转时，同等条件下本组织成员享有优先权。

2. 发展灵活多样的流转方式

林权流转的方式主要有转包、出租、转让、入股和互换等。在目前的实践中，转包和出租是最常用的流转方式，而互换、入股则相对较少。转包和出租如果操作不当，容易造成林农权益的损害，甚至失山失地。我们应该大力发展林权的互换、入股和抵押流转，特别是林地林木的入股经营，有两方面的优势：一方面，林业是典型的"规模出效益"的产业，单个农户的分散经营有着不可避免的自然和市场的风险。通过林权入股，可以建立起林业合作经济组织，实现"林权分散，经营集中"的目标。另一方面，可以有效防止林农失山失地，确保林农长期拥有可增收的生产资料，做到可持续就业，也维持了林地对林农社会保障方面的意义。林权的入股经营和联户经营有很大的不同，联户经营在法律上属于合伙经营，应该签订《合伙协议》，明确参与方的责、权、利。但是在现实中，很少有签订《合伙协议》的联户，导致联户经营管理混乱，无法进行。而林权的入股经营比联户经营要规范许多，一般都会有管理的章程，专门的管理机构和监督机构，这样有利于林业的经营，能取得较好的经济效益。

(二) 完善森林资源的交易市场

为充分发挥市场在资源配置中的基础性作用，进一步促进规范的森林资源的流转交易，培育完善的森林资源交易市场成为当务之急。一个良性运转的森林资源交易市场主要包括：(1) 权责明确的交易主体，也就是谁参加交易；(2) 价值化的交易客体，即交易对象；(3) 健全的交易规则，包括交易载体和交易规则；（4）完善的中介组织。[①] 前两个要素是集体林权制度主体改革的主要任务，在前文已经有所论述，下面分三个部分论述其他的两个要素。

1. 健全市场规则

市场交易必须在一套交易制度，诸如法律、条例、准则、习俗和习惯等的规范下进行。如果离开这一套规范市场参与者行为的规则，交易会缺乏公平性和透明性，交易会处于无序状态，社会成本极高，导致市场交易不能进行下去。森林资源产权市场的健康发展同样离不开完善的市场规则。

市场交易原则。一是因地制宜、分类选择原则。我国林权区，由于各地的社会经济条件、自然条件、资源禀赋和生产习惯不同，林权交易不可能"一刀切"，按照同一个模式进行，应该根据当地的实际情况、尊重群众的意愿，因地制宜地选择最佳的流转模式；二是"公平、公开、公正"原则。公平原则要求参与林地林木交易的主体有同等机会参与流转活动。但是考虑到林地是林农重要的生产资料，具有重要的就业和社保意义，而且林地本身也属于林农所有，所以在林权流转中本集体成员在同等条件下应具有优先权。"公开、公正"主要是指林地林木交易要阳光操作，防止暗箱操作，尽量采取拍卖、招标的形式，在公开的交易市场中完成。

市场交易规则。一是规范交易行为。对林地林木交易的必备的手续、程序等作出明确的规定。具体规定包括出具交易凭证、签署交易合同、办理林权变更手续、公开交易信息和收费标准、处罚扰乱交易正常进行的行为等；二是规范交易价格。交易市场的混乱往往突出表现为价格的混乱，要防止无根据定价、过度炒卖升价。要形成规范的价格制度，明确规定价格的形成过程，力求达到市场价格形成的有序化目标。

2. 完善资源评估

科学的森林资产评估是林权流转有序、规范进行的前提。森林资产评估是个复杂的过程，需要专业的评估人员，采用多种分析、估算方法，综合考虑林地、林木、森林景观资源及其相关价值。整个过程非常专业，没

[①] 沈文星、范泽华、翁小杰：《福建省集体林权制度改革研究报告》，中国林业出版社2008年版，第53—54页。

有经过长期的专业训练和实地经验很难作出正确的评估结果。在目前我国的实践中,由多种主客观方面的原因,造成森林资产评估中存在的最大问题是"简易评估"。很多时候造成了流转价格偏低,留下了矛盾纠纷的隐患,不利于林业产业的健康、持续发展。

首先,要尽快建立森林资源资产评估制度。目前各省份的森林资产评估大多依据本省份的地方性法规或者是相关法律的个别条款进行,这有可能导致同一块林地经过不同的评估,产生很大差别的结果。森林资源的评估是个复杂的过程,必须要由统一、权威的国家性法律法规来规范。我们要加强国家立法进程,尽快制定和实施《森林资源资产评估管理办法》,制定出可操作性强的技术规章,改变各地森林资产评估标准不统一、随意性大的问题。明确不同的资产规模由不同级别和资质的评估机构来评估。同时,对各种违规的、不规范的评估行为的惩处措施作出界定,加大对随意收取评估费用、故意降低森林资产价值的评估行为的处罚,保证评估结果的客观、公正、权威。另外,还要建立规范、合理、科学的林权评估程序。森林资产评估结果准确性与评估程序紧密相关。科学评估程序能够促进业务质量的提高,有利于建立有序的市场交易秩序,能更好地维护交易各方的权益,尤其是处于劣势地位的普通林农的合法权益。规范、合理的林权评估程序具有八个步骤,具体为:评估立项、评估委托、资产核查、资料搜集、评定估算、提交报告、验证确认、建立档案。①

其次,建立科学的林权评估方法。构建森林资源资产价值核算体系,制定科学严谨的森林资产评估方法是森林资源资产评估的中心环节。目前,通行的森林资源资产评估的基本方法一般包括市场法、收益法、成本法等。这些评估方法各自有一套计算公式,这些公式看似有很大差别,但是本质相同,都是表现森林资源价值的。在实践中,由于森林资源资产的复杂性,应该要结合实际运用多种评估方法,使他们互相验证、互相配合,互为补充、互为修正,达到评估的科学性、准确性。

最后,建立健全森林资源资产评估机构和培养评估人才。现有的森林资产的专业评估机构严重不足,我们可以允许会计师事务所从事森林

---

① 徐朝国、朱再昱、曹端荣:《集体林权改革后林权流转评估问题研究》,《商业时代》2010年第11期,第89—91页。

资源资产评估，在经验不断丰富和资质不断完善的情况下发展为专业的森林资源资产评估组织。另外，目前迫切需要培训专业的评估人才。森林资产评估的专业人员对知识和实践经验要求较高，不但要掌握林业的专业知识，还要熟悉资产评估和财务会计方面的专业知识。教育和林业部门可以考虑在财经院校或者林业院校开设此类专业，并给予相关的政策优惠、财政支持，将更多的优秀学生培养成专业的森林资源资产评估人才。

3. 培育中介组织

在市场经济条件下，市场机制充分发挥作用的前提条件是市场交易主体拥有完备的市场信息，而这正是我国林权交易市场亟须完善之处。成立森林资源产权交易中心能畅通信息渠道，降低交易成本。森林资源产权交易中心应该是一个独立核算、自负盈亏、自我约束、自我管理和自我发展的中介机构。

林业交易的中介组织主要分为信息服务机构、法律咨询机构、融资公司、科技服务公司、保险公司等。其服务的主要内容包括：(1) 为个人、林业公司和社会各行业提供产权交易的载体，形成完备的有形市场，办理森林资源资产产权交易；(2) 搜集、整理林权流转信息和林产品市场供求信息，多渠道及时发布可开发利用的森林资源情况，接受供求双方的咨询，沟通市场供需双方的联系。并且承担林权流转的拍卖委托、招投标服务；(3) 提供林业法律、法规、政策咨询服务，开展林业法律、科技知识的培训，承担林业实用科技成果和林业生产经营技术活动的推广；(4) 因地制宜地开展森林保险服务，以森林病虫害和森林火灾为主要承保责任，同时创新多种保险种类，既为林业经营规避风险，也有利于保险公司的营利。我们应该加快建设县级森林资源产权交易网络，并且合理布局，在重点林区和偏远林区成立产权交易中心分设机构。

(三) 强化政府监管

市场化的林权流转就是按照自愿、开放、信息充分的原则，使市场机制在林业资源优化配置过程中发挥基础性作用。同时应该看到，林业不仅是一项经济事业，更是一项公益事业，森林资源本身的特殊性决定集体林产权的流转不能将林业交易完全放开交给市场去调节，由政府对流转过程进行监督和管理是必要的。[①]

集体林权制度改革后,林权流转的迅速发展对林业主管部门的管理和工作方法提出了新的要求。林业主管部门在国家制定了统一的法律法规、有法可依的情况下,应该建立专门的监管机构,对林权流转的前、中、后三个阶段实施全过程、全方位管理与监督。

1. 流转前的审核

市场准入资格的审核。产权的清晰完整,能够减少不确定性,进而提高资源配置的效率,将资源实现最经济的利用[②]。同样,林权的清晰界定能够减少交易人对他人权利的侵害,明确权利人潜在的收益预期,减少由于林权的不确定性带来的交易成本。反之,如果林业产权主体归属不明、权责不清或者主体缺位,在交易过程中发生摩擦的机会大大提高,交易成本加大,最终防碍林权交易市场的正常秩序。因此林业主管部门有必要通过市场主客体的准入规则,评判市场主体或者客体能否进入市场进行交易。

民主程序的审核。《福建省森林资源流转条例》规定:集体森林资源流转应当召开村民大会或者村民代表会议,经 2/3 以上的村民会议成员或村民代表讨论通过之后才能流转[③],但是在集体森林资源流转时没有召开村民会议或者是村民代表会议的并不少见,甚至些地方存在村干部对流转的受让方、流转价格的标准和资金交付方式、流转的期限等个人说了算的情况。村民发现原来属于集体的林地林木已经在自己不知情的情况下,被村干部流转出去,被剥夺感油然而生,心中很不满,很多地方爆发的大规模林地纠纷由此产生。因此,林业主管部门必须审核集体森林资源转让的村民会议或者村民代表会议决议,保障集体成员的知情权、监督权和决策权。

资产评估的审核。森林资源资产评估是林权流转过程中的关键环节。很多地方集体森林资源流转的价格严重低于应有价值就是由于没有经过专

---

① 贺东航、朱冬亮:《中国集体林权改革存在的问题及思考》,《社会主义研究》2006 年第 5 期,第 79—81 页。
② 沈文星、范泽华、翁小杰:《福建省集体林权制度改革研究报告》,中国林业出版社 2008 年版,第 55 页。
③ 《福建省森林资源流转条例》,2005 年。

业的森林资源资产评估机构评估造成的,从而导致集体利益的损害。政府部门要审核拟流转的集体林地是否有森林资源的资产评估报告,以及通过审查适用技术的行业管理、林地资产评估方法和对专业评估机构及其评估人员资格等,确保资源资产评估结果的公正、准确。

2. 流转中的管理

流转合同的监督。为保障林权流转出让方和受让方的合法权益,明确双方的权利和义务,集体林权流转应当依法签订书面合同。面对目前流转合同文本的差异,为流转双方提供一个普遍适用的合同条款范本是非常必要的。而且,我们提倡合同当事人根据地域、林地的不同情况,尽量对合同的条款作出明确的约定,以免日后产生纠纷。规范的流转合同应包括以下内容:①交易当事人的姓名或者名称、住所;②林权流转的标的物,即流转客体;③流转期限和起止日期;④流转方式、流转价款、支付方式;⑤流转标的物的用途;⑥流转当事人的权利和义务;⑦违约责任和争议解决方式;⑧流转当事人认为应当规定的其他条款。同时,合同签订之后,林业主管部门应该对流转合同认真归档,妥善保管。

风险监督。在林权流转的实践中,有可能会出现林农失山失地的情况。对于一些对山林有较强依赖性的林农来说,一旦失山失地,便失去了基本的生产资料,势必影响到基本的生活。即使对于山林依赖性不大的林农,林地也具备一定的社会保障功能。林业主管部门要按照限量(部分林权流转)、限期(一个轮伐期)、现货(现有近成熟林流转)的办法,正确引导普通林农的林权流转。另外,一些资本雄厚的大企业开始参与到林权交易活动中来,出现了一些机构和公司依仗实力雄厚,不遵守招标办法,恶意串标、强买强卖,炒买炒卖山林的现象。如不采取措施,很可能引发一系列社会问题,风险不容低估。各级工商、林业和公安部门应密切关注这一现象,对林权流转过程中出现的恶意串标、强卖强买的违法违规行为进行严厉打击。

(四) 流转后的管理

1. 权属的变更登记

林权登记发证的重要功能是对林权的取得、变更进行确认和公示,通过政府对林地、林木和森林的登记行为，将不动产的真实状态记载在林权证上，并给予确认①。可见，林权流转后，依法办理林权变更手续，办理林权登记是林权流转的重要环节。要想保证林权流转有效、合法、安全，就必须及时办理林权登记，进一步明晰权属。因此林业主管部门应该成立专门机构，负责做好林权证的动态管理，按照林权登记发证的有关规定，公开登记档案，接受公众查询，使交易双方了解林权的真实性和合法性。

2. 流转资金使用的管理

林权流转资金应由林业主管部门监督使用情况，严格规范，制定管理制度，明确规定流转收益用途。从流转收益的用途来看，原则上应专款专用，主要用于林业基础设施建设，扩大林业再生产。

具体可分为以下几个部分：一是用于林业再生产的直接支出以及为改善林业生产条件所进行的基础设施建设的支出；二是用于村庄公益事业发展的支出；三是适当安排一定比例用于管理人员及技术人员的工资。② 可见，流转收入应该是取之于林、用之于林，而不能用于其他非林业生产建设或者用于偿还集体的各种债务。另外，根据《物权法》等法律的规定，已承包到户的林权流转收益归转出方所有，或按照承包合同约定进行分配，任何个人和组织无权擅自截留、扣缴。

3. 林权权属争议的调处

随着集体林权流转的不断发展，林权争议纠纷越来越多，而且有些纠纷是由于历史原因造成，有些纠纷处于萌芽状态，随时可能激化，林权流转纠纷具有复杂性的特点。因此，林业主管部门必须加强对林权纠纷的调处和仲裁工作。一方面，林业主管部门应该深入调查研究林权争议的成因和特点，及早防范林权纠纷的发生，及时消除隐患。尽量"调早，调小"，避免纠纷的激化和扩大。另一方面，因集体林权流转发生纠纷，应鼓励和引导通过乡村约定俗成的规矩，由当事人自行和解。这既符合我国农村的地方性知识，也有利于防止矛盾的激化。

---

① 王清玲、苏建华：《集体林经营体制改革探索——福建省永安市洪田镇改革的启示》，《林业经济问题》2001年第3期，第186—192页。

② 聂影、吕月良、沈文星：《福建省集体林权制度改革的理论探索与创新》，中国林业出版社2008年版，第157页。

五　结　语

　　新一轮的集体林权制度改革被认为与"家庭联产承包责任制"具有同等重要的意义，是深化农村改革的重要内容和重大举措。到目前为止，明晰产权的主体改革在全国的很多省份已经基本完成。根据科斯第二定理，可交易权利的最初配置在存在交易成本时将影响权利配置和社会的总体福利。界定了初始权利之后，社会福利仍然受交易活动的影响。因此，林权能够通过交易实现流通就至关重要了。本文通过对福建建宁县圳头村林权流转实地调研，从政治学的角度入手，综合运用法律、产权经济学等理论分析了圳头村林权流转的原因，提炼和总结了林权流转存在的问题。通过分析我们可以看出，种种问题并不是林权流转本身造成的，而是由林权流转不规范和集体林权制度改革的配套改革不完善造成的。其实促进集体林权流转以实现林地的规模经营和让林农分享改革中的收益并不矛盾，关键是如何对改革的收益进行更加公正合理的分配。只要处理好三者之间的关系，最终必能提高林地资源的利用效率和综合效益，实现资源增长、农民增收、生态良好、林区和谐的目标。

"林权"换"路权"
——四川省沐川县星海村林改模式的运行及绩效分析

周 珍[①]

我国集体林权制度改革在2003年启动，并于2006年年底在全国全面推广。改革的目的是明晰产权、放活山林经营权，落实林木处置权，保障林农收益权。结合新时期集体林权制度改革的大背景，本文以林地流转为研究主题，力求从微观角度入手阐述"林权换路权"的经营模式，从而提出促进林地流转的对策建议。在大量调查、走访林农和参阅文献、会议记录等资料的基础上，本文以四川省沐川县星海村为个案，概况性地描述了"林权换路权"的具体内容；同时，通过与县林业局、村"两委"成员和林农的多方访谈进一步分析该模式的绩效、该模式成功的主要原因，进而提出促进林地流转的对策建议。

一 "林权换路权"经营模式内容概述

星海村有463户、1320人，有11个村民小组，地形以山地为主，村庄的林地面积为11512亩，全部为用材林，村庄的林地面积所有权归集体所有，村集体把山林的所有权进一步下放给农经社，山林的最后所有权是以农经社（村民小组长）为法定代表。在20世纪80年代初实行林业"三定"时，除了145亩的集体林以外，剩下的11367亩全部划分成了村

[①] 周珍，女，华中师范大学政治学研究院2009级硕士研究生。

民的自留山，145亩为5社的集体林地，后来以社集体的名义流转给了5社村民。2004年进行林权制度改革时，对11367亩自留山确权发证，林地使用权为50年。

星海村5组，共26户102人，其中常住人口76人，全组没有耕地，只有竹林面积2767亩，年产竹材2000吨左右。在与乐山翠湖苑林业开发有限公司签订合同之前，该村5组召开了村民小组会议，经村民会议一致通过并作出集体承诺：愿意将本组2600余亩竹林资源的经营权和土地使用权转让给业主15年，也就是在这次林地流转中，是以小组集体的名义进行流转的，以小组为法定代表与业主签订合同，由于该合同的目的是为了修路，破解林业发展的瓶颈，所以5组村民都非常自愿的在合同书上签字。该村5组村民表示：当时我们都是按了手印的，我们都非常高兴，终于等到了这样一个机会，队长和书记都花了不少心思，我们村民也非常希望能够修通道路。

2005年3月31日，在永福镇林业站、镇上代表以及村委会的监督下，星海村5组与翠湖苑林业开发有限公司正式签订承包合同，从2005年3月31日起至2020年3月30日止，星海村5组以本组2600余亩现有竹林15年的林地使用权和竹子的所有权为代价，换取业主翠湖苑开发有限公司投资60余万元修建柏果坝到天连山6.5公里的林区公路，并负责养护，确保畅通；该公司将林地反发包给5组林农种植竹木，采取林农"自家经营、自家管护"的形式，但是每年必须向该公司交售一定数量的竹木，对于每户一年约交售的竹木数量合同都有明确的规定；无论竹木价格涨跌，该公司都按每吨200元的价格收购，对于超额完成交售计划的农户每吨奖励20元。

在对村庄的监管上，翠湖苑开发有限公司在2005—2008年间派一个人专管财经收入，由于该组组长威望高又是该组的护林员，所以公司委派他管行政监督，主要是制止滥砍滥伐以及偷伐的现象，该组一直以来都不存在滥砍滥伐以及偷伐的现象，特别是与该业主签订合同以来，收入急速增加，林农育林护林的积极性更加高涨，后来专管财经收入的人由于能力有限，该公司在2008年则把一切事务交由该小组组长管理，该组长每年给予该公司8万元作为回报就可以了，该组长通过调查发现，最近几年该组村民砍伐竹片的成本增加，所以该组长主动把竹片的收购价由原来的每吨200

元增加到现在的每吨260元，并且承诺会根据市场价格进行一定的调整。

二 "林权换路权"的绩效评估

(一) "林权换路权"经营模式的经济绩效

对经济绩效的评定结合星海村的实际，主要从"林权换路权"的实施前后林农收入的变化情况、村集体的收入、预期收入的稳定性方面进行评定。

1. 林农的收入得到了极大增长

为了使林农对收入的变化情况了解得更清楚，笔者进行了收入相关方面的访谈。星海村5组有26户102人，笔者选取了15户农户家庭为调研对象，其中家庭富裕的（A1、A2、A3、A4、A5）、家庭经济水平中等的（B1、B2、B3、B4、B5）、家庭贫穷的（C1、C2、C3、C4、C5）各选取了5户。五组村民林农收入对比（见图1）；星海村其他小组林农收入对比（见图2）。

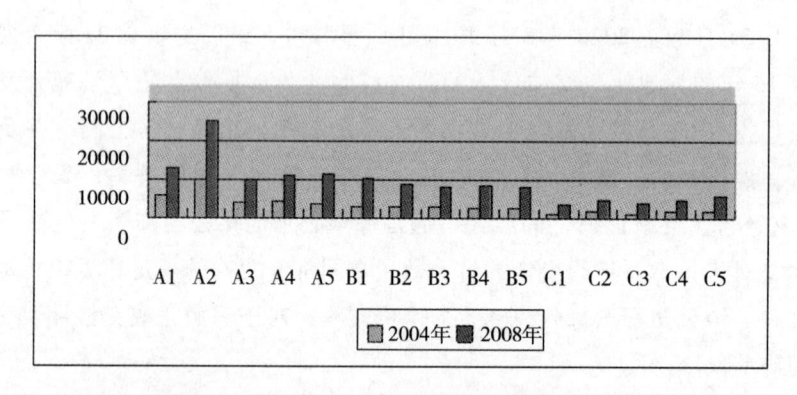

图1 星海村5组2004年、2008年收入变化图　（单位：元）

在集体林权制度改革的推动下，"林权换路权"的实施使星海村5组村民由于修通了公路，使林业资源转化为林业资本，林农的收入得到了极大的增长，收入增长在2—4倍左右，林业最低收入超过了3000元；星海村其他村民小组的收入，来自林业的相对收入并没有很大的变化，在集体林权制度改革税费、改革财政补贴的背景下，林农的收入有所增加，但是增加的比例并不大，依然存在"靠山不吃山"的状况，而这主要是由于

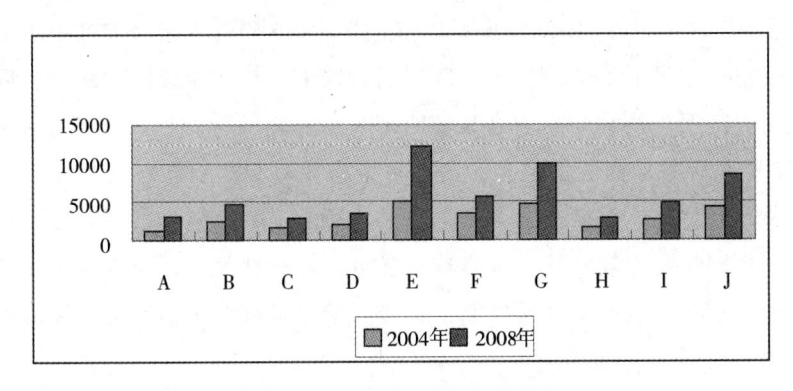

图2　其他小组村民2004年、2008年收入变化图　（单位：元）

没有公路，无法盘活森林资源；由于无法与外界进行充分的沟通，所以经营林业依然采用传统的方式，林业资源的价值无法充分发挥。需要注意的是，图2中E、G、J这三户农户家里都经营小作坊，收入大部分间接来自于林业，在激活林业资源的政策支持下，造纸小作坊的盈利空间也越来越大。

　　林农收入的增加使5组就在这几年几乎每户都修建了楼房，生活环境得到极大的改善。5组组长回忆自家以前修建楼房的经历时说，房子造价本来只要4万元，但由于运费高昂，最后房子造价达12万元，他说："当时的情形现在想起来都觉得非常不容易，建我们家的房子，几乎把我们5社的社员都喊到我们这里来帮忙，当时的砖都是靠人工搬上来的，我记得我们房子总共花了12万，给工人的工钱大概有7万元，自从我家修建这楼房以后，我们这个5社的社员都不敢修楼房了。"该村到镇政府需要4个多小时，出入非常不方便，现在5组大部分家庭都买了摩托车，从该组到镇上的时间大约40分钟，农民现在大都是骑自家摩托去赶集，与外界的交流逐渐增加，扩大了他们的视野，逐渐摆脱了闭塞落后的局面；5组的老人高兴地回忆："我们5组的人性格比较古怪，管理难度大，而且当时我们这里又穷，好多年轻人都找不到结婚对象；现在情形完全不一样了，我们5社的社员这几年明显地好管理了，找媳妇的时候要求也越来越高了"。

　　2. 星海村5组集体收入无变化

　　星海村5组的林地已经全部分山到户，目前该组集体收入主要依靠

130亩的插花山。在1982年林业"三定"时，5组和6组分界的山坡上存在130亩林地界址不清的情况，所以当时这130亩林地就没有划分，后来经过各方证明以及林业站的勘察证明130亩林地的所有权归属于星海村5组。5组村民林地面积都较多，平均每个家庭有100亩左右的林地，而且划分林地时都是以一宗山为原则划分的，所以130亩林地不好划分。该组村民李泽权情况比较特殊，家里非常贫穷、自家林地少，所以该组组长主张将130亩林地承包给李泽权家，这样既避免了林地的细碎化，又避免了林地划分所引起的纠纷。

1996年6月30日星海村5组召开社员大会讨论林地承包的会议，在林业站的监督下，经过村民一致同意签订了合同。合同主要规定：承包地段及边界，以免发生纠纷；承包期限为30年，自1996年7月至2026年7月，期满后地上附着物折价转让，交甲方处理，在同等条件下，乙方优先继续承包；乙方必须保证在1996年7月底前全面完成栽植、补植任务，逾期未完成，甲方每亩向乙方收取延误费拾元整（以房屋财产作抵押）；乙方在2000年起开始向农经社交纳承包费2000元，头年底交清次年的承包费，除定额上缴承包费外，其余一切产物收益归乙方支配；合同还特别强调，乙方如不按规定时间完成造林任务，甲方有权收回林地。对于5组每年2000元的承包费收入，村民达成共识经费用于对5组贫困户、五保户等农户的扶持。由于承包的合同在2026年到期，目前的承包费为每年2000元，也就是该组集体的主要收入，所以该组集体收入并没有多大的变化。

（二）"林权换路权"经营模式的生态绩效

结合星海村的实际，生态绩效主要从"林权换路权"实施前后林农对林业的管护时间，对"三防"的重视程度和对国家生态政策的认可程度进行评定。

1. 林地管护时间有所增加

林农管护时间是以一年之中的管护时间为统计标准的，"林权换路权"后为管护时间有些增加，但是增加的程度不是太大，以前林农管护的时间一个月10天左右；"林权换路权"实施后，管护的时间有所增加，一个月约14天；"林权换路权"前后林农的管护时间都是比较充足的，这与当地对森林资源的重视有关。在以前，山地全部是旱地的时候，种植

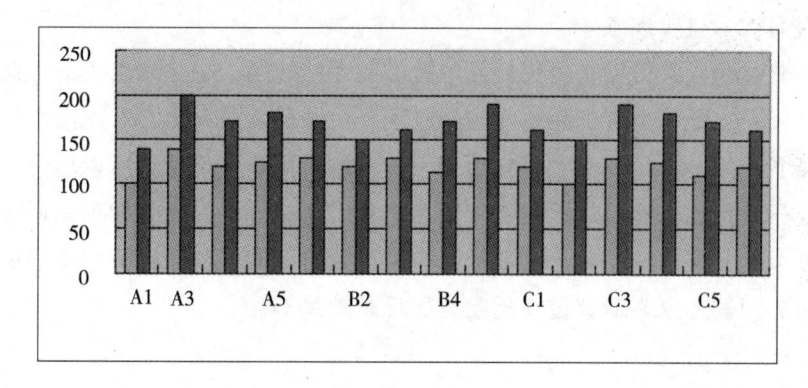

图3 "林权换路权"前后林农管护时间对比　（单位：天）

的玉米根本无法填饱肚子，只有在栽种竹子以后，农民的吃饭问题才得到了解决，所以村民对于竹子非常重视，尽管当时竹子不能使他们致富。同时，竹子的病虫害也是非常多和顽固的，需要经常杀毒，对于那些对药物有免疫力的病虫害就需要林农亲自去山上捉，劳动量比较大。

当时对于竹子的管护也存在一些不足，就是对于林地面积很大、家庭劳动力不够的家庭，由于竹子带来的收入有限，雇工请人管护就会造成竹子的成本上升，也就会进一步减少竹子的收入，所以在以前劳动力不够的时候，就会任部分竹子自生自灭。目前，由于对竹子每年应销售的量有最低的限制，这就要求农民必须认真管护竹子；同时对于销售竹子量超额完成任务的，价格会每吨高出20元，这就使农民更加重视对林子的管护，在人数不够的情况下会雇佣劳动力来管护。

2. 林农对"三防"的重视程度很高

林业"三防"即"防森林火警火灾、防盗伐森林和林木、防森林病虫害"。对于林业"三防"的重视程度，作为生态效益的考量指标具有重要的作用，但是在本村，林业"三防"一直做得非常好。

由于是山区，森林资源丰富而且连绵不绝，所以村民对于森林防火的意识非常重，一旦酿成大的森林火灾，后果将会非常严重；星海村5组在过去的时间里没有发生过大的森林火灾。盗伐森林的情况也很少，因为每户的资源是非常丰富的，以前给别人都不要，现在竹子升值了，组里加强了盗伐森林的防范措施，雇了专门巡逻人员，他们的主要职责就是对于森林盗伐现象的监督。从"林权换路权"开始到笔者调研前，5组内部没有出现过森林盗伐现象。

森林病虫害可能是村民碰到的比较棘手的问题，一是病虫害的生命力非常强；二是病虫害的免疫力越来越强，一种药物用两年左右就没有什么效果了；三是新的病虫害经常出现，造成的后果非常严重，所以尽管村民对竹子管护比较到位，但是每年因为病虫害造成竹子受损害的现象还是比较严重。基层林业站每年会对病虫害进行预防，有段时间还专门请病虫害相关方面的专家来研究过，但是村民反映效果不大。

（三）"林权换路权"经营模式的社会绩效

对于社会绩效的考量，主要是根据村民对"林权换路权"的满意程度、对社会相关事业的推动情况。

1. 村民对"林权换路权"政策较满意

从图4得知，对"林权换路权"政策非常满意为27%、4户农户；比较满意为33%、5户农户；基本满意为27%、4户农户；一般为13%、2户农户；没有对该政策表示不满意的，这与笔者在村庄调研的见闻相符。图5反映的是不同家庭经济情况的农户对"林权换路权"政策的满意度。富裕家庭、中等经济水平家庭、贫困家庭对该政策的平均满意度分别为60%、75%、70%。富裕家庭的收入相对来说比较多元化，对林业的依赖程度相对较弱，同时这一阶层的村民大多眼光比较长远，能够预测到未来林业大幅度增值的趋势。贫困家庭存在的一个普遍现象是林地相对而言比较少，所以存在相对不公平感，而这是历史改革所遗留下来的问题。

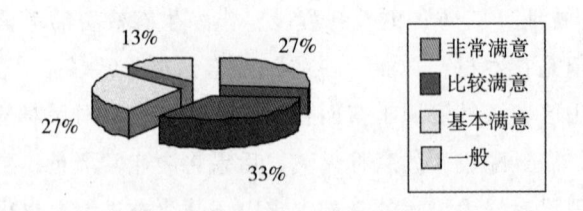

图4 林农对"林权换路权"的满意度

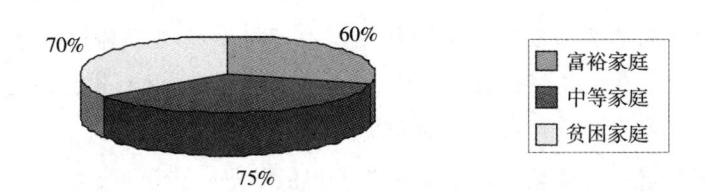

图 5　不同家庭情况的农户对"林权换路权"的满意度

由于星海村山区道路陡峭，在没有修通公路前，大部分农户都不愿意出去，既费时又费力，导致山区农民生活非常闭塞。在农村，并没有临时的店铺，农民的日常生活用品只能在赶集的日子到指定赶集的地点购买，这给农民生活带来非常大的困扰。由于该村到镇政府要走4个多小时，因而有的老人连镇政府都没有去过。随着公路的修通，农民的生活质量得到改善，5组最近几年几乎每户都修建了楼房，生活环境得到了极大的改善。随着收入的增加，视野的开阔，5组村民的生活幸福指数不断提高，提及现在的生活以及对未来生活的规划，村民充满信心。

2. 村"两委"的权威得到巩固

马克斯·韦伯提出"合法性就是人们对享有权威的人的地位的承认和对其命令的服从"。[①] 合法性是政治统治和管理的基础，韦伯把人们对权力合法性的信仰概括为三类：传统型、魅力型和法理型。随着社会的发展、政治文明的进步，权力的合法性更多是建立在法理型权威上，权威运用者的制度体系，任职者之担任权威角色，命令（或规章）的内容和颁布方式都是符合某一或某些更一般的准则的[②]。

在国家治理中，需要培养其合法性以形成国家的权威，对于地方的治理和村级的治理，同样需要建立其治理的合法性，其合法性来源于对正式法规的执行。"以林权换路权"的林业经营模式的提出以及付诸实施，都

---

① 于海：《西方社会思想史》，复旦大学出版社1993年版，第333页。
② 邓肯·米切：《新社会学辞典》，蔡振扬等译，上海译文出版社1987年版，第22—23页。

是经过村民代表大会通过才执行的，是在充分尊重村民权利的基础上予以实施的，同时沐川县林业局以及大石镇林业站以及镇上的领导都给予了高度的支持和关注，村干部以及5组的组长则是身体力行，对于此方案能够成功地付诸实施发挥着关键作用。由于村民在"以林权换路权"中，经济水平、生活质量得到了改善，好的制度变革以及有作为的领导给农民所带来的福利，这使得政府的合法性得到提高，特别是村干部以及组长的威信得到进一步强化，由于5组队长权威的进一步巩固，5组的关系也非常和谐，该队长表示"5组的村民信任队长，队长信任5组的村民"。

3. 对社会相关事业的推动

交通问题不仅是星海村发展林业的瓶颈，也是沐川县甚至是中国山区发展林业的瓶颈。由于该村5组发展林业的路子取得了很大成功，该村的11组也通过引进业主进行修路的模式来发展林业。在永福镇，相继多个村都延续此发展思路，在这一发展思路经过报道以后，更是引起了社会的轰动。在整个沐川县，都在大力推广此发展模式，实行所有权和经营权"两权分离"，的创新模式，探索出"以林换路，以路促林""以收购权换路权"等模式。据不完全统计，沐川县富源林场在建林区公路5公里（永福），四川森源林业开发有限公司正在筹建林区公路13公里（永福），星海村在建20公里（永福），建和乡在建林区公路20公里，通车后可直达马边老河坝，富和乡在建林区公路4.5公里，沐溪镇前光村引进业主建成林区公路1.5公里，解决了该村滑坡灾后重建30多户的运输问题，底堡乡五通村引进业主建林区公路4.5公里（在建），筹建8.5公里，高笋乡川桥村建成林区公路3公里，舟坝镇普宁村修建林区公路7公里，凤村乡建成林区公路12公里，杨村乡建成林区公路近60公里，筹建10公里，利店镇大坪村、三河村筹建林区公路12公里，茨竹乡雄心村、友爱村筹建8公里，大楠镇在建5公里。截至目前，有30个业主投资林区公路建设，已建成12条136公里，在建42.5公里，筹建58.5公里，极大地改善了农村基础设施条件，通过林区公路建设，林农每吨竹木产品的人工运费平均降低100—150元，全县林农每年可增收2000万元，农民人均增收100元，龙头企业永丰纸业每年可增收原料5万吨，增创利税500万元。

由于公路修通以后，大量的宜林荒山和低产林价值凸显，再加上外来业主的拉动，广大林农和业主投资经营林业的信心更大了，杨村乡业主刘建华，承包荒山600亩，投入资金15万元，全面植树造林，这在以前是不可想象的。随着大户参与林业开发后，带来了资金、技术和先进的经营理念，也带动了周围林农科学经营和观念更新，纷纷采用良种壮苗和施肥、灌溉等速生丰产栽培技术，定向培育工业原料林，以前，政策要求抚育间伐只能砍小留大，现在虽允许林主根据林木的工艺成熟和经济成熟年龄自主决定是砍大还是砍小，但多数林主从自己的经营目的出发，认识到砍小留大能保证林分的生长量最大，实现效益最大化，反而不愿砍大留小，经营理念和管理技术发生了明显变化。在森林资源向森林资本转变的同时又极大地促进了森林资源的发展。

三 "林权换路权"经营模式成功的原因探析

"林权换路权"起始于星海村5组村民，如今已经成为沐川县的一种成功发展模式，星海村5组"林权换路权"的成功离不开良好的乡村治理和经营运行方式。

（一）良好的乡村治理

1. 乡村治理与能人政治

"林权换路权"的产生和成功运行，离不开良好的乡村治理。新中国成立之后，乡村治理方面的研究十分重视村干部的地位、角色及其作用，如先富能人、能人政治等。V. 帕累托提出精英是具有特殊才能、在某个方面或某项活动中表现出杰出能力的人所组成的整体[①]。在村庄，村干部以及村民小组的组长是村庄中政治精英的代表，在村中享有相应的权威。

杨国勇、朱海伦曾撰文指出随着社会主义市场经济的发展，在农村出现了除政治利益群体代表外的新的利益群体，一些家庭富裕的农民和实力雄厚的乡镇企业主被称为新时期的"新乡绅"。农村民主政治建设过程中出现的值得关注的是新乡绅积极主动参与基层政治活动[②]。"新乡绅"在

---

① 辛允星：《农村社会精英与新乡村治理术》，《华中科技大学学报》（社会科学版）2009年XX期，第92—98页。

② 杨国勇、朱海伦：《"新乡绅"主政与农村民主政治建设》，《社会科学战线》2006年XX期，第177—181页。

一定程度上是经济能力的体现,当村庄中固有的政治精英与经济能人都积极参与乡村治理时,乡村治理就既有权威的保证也有资源的保障。在星海村,村支书和5组组长既是政治精英也是经济能人,两位能人在积极管理村庄公共事务的同时,也成为村庄致富的好帮手。

村支书李恩祥,1992年至2004年任该村的村主任,2004年通过选举成为星海村的村支书。在没有对李书记进行访谈前,得知村民都非常支持他,认为他是踏踏实实为村民办实事的村支书,所以在村中的威望很高。李支书家住镇上,自家经营着营业厅,业务广泛,目前年收入在8万元左右。在同李书记进行访谈时,他说他只读了小学,当时因为家里穷就没有再上学,所以他知道农民的苦和农民的穷,自从他当村主任以来,就一直在为修建公路这件事努力。首先是找信用社贷款,但是因为林业用作抵押物不被承认而遭拒绝;然后找镇上的相关领导,但是他知道镇上的财力有限,所以转换思路,寻找外来的业主入村,这也是"以林权换路权"取得成功的重大原因;需要特别提到的是,尽管李书记为村民办了很多实事,在村中也有威望,但是他一直觉得自己做得还不够好,他希望能够通过他的努力,带动更多的村民努力;同时,他意识到自身的文化素质低会制约他自身的发展,所以他坚持每天看报,每天晚上看书,看有关农民发展和致富的新闻,还都会做笔记。

5组组长李泽坤,1986年在镇林业站上班,2004至今担任5组的组长,是村庄最早的万元户,村庄最先建造楼房的农户,目前仍是村庄的"首富"。四川赫赫有名的永丰公司于1972年成立,在星海村附近设有分厂,专营木材加工,以造纸业闻名。在1986年以前,星海村的荒山大都种植玉米,李组长看到永丰公司对木材的需求量极大,而且当时提出开垦荒山、植树造林的政策,所以他就鼓励5组村民栽种慈树(慈树是造纸的主要原料),但是由于交通不便,成本高、收益低,所以村民大量的慈竹都烂在山上了;李组长此时认识到要致富必须先修路。但是当时5组的村民非常贫穷,根本拿不出多少钱来修路,而李组长与翠湖苑林业发展有限公司的负责人私底下关系较好,所以积极进行沟通,"以林权换路权"思路的提出得到了村支书的大力支持。由于李泽坤在担任组长期间,一直追求的是农民的福利和发展,而且确实带来了5组村民的幸福生活,所以李组长在5组具有极高的威望,但是在事关全组的大事、在处理小组纠纷等事情上，都是通过召开小组代表会议来决定，这也进一步巩固了李组长的权威地位。

2. 乡村治理与社会资本

良好的乡村治理需要具有权威的组织队伍，同时也需要村庄内部存在社会资本。治理理论与社会资本理论存在相互依赖与制约的关系，"治理的概念是，它要创造的结构或秩序不能由外部强加，它之所以发挥作用，是要依靠多种进行统治的以及互相发生影响的行为者的互动。"[1]而进行有效的互动需要丰富的社会资本做支撑。科尔曼指出，基于情感、信任、资源和生活方式的共享，这有利于社会责任的形成、信任的增强[2]。

星海村当地经济不是很发达，在市场经济的冲击和影响下，现代社会关系逐步建立，但是传统的社会关系仍然深深影响村庄的社会关系，宗族思想仍然存在。星海村5组以前属于一个宗族，现在虽然不提宗族，但是用村民的话表示就是：我们整个小组基本上都是亲戚关系。这样5组成员之间的关系非常亲密，能够互相包容。在村民自治的背景下，小组的大小事务通过村民会议决定，村民的现代意识开始增长，参与责任意识提高，这就使得5组村民互信互利、相互合作、行为规范。

（二）规范合理的经营运行方式

1. 利用村规民约化解矛盾纠纷

费孝通先生在其《乡土中国》中提出"熟人社会"的观点。费先生认为，中国传统农村是一个"熟人社会"，它建立在亲缘、地缘、业缘的基础之上，具有明确的地域界限，背景和关系是熟人社会的典型话语，在熟人社会里，会形成共同信念、传统伦理、价值观、归属感等因素，对于地域界限外的人是具有潜在排斥性的[3]。由于在20世纪以前，皇权止于县政，中央政府一般不在村设置政府的行政管理机关，在乡村实行"无为而治"。在农村熟人社会里内生性地催生出相互的信用、规范、惯例以及习俗等，在乡村是村规民约主导着熟人社会的秩序，村规民约对于本村

---

[1] 俞可平：《治理与善治》，社会科学文献出版社2000年版。

[2] Coleman, J: *A Rational Choice Perspective on economic Sociology*, in Smelser, N. and swedberg *The Handbook of Economic sociology*, Princeton University Press, 1994.

[3] 费孝通：《乡土中国 生育制度》，北京大学出版社1998年版。

以及本村民小组内部成员都具有有形以及无形的约束力和规范作用，同时该队长作为熟人社会的一员，与村民有共同的利益以及共同的约束，这也能够有效地避免队长个人的寻租活动。

该组虽然在林地流转时，是以社集体的名义进行的，但是对于林地的经营管理，由于每户农户每年该交售的林木按照协议都有明确的规定，该业主则将林木的经营和管护反包给村民，仍然实行自家的林子自家管，实行自家经营和自家管护，也就是集体流转与独户经营。由于专管财经收入的人能力有限，该公司在2008年把一切事务交由该小组组长管理，该组长每年给予该公司8万元作为回报。在"以林权换路权"中，由于翠湖苑林业开发有限公司属于外来资本的介入，并且该业主与5组村民并不熟悉，业主直接派人进行行政监督，难免会出现冲突，而该业主将竹林的行政监督权交给5组有权威的队长，对于本村民小组，该队长则可以充分利用该组村民所认同的村规民约来进行森林资源的管护。

该组村民以前出现过因山界不清而造成的纠纷：因划分山界的时间已经久远，都拿不出确切的证据来证明林子的最终归属权，两户农户的纠纷私下没有得到解决，后来由该组组长进行裁决，他把当年参与分山的老人召集到有纠纷的林子里，经过讨论后初步决定林子的归属权，然后把该组的户主全部召集起来开会，经过户主的讨论后，最终决定该林子的归属权，两位当事人的纠纷最终得以解决。该组长表示：之所以后来把该组的户主全部召集起来开会，是为了给两位当事人压力，这次纠纷的调解是经过本组村民的同意，免得以后双方再次起纠纷，同时也对本组组民一次警示作用。这次纠纷的化解则是充分利用熟人社会的权威、"面子"观念。目前，由于该组一直以来滥砍滥伐以及偷伐现象不严重，特别是与该业主签订合同以来，收入急速增加，林农育林护林的积极性更加高涨，林地的四界划分也很清楚，所以该组长的工作非常轻松。

2. 林业预期收入的稳定性和合理性

林农在林地流转中，作为一个理性人是追求利益最大化的，星海村村民乃真正意义上的林农，林业的收入是其收入的主要来源。虽然在林地流转中，村民的主要目的是为了修建组级道路，但是林地流转价格过低的话，林农还是无法接受。

翠湖苑林业开发有限公司通过将竹林的经营权反包给林农，使得靠山吃饭的农民能够继续利用自己的竹林资源，并且竹林资源发展直接影响着农民的收入和农民造林育林的积极性。合同规定收购价格为高于成本价的每吨 100 元。最近几年该组村民砍伐竹片的成本增加，所以该组长主动把竹片的收购价由原来的每吨 200 元增加到现在的每吨 260 元。5 组村民对于目前的收入非常满意。首先，这种满意来自于"林权换路权"前后收入的巨大差距。其实作为重点林业山区，从全国水平来看目前林业的收入在绝对数量上并不是很高，但是前后收入的差距让林农对目前林业的收入非常满意。其次，林农意识到，村庄修路为以后村庄林业的可持续发展提供了一定的保障，所以对于目前的收入能保持理性的看法。最后，此次流转对于林农的收入来源、权利和义务都在合同中有明确的规定。翠湖苑林业开发有限公司自从 2005 年与该村签订合同以来，没有发生过一次林业纠纷，也没有出现滥砍滥伐的现象。

四 "林权换路权"经营模式的总结与反思

（一）展现集体林地流转与独户经营的良性互动

从理论上分析，在产权明确的前提下，林地集体经营便于管理、节约成本，有利于形成规模效益，产生更大的经济效益；从农民的意愿和实际运行看，更多地倾向于独户经营，产权清晰更能激发林农的积极性；对于林地的流转，无论是在政策上还是在实际中，都表现得非常谨慎。对于林地流转持反对态度的人认为，现在大多数的林地流转都还不规范，林农往往处于弱势，很容易沦落为失山林农，而支持林地流转的人则认为林地流转能够利用林地资源，形成规模效益，激活林业市场。

在政府主动引导、村庄能人积极作为、林农理性行动的相互作用下，"林权换路权"的林地流转方式得以形成，即集体流转与独户经营相结合。由于该村庄（村民小组）有着良好的乡村治理以及在林业流转中采用科学的经营运行方式，所以避免了林农意愿不高、林地流转价格过低、流转程序不合理等林地流转中普遍存在的问题，从而展现出集体流转与独户经营的良性互动，既激活了林业资源、增加了林农的收入，又提高了林农养林护林的积极性、确保林业资源的可持续发展。

(二)"林权换路权"的潜在风险

集体林权制度改革以后,林业升值的现象比较普遍也是必然结果。林业升值主要受两个方面的影响:一是林改使得林权的价值能够受到市场规律的作用,使价格按市场化的方式体现出来。在林改之前,林业的价值无法得到充分的体现,林权属于集体所有,林权不能由个体在市场上进行流转;而此次林改的重要意义在于激活林业资源,不仅通过明晰产权,把林权落实到具体的林农主体,而且为林业发展提供了市场化的平台,使得林业资源能够按照市场化的方式重新配置资源。二是一系列政策性减税让利使林业经营绩效提升。林改以后,各级地方政府积极推行减税让利,通过林业税费改革和木材流通体制改革,减免林业经营者的税费负担,从而提高林业的相对价值[①]。

林业大幅升值的预期与竹木收购价格的固定化是"林权换路权"经营模式存在的潜在风险。在星海村5组与翠湖苑林业开发有限公司正式签订承包合同中,对于竹子的数量和价格规定为:每年必须向该公司交售一定数量的竹木,对于每户一年约交售的竹子数量合同都有明确的规定。流转的年限为15年,从2005年3月31日起至2020年3月30日止,星海村五组2600余亩竹林资源的经营权和土地使用权转让给业主15年。

在签订合同时,每吨200元的价格是合理且让林农满意的,但是在未来的15年,无论竹木价格涨跌,都按每吨200元的价格收购,在实践中可能会产生矛盾。笔者2008年去该村调研的时候,竹子就已经开始升值,竹子的成本(竹木养护和请人砍伐的成本)接近200元每吨。由于该公司在2008年则把一切事务交由该小组组长管理,该组长通过调查发现,最近几年该组村民砍伐竹片的成本增加,所以该组长主动把竹片的收购价由原来的每吨200元增加到现在的每吨260元,并且承诺会根据市场价格进行一定的调整,这才避免了林业升值对林农造成的损失。由于弹性价格的制定权在于公司和组长,而不是合同的明文规定,而且目前业主一直处于不盈利的局面,所以竹木收购价格的固定化仍是

[①] 朱冬亮、贺东航:《集体林权制度改革中的林权升值因素分析:对福建林改的思考》,《东南学术》2007年第3期,第25—29页。

该模式的一个风险。

五 促进林地流转的对策建议

集体林权制度改革以后，林地流转有了制度化的保障，林地流转的规模越来越大。当前集体林权流转主要有两个特点：在地区分布上，南方集体林区流转相对较多，北方尤其是西北地区相对少；经济发达地区林地流转相对较多，欠发达地区流转相对较少。在流转方式上，以转包为主，出租、转包、转让、抵押等多种方式并存。西南地区森林资源丰富，但是林业资源一直无法有效地转化为林业资本，笔者结合西南地区林业发展的现状以及"林权换路权"模式成功的因素，推出促进西南林业林地流转的对策建议，以期对西南地区乃至全国的林地流转有一定的借鉴意义。

（一）完善林地流转相关法律法规

此次集体林权制度改革需要坚持的最重要原则有两个，一是尊重农民的意愿。确保在林改中，农民作为改革的主体，农民自主决策，尊重农民的意愿。二是依法办事。在林地流转中，这个原则是最重要和必须坚持的，但是我国目前还没有出台全国性的林权流转的具体操作和实施细则，当前森林资源流转的依据是《森林法》和《农村土地承包法》中的相关规定；同时，没有出台专门的程序法，尊重农民的意愿无法律的保障，在实践中容易沦为空话。

同时，《森林法》的一些规定已经明显过时，如《森林法》第十五条规定：防护林、特用林的林地使用权不得转让，这一规定已不适应甚至阻碍了当前的经济活动和生产发展[1]。为此建议相关法律法规制定者要积极制定与当前经济社会发展相适应的法规，对不适合当前发展形势的相关条款作适当修改，尽快制定《林地流转管理办法》，促进林地流转的依法有效流转。

---

[1] 陈先中：《林权流转中的审核制度与政府监管》，《中共福建省委党校学报》2010年第8期，第66—70页。

(二) 加大政府的管理和监督

1. 政府主导建立规范有序的流转市场

成立推进林地流转的林权交易中心和形成流转市场，是此次集体林权制度改革的一项重要内容。政府应当引导林权交易中心以及森林资源流转市场的建立和运作，林业主管部门则应结合各地实际进行具体指导、监管、服务。以市场运作、分区设置为原则，建立林权交易流转管理服务中心辐射到所有乡镇的网络化管理，为广大林农提供林地流转服务。

2. 加强对林地流转的监管

在林权流转审核的过程中，林业主管部门要履行自身职责，严格按照相关林地流转规定的程序和实施管理条例对林地流转进行监督和管理，坚持多层面监管来严格林地流转过程；从目前国内林地流转的现状来看，政府监管应该重点放在对投标主体以及流转程序的监管上。在林地流转中，为了提高林业的规模和集约化经营水平，目前允许外来资本参与林权的招投标竞争。而在外来的社会资本可以对林地流转进行招投标竞争的政策允许下，绝大部分农民缺乏资本，在竞标中处于不利位置。在林地流转程序上，目前的不规范主要体现在没有彻底贯彻林改精神，充分尊重林农的意愿，而只是在形式上依法推行，就出现开会形式化、决策形式化甚至是会议记录的形式化。政府加强对林地流转的监管，既要为林地流转创造一定的政策和社会环境，又要严格规范林权流转的秩序和程序，从而使林权流转合法而有序。

(三) 要制定科学的林地流转评估制度

林地流转过程中，林地流转的价格以及预期收入是否合理是影响林地流转好坏的重要因素，所以制定科学的林地流转价值评估制度非常重要。林地是森林资源生长以及林木资源等产出的载体，因此林地的价值包括土地的价值和活立木蓄积的价值。我国目前对于林地价值的评估主要是以踏查目估的方式进行，林地评估制度并不健全，森林资源价值核定没有科学的标准。

在林地流转过程中，林地资产的评估是关键，要建立一个可操作的林地评估系统，需要对各级评估人员进行统一培训，尤其需要提高基层林业工作人员、评估人员的实际操作能力,形成省—县(市)一级的正规评估机构。评估价格必须确保公允,在此原则下,各个地方可以因地制宜制定本地区的林地流转价格①。同时,努力降低评估成本,简化评估程序,能够吸引林农主动申请林业资产评估,以确保林地流转的科学性、规范化和可操作性。

---

① 钟伟、胡品平:《林地使用权流转的调查与分析:对广东省惠州、清远、从化林地使用权流转的调查》,《中国林业经济》2006年第5期,第37—45页。

集体林改"两证"下的双赢

——陕西省榆林市榆阳区井克梁村调查

冯 斌[①]

西北地区是我国自然条件最为恶劣、生态极其脆弱的地区。同时，又承担着国家一些重要的生态工程建设任务，对于我国生态安全方面有着重要作用。在新集体林权制度改革全面推进的大环境下，西北地区的林权制度改革目标必然有着中东部地区没有的特殊性，即不仅要盘活林业资源，为农民增收提供渠道，又要保证西北地区的林业生态，做到经济与生态目标两者兼顾。本文力图透过村庄场域内部，探求在国家强力推行下的西北地区集体林权制度改革政策是如何介入到村庄，并与井克梁村原有的村落文化、政治生态相契合，探求在西北林改过程中，国家宏观生态目标与微观的村民个体利益如何通过林改中的"两证"构筑成一个双赢协定，实现集体林权制度改革的步骤。笔者采用了自上而下的政策文本演化理路，自下而上的透过微观的村庄、村民个体到西部乡镇基层政府的治理逻辑和行为惯性研究。这样的双向复线式研究路径，突破了传统的单线研究方式，也体现了公共政策制定与实施过程中政策形成的动态机制。

一 井克梁村概况与林改政策

（一）井克梁村概况

榆林市榆阳区，在《陕西省人民政府关于推进集体林权制度改革的意见》（陕证〔2007〕17号）文件中，按照先行试点、循序渐进的要求，

---

① 冯斌：男，华中师范大学2009级硕士研究生。

确定户县、太白县、彬县、耀州区、华阴市、西川县、富县、榆阳区、宁陕县、山阴县10个县（市、区）为集体林权制度改革试点县（市、区），从2007年7月起实施林权制度改革试点。榆阳区地处陕西北部地区，陕西省北部，毛乌素沙漠与黄土高原交接地带。明长城由东北向西南横贯全境，以此为界，北部风沙草滩区占总面积的76.1%，南部黄土丘陵区占23.9%，地形地貌大体为"七沙二山一分田"，是典型的西北地区地形，这也就是它成为试点地区的重要原因。

井克梁村位于榆林市城北23公里处，隶属于榆阳区小纪汗乡，地形地貌特征就属于榆阳区典型的北部风沙草滩区，全村总土地面积46.6平方公里。井克梁村距乡镇政府所在乡镇街道有10公里左右。现有人口数共1309人，有10个村民小组，共267户。全村耕地5100亩，其中包括水地（水浇地）和"五荒地"，林地面积52630亩，林木种类主要是沙柳沙蒿。在村庄周围及道路两旁有少数杨柳树，是20世纪七八十年代造林时留下的。在土地承包时，按村庄当时人口，采用村民田地或宅基地就近的原则，每人15棵沙柳树承包到户。此次村集体林权制度改革，主要涉及的是村集体的52630亩林地，共有15个小班（见表1）。井克梁村主要还是以畜牧业为主，在全村267户中，几乎家家户户都有养殖业，圈养畜牧种类主要是羊和猪。在井克梁村，畜牧大户一家有圈养羊数达70多只，围栏猪也有40多头。2007年刚修好了小可路直穿井克梁村，也联通了临近的几个村庄，极大方便了本村村民和邻近村民，也便利了本村出栏猪羊的外运。除此之外，因与内蒙古接壤，距鄂尔多斯市只有四五个小时车程，现在村庄有200多人出省打工，主要去向是内蒙古的鄂尔多斯市，所从事行业以建筑工和跑运输为主。由于林地树种主要是沙柳、沙蒿等非经济林木，林木上的收入甚微，全村人均年收入3000元左右。

表1　　　　　　　　井克梁村林地小班汇总表[①]　　　　（单位：亩）

小组	小班号	面积	树种	小地名	地类 小计	地类 林地	地类 宜林地	备注
一（上）组	1	1300	沙柳、沙蒿		1300	1300		

[①] 陕西榆阳区集体林权制度改革林权证发放资料小纪汗乡井克梁村资料汇编，数据获取时间：2008年6月28日。

续表

小组	小班号	面积	树种	小地名	地类 小计	林地	宜林地	备注
一（下）组	1	1800	沙柳、沙蒿		1800	1800		
二组	1	6000	沙柳、沙蒿		6000	4000	2000	
三组	1	4700	沙柳、沙蒿		4700	4000	700	
四（1）组	1	220	沙柳、沙蒿		220		220	
	2	1100	沙柳、沙蒿		1100	1100		
	3	3400	沙柳、沙蒿		3400	3400		
	4	1740	沙柳、沙蒿		1740	1740		
四（2）组	1	420	沙柳、沙蒿		420		420	
	2	6500	沙柳、沙蒿		6500	6500		
四（3）组	1	6900	沙柳、沙蒿		6900	6900		
四（4）组	1	7500	沙柳、沙蒿		7500	6000	1500	
五（上）组	1	6200	沙柳、沙蒿		6200	6200		
五（下）组	1	750	沙柳、沙蒿		750	750		
	2	4100	沙柳、沙蒿		4100	4100		
合计		52630			52630	47790	4840	

（二）井克梁村林改政策

1. 西北地区政府层级林改政策演化理路

按照《中共中央国务院关于全面推进集体林权制度改革的意见》的总体目标：用5年左右时间，基本完成明晰产权、承包到户的改革任务。《意见》从战略的高度，对集体林权制度改革进行了科学定位，明确了六个方面的主要任务：一是明晰产权，在保持集体林地所有权不变的前提下，把林地承包经营权和林木所有权落实到户，确立农民的经营主体地位；二是勘界发证，核发全国统一样式的林权证，做到图、表、册一致，人、地、证相符；三是放活经营权，实行商品林、公益林分类经营管理，对商品林农民可依法自主决定经营方向和经营模式；四是落实处置权，在不改变林地用途的前提下，承包人可以依法进行转包、出租、转让、入股、抵押或作为出资、合作条件；五是保障收益权，农民依法享有承包经营林地的收益；六是落实责任，在签订承包合同时，必须落实好防止乱砍滥伐、森林防火、防治病虫等管护责任。

陕西省人民政府为推进地区集体林权制度改革，在《陕西省人民政府关于推进集体林权制度改革的意见》中提出总体目标：在先行试点取得经验的基础上全面推开，力争到"十一五"末，全省基本完成集体林权改革任务，建立起产权归属明晰、经营主体到位、流转程序规范、监管服务有效、责权相统一的现代集体林产权制度，实现"山有其主，主有其权，权有其责，责有其利"的目标。集体林权制度改革的基本原则之一就是坚持分类经营的原则。以生态保护为前提，管好公益林。在不改变林地集体所有和林地用途的前提下，放活商品林经营权和处置权，增加森林数量，提高森林质量，发展林业产业，推进林业生态体系、产业体系建设和协调发展[①]。在改革的主要内容方面：一是对尚未承包到户的集体林，可采取家庭承包经营、集体股份合作经营及其他经营方式，如不宜采取家庭承包经营的集体林地，应进行评估作价，采取招标、拍卖、公开协商等方式承包。二是对已承包的集体林，进一步稳定和完善承包关系，确权换发林权证。

榆阳区政府集体林权制度改革，在落实"明晰产权，放活经营权，落实处置权，保障收益权"的总体要求下，探索本地区的林改之路，按照"先行试点、分类指导，因地制宜、灵活应对，尊重民意、稳步推进"的总体思路，先行在陕北榆林地区推进林权制度改革。在具体集体林权制度改革措施上，榆阳区提出了分类改革的步骤和不同形式的承包方法：

（1）退耕还林工程造林地，确权发证到户。

（2）林业"三定"时划定的责任山和"五荒"地拍卖所承包的林地。承包未到期并愿意继续承包的，维持原承包关系，按合同规定的剩余期限给承包者发放林权证；承包期满的，或不愿意继续承包的，终止原合同约定的权责后，由林地的所有者重新发包。

（3）现由行政村集体管理的林地。能分包到户的，村集体成员平等享有林地承包权，由家庭承包经营，以户确权发证；对不能分包到户的，经村集体2/3或2/3以上农户代表同意，以村民小组确权发证，村民小组

---

① 《陕西省人民政府关于推进集体林权制度改革的意见》（陕政发〔2007〕17号文件）。

成员以均股均利的形式进行股权和收益的分配。

作为西北地区基层政府的小纪汗乡政府，辖区内沙区地形地貌几乎占据了其界域的 90% 以上，也是典型的西北风沙草滩区。对于本地区的林权制度改革具体操作办法，在秉持国家、省级、市区级林改意见和参照区级林改操作办法的前提下，为完成这一工作任务，积极予以实施。

2. 井克梁村林改实施方案

井克梁村地处小纪汗乡西北部，是典型的风沙草滩区行政村。在集体林权制度改革之前，尽管村庄大部分沙地林地都已承包至个人，但由于沙区的地形地貌特殊，农户承包的林地界限不清，加之，近几年来，西北地区地下矿产资源开发，村与村、组与组之间更是由于林地"四至不清"，对于占用林地的补偿收益权属争议纠纷日益增多。

按照《中共中央国务院关于全面推进集体林权制度改革的意见》中的主要精神，陕西省坚持尊重农民意愿，确保农民的知情权、参与权和决策权。榆阳区的集体林权制度改革也给予了各行政村充分的自主权，实行"一村一策，一组一案"。

井克梁村的具体实施办法，主要包括弄清实地勘界所在村林改范围的情况，并制订本村及各小组林改工作方案，实行包组制，即以村民小组确权发证，以组发放林权证以户入股经营，村民小组成员以均股均利的形式进行股权和收益的分配[①]。自 2007 年 11 月开始至 2008 年 6 月全村集体林改承包确权完成，共召开 9 次林改会议，召开 2 次全村村民代表大会和 7 次各村小组负责人代表会议，表决通过了林改外围勘界及林改承包方案，最终全村协商就村庄 52630 亩林地全面实行小组发放林权证以户入股经营的承包方式。对于全村的 52630 亩的 15 个林班，按小组发放 15 本林权证，落实到户，入股经营。

二 林权"两证"改革双层决策的村级实践

（一）村级集体林权制度改革实施过程

1. 村级林改方案相关利益主体分析

井克梁村林改方案，作为村庄场域内的公共政策，它必然具有分配社

---

① 2008 年 4 月 20 日井克梁村集体林权制度改革领导小组会议记录中的村级林改方案。

会公共利益的本质特征。社会经济地位、思想观念、风俗习惯以及知识水平的差别，造成了不同的人有不同的利益需求。然而社会的实际资源是有限的，不可能时时事事都满足每一个人的需要。社会中每一个利益群体与个体都希望在有限的资源中获得一些利益，这必然会在分配各种具体利益时造成冲突①。

同样，村庄林改方案，从商议、制订、产出到最后的实施，也必然经过村庄场域内各利益主体间的利益博弈。在此过程中，最主要有三方利益主体：

（1）村委会

西北地区林业资源具有林业生产条件脆弱、林木立地条件差等特点在国家整个生态安全中占有重要地位。从20世纪七八十年代起，井克梁村所有林地林木都归村庄集体所有，这样的权属安排，也是为了能够集中管理，便于集体造林、集体管护、集体治沙，从而便于充分地完成国家每年下达的西北地区造林工程指标。如自西北地区1998年起天然林保护工程实施以来，井克梁村每年都会承担一定的造林指标并完成管护任务，截至2008年，井克梁村已承担国家造林护林15000亩②（包括在村庄47790亩有林地之中）。为完成这些造林护林任务，国家及地方林业部门都有专项的财政补助给予村委会。这也成为西北地区经济欠发达村庄的重要财政来源。

自2007年底实施集体林权制度改革起，按照各级政府和地方林业部门的要求，井克梁村的50000多亩林地全部纳入到了林改范围之中，然而在具体的村级林改方案制订上，村委会考虑更多的是承接到的国家每年的造林任务。如果按集体林权制度改革要求，将林地使用权与林木所有权权属都落实到农户个人，那么村庄也必然失去一个重要的林业补贴上的财政收入。另外，"天保工程"等西北地区国家重大生态造林育林工程，被当作一项政治任务必须完成，这带有一定强制性。如果按集体林权制度改革要求落实到村民个体，在即将林地使用权划归村民个体，那么村民是否有意愿造林，生态工程的指标是否能够完成，这也就成为村委会在进行集体

---

① 陈庆云：《公共政策分析》，中国经济出版社2000年版，第19页。
② 陕西省榆林市榆阳区井克梁村天然林保护工程森林管护巡山记录。

林权制度改革时的一个艰难选择。

(2) 村组

在这次林改之前，即20世纪七八十年代，治沙任务是按村小组分配的，各村民小组分别承包了面积不等的林地治沙，但界限不清。由于西北风沙草滩区，林木生长条件脆弱，大多树种都是沙柳、沙蒿等，经济价值很小，因此各村民小组在承包治沙之后，对于沙地里的林木管护积极性不高。而且，治沙时期，各村民小组承担的治沙面积四至都是草图作业，各小组之间具体的林地边界上都不是很精确。20世纪90年代后期以来，随着土地政策的变化，林地（荒沙）也随之进行调整，加之林地经营方式复杂，土地不断升值，人口逐年增加村组责、权、利矛盾错综复杂。另外，最近几年，西部大开发建设和西北地区能源、矿产资源开发，征地占用范围不断增多，特别是国家及地方政府征地补偿不断加大，因此，无论是各村或是各小组之间林地、沙地权属边界争议也增多。

考虑到下一步村里实施新农村建设、农业综合开发、生态环境治理等项目承包到户，按户发放林权证，不便于管理，自2007年底村组在林改时，要求对20世纪七八十年代治沙小组林地的四至进行精确勘界，这不仅可以减少村小组之间引发的矛盾，也可使得各小组在以后的林地经营管理上，都做到权属明确，极大地减少了村委调解这些矛盾的次数，省却了许多麻烦。因此，无论村级还是村民小组都极力要求在林改中进行四至勘界确权。如村主任魏某所说：

"今年（2008年），中国中煤能源集团在井克梁村三组占地，钻井探测煤矿储量，对此在征地占用补偿上，完全没有了各小组之间矛盾纠纷。要是在林改之前，各小组之间对于林地界限不明，再加上村民小组对于补偿分配没有一致意见，肯定会有很多矛盾。现在好了，各小组在林改时多次召开会议，对小组之间的林地界限都达成了一致意见，而且在林地收益补偿上，各小组村民内部都召开会议，协商出了分配方案，都使得一些由林地林木引发的矛盾都能自行解决。"[①]

---

① 2009年8月10日作者对榆阳区小纪汗乡井克梁村村主任魏成山的访谈。

(3) 村民个体

限于西北地区特殊的林木生产条件，村民从林地林木获得的经济价值很少，这也就使得村民无论从劳力方面还是资金方面，在林地林木上的投入也很少。20世纪七八十年代以每个村小组为单位承包治沙时，村民小组长纪某说："给这家林地划得多，那么就少给一些沙丘戈壁的面积，那家林地少，那就多给些林地长势较好的面积"。这样一来，各户之间对于自家的林地完全没有很明确的界限，只是相互遵循着乡土、熟人社会中村民之间相互间默认的林地界限，但依然潜藏着一些因林地界限不清引发的矛盾。矛盾主要围绕两个方面：一是自近年西部大开发以来，随着当地经济活动增加，在林地占用补偿上，唤起了村民自觉的经济利益要求，村民都极力要求借助林改能够获得充分的经济回报；二是林地林木权属不清，村民在朴素的生态价值观面前，在是否对于林地投入上，陷入两难。按村民李某的说法："我们大家都喜欢看到村里的林地里长满绿色，这样每年就没有那么多沙尘了"。在林改之前，村民尽管在承包治沙时分的林地由于权属不清，村民都不敢、不愿在林地上进行资金、劳力投入，怕"政策有变"，只是完成自己分到的国家造林指标。

这使得村民对于林改有着诸多期许，不但要使自己在林改之后可以获得稳定可靠而且公平的林业林地补偿，而且村民朴素的生态价值观认为，自家的林地权属确定后，可以保证未来在林地上的投入可以获得稳定的收益（包括经济收益和生态收益）。这样，村民个体才愿意在属于自家的林地上投入。如在林改之后，林权"两证"下的方案实施启发村民李某的感慨：

"对这次林改我满意，现在是地界清楚了，想往上种啥东西，我都愿意。以前可不行，说不准，我种到别人家沙地去了，我都不知道……现在都想往各自家地里（沙地）种，沙地也绿了，沙化不了了……我也想要我家的沙地，绿了沙不化了，不走风沙。"①

这样，在村级林改决策时经历了三者利益相关主体的相互协商，在保

---

① 2009年8月4日作者对井克梁村村民李托成的访谈。

证"充分尊重群众意愿,发挥村民主动性、积极性"的要求下,井克梁村完成了"一村一策、一组一案",最终制订出了林权"两证"的实施方案。当然,整个村级林改从方案商讨、制订到实施,也经历了一系列的村级、小组内部的组织协商。这些村、组组织形式,在以后的村级社会管理中也必将有着重要意义。

2. 村级林改实施方案产生:村级林改领导小组会议——村小组会议

在榆阳区、小纪汗乡政府指导下,林改方案商讨要求一村一策,充分发挥村民主动性和积极性,这就使得在林改方案制订时,从村级到小组都充分发挥民主协商,让每个村民都参与到与自己林地林木利益息息相关的决策中。

(1) 村级林改领导小组会议

按照《榆阳区小纪汗乡乡集体林权制度改革工作基本操作程序》,各行政村要成立由支部书记为组长,村庄"两委"成员和村民小组为成员的工作小组,负责本组林改工作的具体实施。2007年11月2日,村委会在会议室召集井克梁村支部、村委会所有成员推选本村集体林改制度改革领导小组组成人员,并要求各组尽快推选集体林权制度改革的各组组成人员,学习小纪汗乡集体林权改革实施方案[①]。之后,村委会召开集体林权制度改革村民代表大会,对于集体林权制度改革的实施意见和乡级林改实施方案向全村村民作了介绍和解释。井克梁村村级林改工作小组共有10人,其中村支书许某任组长、村主任魏某村、会计李某任副组长,其他村小组组长任村级林改工作组组员。

村级林改工作小组主要负责制订村级林改具体承包方案、协调各村小组间在林地勘界方面的矛盾纠纷以及协助乡政府技术干部进行林地外围勘界工作。自2007年11月起村级林改领导小组共召开3次会议,商讨并确定了本村集体林权制度改革具体实施方案,在经过全村村民代表大会一致同意后,协助乡镇技术人员及村民小组开展林地勘界。

(2) 村组林改小组会议

各小组组长及小组村民代表组成村组林改小组,从2007年11月到2008年6月各村民小组都召开了多次林改会议。对于本组内部的林改实

---

① 榆阳区小纪汗乡井克梁村集体林权制度改革档案之会议记录。

施方案进行商讨，对于小组内各村民林地外围界限，四次召开会议，尽量协商达成共识。在会议中，尽量发挥村民的主动性，在充分表达村民各方面利益的前提下，最终就林改方案、林地收益分配方案达成共识。特别是对小组内部村民之间的林地界限进行相互协商沟通后，在村林改小组会议上达成共识；在林地经营上实行，在必须保证生态安全的前提下的自主经营；同时在林地收益方面，除林木收益之外的林地收益，都要按照小村林改达成分配合同方案，按人口入股分配。如井克梁村一（上）组在林改会议上，最后落实达成的林改分配方案中，在林权"两证"下，林地林木按林权经营管理证上的四至确定下来，但在林地上的收益，实行全小组共享。如下例：

李某，系井克梁村一（上）组村民，家庭基准人口5人（基准人口按2008年4月25日以前出生，以后出生的人不参与林改利益分配[①]）。本小组在村庄东北沙地区有林地1300亩，小组有23户95人，人均林地13.68亩。李胜堂家按基准人口分得林地68.4亩，在参与小组东北沙林改利益分配时，在小组95股中，其占5股。[②]

因此，林权"两证"是在集体林权制度改革背景下，充分在村庄场域内结合村庄村民民主协商和利益博弈之后的最终政策产出。在村级林改领导小组、村组林改工作小组会议等机制下，井克梁村更进一步培养出了村民的组织化和合作化的民主意识。但是，在西北地区的集体林权制度改革也有着自身的特殊性，那就是生态安全保障，这也是各级政府优先顾虑的。

（二）基层政府对村级林改决策的目标选择性干预

1. 基层政府林改生态任务目标上的顾虑

榆阳地区，地处西北风沙草滩区，如西北其他地区一样，全区承担着一些国家重大的生态工程，如退耕还林工程、天然林保护工程，还有一些

[①] 参见《榆阳区小纪汗乡井克梁村一（上）组集体林权制度改革林地承包方案》。
[②] 《榆阳区小纪汗乡井克梁村一（上）组林权证发放资料》中的经营管理到户统计表。

省市级的"三百"工程（2002年，榆阳区全面开展了"三个百树"工程，即全区党政企事业单位干部职工每年植树10株，10年植树100株；全区城镇居民，农户每户每年植树10株，10年植树100株；榆阳籍在外工作人员每年回榆植树10株，10年植树100株）。榆阳区共有林业用地821.4万亩，除国有林场外，大多数林地都纳入林改范围之内，如此次集体林权制度改革涉及的649.02万亩，其中包括有林地、宜林地。

在林改之前，这些集体林地在响应国家生态工程建设需要方面，往往大多数情况下会通过行政手段将林业生态建设的指标，或是退耕还林或是固沙治沙的造林指标，下派到某村集体，从而保证生态工程的实施。那么林改之后，林地确权到户或是到组之后，村民对于自己林地拥有使用权，有了自主经营管理权，那么再要开展生态环境治理或是其他生态工程时，是否就会困难重重呢？正如榆阳区林业站王书记所说：

"公益林或者是生态林，不适宜于搞林改。商品林经济林或者特种用途林，适宜于搞林改，如加工木材、油料等林地……这次林改，对于本地区有林地、宜林地都纳入了林改范围，那么确权后，一方面（政府鼓励）要真的再想在某些适宜于推行商品林经济林或是国家重点生态工程建设等，农民不愿意，那就很难做下去；另一方面本地区立地条件差，农民都不想往林地上投入，农民也就只是等着征地补偿（款）。"[1]

2. 村级林改过程中的基层政府"选择性"治理[2]干预

按照中央《意见》，充分尊重村民意愿。陕西省政府在《意见》中强调充分发挥农民群众在集体林权制度改革中的主体作用，尊重群众、相信群众、依靠群众，切实做到改革的内容、程序、方法和结果"四公开"，

---

[1] 2009年8月6日作者对榆阳区林业站王怀彪书记的访谈资料。
[2] 选择性治理，就是以农村基层政府为本位，对那些于己有利的事就去管、去做，对那些于己不利或者吃力不讨好的事就尽量不去管、不去做，有选择性地执行。来源：吴理财：《南风窗》，《华中师范大学中国农村问题研究中心》2009年2期，第1页。

确保农民群众的知情权、参与权、决策权和监督权[①]。

基于地区林业生态目标的考量，特别是作为基层政府每年往往要承接一定的生态工程目标，在林改时，既要保全生态工程任务下达到村庄顺利完成；又要完成国家林权改革任务目标，确保实现林改到户、颁发林权证等基本改革任务。

省、市林业部门，尽管给出了明确的林改任务指示，在保证生态安全目标的前提下，这样的政策要求必然使得集体林权制度改革落到基层政府时成为一项政治任务和政府工作内容。省、市集体林权制度改革意见强调生态安全的前提，只是原则性的指导方针，对于林改具体的操作规程，基层政府有很大的自由操作空间。

因此，榆阳区及作为基层政府的小纪汗乡提出了明确的林改实施方案后，就不单单只是给予指导。统一的制度条文输入到不同的村落地域，在多种因素的影响作用下，运作过程势必会输出多样化的结果。在不同类型的村庄之间，社区公共决策方式和民主化程度必然会有一定的差异和特点[②]。这也就是为什么集体林权制度改革过程中，要本着尊重群众意愿，实行一村一案、一组一册的林改实施办法的原因。

村级林改方案实施的具体操作要求：

（1）一、二期承包治沙时划定的林地

维持原有的承包关系，划清原承包林地的四至界限，到户确权发证。

（2）退耕还林工程荒沙造林地

截至2004年已经以村民小组为单位登记发放了林权证，本次林改中以个体承包的，要收回原有以村民小组为单位发的林权证，重新确权发证。

（3）现由行政村集体管理的林地

能分包到户的，村集体成员平等享有林地。经农户代表同意，以村民小组为单位确权发证，村民小组成员以均股均利的形式进行股权

[①] 陕西省人民政府关于推进集体林权制度改革意见，http://www.shanxi.gov.cn/0/103/5240.htm。

[②] 卢福营：《现阶段农村村级社区公共决策探析（井克梁）》，《社会科学》2002年第7期，第53—61页。

和收益的分配①。这样一来，林地权属明晰到户或是到组，但面对国家生态工程项目任务、经济开发活动等其他公共活动时，所属林地的村民或是村小组都要积极响应，保证工程项目的完成。这也就是林权改革附带的地区性改革要求。基层政府也就是通过这一方式，同时解决了国家生态任务目标的落实与国家林权制度改革任务的完成这两项目标。

因此，基层政府在林改工作中的行政作为，其主要用意也就不是保障农民林地林业发展，为农民增收渠道，而是"想方设法"完成上级交代的"任务"，最大化最简化地保证任务的完成，这也就是基层政府"选择性"治理的初衷。

（三）村庄林地"两证"产生及其背后林地权属变迁

1. 林改"两证"的产生

井克梁村的林改"两证"，既是完成了集体林权制度改革总体目标任务；也充分体现了坚持尊重农民意愿、统筹兼顾各方利益、保证农民得实惠和生态环境受保护的基本原则。

林改"两证"是指确权到户、以组为单位发放的林权证和小组内部以户为单位发放的经营管理证。经营管理证的具体内容如下：

经营管理证，全称是榆阳区集体林地经营管理证。本证是林地经营管理户林木所有权和使用权的经营管理证，经集体林地经营管理理事会盖章签字后方可有效；林权依法发生流转时，须持此证及时到原理事会办理流转登记手续；此证由林地经营管理户保存；严禁伪造、涂改集体林地管理证。②

榆阳区在2008年林改过程中，遵从《中共中央国务院关于全面推进集体林权制度改革的意见》总体思想，结合当地地形地貌特征和群众意愿，探索先行试点。对于那些适宜确权到户的地区林地，都按户发放林权证；对于一些不适宜于确权到户，只能以小组为单位发放林权证的地区林

---

① 榆阳区集体林权制度改革实施方案，收录于《榆阳区集体林权制度改革资料汇编》。
② 榆阳区集体林地管理证上附注须知。

地，同时给予每户发放经营管理证，按每户人口平均分得所在小组林地，但每户只拥有自家林木所有权和使用权。在新农村建设、农业综合开发、生态环境治理、能源化工基地等建设项目占用小组林地时，由村民小组经营管理理事会成员商定涉及林地的利益分配，特别是涉及征地补偿费的分配时，按经营管理证上每户的基准人口占小组总人口比例分得补偿费。

2. 林地权属的变迁

在 2007 年 11 月的集体林权改革之前，井克梁村共有三类林地，一类是围绕村庄周边、道路和田埂边上的林地；二类是村庄宜林地 4840 多亩；三类是有林地 47790 亩，即 20 世纪七八十年代起村庄小组承包治沙时的林地。

在这次林权制度改革中，这三类林地都纳入到了林改范围之内并对权属作出了明确界定。一类林地，在土地承包时，采用就近村民田地或宅基地附近，每人 15 棵左右承包至个人，在此之前这部分林地都属村集体；二类林地在林改之前，4840 多亩宜林地归属于井克梁村，这次也纳入林改范围，承包到组，再由村小组分包到户经营；三类林地由于面积大，是此次林改的重点，按照《意见》中尊重历史的原则，按照 20 世纪七八十年代承包治沙的林地位置和面积，在勘界确权之后，承包至村小组由农户入股经营，对于农户入股经营的林地四至都作了精确的 GPS 定位。至此，如井克梁村这样的陕西西北部风沙草滩地区基本以这一改革方式完成了林权改革。

三 林权"两证"背后的国家与林农双向利益目标的协调

西北地区集体林权制度改革有其特殊性，就是在保证国家生态安全的前提下，完成集体林权制度改革的总目标，从而实现生态与经济效益双重目标。国家林业局长贾治邦对西北地区集体林权制度也给予了这样的评定："一要坚持生态建设，二要坚持有利于农民致富"[①]。井克梁村地处西部风沙草滩区，作为林权改革研究的个案行政村，在这次林改实施过程

---

① 2008 年 11 月 11 日国家林业局局长贾治邦对西北地区集体林权制度改革工作座谈会上的讲话要求。

中，井克梁村林改的具体操作办法，是通过林权"两证"，达成了各方利益要求的一致。

（一）生态工程的实现

1. 村级生态工程指标的落实主体明确

林改之前，在下达生态工程项目时，不管是基层政府还是村委会都遇到一些困境。西北地处风沙草滩区，在承担生态工程时，按榆阳区林业工作站王怀彪书记说的，先由林业部门技术人员对辖区内各地区的水土条件进行综合评估衡量之后，确定出可以实施生态造林工程的地区。然后，基层政府就要对符合条件的村落分配生态造林工程指标，由乡镇政府及林业部门出苗木和资金，但在村庄往下分配时，往往遇到意想不到村民的不积极作为。村民大多不愿意承担这样的造林任务。一方面，林改之前，对于自家的林地和所造林木的权属不确定，村民有犹豫，不愿往林地上投入；另一方面，由于西北地区脆弱的生态水土条件，林木立地条件差，成活率低，即使分配到了生态造林工程的村民，也可以获得一定的生态造林补贴，而这样的造林补贴是按照村民分配到的所造林木的成活率计算获得的。由于立地条件差，林木的成活率太低，因此村民获得的造林补贴特别少，大多村民也就不愿意过多地往林地上投入时间精力。

这样一来，尽管村委会得到了乡镇政府及林业部门每年上百亩的造林工程指标（自2003起井克梁村几乎每年都有不等的造林指标，2003年有400亩紫穗槐林木造林指标、2004年有300多亩沙棘林木造林工程指标、2005年有500多亩沙棘林木造林工程、2006年有300多亩紫穗槐林木造林工程[①]），可在村庄小组村民分配造林指标时，大多数村民也就都不怎么愿意承担，这就使得在"非规范型村民自治"主要模式中村级的行政化下，由村委会借助"准行政权力"向村小组、村民个人分配造林指标。然而这样很"吃力"的指标分配方案在这次林改之后发生了很大的改变。

在这次林改实施过程中，井克梁村林改的具体操作办法是通过林权"两证"，即村小组发放林权证，保证在国家生态工程建设等重大公益性项目上，村小组集体协定，最终的项目任务和指标落归到哪户或哪几户村

---

① 井克梁村村庄林业资料档案。

民。这样一来，不仅可以落实生态工程建设的目标任务，而且对于基层政府而言，减少生态建设指标下达时与逐个村民个体协商的行政成本；同时，由于西部地区矿产资源丰富，在国家西部大开发战略的号召下，资源开发占用林地、沙地的经济补偿，使得农民在村小组林地沙地占用的收益公平公正，又按股发放经营管理证，详细具名各户在林地收益的股权份额，在面对国家生态工程或资源开发等项目时，要集体协商。除此之外，村民都对其林地具有自主经营管理权，林地林木权属明确，这样的村林改操作办法既兼顾西部地区集体林权制度的首要生态目标要求，又使得村民个体家庭享有林地经营管理权和所属林地林木所有权，保证了自己从林地上可以获得公平稳定的预期收益，村民也就愿意往自己林地投入。

2. 林地生态绩效目标的实现

这次集体林权制度改革，正如井克梁村村民所说，最大的感触就是对自己家林地勘界后，户与户之间的界限划清了，而且按人口平均分得了小组林地，林改后征地占地补偿利益分配，也是按经营管理证上的基准人口，按股分红，这样的划分都比较公平，村民对林改的满意度较高。林地权属的明晰让村民获得了稳定的收益预期，这也是村民最想从这次林改获得的利益需求。

林改后，村民在自家林地的投入上，却有着自己的考虑。风沙草滩区可栽植林木品种少，除了沙柳、沙蒿外，还有沙棘和紫穗槐，而且由于水分、土壤、气候等因素，林木成活率低，投入成本也就比较高。

以井克梁村村民杨某为例，林改前在 2005 年、2006 年分得村集体承担林业部门生态工程下放到小组的紫穗槐和沙棘树苗指标，各 20 亩左右。按当时（2005 年、2006 年）一次性补贴标准是，沙棘每亩 12 元，紫穗槐每亩 9 元，获得林业生态工程补贴总额 400 多元[①]。像杨某这样受到生态补贴的村民毕竟少数，大多数村民并没有获得种植树苗指标。除村里承担一些生态治理的工程之外，林改前，村民都没有往自家林地投入资金的精力和动机。家庭收入的结构中，林业收入几乎为零，甚至为负值，如表 2 所示。

[①] 2009 年 8 月 5 日井克梁村村会计杨超群的访谈资料。

表2　　　　　　　　　　调研农户的家庭收入结构①　　　　　　　（单位：元）

姓名	种植收入	养殖收入	打工收入	林业收入	备注	合计
李姓户1	1000	8000	0	200	林木品种多为沙柳、沙蒿，林业收入是2006年、2007年承包地方林业生态林木种植指标给予的补贴	9200
魏姓户	900	12000	3000	0	2008年没有投入，也无林业收入，林地里都是沙柳，经济价值小	15900
纪姓户	900	9000	0	0	林木品种多为沙柳、沙蒿，没有经济价值	9900
李姓户2	1000	20000	0	-200	2008年在林地上投入苗木200元。这类适合于当地林业立地条件的苗木，其经济价值小，加上成活率低，基本没有收益	20800
李姓户3	550	12000	1500	270	2007年承包地方林业生态林木种植给予的补贴	14320
杨姓户	6000	20000	0	0	林木品种多为沙柳沙蒿，没有经济价值	26000

近些年以来，从防沙治沙，到封山禁牧，村庄周边的生态环境明显改善，沙区植被也慢慢焕发出生机。林改之后，村民对于自家的林地勘界清楚、权属明晰之后，看着村庄的环境改善，都有着自己的一套生态价值观：

"前些年，每年这个时候（6月、7月）你看到的沙地，还是荒沙一片，等到九十月份时，整天看到的都是风沙天气。这两年好多了，我们这些沙地都变绿了，有风沙的日子确实少了。现在村里各家

---

① 作者2008年8月在陕西榆林榆阳区井克梁村调研时抽样选取的部分村民信息整理而成。

各户的沙地都长着沙柳,绿色一片,多好看,我当然也想要自家的沙地变绿。"①

在这样的生态价值观驱使下,村民都有造林的积极性,加上,近年来,国家对于生态补偿机制的完善,进一步提高生态补偿标准,也保证了像井克梁村承担的造林工程生态绩效目标的实现。

林改后,村民对于自家林地的投入和生态效益的考量,尽管都是比较"粗糙"地理解为林地林木给予自家的回报,而且这种经济回报率很低,村民享受到的是自己家周边生态环境的改善,尽管他们不会有宏观性的社会生态效益目标或是生态安全的考虑,但其"朴素"的心理预期,在考虑投入与产出这个简单的经济常识后,对于林地的投入动机就显得单纯了。如村民李托成的说法:

"现在我是想种树,可是没钱买树苗,买不起就种不起啊。政府要是给我补上点,我就种……一般在家里搞养殖,平常都闲暇,看着自己现在的沙地,想投入,可是林苗成活率低,成本高,望着上百亩的沙地,怪可惜的"。

随着后续生态补偿机制的完善,往林地里投入资金、苗木将会逐渐缓解村民在资金财力上的压力,这样既唤发了村民往沙地植树造林的主观愿望,又保证了国家对于西北地区生态效益目标的实现。

(二) 村民个体经济

1. 林地权属的明确保证村民林地收益的稳定

林改之前,村民对于林地的获益,最多的就是每年不定数的生态造林指标能获得微薄的收益。西北地区的林地林木生长条件差,适宜生长的林木大多是沙柳、沙蒿,林木经济价值不高,村民能从林地上获得的收益只有国家的生态补偿款。而且这样的造林指标下拨到村、组,最后落实到村民,也只能是那些有比较好的生长条件的林地,只有那些村民才能获得造

---

① 2009 年 8 月 3 日作者对井克梁村村会计李智的访谈资料。

林指标和生态补偿，而且生态补偿标准不高。因此，村民对于林地及权属的重视程度也就不高。

近些年的新农村建设、农业综合开发、生态环境治理等项目，特别是一些国家地下矿产资源、能源资源的开发，使得农民越来越看到林地暗藏着的经济价值。村民也越加珍视自己在林地上的获益，村民因林地划界、林地面积上引发的矛盾越来越多。其背后是村民对于自己在林地收益上的不确定，这样的隐忧就使得围绕林地权属、界限不清引发的矛盾逐渐增多。以2007年底村庄集体林权制度改革为契机，村民也似乎想将这些问题通过这一改革让自己在林地的权属、现有利益和林地预期收益都能稳定下来。这才有了从村庄林改方案讨论到村小组商定，共召开9次村级和村小组会议商讨出林权"两证"的林改实施办法。

通过这一林权"两证"，以村小组为单位发放林权证，林地收益分享补偿就会直接落归给村小组，从而最大限度地保证了村小组林地承包给村民个人的林地收益分配，减少了村级对于林地收益的无端克扣，同时村民对于小组林地国家生态工程建设、资源开发占地补偿村民个人有充分的知情权，让村民对自己林地收益有了更加可靠的心理预期。

2. 村组林地预期收益的公平性分配

最终的林地收益分配方案制定中，村组所有村民都参与到决策中来，所有程序公开化、公共参与，从而最大程度地保证收益分配的公平性。正如林权"两证"中，林地经营管理证中具名的，村小组各户按家庭人口按股份享有村组林地在公益性如经济发展占地、矿产资源开发占地等情况下的经济补偿，按股按村民家庭人口分配等具体方案却是在村民小组召开会议后商讨出的。

在这一林地收益分配方案中，对于前述李某一户来说，林地是按村组林地均分的原则，林地收益分享由村组在林改期间共同商讨出，按每户人口平均分配。但在具体的人口数统计上，村民间相互都有不同的"算盘"：有的说按小组每户男性人口算，有的建议按村小组户数算平均分享，还有的建议按现有人口（2007年11月开始林改时）计算平均分配收益。就是在众多利益诉求不一致的情况下，由村级召开村级村民代表大会综合各方面意见商讨，最终又给予各村民小组自主决策权，在村民小组内部商讨出适合本小组的分享方案。但最终井克梁村10个村民小组在林地收益方案上都达成了一致，按人口均股均利，其中人口统计以 2008 年 4 月 25 日以前出生为基准，当日就是林权证和农户经营管理证盖章发放的日期。这样一来，村民个体都在林地利益分配上相互之间都感到满意。如表 3 所示。

表 3　　　　　　　井克梁村第一（上）组林改股份表 ①

户主姓名	股份额（股）	户主姓名	股份额（股）
李胜堂	5	赵世清	4.5
李胜黎	6	赵世发	6
李胜虎	5	赵世连	4.25
白成库	2.33	孙三虎	5
白飞	2	赵来娃	3.25
白飞荣	2	赵俊飞	2
白栓柱	2.33	赵富云	4.25
白平	3	赵建飞	2
白小平	3	赵大栓	4.25
孙达户	4	赵子清	5.5
白喜黎	6.33	张刘保	7
孙老虎	6	合计	95 股（23 户）

然而，在林地收益补偿分配方案上，也并不完全是村民自主提出这一方案，区、乡两级政府在林地收益分配方案上，给予了"审批""指示"。在制订林地承包方案时，召开小组村民会议和村民代表会议，讨论本组林改承包方案，行政村将各组的林改承包方案研究讨论同意后，汇总上报小纪汗乡（镇）林改办，经乡镇政府审核同意后，以文件的形式上报区林改办，经区林改领导小组办公室批准后方可实施②。最终村小组的林权"两证"利益分配方案，经过了乡镇审核。这样的林地权益分享方案借助集体林权制度改革一次性解决了以前为此而引发的村组、村民之间的矛盾。

---

① 榆阳区小纪汗乡井克梁村集体林权制度改革档案。
② 榆阳区集体林权制度改革实施细则（试行）。

(三) 村庄政治生态环境的影响

这次集体林权制度改革一定程度上激发了西北地区这个信息渠道不畅、经济发展落后的基层社会的村庄政治生态活力。正如贺东航教授指出的，新集体林权制度改革对于村级民主及村民自治制度都有着重要影响，在村级民主发展过程中出现了一些新的积极发展动向，包括村民主体意识觉醒、村级事务公开化程度增强[1]。

1. 村民主体性意识觉醒

在西北地区基层社会中，村民的民主意识发育比较晚，自主自发意识不强。然而，村民理所当然是乡村治理的主体，其主体身份确立的重要标志便是具有主体意识。乡村治理是通过由国家基层政权和乡村社会共同作用而形成的公共权威来实现对乡村社会公共事务或共同事务调控和治理的过程。而在这一过程中，作为乡村社会主体的农民群体，其主体意识的有无和能动发挥程度如何对于能否产生良好的乡村治理绩效则是一个关键。农民主体意识的缺失严重影响着乡村治理的成效[2]。井克梁村和西北其他村庄一样，在西北地区的基层社会，农民的主体意识就更显得薄弱。

作为乡村治理的价值主体，农民的态度是衡量乡村治理成败的核心标准，取得农民认可的根本在于发挥其自主性，让他们直接参与乡村治理的每一环节。但在现实中，无论是目标和建设方案的确定，还是具体方案的实施，乃至监测、评估等几乎都由各级政府官员"包办"，农民成了"旁观者"。特别是像井克梁村这样的西北地区村庄，往往在承担国家生态工程时，村民以前更多地"被规划""被分配"到造林工程。当然，考虑到这些生态工程关系到国家的生态安全，因此带有国家强力的推行。可在村庄内部决策造林指标分配和生态补偿、林地收益分享到的生态造林补偿款的分配方案时，村民却很少参与到村庄决策中来。在西北农村，村民依然视基层政府与村委会为"国家权力"的象征，只有默默地服从各项生态工程造林指标。这就使得基层政府喧宾夺主，"农民作主"异化成了"政

---

[1] 贺东航、朱冬亮：《新集体林权制度改革对村级民主发展的影响》，《当代世界与社会主义》2008年第6期，第105—108页。

[2] 谭德宇：《乡村治理中农民主体意识缺失的原因及其对策探讨》，《社会主义研究》2009年第3期，第80—83页。

府作主"。以至于大部分农民自己也认为乡村治理本来就是"政府的事情",与己无关。

>"生态造林是利国利民的好事,我们(村民自己)都知道;可在生态指标分配和补偿款分配上,我们就不清楚,往往都是村委会决定,要不就是乡镇政府,我们只有顺从了。"①

这样也就往往压抑住了村民的民主、参与意识,更多的是基层政府与村委会担当起了乡村治理中的所有角色。村民们在这样的村庄政治生态环境中,即使要做到民主选举、民主决策、民主管理和民主监督,也只是主体意识、主动意识的"假参与"、"假民主"。这也就使得原来的井克梁村村庄的"民主"决策缺乏合法性。

按照马斯洛需求层次理论,物质需求是人最基本、最核心的需求。只有实现了物质需要的满足,个体才会有可能追求个人价值、社会地位以及社会权利等更高的需求。从这个意义上讲,农村地区贫困落后的经济状况从最根本上制约了农民的发展和对自我价值的追求,因为一个连温饱都解决不了的人是不可能奢谈社会价值、主体地位的。近些年随着村庄经济发展,村民外出打工、发展养殖畜牧业,经济生活条件都发生了极大的改变,也渐渐地关注起自身在村庄的利益和权利。特别是自2007年底开始的集体林权制度改革,更是激发了村民对自身利益的诉求。村民更积极参与到村庄林改决策中来。从村级村民代表大会商讨村级林改方案,到村小组内部召开村小组林改实施具体办法,村民有了更多的自主决策、自主参与权利。这使得村民更加熟悉和懂得通过自身的努力追求应有的权利。

当然,客观地说,由于新集体林改是一个政策性很强的制度变革,以普通村民和村干部的阅历和知识积累,他们不可能在短时期内知晓国家新集体林改政策的具体内容,甚至不可能完全理解和把握国家实施集体林改的真正意图。再加上很多村民代表未经民主训练,没有"参政议政"的经历,参与村级公共事务能力过低。他们不能完全理解和履行自身的职责,缺乏职责意识。所有这些,都决定了不能对他们参与村级事务的决策

---

① 村民访谈笔录

能力作过高估计。即使有少部分村民代表认真参与并履行了自己的代表职责，但是由于他们的文化素质偏低，人生阅历也非常有限，因此也不能够很好地作出符合村民群体利益的理性选择。很多村民代表在参与村级事务中很难区分自己的个人利益与集体利益、也辨不清当前利益与长远利益，缺乏全局和长远意识。

但是，至少村民主体意识的增强，也更进一步，对乡村社会公共事务关心和参与，也使村民对村级事务的公开化提出了更高的要求。

2. 村级事务公开化程度增强

从理论上说，村务公开制度是村民自治向纵深发展的关键。村务公开的过程，既是农村治理结构变革的过程，又是村干部与村民群众合作运用农村公共权力的方式不断完善的过程，它标志着村民自治达到了一个较高的程度。①

村级集体林权制度改革的推进，使得村级事务公开内容进一步扩大。在井克梁村委会的村务公开栏中，可以看到国家有关法律法规和政策明确要求公开的事项，如计划生育政策落实、救灾救济款物发放、宅基地使用、村集体经济所得收益使用、村干部报酬等公开事项，但是村民个人对于村委公开的这些事项关注度都不高，按照村民的说法：

"这些公开的村庄事项与我们没什么关系，都是村干部的事，我们现在关心的是和我们紧密相关的。"②

林改要求村级公开村组林改方案、公示林改时林地勘界，公布林地征地占用补偿款项等。这些事项的公布不仅是集体林权制度改革对林改公示的要求，更是村民主动、积极参与的要求。这使得村级事务公开由村委会、村小组公开变为在村民一致要求下的"被公开"。这一"被"字后面，是一个巨大的转变，就是村民主体性增强、民主意识增长的表现。

村民通过村级村民代表大会、小组会议、村级林改领导小组和村组林

---

① 贾明德、郑梦熊、吴克强等著：《社会变迁中的治民与民治——中国农村民主制度建设研究》序言，西北大学出版社2003年版。

② 村民访谈笔录。

改工作小组等组织形式，使得村民合作化、组织化程度提高，不再只是满足于参与村庄林改决策，而是更多地关心起村庄公共事务，并要求在决策过程中有自己的参与。在林改过程中，部分村民集体要求村委会公开公布这几年的林地造林补偿款项，要求公开公平分配生态造林工程指标，要求集体商讨决策。可见，以往村委会在没有群众强大压力要求下，村务公开内容的随意性较大，相关数据的真实性也有待考证。随着近些年来村民收入的提高，村民也越来越在意对村庄公共事务的知情权、参与权，而集体林权制度改革如同催化剂一般，在林改过程中村民对于林改方案的决策参与，伴随裹挟而来的是村民对于村庄事务的更多参与要求和关注。

林改之前的村务公开内容项目主要有村庄计划生育政策落实情况、救灾救济款物发放、宅基地使用、村集体经济所得收益使用、村干部报酬等。而在林改后部分村民的要求之下，村务公开的内容也进一步扩大，增加了入党候选人名单、村庄修路修庙的各项具体开支数据、林改过程中村级各项财务支出、村庄发展规划建议等，这些都是伴随村级林改之后，村级事务公开的新增内容项目。按村委会主任魏某的说法：

> "林改之前，村民大多对村委在村务公开栏不怎么关注，对村级一些正常开支总有质疑声。在林改过程中，村民都参与到村、组林改方案的商讨中来，村民似乎一下对于村小组、村庄的事务很上心。在好几次的村民代表大会上，除了参与商讨林改方案，村民对于一些质疑声音很大的村务要求公开，这都是过去没有过的。"[①]

---

① 2009年8月5日作者对井克梁村村会计杨超群的访谈资料。

大稳定下的小调整
——基于广西浦北县关垯村林改的实证调研
魏淑娟[①]

关垯村位于广西浦北县六硍镇东南部，总面积为14.7平方公里，有23个村民小组，432户农户，全村人口2315人，劳动力1014人，党小组4个，党员59名。耕地面积950亩，村林地12626.5亩，其中经济林10326亩，用材林2300亩，主要种植八角、杉树、桉树等。农户以种养为主，主要经济作物是八角。八角树盛产的果实八角果又称大茴香，北方人叫大料。关垯村的八角以其优质品质，远销国内外，所得八角收入曾经是关垯村的支柱收入。

一　关垯村的集体林改进程

关垯村是浦北县的林改试点村，其林改进度在浦北县是最快的。具体的林改进程分为两个阶段。

第一阶段：组织准备阶段

在2009年3月起，浦北县层层召开林改动员大会。3月底，县召开由县、镇、村三级干部参加的全县集体林权制度改革动员大会，对集体林权制度改革工作进行动员部署，并与镇签订目标责任状。4月10日村参加镇党委召开的林改工作动员及培训大会，签订目标责任状，全面启动林权改

---

① 魏淑娟，女，华中师范大学政治学研究院2009级硕士研究生。

革。4月11日，关埔村召开林改动员及培训大会，传达了镇林改大会精神和有关林改政策，明确林改任务目的和要求，部署本村的林改工作。

4月11日—20日，对本村内的参加林改的户数、人口和山林现状（自留山、承包山、集体林、流转拍卖山）进行统计造册，填写了《集体林权现状摸底表》，并张榜公示七天。在充分调查研究、摸清情况、了解群众意愿的基础上，关埔村结合实际，科学制订改革实施方案，明确改革的指导思想和措施、方法步骤、组织保障等内容。

4月20日—30日，召开村民大会，有2/3以上农户代表通过了本村林地承包方案，并依法公示七天。

第二阶段：具体实施阶段

5月8日—20日，林改工作小组按照本村（组）（共23个村小组，见表1）公示无异议的《林地承包方案》，组织林地承包人和相关权利人，认真对每宗林地的林权权利人、坐落、面积、林种、树种和四至进行了调查和勘界登记。随后，林业技术人员对确定了的林地产权、四至边界进行勾绘林界图。

5月20日—7月13日，由村民小组与农户签订林地承包合同书，农户确认签订的承包经营合同书的林地面积与实际面积一致、四至界线清楚、图表相符，签字、填写《林权登记申请表》，村委将权属落实情况造册，按照组、村、乡镇的程序审核、签署意见、签字盖章后，向农户发放林权证。

表1　　　　　　　　关埔村各小组林改面积[①]　　　　　（单位：亩）

村民小组	面积	村民小组	面积	村民小组	面积	村民小组	面积
和双冲	385	上塘	514.67	大榜坡	646.2	水顶	1586.6
旱坡	625.1	下屋地	201.4	大们肚	528.7	旺罗田	286.9
中甘	1140.4	上甘	507.6	冬笋	997.31	下大村	423.5
下祥	673.8	中塘	257.5	高田	255.3	下甘	698.2
下塘	287.6	上大村	528.6	关埔	326.3	上祥	941.8
芋地塘	527.16	上屋地	188.1	长田	269.6		

---

① 数据来源：关埔村村委会。

二 关捧村的集体林改特征

在上级政府高位推动的情况之下,关捧村的林改进程显然是迅速而有效的。关捧村集体林权改革的落实也呈现出他自身的特点:一方面,这是一次维持林业"三定"的产权小调整。进一步明晰产权,而非重新分山,既维持了政策的稳定性,也使乡村在制度变迁的过程中保持其和谐与安定;另一方面,关捧村的林改过程同样出现了多样性的林改纠纷,这种纠纷既有历史遗留问题,也有林改过程中刚产生的。这两个特征看似矛盾,实则有着千丝万缕的内在联系,也是关捧村林改过程的真切体现。

(一) 明晰产权并非重新分山:维持林业"三定"的小调整

广西集体林权改革按照"扩大试点、以点带面,先易后难、稳步推进"的改革思路进行。关捧村在1981—1984年间进行了林业'三定',即稳定山权和林权、划定自留山、确定林业生产责任制(主有权、权有责)的山林管理制度。集体林地大部分在林业"三定"的时候已经分到户,只有500多亩集体林地由于是荒山而没有分下去,而是采取了"谁种谁有"的原则。自此,关捧村林业产权制度,从未有过变动。用关捧村书记梁成任的话来说就是:"我们这里群众基础好,民风很淳朴,这是历史延续下来的。林业"三定"的时候按照人头分山,连续20多年来,没有变动,大家对当时'三定'的分山很满意,大家不会野蛮的争斗什么,一切都按照相关政策有条不紊地进行着。"[①] 根据现任书记梁成任的介绍,林业"三定"时,林业产权登记是以队为单位的,由队再按照人头分到每家农户。分山到户经营自1962年开始,就深得关捧村村民的支持,因为他们可以自由种植、收益归己。

由于关捧村所处的六万山的特殊立地条件——高温多雨,特别适合八角的生长,所以关捧村90%的林地种上了八角树。八角树是我国南亚热带地区的一种珍贵的经济树种,八角树每年开两次花结两次果,即每年3—4月开花,8—10月开花,9—10月果熟(大造果),翌年3—4月果熟

---

① 资料来源于对广西浦北关捧村村支书梁成任的采访录音。

（小造果）。八角果为 8 个或 9 个木质轮生果，呈星芒状，红棕色，既是优良的调味香料，又是制香水、香皂、化妆品、牙膏、甜香酒、啤酒和糖果等的原料。关埇村自林业"三定"以来，山地陆续种上了八角，由于八角树成活年限长（一般能成活 100 年），并且不需要砍伐利用，只需管护就行，因此关埇村的绿化率很高，没有荒山。每家每户管护自己的八角树，大家相安无事。特殊的经济林八角树也为此次林改的稳定奠定了基础。

"本次林权改革是对 1984 年的山林分配确权，而不是对山林打乱重来，不是重新分山。必须明确原属性质是什么就是什么，个人的就是个人的，集体的就是集体的。"关埇村所属六硍镇彭家政针对这次林改如是说。正因为有了这样的正确指导思想，关埇村林改很顺利，因为林农拥护政策，积极主动配合政府相关部门的工作，整个关埇村呈现大稳定的林改局面。

关埇村自 1984 年林业"三定"时，在国家政策的指导下，把山按人头分到户以后，再也未做过调整。但是由于林业"三定"时的勘界技术限制，只是依靠目测划分的模糊界限，因此，因界限不清的问题也引发了不少纠纷。关埇村借助此次林改的机会，在林业技术人员的帮助下，对有边界纠纷的林地进行了小调整，直到权利双方均无异议，满意为止。

据关埇村所属六硍镇林业站站长彭家政说，此次林改主要是勘界确权，他们严格按照国家出台的集体林权改革方案和规则行事，在进行外业勘测时要通知村委干部、村民小组长到山上指认界线，在工作草图上勾绘出每个村民小组的山界范围。现场勘查时，根据双方权利人指认界线，先用铅笔描绘相邻线段，双方权利人确认无误后，用红色笔按规定线型清绘，在每条相邻线段的两端打上标记，并编号，每块林地都要标上地（岭）名，组界必须闭合，林地边界线以实线标记，农地等其他土地界线用虚线标记[①]。这样可以解决很多因界限不清导致的林权纠纷。

事实证明，严格按照国家相关政策，由专业林业技术人员把关的勘界，在关埇村取得了良好的成效。彭家政站长的话为林改成就作了恰当的总结："林改使整个关埇村变得和谐了。原来林权纠纷太多，特别是一些

---

① 资料来源于对六硍镇林业站站长彭家政的采访录音。

界线纠纷，常年得不到解决。现在农民心气顺了，因为通过集体林权制度改革，由专业技术人员确权颁发林业证，并在双方权利人无异议的情况下签订承包合同书，解决了很多林业纠纷。解决了纠纷，矛盾少了，乡里乡亲的也和气了，因此整个村庄变得和谐了。"

（二）风水的破坏与历史遗留：林改中再起争端

尽管从总体上看，关埠村的大多数村民对林改是满意的，但仍有一些历史原因引起的林权纠纷难以调处。关埠村一般房前和屋后的山均被划为自留山。由于中国人自古"多子多福"的观念，在村子里，现在50岁左右的人家都有好几个兄弟，一根血脉传承下来的族人通常是集聚而居，因此自留山的划定也在一起。关于屋后的自留山，在关埠村，有着这样的说法：房子后面要有山（山不宜过高、太陡，否则会形成压迫感），山可以靠，表示事业稳定、财库有聚、家庭安定。而深居大山里的关埠村人，很多房屋都是倚山而建，根据风水说的原则选择地基，屋后都有不高的山，这样的屋场代表吉利。而此次林改，原则上要求一户一证，尽可能地不要联户发证。这就造成了一些矛盾，比如关埠村上大村民小组的村民覃振文，认为屋后的自留山是风水山，分了山，等于破坏了风水，因此不愿意分。这样的几起纠纷在关埠村有好几起，在笔者调研结束之时，纠纷仍未解决。

在对关埠村村支书梁成任和林业站站长彭家政的访谈过程中，他们都谈到了这样一类纠纷问题，由于历史遗留问题而无法解决的纠纷。主要是由县志不清和重复发证以及证件丢失三种原因造成的。据调查，主要有关埠村与六碾村的纠纷、关埠村与百花村的纠纷（行政村），还有关埠村内部长田自然村和高田自然村的纠纷、下塘充与高田的纠纷。这类纠纷涉及范围广，解决难度高，因此成为此次林改中一个大难题，以下为下塘充村与高田村的纠纷案例。

下塘充村自1962年以来，与高田村的林界都是以朱砂洞的石桥直至山顶为界。1965年，下塘充与中塘充队并队，形成现在的下塘充村，并队后山林土地所属证由当时的队长覃甲兴保管，但是覃队长故后，证件就丢失了，至今无法找寻。下塘充村与高田村的林界自1962年以来一直很清楚，但高田队在1982年，趁机作乱，延伸林地界限。并且说下塘充村没有林地证件，而他们队有（其实也没有）。由于历史遗留问题，下塘充队没有了林地证件，只能眼巴巴地看着高田占了林地，并砍下了他们种的树。对此，下塘充村队村民一直不服，曾多次与他们发生争议，并请相关部门进行调处争议，至今没有得到解决。针对此事，下充塘队给六硍镇林权改革深化办公室写过上访信，深化办以及林业站、村委相关干部前往调解，但是至今尚未解决，影响了整个林改工作的全面完成。①

任何制度性的改革必然带来一定的制度摩擦，林改也不例外，纠纷在所难免，但是仍旧无法遮蔽关埌村小调整下的大稳定面貌。林改的政策的确是在短时间内落实下去了，林权边界也明晰了，但是否就意味着林改的目的实现了呢？答案当然是否定的。改革的目的旨在帮助林农脱贫致富，但是就当前的调查来看，我们发现，关埌村林农并未从当前的林改当中获取相应的收益，也就是说林改的成效并没有我们想象中那样乐观，其中的原因是值得我们去思考的。

三 关埌村集体林改存在的问题及原因分析

（一）务林主体大量流失

1978 年以后，我国实行家庭联产承包责任制，农户成为微观经济主体，理性小农在家庭利益最大化的基础上，根据家庭需要、市场行情、国家政策来选择自己的行为。面对当前林业收入低下，而市场劳动力价格上涨的现实，大部分青壮劳力农民都选择了弃农务工。在关埌村有近 2/3 的人在外务工经商，只留下老人小孩在家，这使乡村林业发展缺乏青壮劳力的支撑。

从我国改革开放后的农村历史资料看，全国各地的农民几乎都兼业。农民的收入基本上分为农业收入和非农收入，现在全国很多地区其非农收入超过了农业收入，主要原因是土地回报率太低，同时也有人均土地过少而难以单靠土地维持生存的因素。农民兼业基本上有如下的工作：养殖、家庭手工业、外出打工（季节工和长期工）、小商人等。在关埌村一般的壮劳力打工收入一年为 10000—15000 元。也就是说，一个壮劳力一年的

---

① 资料来源于对关埌村支书梁成任的采访录音。

机会成本为10000—15000元。如果种地不能达到这个水平，农民将会放弃种地而改作他业。特别是一些机会成本较高的群体，如农民企业家、手工匠人、各种专业户，他们则更有可能离开农村，摆脱土地的束缚，寻找其他发家致富的道路。

关垌村地处六万大山中，一直靠山吃饭。然而随着外部经济的发展，工业化和城镇化的推进，林农业产值的下降，农民对林地的依赖性降低，农民的潜意识里，对林地的重视度越来越低，甚至在八角市场行情不景气的几年中，不加管护，任其自生自灭。笔者根据访谈记录，整理了关垌村6户农户家庭收入基本情况（见表2）。

表2　　　关垌村6户农户家庭收入基本情况　　　（单位：人、亩、元）

姓名	家庭人口	家庭林地面积	家庭总收入	务工收入	务农收入	林业收入	其他收入
梁振潮	3	30	30000	20000	1000	9000	无
梁作海	11	15	65000	10000	20000	15000	20000
陈中越	5	30	40000	0	30000	10000	无
梁振波	6	6	40000	30000	8000	1000	无
黄浩江	7	15	30000	15000	14000	1000	无
罗永昌	15	15	50000	40000	5000	1000	4000

在表2所列的农户中，梁作海、陈中越两户搞养殖业，收入以农为主，其他农户家庭收入均靠务工经济收入支撑。由于大量青壮年劳动力外出务工，即便是分山到户，明晰产权，可是如果林农无法从这分到户的山林中获取实实在在的利益，也难以吸引青壮劳动力回乡。如何吸引务林主体回乡，既需要市场的机制，更需要政府的智慧。农户覃甲庆家的林业收入占家庭总收入的2/3，他跟笔者透露心声："希望国家能更加重视林改，也能像种田一样，有点补贴什么的，当然，能针对性地进行一些技术指导，那是最好的了。还有就是我们这八角价格持续低迷，上级能否根据市场信息为我们打开销路，提高八角价格，增加林农收益。"为了维系生态效益和彰显经济效益，吸引务工人员回乡利用林改改革契机发展经济，作为政府需要从以下几个方面着手：首先，加大对林农种植（如粮食种植）

的补贴，通过降低种植成本吸引林农回乡；其次，加大对林农的技术指导，林业经济的生产发展需要专业的技术支撑，比如防虫，防火；再次，加大对林农的金融支持，林业生产往往存在生长周期长，风险大，管护成本高等问题，需要相关金融机构的支持和帮扶；最后，完善林地流转，对于那些在外地有更好出路的农民而言，应该允许他们进行林地流转，既实现林地的基本价值，也避免林地的荒废。

（二）林业市场信息不对称

近十年来在关垾村，八角的价格起起落落。在价格暴跌的时候，林农一度弃林抛荒。据彭家政站长介绍："按照1996年到1999年的价格，收入很可观，2—3元一斤，很多人家一年有十几万的收入。你们在村子里看到的高楼都是那几年修建的。但是后面就不行了，到2002年，八角就下降到1.5元一斤，近几年就只有八九毛一斤了。"2009年4月起，世界卫生组织官员推荐使用抗病毒药物达菲对付猪流感疫情，生产达菲的主要原料莽草酸需要从八角中提取，广西近期八角市场价格上涨接近三成。但是这一切的信息资源都是价格上涨后，林农才知道的。按照村民梁振潮的说法："前几年市场行情不好，种植经营八角的人没什么热情，很多农户几乎不施肥不管，现在突然涨价，我们又没有更多的八角卖，只能望'钱'兴叹了！"由此可见林业信息不对称使关垾村林业发展受阻。

市场信息不对称可以说是制约林农进行有效生产，影响林改成效的重要原因。八角价格的波动完全是价值规律在起作用，如何利用价值规律，掌握市场行情是林农发家致富，是实现林改最终目的的关键。第一，村干部作为乡村的精英群体，应该起到带头作用，密切关注外界的市场信息，及时告知村民，避免村民盲目种植；第二，政府也要加强对林农的技术培训和支持，使本村种植的八角更具有市场竞争力；第三，作为林农本身，应多加关注新闻和外界动态，搜索多渠道路径掌握市场信息。保持市场信息的平衡需要多方面的努力，实现林改的成效更需要彼此的协作和努力。

（三）林改工作略显粗糙

根据浦北县集体林权改革实施方案，2010年4月启动试点六硍镇的林改工作，但是根据关垾村的林改汇报，在5月底就已经全面完成了23

个村民小组、共12626.5亩的外业勘界。笔者认为这个过程太快,难以避免一些工作的粗糙处理,而留下林改纠纷隐患。六硍镇作为试点镇,引来一批又一批的领导的视察和其他兄弟单位的效仿、取经,这也无形中加大了六硍镇相关各级的领导的工作压力,在笔者2010年8月份调研时,林业站彭家政站长说:"我现在接待的都有些麻木了,来视察的领导太多了,一批又一批,我们的压力很大,我们不能让上级失望,因为我们是示范镇,是整个浦北的先进,我们的林改工作必须又好又快地完成。"[①] 又好又快完成林改工作是目标,但是在实际中,必须实事求是,不能过于追求示范效益,人为地制造"明星村"等,这样容易造成压力体制下的林改"神话",不仅使基层政府不堪重负,也使得林农身受其害。陆续有林农来信对纠纷处理的结果表示了不满,林改纠纷不是一天两天能解决的,有的甚至是搁置了几十年的争议,这些需要我们林业工作人员和政府相关负责人员一次次协调解决,不可能在短时间内办到,所以不能为了示范效益,而把林改工作打折扣。而对于林改纠纷的调处工作,应该按照严格的程序进行,应先由村干部和林业站的人进行调解,调解不成再由镇的调处组,再调解不成交由县调处办,要一级一级的来,不能为了追求绩效,而草草处理,留下纠纷隐患,从而使得林改工作不彻底,没有真正地惠及农民。

制度的改革是功在当代、利在千秋的好事,我们当今做好相关的制度落实,旨在为村庄的和谐稳定、农民的发家致富和社会的长治久安奠定基础。林改工作如果一味追求示范效应而忽视了对林农利益诉求的回应,将会后患无穷。为此,关垾村村委领导应当摆正思想,明确工作目的,切切实实为百姓服务。

四 结 语

从关垾村的林改进程特征及存在问题的原因分析来看,以关垾村为代表的广西模式是在大稳定基础上进行的小调整。这极大地稳定了村庄秩序,避免了林改过程中一些可能出现的冲突。这是林业"三定"时期打

---

① 资料来源于对六硍镇林业站站长彭家政的采访录音。

下的良好基础,这一模式是成功的,是值得其他有类似基础的林区借鉴经验的。

但是,尽管如此,我们依旧不能说关垾村的林改达到了目的。林农除了明白自己林权的边界在哪里之外,其他的什么都没变。从目前来看,林改并未带来林农生活的脱贫致富。我们关注的重点应该是怎样避免纠纷,怎样帮助林农提高生活水平,而非为了林改的进程而"揠苗助长"。首先,通过政策倾斜吸引林农回乡务林,放活林地的经营权,实现林地效益的最大化;其次,加强市场信息的输入和输出,引导林农更好地发家致富;最后,细化林改工作,以绝后患,避免林改纠纷的频繁上演。

靠山吃不上山

——重庆丰都南天湖村集体林改困境分析

刘倩倩[①]

  2009年8月中旬，笔者在华中师范大学中国农村林业改革发展研究基地的指导下，深入重庆市丰都县南天湖镇南天湖村，对村庄集体林权制度改革进展的情况以及改革绩效进行了实地调查。本次调查主要是通过入户访谈的方式完成的，调查内容主要涉及村庄的林业概况和集体林权制度改革后村庄的基层治理与基层民主、林地流转、林业合作社、林权纠纷和生态林管护五个方面。笔者在对南天湖村林改进展状况实地调查的基础上，通过对南天湖村的林改绩效进行简要的评估分析，发现南天湖村在林改实施过程中存在的问题和困境，力图在理论和实践相结合的情境下探求林地经营管理的新思路。

一　南天湖镇南天湖村概况

（一）南天湖镇基本概况

  南天湖镇位于重庆市丰都县长江南岸，距丰都新县城42公里，海拔280—2000米，辖区面积240平方公里，辖10个行政村64个社，总人口17000人。境内交通便捷，省道203线（二级公路）贯穿全镇，村社公路纵横交错，公路总里程达178.5公里。

  南天湖镇气候宜人，生态环境良好。全镇属亚热带湿润季风气候区，

---

① 刘倩倩，女，华中师范大学政治学研究院2008级硕士研究生。

气候温和，四季分明，热量充足，雨量充沛，具有冬季寒冷降雪量大、夏季凉爽雨多雾浓、春秋两季冷暖交替的气候特点。全镇林地面积达144910.5公顷，森林面积达99133.5公顷，森林覆盖率为46.8%（详见表1）。

表1　　　　　　　　　林地面积统计表　　　　　　　　（单位：亩）

总林地面积	森林面积 99133.5（公顷）					疏林地	灌木林地	无立木林地	荒地	难利用地	其他地类	四旁资源面积
	针叶林	阔叶林	针阔混交林	经济林	小径竹							
144910.5	98379	250.5	300	199.5	4.5	589.5	40629	4558.5	2829	418.5	70369.5	3219

南天湖镇林业资源总的特点为林种树种结构十分单一，纯林多混交林少，针叶林多阔叶林少。在南天湖镇，森林80%以上的树种为马尾松，其次就是柳杉，并且几乎没有经济林地。

（二）南天湖村林改情况

作为调研对象的南天湖村位于南天湖镇西北地区，海拔1700米左右，全村辖区面积34520亩，其中耕地面积2752亩，林地面积31600亩，森林覆盖面积为91.5%。全村现有6个社，484户，1802人。村里的山林无经济林地，70%是用材林，30%的是生态公益林。树种主要是马尾松，占80%，还有20%的是柳杉。20世纪80年代初期实行林业"三定"政策以后，当时的村书记带领全村的林农开始植树造林，所以现在村内的林地大部分都是人工造林，其余少部分的是天然树林。

笔者通过实地调查发现，这次南天湖村的集体林地改革的面积近1万亩（集体林地面积），确权主要实行的是"分股不分山"的形式。全村共有6个社（生产队），每个社根据《中共丰都县委、丰都县人民政府关于推进集体林权制度改革的实施意见》（丰委发〔2008〕23号）和乡（镇）集体林权制度改革实施方案，结合自身的具体实际情况制订了详细的、规范的集体林权制度改革实施方案，并且经村民代表大会2/3以上表决通过。

林改的具体内容为：对本村林业"三定"以来已划定的自留山，按农户长期无偿使用的政策确权发证。对本村已分包到户的责任山，继续稳定承包关系。对本村尚未承包到户的集体林，主要采取家庭承包经营，对既不宜采取家庭承包经营又不宜留作集体经营的集体林地，采取转让方式（承包）和分股不分山（联户发证）的方式处置，具体由村民会议决定。

在实行此次林改的经费筹措方面，南天湖村由于林改勘界、填表、档案和绘图工作量大，所需的工作经费经由村民代表大会决议，按照颁（换）发全国统一新林权证5元/本收取，县镇另给予适当补贴，经费开支在林改工作结束后实行多退少补。2009年3月，集体林权制度改革现场核查勘界确权工作开展时，乡镇按0.20元/亩先预拨工作经费；县级技术人员参与技术培训、指导和勘界勾绘地形图按0.03元/亩先预拨工作经费。勘界确权工作结束后（即公示期间），乡镇按0.20元/亩拨付工作经费；县级技术人员按0.03元/亩拨付工作经费。其余工作经费在集体林权制度改革工作结束后按照《丰都县集体林权制度改革工作目标责任书》的要求全部兑现。

南天湖村此次林改工作是按照准备阶段、勘界公示、签订合同、登记申请和发放林权证五个阶段有序、顺利地开展和实施。一是准备阶段，村委成立了集体林权制度改革工作领导小组，召开林改动员会和培训，确定勘界员、调解员和登记员，摸底调查，讨论和制订林改方案；二是勘界公示、摸底调查后，对宗地界线进行现场勘查，填写林权勘测界定书，勘界结果在村委会公示30天；三是签订合同，勘界结果经公示无异议，由林权权利人与村民小组组长签订林地承包合同；四是登记申请，林地承包合同签订后，填写《林权登记申请表》，交镇林业站和县林改办审核；五是发放林权证，经县发证机关审批同意后，颁（换）发林权证（南天湖镇南天湖村集体林权制度改革实施方案）。

二 南天湖村林业改革的困境与挑战

为了考察南天湖村林业资源的利用和林改实施过程中产生的实际效益，我们采用绩效考核中的强制分配法对南天湖村的林业资源利用情况进行评估。通过随机抽样对南天湖村8户农户进行访谈，我们发现绝大多数林农对于林改是持"不满意"态度的（见表2），在林农看来，政策执行规范度、林业经济效益、林地经营管理方式、林地流转规范度对于整个林改的绩效产生的影响最为严重（见表3）。

结合表格的分析，我们可以发现，当前南天湖村实施的新集体林权制度改革具体实施存在着很多问题。归结起来，主要是三个方面，一是国家政策执行与林农经济效益期望值存在距离；二是林地流转不规范；三是林地经营短期效益需求与林业发展长远利益之间存在矛盾。

表2　　　　　　　南天湖村林业改革满意度分析表①

	满意	一般	不满意	不关心
林地人均占有率	√			
林改政策知晓度			√	
林改模式	√			
林改政策扶持度			√	
林改政策实施绩效			√	
林业收入			√	
林地经营管理			√	
林地流转规范度			√	
林业短期收益			√	
林业产业影响力				√

表3　　　　　　　南天湖村林改绩效影响因素分析表②

影响因素＼影响程度	严重	中度	轻度
林改政策宣传度		√	
政策执行规范度	√		

---

① 资料来源：南天湖村8户农户访谈记录，访谈人：刘倩倩、周珍。访谈时间：2009年8月25日—30日。

② 同上。

续表

影响程度＼影响因素	严重	中度	轻度
林业经济效益	√		
林业生态效益			√
林地经营管理方式	√		
林地流转规范度	√		

（一）林改政策执行效果与林农期望值的冲突

通过表2我们可以看出，在实际的林改推进进程中存在着国家林改政策执行效果与林农期望值之间的差距（政策执行问题）。

大部分的农户对于国家的林改政策表示欢迎，但是在政策实施的过程中，农户不能体会到国家林改政策带来的好处。在南天湖村这样的偏远山区，这种状况直接制约新林改的推进，更是直接损害到广大林农的实际利益。

笔者在调研过程中发现，关于林地承包到户，将林地经营权、收益权、处置权落实到农户的进程缓慢，地方政府对于林业砍伐指标的控制严格（见表4）。

表4　　　　2009年度南天湖镇各村木材采伐限额控制指标表[①]

村	材积（10m³）	责任人
厂天坝	20	向发华、陈光银
高庄坪	15	向中荣、陈光银
三汇	30	李成祥、朱应娟
梨地坪	30	黄安胜、杨龙成
小安溪	20	冉广堂、杨龙成
鹿山	15	刘汉成、付海铭
九溪沟	15	周春发、刘碧华

---

① 资料来源：《丰都县南天湖镇人民政府关于下达2009年度木材采伐计划的通知》（南天湖府发〔2009〕58号）。

续表

村	材积（10m³）	责任人
三抚	20	汪继生、付海铭
南天湖	20	廖永龙、朱应娟
义合	20	罗应林、刘碧华
合计	205	

农户靠山吃不上山的情况没有得到实质性的改变，村内的农民在林业上几乎是零收入，经济来源主要是靠打工（主要在村内的三抚林场）、种植庄稼（玉米、包菜、土豆）、烤烟以及喂养牲畜（猪、牛、羊）。在对村民的访谈中，村民表示"我们不能砍，政府不让砍，没有采伐指标，我们也没得办法……"对于农民而言，林改的政策是好的，但是在落实的过程中许多关键问题没有解决，到目前为止，此次林改还没有为农民带来实实在在的经济效益[①]。

我们可以看出，林农判断一项政策好与不好的最简单标准，就是看这项政策落实下来是否给他们带来现实的经济效益，这也是他们最质朴的愿望。"林业收入越多，即农民对林业的生存依赖性越大，村民就越愿意参与生态林管护，对林业经营越关心。"[②] 林农在集体林改中应该获得的利益在政策执行过程中与其现实经济收益产生鸿沟，产生了"林改政策极其好，林农效益不提高"的怪现象。林改政策的执行进程是关乎林农现实经济收益的前提，林改政策执行不彻底，林业深化改革就无从谈起，林农利益提高只能是空话。

（二）林地流转不规范与林农基本需求的冲突

通过表2和表3的分析我们可以看到，在南天湖村存在着严重的林地流转带来的林地经营管理权流失问题，这是林改在当地推行中遇到的最现实的问题，也是农户反映最为强烈的。笔者在南天湖村调查时发现，农户

---

① 南天湖村六社社员潘勇访谈记录，访谈人：刘倩倩、周珍。访谈时间：2009年8月26日下午。

② 王新清、孔祥智、郭艳芹等：《制度创新与林业发展——福建省集体林权制度改革的经济分析》，中国人民大学出版社2008年版。

在进行林地流转过程中存在政府干预严重的现象。2008年。南天湖村总共有8000多亩林地流转给了曼图公司，流转价格为210元/亩/30年，涉及全村的六个社，在流转过程中，是以各个社为单位进行的集体流转。其中村五社（原三社）总共2700多亩林地全部都流转给了曼图公司。笔者在对林地流转进行调查时，许多林农反映，这次林地流转虽然说是他们都同意了的，但是"被迫同意"，镇上、村上都出面了的，不同意也没有办法。至于流转签订的合同，他们表示都没有看到具体的合同，也不知道合同的具体内容是什么。

在对村民的访谈中得知，全队大部分土地都流转给了曼图公司，合计2700亩，流转主要是由队上统一进行的，流转经过了社员的同意，但少部分社员反映不同意也没有办法。同时村民也表示没有看到合同，"哪里晓得合同里写的是啥子哟。这个事情都是以生产队为单位弄的，队长管这些事情。"①

林地流转违背了基本的程序和规定，于林农而言大部分林地的丧失，将使林改成为无源之本，对于后期林改的推进和林农的增收带来巨大的挑战。

（三）林地经营短期效益需求与林业发展长远利益之间存在矛盾

林木的生长周期长，而林农的现实收益需求却很强烈，这就在二者之间形成了一种矛盾关系，而且是林改推行过程中必须要面对和解决的问题。南天湖村处于偏远山区，交通不便，本地资源除了大片大片的山林之外，再没有其他的资源可以开发利用。因此南天湖村的经济很落后，农民的经济收益很低，林农对于收入增长的现实需求是十分强烈的。但目前林农唯一可以指望的林业资源，却不是能够立刻带给他们现实收益的资源，这让很多林农在心里对自家林地的经营丧失了积极性和热情。这也是为什么当地的林业资源能够被外来公司那么容易占有和经营的一个很重要的现实原因。林农限于自己的认知能力，看不到发展林业的长远收益以及那些长势良好的树木潜在的巨大经济价值。笔者调研过程中发现，绝大多数林农还是最终选择了放弃经营林地，通过出外打工或者其他途径来获取快捷

---

① 南天湖村五社社员张金平访谈记录，访谈人：刘倩倩、周珍，访谈时间：2009年8月28日中午。

的收益。

在林地的流转过程当中,上级部门的行政参与过多,政府为了眼前的利益,低价将林地的经营管理权转让给外来公司,林地经营管理权的流失,严重损害林农利益。村庄内的林地被政府"引导",低价承包给曼图公司,这就直接剥夺了林农对于林地的经营和处置权,更不可能使林农从中获得现实收益,这是林改政策在实际操作层面遇到的现实问题,也是缺失健全的林业产权交易市场或林业要素市场体系带来的不良后果。

要想实现林改的目标,必须在现实层面首先解决好林地经营权、管理权收回的问题,而这是一个复杂艰难的过程。外来公司对林地经营权、管理权的占有,就导致林地上直接的收益也就归公司所有,而林农得到的只是微薄的流转费用,长期的、潜在的林业经济收益权受到了严重损害。必须克服林地流转中政府参与过度这一体制性弊端,使得林地流转能够在健全合理的市场交易体系下进行,保护林农对林地的经营权、处置权、收益权,这是实施林改的目标所在,也是改变当前林地流转中出现的林地经营权管理权流失问题必须面对的。

规范林地流转,有利于促进林业生产要素的合理流动和森林资源的优化配置,有利于进一步盘活森林资源,吸引社会资金和金融资本进入林业,使得农户有信心长期保持对林业的管理和支配权,实现自身的长远利益。这是今后的林改进程中应该解决的重要问题。

在对村民的访谈中我们还了解到,现在村民对于树木基本没有进行管护,任其自由生长,村里和队里也无法管护,正因为现在村里基本都是留守老人和儿童,所以,流转林地是最省事的办法,把林地流转了,至少还能得到一些钱①。

访谈记录透露出这样一种信息:一方面,农民受自身素质和目光短浅的限制,根本就看不到林业的长远价值所在;另一方面,也提示政府和相关职能部门要做好林地经营管理配套服务(比如林地经营管理的指导、林业市场的建设和完善等),使农民能从经营林地的过程中看到现实收益的希望。只有这样,才能真正解决好林改过程中林农对林地经营管理积极

---

① 南天湖村二社张兴伦访谈记录,访谈人:刘倩倩、周珍,访谈时间:2009年8月29日上午。

性不高的问题,才能真正实现林改政策的重大现实意义。

通过以上对南天湖村实际林业绩效的评估分析,我们可以看到,当前集体林权制度改革在南天湖村的实施,在实际执行过程中还存在很多问题。包括改革政策的贯彻执行力度、林地流转的规范运行,以及林农经营林地积极性的保护方面,都存在一些重要的制约因素,直接影响到林改的绩效。以此分析为依据,我们试图在综合理论分析和实践考察的基础上,对于林改的推进,提出具有合理性和建设性的策略。

三 南天湖村林地经营新思路

(一)确立林农主体地位,挖掘林业发展潜力

针对当前南天湖村林改中存在的国家政策贯彻执行不到位、政策执行效果不佳等问题,我们提出在坚持国家集体林改政策总目标的前提下,针对不同地区的不同情况,灵活处理改革政策要求与农民现实经济利益之间的关系,力图实现国家林改政策灵活性与农民现实经济利益的有机契合,实现"政策推行好,林农收益多"的目标愿景,消除林改进程中出现的国家政策执行效果与林农收益之间的鸿沟,切实实现林农收益的提高,形成具有地方特色的林业发展道路。

就南天湖村这一具体的实施主体来说,地处偏远、经济落后、资源匮乏的现实情况,加之林农对依靠林业资源脱贫致富的强烈愿望,乡村干部应充分尊重林农对林业的管理权和经营权需求,根据林农的具体要求和实际情况,由林农自己作主决定林业的具体经营发展模式。乡村干部领导只提供政策上的指导和建议,不应干预林农的实际经营。切实做到在保持集体林地所有权不变的前提下,将林地经营权交给农民,确立农民的经营主体地位,并享有对林木的所有权、处置权、收益权,做到"山有其主,主有其权、权有其责、责有其利",实现"山定权、树定根、人定心",充分调动广大农民发展林业的积极性,充分挖掘林业发展的潜力。真正实现林改政策目标,形成具有地方特色的林业发展道路。

(二)建立配套服务制度,激活林业市场发展

在位置偏远、资源贫乏的南天湖村,一方面,林业资源几乎是当地农

民唯一可以依靠的脱贫致富的途径；另一方面，林业产业还是一个弱势产业，还没有形成一个完善的格局。为此，从农民长远利益角度出发，必须在制度建设层面上对林业产业进行保护和扶持，建立关乎林业发展的相关配套服务制度，完善各种促进林业发展的举措。从政府角度出发，国家在拨付一定数额的林业改革资金补助之外，当地政府还需要根据当地的实际情况拨付一定的资金来支持当地的林业发展，并且制定切合当地实际的林业产业发展的长期规划，使得林业产业能够在制度保障和市场引导下得到健康持续发展。

任何产业的发展都离不开市场，市场甚至是决定一个产业兴衰发展的决定因素，一个产业如果没有了市场前景，就注定要被市场淘汰。林业产业的长远持久发展，不能仅仅靠单一的传统模式和发展思路，必须在发展进程中努力探索产业发展的新领域，不断地接受新的事物，迎接机遇和挑战。这不仅仅是拓展林业发展市场前景的问题，更是关乎林业长远发展命运的大问题。如果没有突破，只是在原有的领域内发展，任何产业都不会有质的飞跃，最终会在市场发展的大潮流中被淘汰掉。

南天湖村林业资源虽然丰富，但是由于长期以来只是通过木材砍伐单一的方式来获取林业效益。针对这样的产业发展瓶颈，必须在立足林业生态效益的基础上，积极应对市场要求，探求林业产业发展的新领域，拓宽产业发展的市场前景。要在不断提高产业附加值的过程中对产业进行优化升级，实现林业产业的利润获取模式转型。更为重要的方面，是要在立足产业发展的要求下，能够开拓出林业产业发展的崭新领域，在不断推进产业进步和提高林农收益的基础上，实现林业产业发展的跨时代跳跃。这其中，培育当地活跃的林业生产要素市场，刺激林业产业发展，促进林农收益增长是一项十分重要的任务。

（三）扶持建设林业组织，促进林业发展规模化

林业专业组织主要包括农民林业专业合作社、家庭合作林场、股份合作林场、"公司+农户"等多种形式。在笔者调查的南天湖村，当地的林农根本没有林业合作经营的意识，而且上级林业部门也没有在这一方面进行积极的宣传和引导。而当林农真正开始对林地进行经营管理时，却不懂得如何有效地去经营，最终只能是放任不管，林地经济效益难以实现。

林业产业的长远发展不能只是依靠林农单一的个体经营，必须在规模化和组织化上寻求突破。"林改后，集体山林分到了千家万户，'单家独户'经营为主的格局由于产权清晰、利益直接，短期内必然会促进林业生产力的发展，但这种格局如果长期延续下去，势必不利于林业经营水平的提高和生产力的发展。林业的特点和国内外的经验告诉我们，林业最终还是要走规模化、专业化、集约化经营之路。"[1] 因此实现林业产业的组织化、规模化经营就成为当前林业产业发展不容忽视的问题。林业如果想要获取产业发展规模效益，就必须积极扶持建设林业合作组织，促进林业产业的组织化经营，通过一系列合作化的模式，在林业产业内部，实现以组织化为特点、规模化经营为方式、效益化为目标的管理和经营模式，最大限度地实现林农经济收益和生态效益的和谐发展，达到经济效益和生态效益的双赢。

---

[1] 贺东航、朱冬亮：《中国集体林权制度改革存在的问题及思考》，《社会主义研究》2006年第5期，第79—81页。

第三篇

集体林改收益和林农增收

农民主动参与下的林下经济发展
——以安徽省金寨县龙冲村为个案

单红旭[①]

一 龙冲村林下经济概况

龙冲村位于安徽省金寨县西北部地区，东与果子园乡牛食畈村交接，西与斑竹园乡接壤，北与南溪镇相连。龙冲村深处大别山南部腹地，森林资源十分丰富，森林覆盖率高达77%，属于亚热带季风性气候，发展林业经济的自然条件十分良好。龙冲村由原有的白棚村与栗湾村合并而来，在两村合并的时候，经过讨论和妥协，决定村名沿用白棚村的名字，但是村部必须盖在栗湾村。用龙冲村一位村干部的话说就是，村子用谁的名称根本不是什么大问题，最主要的是"首都"建在什么地方。全村现有通村水泥路5.87公里，组道24公里，新建了电信和移动信号塔各一座，全村没有通信盲点域。

龙冲村现在14个居民组，人口2268人，占地总面积22135亩。其中耕地面积1314.7亩，林地面积18100亩，水域面积144.4亩，外出务工人口600多人，主要分布于上海、广东、浙江一带，打工收入是龙冲村村民经济收入的主要来源之一。龙冲村地处大山深处，靠山吃山，山场和林地是龙冲村的又一主要经济来源。全村的林地大致可以分为用材林、经济林和生态公益林，其中有生态公益林8000余亩，用材林主要有杉树和松树；经济林主要包括茶叶、板栗、桑树等。龙冲村林业经济的发展经历了

---

① 单红旭，男，华中师范大学政治学研究院2009级硕士研究生。

三个明显的阶段。第一个阶段：发展蚕桑种植。从新中国成立初期到1990年左右，这一阶段龙冲村主要发展蚕桑产业，20世纪到80年代初的时候，龙冲村的蚕桑种植达到最高峰，全村家家户户几乎都种桑养蚕，还在村子建立了一所蚕茧烘制厂，20世纪80年代中后期，蚕桑产业开始没落。第二个阶段：发展板栗茶叶复合种植。从20世纪80年代中期左右到2008年，随着蚕桑产业逐渐没落，这一时期果子园乡政府大力推广板栗茶叶复合种植，龙冲村也执行了这一发展项目，全村迅速完成由蚕桑业向板栗茶叶的复合种植的过渡，到2002年左右，龙冲村的板栗茶叶产业达到最高峰。第三个阶段：发展多样化林下种养。在2008年集体林权制度改革实施以后，龙冲村的林下经济取得了较快的进步和发展，在这一时期，果子园乡政府借助"林权改革"这股东风，积极出台了一系列相关的林业政策，积极争取上级扶持，借助几个大项目实施的机遇，改变发展模式，采用参与式方法带动本乡林业产业的发展，大力发展林下种植养殖业。在此期间，龙冲村的林下经济发展不仅实现了由农户原子式经营向标准化规模经营的转变，而且开发出了多种林下经济模式，包括林禽模式、林菌模式和林游模式。现在全村已经建立起了天麻基地300亩、毛竹基地250亩、茯苓基地10亩、灵芝基地20亩、蚕桑基地150亩。林下种植产值总额高达300万元。

2009年，龙冲村鼓励村民发展林下生态养殖业，发展林下养鸭和养鸡业。为了促进村庄林下经济的发展，在乡政府的指导和村里经济能人的带动下，龙冲村积极成立了经济合作组织和互助组织。主要有2008年成立的大别山天麻种植合作社、村级资金互助合作社；2010年成立的金林林下养鸡专业合作社。2011年开始筹建双峰寨生态旅游区。

二 龙冲村发展林下经济实践

2008年以后，金寨县在上级政府的支持下，通过多方筹集资金，决定在本县实施林下经济发展项目，希望通过发展林下经济来给本县林业经济注入新的活力。金寨县政府决定，这一次项目的推广和实施要吸取20世纪七八十年代推广板栗茶叶复合经济项目失败的教训。在这次新林下经济项目的实施过程中,不搞"一刀切",采用参与式的方法,把林农纳入到项目的决策、实施和监督的过程中,充分调动林农和社会各界的积极性,因地制宜地发展林下经济项目。目前县里选择了3个乡镇的9个村子作为试点。龙冲村就是试点村庄的其中一个。

(一)高兴的林农:外力启动的村庄项目

1."俺们村来项目了"

2008年3月的某一天,村里突然传出个让林农喜出望外的消息,有人说村子成了县里扶贫重点发展的村庄,县里有一批项目要在龙冲村实施。听到这个消息以后,小山村像是沸腾了一样,村民互相传送这个好消息,心里都憧憬着自己能够在这批项目中获得某些好处。"我家屋子就在山场里,没有路,交通实在太困难了,出门骑不了车,我十分希望能够在我家附近修一条道路。"①易书记这样说道,"作为村干部,我希望县里和乡里能够给我们一些资金、政策和技术方面的帮助,帮助我们渡过资金难关,解决技术上的障碍"。②

龙冲村村民口中的项目就是在前文中提到过的林下经济发展项目。为了保证项目的顺利实施,除了林下经济的相关项目之外,还包括基础设施改造项目和组织建设项目,具体包括以下几个方面。

(1)林下种植养殖项目:主要包括林下种植木耳、天麻、灵芝、茯苓这四种食用菌类作物;在林下养殖鸡、鸭和猪等动物;

(2)林下旅游:充分利用各村的旅游资源和森林资源,发展农家乐、野味品尝等旅游项目。

(3)基础设施建设:包括整修项目参与村庄的循环路、增修桥梁和公共厕所、安设路灯三个方面。

(4)组织建设方面:为了保证项目的顺利推广和实施,县、乡政府要帮助各项目参与村庄组建各种组织。主要包括理事会、资金互助组织、林业经济合作社等。

---

① 材料来源于安徽省金寨县B村村民冯耀耀(访谈人:单红旭、沈丽,2011年7月18日14:00—15:00于B村瀑布前)。

② 材料来源于安徽省金寨县B村支书易书记(访谈人:单红旭、沈丽,2011年7月10日17:00—18:00于B村村部门口树下)。

项目计划从2008年开始，经过三年预期实现的目标包括以下几个方面：

（1）保护林区的生态环境，提高项目参与地区的森林覆盖率，从2008年的60%提高到70%。

（2）促进本县林业经济的发展，建成标准化的林下菌类生产基地4个。

（3）提高参与林农的经济收入，由2008年的人均2500元，增加到3500元。增加林农就业机会，尤其带动妇女就业致富。

（4）完善项目参与村庄的组织和制度，帮助每个项目参与村组至少建一个资金互助组织和一个林业经济合作社。

（5）通过参与项目，改善林农与村集体和政府的关系，形成林农、政府和村集体良好互动的和谐局面。

2. 之后的流言

经历了短暂的高兴之后，村民们关注的重点不再是县里到底有没有这批项目，这批项目到底都包括什么，而是这些项目应该怎么实施。围绕这些问题，龙冲村村民心里充满了各种猜测和盘算，关于项目的种种传言也慢慢地出现。有人说项目是县里说了算，由县里统一实施，好处落在谁身上谁也说不准；也有人说项目肯定是要鼓励大户，让大户干出些成绩来，这样领导才有政绩；更有人消极地认为这些项目根本就是雷声大、雨点小，喊着喊着就没有动静了。

（二）政府的做法："我搭台、你唱戏"

1. 转变观念，明确农民的主体地位

我国以往的扶贫往往只注重"输血"，在一次性给予扶贫资金之后，便没有相对应的配套服务。金寨县这一次发展林下经济项目的前提就是要扭转之前的扶贫思想。这一次扶贫项目不仅仅是"输血"，更要"造血"，充分发挥林农的主体地位，调动林农的生产积极性，培养林农的致富技能，深入解决农户贫困的问题。在这一次项目的实施过程中要认识到农民世世代代生活在他们的土地上，对当地的生产、生活和自然地理条件最为熟悉。他们的家园适合种植什么、养殖什么，农民都会有自己的见解，在这个角度来看，农民也是专家。但是，农民毕竟文化知识有限，"因此他们也需要外来的引导者帮助他们打破传统思想的束缚,拓宽脱贫的视野和渠道"。①

2. 深入宣传

面对林农的忧虑,果子园乡政府通过多种传播媒介对林下经济项目进行了广泛的宣传,要林农了解这次项目的特点和乡政府的真正意图。在宣传项目的过程中,乡政府主要采取了以下几种做法。

第一,充分利用村子的"大喇叭"进行宣传。要让林农明白他们自己是参与项目的主体之一。

第二,派出调研队伍,走进"田间地头"进行基地调研。通过基地调研不仅仅可以当面向林农讲解项目的具体情况,更可以真实地了解到林农的需求。在林下经济项目实施以前,乡政府派出调研员在3个村庄进行了长达一个月的调研。

3. 让林农当家:龙冲村参与项目的最终确定

通过对项目的广泛宣传和对林农的培训,林农逐渐明白了这一次的扶贫项目和以往是不同的,这一次林农可以"说得上话了,意见也被记录了下来"。② 在龙冲村确定要参与哪些项目之前,项目组在龙冲村召开了全村村民代表会议、各村民小组会议、妇女会议,力求充分地了解林农的具体情况;通过访谈、问卷调查、填写项目建议表等方式了解林农的参与意愿,希望寻找出在参与项目的过程中最急需解决的问题是什么,按照轻重缓急的顺序把要解决的问题排好序号。

经过多次民主讨论,龙冲村村民提出了以下几个急需解决的问题。整修村里的循环路,完成组组通工程;各村组的饮水工程;发展林下经济的专门技术指导;资金问题。同时也统计出了全村参与林下经济项目的具体情况(见表1)。

表1 龙冲村农户参与项目具体情况表

项目名称	天麻种植	灵芝种植	茯苓种植	林下养鸡	林下养鸭	森林旅游
户数	446	36	94	2	1	1

① 韩勇:《参与式方法在山区扶贫建设中的应用》,《林业与社会》2002年第6期,第6—9页。
② 材料来源于安徽省金寨县B村村民程力(访谈人:单红旭、沈丽,2011年7月23日18:00—19:00于B村鸭棚门前)。

(三) 项目实施：龙冲村林下经济项目的具体运作

1. 理事会的产生

项目的实施阶段，在项目组的帮助之下，龙冲村首先成立了理事会。理事会由5—7人组成，村委会成员可以入选理事会，但人数不能超过理事会总人数的1/3，理事会必须有村民代表参加，村支部书记和村委会主任不得进入理事会。

理事会的选举程序是由村委会组织召开村民小组会推荐，然后召开村"两委"扩大会议在推荐的基础上选出正式候选人，差额1名，最后召开村民代表大会正式差额选举产生，并在全村公示。理事会成员在任期内改选，可参照本程序进行。理事会每届3年，其成员可连选连任。

村理事会办公室应建章立制，规范管理，做到"五有"：有办公场所，有门牌，有档案柜，有章程、制度上墙，有项目建设标识图表。反映项目工程进度、投资状况、项目分布等。

理事会的职责是：理事会是项目实施和资金报账的主体，在村委会的领导下，具体负责项目建设和管理，灵活地按照项目组批准的实施方案确定施工企业或人员、组织施工、采购施工材料、派工、租赁机械、记录施工日志、控制资金支出、监督质量、安全生产、项目明细支出公示（半年）、报账等并按细则要求合理使用项目资金，对建设项目进行自验，适时移交项目资产。

村委会与村理事会的关系形象地说是董事长与总经理的关系，是建设业主和建设法人的关系。村委会管钱管事，理事会花钱做事，各司其职，相互制约。

2. 道路与水利建设

龙冲村村委会根据项目组提供的调研结果，按照村民的要求，决定首先整修本村的循环路，实现本村组组通工程，解决本村交通难的问题；其次，发展林下养殖和种植业离不开水源，根据村民要求龙冲村决定在本村靠近水源区修建一座取水楼，让全体村民受益。

在建设的过程中，理事会坚持凡是村民可以依靠自己建设的，应当组织村民自己建设，理事会应当支付参与建设村民合理的报酬，标准不得低于当地劳务工资。在劳务工资发放以后，理事会应当予以公示，公示应当保存半年。经过村委会和项目组审核通过以后，可以根据发放花名册直接纳入工程投资报账。在自建项目中购买的材料价格、租借的机械数量、租金也要进行公示。在此项目中，龙冲村整修本村的循环路5.78公里，受益人900人，修建路桥2座，取水楼一座，受益人490人（见表2）。

表 2　　　　　　龙冲村修建道路、水利项目具体情况表

项目名称	建设内容	扶持资金	新增效益
公路桥、岸	1. 新湾桥驳岸：长28米，高2米，宽1.1米；桥宽4米，高2米，长2.5米 2. 佛胜桥长4米，宽4米，高1米	3万元	受益村庄一个，村组两个，受益人口450人
前店三堰	长16米×宽1.2米×2.75米=52.8立方米，渠37.2立方米，浆砌石90立方米	1.2万	受益145人，灌溉60亩
当家塘修复	1. 栗湾清淤泥450立方米（450平方米×1米）浆砌40×0.7×1.34=37.5立方米 2. 新民清淤泥600平方米×1米=600立方米浆砌30×1.03×0.6=18.5立方米 3. 张下湾清淤泥650平方米×1米=600立方米浆砌35×0.5×1.1=19立方米	11万	受益移民村一个，移民组11个，受益人口2019人，其中移民235人，改善灌溉面积198亩，新增养殖水面18亩

3. 林下种植和养殖基地建设

林下菌种植和林下养殖是这一次发展项目的核心组成部分，是帮助农民脱贫致富的关键环节。在基地建设过程中，项目组充分尊重林农的种植习惯，前文已经提到，龙冲村早在20世纪90年代，就开始小规模的进行林下种植天麻、灵芝、茯苓等食用菌。在这一次项目的执行过程中，由林农根据各自的林地立地情况、资金情况，自己确定参与什么项目。项目组在基地建设过程中主要给予技术上的指导。在此次项目中，龙冲村共建设

天麻基地200亩；灵芝基地5亩；茯苓基地5亩；林下养鸡基地一个，养鸡1万余只；林下养鸭基地2个，养鸭4000余只；依托林下养鸡基地建设森林旅游基地1处。龙冲村希望本村的林下经济产业向着规模化、标准化和一站化的方向发展，争取做出品牌、做出名气。

4. 龙冲村资金互助组织的成立

在项目实施的过程中，项目组一直鼓励林农能够自觉地投入资金，发展致富项目。项目组认为只有林农自觉地投入资金，才会真正地调动林农的生产积极性。因此，为了解决部分贫困林农缺乏启动资金的问题，果子园乡政府和项目组开始协助龙冲村林农建设资金互助合作社。在筹建资金合作社的过程中，在资金筹集问题上，项目组坚持把扶持资金和村民自筹资金结合起来。按照标准统一、自觉自愿原则进行。项目组给予的扶持资金是15万元。经过两个多月的融资，龙冲村村民自筹资金8万元，其中共有400户林农入社，每户融资200元。

在资金的管理和使用方面，互助资金坚持"民有、民管、民用"的原则，资金归全体村民所有，由村民代表大会选举出管理小组进行管理。项目组和乡政府只有监督和指导的职责，不得干涉资金的使用情况。在资金管理方面，龙冲村互助资金合作社在广泛征求村民意愿的基础上，建立了账册齐备的财务制度、公示联保的监督制度、ABCD排名的信用等级制度。在资金使用上，合作社坚持"组织穷人、瞄准穷人、一次投入、滚动发展、互相帮助"的原则，优先帮扶困难林农解决资金问题。

在互助资金的帮助之下，解决了部分贫困农民的资金难题，使他们比较容易地借到了从银行借不到的钱。龙冲村林农利用这些资金，在村委会、理事会和项目组的帮助下，充分利用自己的林地搞起了天麻、灵芝、茯苓种植，走上了心中渴望已久的致富道路。

5. 大别山天麻合作社

龙冲村林下经济基地建设逐步完成，龙冲村的林下经济、特别是林下天麻种植得到了十分迅速的发展，取得了不错的经济效益。但是，龙冲村的天麻种植业面临一系列需要解决的问题。这些问题主要表现在林农和市场的联系不强，不能及时地获取市场信息；天麻销售被少数村庄的经纪人把持，在销售天麻过程中林农始终处于不利地位；部分农户的专业技术不过关，种植出的天麻质量不过关、农药含量严重超标。为了解决这些问题，龙冲村天麻种植大户李全决定建立一个大别山天麻合作社，以合作社为平台，搭建起林农和市场之间的桥梁。

2009年3月，在李全和25户天麻种植大户的共同努力下，大别山天麻合作社挂牌成立。合作社最初成立的时候，为了吸引更多的成员，扩大规模，采取了"干股入社"的方式。所谓干股入社就是农民不需要缴纳任何的费用，只需要签订合同，按照合作社的要求和标准，把他们的天麻卖给合作社就行了，约定的价格是不低于市场价。

合作社最主要的是给农民技术指导和帮助农民销售天麻。合作社每年都会举办天麻种植技术培训班，给林农讲授专业的天麻种植技术，比如防治病虫灾害、如何喷洒农药等。合作社2010年请了安徽农业大学的教授来给社员讲课。合作社还免费给大家发放了《天麻种植技术》这本书给大家学习。在销售方面，合作社主要有以下几个渠道，每年到了10月份就会有很多大小的贩子和公司来龙冲村收购天麻，合作社会视价格高低把天麻卖给他们一部分；合作社也有自己的销售网络，主要是分布在广西、上海和广东等地区，合作社和这些地区的一些公司和单位有业务往来。

笔者调研期间，大别山天麻合作社的运行十分良好，林农增收效果十分明显，种植天麻超过10亩的社员，年收入都在20万元左右；种植小户每年依靠天麻取得的收入也不少于1万元。

（四）龙冲村参与式方法指导下林下经济项目的运行机制分析

1. 龙冲村林下经济项目的实施步骤

龙冲村林下经济的发展过程，是以政府的扶持项目为背景、以龙冲村农民为参与主体、政府部门和项目组给予指导和监督的。在发展林下经济的过程中采取从下到上的方式，强调政府和农户的良好互动。从总体来看，龙冲村林下经济项目的实施过程大致经历了以下三个阶段：项目筹划，包括项目出台、项目宣传、组织培训、基线调研、具体项目确定几个环节；项目实施，主要是根据上一阶段确定的具体项目成立项目理事会、编制实施方案、落实项目方案；项目验收，在这一阶段主要对本村的自建项目和招标项目的完工情况予以验收，主要包括村组自验、村委会验收和项目验收三种形式（见图1）。

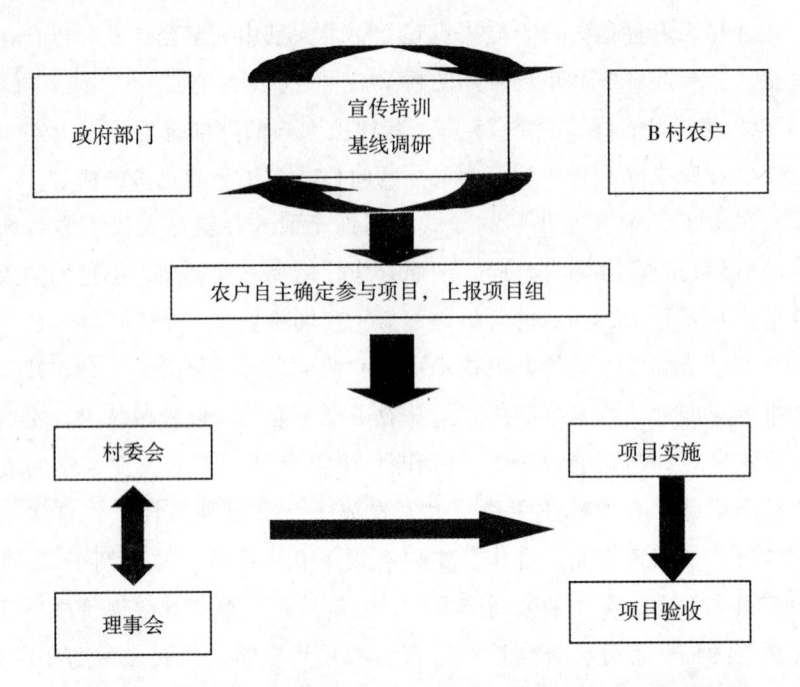

图 1　龙冲村参与式理论指导下林下经济发展项目的实施过程图

2. 参与式林下经济项目的运行机制

从前文的分析可以看出，面对林下经济发展的困境，龙冲村在外力的帮助下，努力整合村庄内部资源，使这两种力量形成合力，共同促进本村林下经济的发展。在这一过程中，龙冲村采取参与式方法发展林下经济项目的运行机制主要体现以下几个方面：

（1）赋予农民权力是采用参与式方法发展林下经济的核心。乡政府采取参与式的方法，把要不要参与项目、参与哪些项目、项目如何实施的权力下放给了农民，让农民来决定项目的实施过程。这一做法改变了传统的自上而下命令式的项目推广方式，唤醒了农民的主人翁意识，调动了农民参与项目的积极性。龙冲村发展林下经济的过程中，项目组赋予项目参与农户的权力包括项目选择、实施、评估过程中的决策、监督的权力；依托发展项目获得相关收益的权力；充分表达自身发展意愿、发展要求的发言权；公正平等的和项目方、村委会、其他参与农户进行平等对话协商的权力；配合林下经济发展项目，制定相关的制度、规范和建设专业合作社、资金互助组织的权力。

（2）自下而上是采用参与式方法发展林下经济的路径选择。所谓"自下而上"的方法除了有把部分决策权、监督权下放给参与者的意义之外，还要正确对待农民自身的经验和知识。前文提到，农民对于生养他们的土地是最为熟悉不过的，在发展林下经济的过程中，应当充分考虑种养植习惯和经验，根据农民的实际需求制订发展方案和规划。

（3）机制和制度建设是采用参与式方法发展林下经济的重要保障。参与式方法强调赋予参与者权力，尊重参与者的权利。但是，这并不意味着采用参与式方法发展林下经济项目，就没有任何的制度约束和要求。从本章分析可以看出，龙冲村在发展林下经济的过程中，十分重视制度和组织建设，以明确的行为规范来要求项目的参与者。在整个过程中，龙冲村建立了民主决策机制、项目申报和批准制度、财务管理制度；制定了村级资金互助组织的入股、分红和抵押等财务管理制度等。龙冲村的实践证明，这些制度的建立，在项目的实施过程中发挥了十分重要的作用。

三 成效：龙冲村参与式林下经济的效益联动

（一）经济效益：多元模式、货币收入与就业增加

根据龙冲村林下经济发展项目的实施情况，全村林下经济发展以林下菌种植和林下养殖为主，林下旅游处于初步发展的时期。在项目实施的两年以后，龙冲村林下经济发展的方向更加明确，模式更加突出，可以把龙冲村的林下经济概括为三大模式：林菌模式、林禽模式、林游模式。三大林下经济模式取得的经济效益十分明显。

1. 林菌模式

前文已经提到，龙冲村种植林下食用菌的历史比较悠久，栽种方法也比较成熟，在项目组和合作社的技术指导和改造下，龙冲村的林下菌种植，尤其是天麻种植技术更加成熟。龙冲村村民在自留山和生态公益林中选择合适林地，在荫蔽的林地下面种植天麻、灵芝、茯苓等食用菌。近几年来，金寨县天麻、灵芝和茯苓的价格比较稳定，三种菌类产品的市场价格相差不大。2010年和2011年，龙冲村林农依靠食用菌种植，增收效果十分明显。以龙冲村的天麻种植户为例，一亩林地可以种植天麻500平方

米左右，每平方米可以产干麻9公斤左右，可以加工干麻2.5公斤左右。在前期投入上，每平方米需要投入天麻种100元左右，配套菌材10元。按照这样的成本价格计算，除掉劳动力价格，种植一亩天麻的前期投入大约在55000元。2010年和2011年，新鲜天麻的价格是每公斤40元左右，干天麻的价格是每公斤120元左右。按照这样的价格计算，龙冲村林农种植一亩天麻的净收入为18万元。除了经济收入以外，全村大多数农户搞林下菌种植，大大解决了龙冲村村民就业问题。"俺们村在种天麻以前，年轻的小伙子都出去打工了，不出去打工，就搞不到钱。这几年，种植天麻比较赚钱，俺们村出去打工的人数明显的减少了，现在大多数男的都选择在离家不远的地方打打零工，农忙的时候就及时赶回家帮忙，平时的管护工作都是妇女来干。"[①]

2. 林禽模式

林禽模式是指在立地条件良好的荫蔽的树林下面自然放养、圈养鸡、鸭、鹅等禽类。龙冲村的林农选择林下养殖项目的比较少，只有两户。一户在生态公益林下养殖黑鸡；一户在自家自留山地养鸭。龙冲村村民选择林下养殖项目的人数比较少，是因为发展林下养殖的前期投入和林下种植天麻等食用菌相比要大得多。虽然龙冲村选择林下养殖的农户少，但是规模却比较大，经济效益也十分显著。在龙冲村搞林下养鸡的是一位年轻的小伙子，叫小童，他搞的是一种生态绿色养殖模式，养殖的鸡品种是从四川引进的旧院黑鸡，这种鸡全身乌黑，体内富含硒元素。小童发展林下养鸡的前期投入是十分巨大的，"到目前为止，我一共投入了100万左右。我最早一次投入是30万元。这包括引种、修建一个鸡舍、一间孵化室、引水、修路。我刚开始引进了200只大鸡，每只300元，后来又引进了300只鸡苗，每只15元。后来，我又继续投入了将近有70万，这次投入主要是购买各种大型的机器，包括孵化机、饲料机等。这次还支付了林地流转的费用，我大概租用了1300亩林地，其中易书记的600亩是免费给我使用的，还有一些亲朋好友也是免费给我用的，我自己花钱流转的大概有600亩左右，租金也很便宜，生态公益林租金是一亩7元，大约有400

---

① 资料来源于安徽省金寨县B村村民王队长（访谈人：单红旭、沈丽，2011年7月18日10：00—12：00于金林生态养鸡合作社）。

亩，支付租金 3000 元左右；自留山是每亩 20 元，大约有 200 亩，支付租金 4000 元左右。"①

截至笔者调研时，小童养殖的黑鸡已经开始出售，每只鸡的售价大约 300 元，鸡蛋的价格是 10 元一个，产品处于供不应求状态。

在龙冲村搞林下养鸭的是小童的表哥，叫小程。他充分利用自家山场靠近水源的优势，搞鸭子养殖。和林下养鸡类似，林下养鸭的前期投入也比较大。小程前期投入，包括修建鸭舍、观察室、孵化室，引种，置办设备，大约投入了 40 万元。在笔者调研的时候，小程共有鸭子 2000 只。每只成熟鸭子的价格是 200 元，鸭蛋 2 元一个，每年可以销售成熟鸭子 400 只，鸭蛋 3 万多个，除去养殖成本，每年净收入 8 万元左右。由于小程也是坚持绿色健康养殖的理念，因此产品也非常受欢迎，在市场上供不应求。

3. 林游模式

林游模式是指充分发挥林区山清水秀、空气清新、生态良好的优势，合理利用森林景观、自然环境和林下产品资源发展农家乐等旅游观光、休闲度假、康复疗养等产业。龙冲村的林游模式重点发展的是森林生态游和森林农家乐。龙冲村森林旅游充分利用大别山南部名胜老母洞和山间瀑布的优美环境，再配套方便的循环公路和特色农产品山泉黑鸡，大力发展森林旅游农家乐。龙冲村的农家乐项目，也是由养鸡户小童申请的。在乡政府和项目组的帮助下，小童建设农家乐小院 2 座，主要经营的项目是住宿、餐饮、旅游向导、山间采摘等。2011 年，就接待游客 1 万多人次，收入 10 万多元。

（二）政治效益：多方参与、协商合作与民主发育

1. 培养农民参与意识，锻炼农民参与能力

龙冲村在采用参与式方法发展林下经济的过程中，通过项目宣传、方法培训使村民了解了参与式方法的基本要求，懂得了在参与式项目的实施中，自己是处于主体地位的，明白自己有权利参与项目的决策、执行和监

---

① 资料来源于安徽省金寨县 B 村养鸡户童维新（访谈人：单红旭、沈丽，2011 年 7 月 18 日 14：00—17：00 于童维新养鸡场办公室）。

管，这从观念上增强了农民参与林下经济项目的积极性和热情。

龙冲村在项目实施的过程中，从项目方案制订，到选举理事会、成立经济合作组织和资金互助组织，村民都直接或者间接地参与了其决策和管理过程，这锻炼了农民参与村庄政治和社会经济事务的能力，也使"农民切身体会到了村务是'大家的事情'，从而更加有利于其以主人翁的态度和精神参与到村庄发展的各项事业中去"[①]。

2. 提高自我管理水平，丰富村庄民主内涵

自愿参与和民主原则是参与式方法的重要要求，在龙冲村整个林下经济项目的实践中，乡政府和项目组始终坚持这一原则。首先，在项目的组织宣传阶段，项目组采取基线调研的方式和农民沟通、了解农民需求；龙冲村组织村民召开全体村民会议、村民代表会议、妇女会议，运用问卷调查、访谈问话、"彩纸盒"等方法让农民参与项目决策。其次，在项目的实施阶段，从项目施工形式的确定，到施工进度、工程款使用情况，再到劳务报酬情况都制成表格，予以公示，让群众监督。最后，在林下经济项目的发展中，项目组鼓励村民自发建立各种经济合作组织，坚持村民"自我管理、自我服务，自我监督、自我完善"的原则，合作社采取民主表决的方式选举自己的理事会，负责全社事宜，入社村民予以监督。以上这些做法都扩大了村级民主的范围，丰富了村级民主的含义，并且把农民的切身利益和村庄的民主管理有效结合起来。

（三）社会效益：经济发展、干群互动与良性治理

1. 密切干群关系、建设和谐村庄

龙冲村在发展林下经济的实践中，在决策问题上采取自下而上的办法，充分尊重农民的合法权益；在解决困难问题时坚持协商的原则，使参与农民有处"诉苦去"。尤为重要的是，采取民主的决策和管理办法，既有利于加强农民对干部权力的监督，又有利于加强干部和农民的联系。这些做法还改变了龙冲村内部权力运作的"封闭性和垄断性特征，农民不再是村庄管理工作的看客和观众，参与式方法在干部和群众二者之间搭起

---

① 许远旺：《选举后的村务管理：从"村官主政"到村民参与式治理——湖北永安村务公开与民主管理实践的调查与思考》，《理论与改革》2007 年第 1 期，第 158—160 页。

了一座连心桥"①,形成村庄内部权力运转的良性循环。经过3年的发展,龙冲村的干群关系进一步和谐,正如一位村民所说的"不论碰到什么事,只要俺们书记在喇叭上吆喝一声,俺们大家都会及时赶到;俺们书记家一般不锁门,俺们村部离村子有点远,她家就是办公室和会议室,有时开会开晚了,就在她家吃饭"。② 在和谐的干群关系之下,干部对村庄事务的管理既简单也轻松,"以前是想做什么事都做不成,不是有人捣乱,就是没人响应;现在工作开展起来容易多了,也不怕吃村民的闭门羹了"。③

另外一个方面,龙冲村林下经济的发展,在很大程度上解决了本村村民的就业问题,减少了村子里面无事可做、到处闲逛的闲人。这有利于维护村庄的治安,也有利于构建和谐的村庄秩序。

2. 增强村民的自我发展能力

2005年,中央一号文件《中共中央国务院关于进一步加强农村工作提高农业综合生产能力若干政策的意见》,就曾明确指出要注重培养农民的自我发展能力。参与式方法是培养农民自我发展能力的一种新方法和新理念。龙冲村在实施林下经济项目的过程中,放权给农民,给农民更大的生存和发展空间,让农民积极介入项目的实施过程,通过主动积极全面的参与,激发农民自主创业创收的潜能,培养农民自我组织、自我管理、自我发展的能力。另外,龙冲村在林下经济项目实施过程中,不断给农民培训各种知识,包括科技文化知识、民主政治知识、社会经济知识,这些都促进了农民适应农业专业化、规模化和科技化的需要。

(四) 生态效益:循环经济、持续发展与生态平衡

1. 立体种养,充分利用林地资源

龙冲村在不破坏森林生态环境的前提下,充分利用林地作物分层生长的特点,利用林下空间发展林下种植、林下养殖和森林旅游业,"变单纯

---

① 许远旺:《选举后的村务管理:从"村官主政"到村民参与式治理——湖北永安村务公开与民主管理实践的调查与思考》,《理论与改革》2007年第1期,第158—160页。
② 材料来源于安徽省金寨县B村村民童维新(访谈人:单红旭、沈丽,2011年7月24日9:00—11:00于金林生态养鸡合作社)。
③ 材料来源于安徽省金寨县B村村主任漆主任(访谈人:单红旭、沈丽,2011年7月24日14:00—15:00于B村村部二楼办公室)。

的木材生产结构为多种产业结构"①。在森林面积逐渐减少、村民需求与森林产出量不平衡的情况下，合理有效地利用林下空间和资源，提高了林地的产出能力，缓解了村民和森林的紧张关系。

2. 循环经济，改善林地生态

龙冲村的林下经济，尤其是林下养殖业，是一种典型的循环经济模式。龙冲村养殖大户发展的生态养殖业，是依托大面积的生态公益林地②来进行的，在板栗林下搞生态养鸡、养鸭；与此同时，把玉米种植、有机蔬菜瓜果种植、养鱼、灌溉、旅游结合起来。这几者之间的物质循环利用关系表现在以下几个方面：

首先，在林下养殖鸡、鸭。在森林下面养殖鸡鸭对森林的保护作用体现三个方面，鸡鸭在林下觅食，第一，可以为森林消灭大量的害虫，起到保护森林、增加产量的作用；第二，鸡鸭的粪便又可以肥沃林地土壤；第三，鸡在森林下面觅食的同时，不断地抓挠土壤，可以起到为林地松土的作用。这些都很好地起到了保护森林资源的作用。

其次，在林地比较低洼的地方，挖建鱼塘，利用鸡鸭产生的有机肥料养鱼。养殖出来的鱼，养殖户自己消费掉一部分，剩余的主要是供前来观光旅游的游客自抓自做消费。由于采用这种方式生产的鱼是没有添加任何饲料和药物成分的，因此属于健康食品，许多游客慕名而来。

最后，由于鱼塘的水循环是比较慢的，如果水长时间得不到更新，水中含氨量就会超标，不利于鱼的生长，甚至是造成鱼的死亡。由于从鱼池中放出的水含氨量高，可以起到肥沃土壤的作用。因此，龙冲村的养殖户又在鱼塘附近开垦土地，种植玉米、蔬菜等作物，利用从鱼池放出的水来灌溉。反过来，生产出的玉米和蔬菜一方面可以养鸡，另一方面可以赚钱（见图2）。

从以上关系可以看出，合理发展林下经济比单纯发展纯林的生态效益要高许多。发展林下经济不仅仅可以肥沃土壤、保持水土、防治虫灾，更有利于提高整个林业生态的稳定性。

---

① 陈科灶：《林业多元立体生态开发与林下经济发展》，《林产工业》2010年第37卷第6期，第50—55页。

② 金寨县很多地方把板栗林、毛竹林都划为生态公益林。

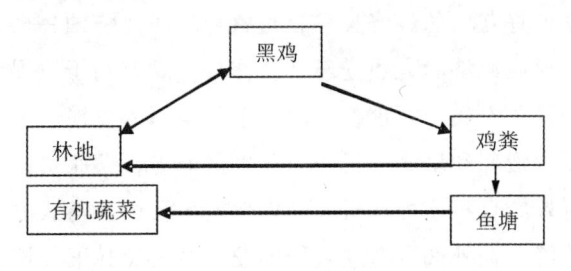

图 2　林禽模式物质循环图

四　结论与讨论

笔者分别介绍了政府强制推行项目背景下龙冲村林下经济发展状况、村庄经济能人带动下龙冲村的林下经济发展状况；政府在与林农良好互动下龙冲村林下经济的发展状况。在此基础上，进一步分析龙冲村采取参与式方法发展林下经济项目的具体运行机制。在以上描述和分析的基础上，笔者得出以下几个结论：

第一，采取参与式方法发展龙冲村的林下经济必须要明确农民的主体地位。农民是一个村庄的主人，生于斯、长于斯，农民的问题还必须依靠农民自己来解决。赋予农民权力，强调农民对经济发展项目的参与，明确其主人翁的地位是参与式方法的重点所在。在参与的过程中，采用"自下而上"的管理方法，"从左到右"的协商式的解决问题的办法，培养了农民的自我发展意识，锻炼了农民自我发展的能力，从而为村庄的良性循环发展奠定了基础。

第二，村庄经济能人的参与是龙冲村林下经济项目成功实施的重要纽带。经济能人是一个村庄的重要人物，他们往往对一个村庄的政治和社会经济活动产生十分重要的影响。经济能人与外界市场有着十分密切的联系，能够比较及时准确地获取外部市场信息。龙冲村在实施林下经济发展项目以前，经济能人在某种程度上担任着村庄经纪人的角色，产品的收购和销售工作，基本由他们来完成。虽然在这一过程当中，经济能人在客观上帮助解决了销售产品的问题，但是，大多数农民认为自己在与经纪人的交易过程中利益受到损害，认为经纪人给的价格低。在龙冲村采取参与式方法发展林下经济项目的背景下，鼓励经济能人和普通村民在平等自愿的基础上，建立良好互信的经济关系，是整合村庄经济的一个关键因素。项目组通过鼓励村庄经济能人建立经济合作社，既有利于发展林业大户的优势地位，又满足了农民的要求，推动了项目向深入发展。这也满足了项目的初衷，不断地锻炼和培养农民的自我发展能力，摆脱贫困。

第三，有效结合村庄外部资源和内部资源采用参与式方法是发展林下经济项目的关键。在外部资源注入帮助龙冲村发展林下经济的情况下，如何利用这些资源等外来力量是龙冲村必须考虑的现实问题。对龙冲村而言，这些外部资源主要是指政府的扶持项目，内部资源主要指的是村庄的政治精英、经济精英、发展林下经济的技术和经验优势、村民的参与状态这几个方面。在成为项目的试点村以后，龙冲村一方面，充分利用本村的一位安徽省人大代表和一位乡人大代表的政治优势，积极成为项目示范点，获取政府更多的帮扶，比如政府帮助销售产品、更多的资金扶持、宣传帮助等；另一方面，龙冲村在项目组的帮助下，坚持参与式方法的原则，赋权农民，采取民主讨论的方法，让农民在自愿平等的原则下，达成一致的意见，制订实施方案，并让农民全程监督项目的实施过程。这两方面使龙冲村有效整合了内外部的资源，实现了政府、村庄、村民之间的良性互动关系，在政府、村庄、村民三者的合力之下促进本村林下经济的发展。

湖北山区集体林改有成效

——以赤壁市Y村为个案

徐梦云[①]

林业是农业的重要组成部分，推进集体林权制度改革是为了促进林业经济发展、推进林业现代化建设，并进一步促进社会主义新农村建设的必然选择。2010年我国南方重点集体林区——湖北省完成了集体林权制度改革的主体改革，湖北省林改绩效如何，开始成为学者关注的焦点。本文以湖北省赤壁市Y村为典型案例村，对其集体林权制度改革过程进行了实地调查，以经济绩效、生态绩效和社会绩效三个维度进行分析，发现在这次改革当中，林改实施过程完整规范，执行力度到位，取得了初步的成效。林农和村集体的林业收益得到增长、村内民主得到有力发展、村庄稳定得到很好的持续、生态环境得到了有效的保护。

一 Y村基本情况

（一）Y村地理环境

Y村隶属于赤壁市官塘驿镇，行政区划面积7.5平方公里（11250亩），地理位置为北纬29.44°，东经113.49°，亚热带季风性气候。Y村面积比例为耕地30%、山林60%和鱼塘10%（见图1），以山地为主，详细的耕地、林地资源面积见表1。Y村有23个村小组，525户2467人，504人在外打工。Y村是典型的"靠山吃山、靠水吃水"的村庄，村内公

---

① 徐梦云，女，华中师范大学政治学研究院2009级硕士研究生。

路没有通到小组,交通不甚方便。土壤为较为贫瘠的砖红壤,立地条件较差,不适合用来耕种农作物。村内耕地与鱼池交错,遇雨则涝,遇旱则旱,因而该村虽然是亚热带季风性气候,但难以种植水稻,农田里多种植小麦和经济作物,如芝麻、花生、黄豆等。该村村民居住住房主要是砖木结构的平房或二层小楼,外观老旧,少有装修。

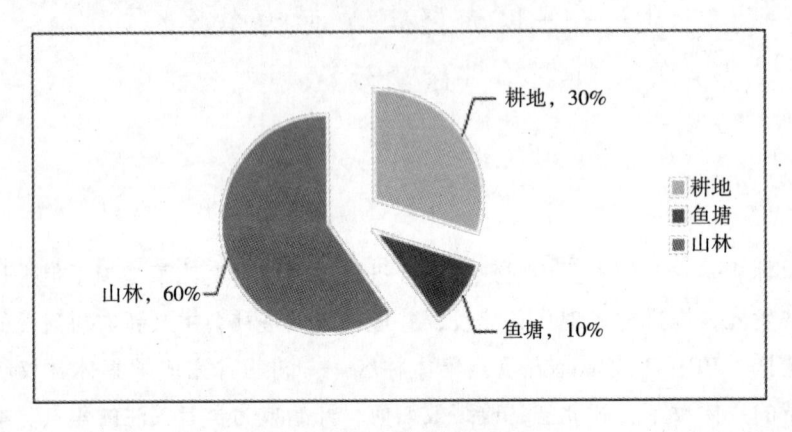

图1 Y村土地类型比例图

表1　　　　　　　　Y村耕地、林地资源表　　　　　　（单位:亩）

耕地面积	林地面积					总面积
	林业用地	有林地	用材林	毛竹林	经济林	生态林	
4296.5	6208.3	6208.3	6050	300	150	447	23660.1

（二）Y村林权改革

Y村的林地经营方式从20世纪50年代至今,随国家政策的变化进行过六次调整。调整情况具体如下:①1954年土改时期,咸宁地区行署组织确权发证,蒲圻县(赤壁市前身)官塘驿镇A村林地被划分为个人所有,即山林私有化,林地所有权和使用权、林木的所有权和使用权都为村民占有。②1954—1981年,人民公社化运动兴起之后,林地收归大集体(又称大队)所有,集体林地统一进行经营管理。从1954年开始,国家发动群众大炼钢铁,出现了极为严重的乱砍滥伐现象,山林管理无序。③1981—1984年,集体林由生产大队分到小组管理,实施小组集体经营方式,但小组集体管理效率不高。④1984—1999年,1984年开始,林业

"三定"时期，山林大部分分到村民手中，村民自己勘界，填写林地资源明细表，工作组到村里核查造册，造册后上交赤壁市林业局、档案局。本次分山以造册登记为主，未下发林权证，分山到户责任年限是15年。之前的乱砍滥伐造成了这段时间里的生态被破坏、植被已然非常稀少，村民对管理责任山积极性不高。⑤1999—2007年，责任年限到期之后，本村延续之前的经营方式，各小组或自然村根据集体内人口变化重新进行了小幅度调整。⑥从2007年至今，本村被确定为林改试点村后，将村集体山林和小组集体山林，按照超过2/3村民的意愿，分山或者采取其他方式进行经营管理，对原先分给村民的山林进行勘界确权，统一发证。

这次集体林权改革，Y村林地确权面积6208.3亩，均山面积3176.3亩，均股面积620.6亩，流转面积2136亩。其中均股面积是指林农共同出资进行集体规模经营的山林面积。村小组内部若干户林农的责任山在地理位置上处于同一山头，各家责任山面积较小，不适合各自小规模经营。于是这若干户林农拿出一笔资金来作为营林费用，林农按出资额持有相应股份，并从其内部挑选出一个合适的人来经营管护山林，付其薪酬。在责任山有产出之时，再将收益按股份比例分配。流转林地中的1607亩村集体山林由村委会承包给了本村四位村民，承包期从2003年到2038年，承包程序合法、合同规范。林改实施后，流转山林的合同维持原状，到期后国家若没有颁布其他有关林权变更的文件，则将这部分山林均分到本村村民。另外529亩林地是小组集体山林，林改后分散承包给了14户农户。

二 Y村集体林权制度改革的绩效分析

（一）Y村集体林权制度改革的经济绩效

1. 林农林业经营绩效

本文从农户微观的角度出发，对调查数据进行分析，评估集体林权制度改革对林农收益带来的影响。农户选择了接受问卷调查的Y村10户农户，共42人，有效问卷10份。

样本农户家庭基本情况，户均人口数为4.2人，人口规模不大，户均林地面积6.5亩，2007年林改之前人均年度纯收入6900元，其中林业收入占总收入的比重是1.7%，可见林业收入在这个林区农户的收入来源中占很微小的比例。

(1) 林改给林地面积带来变化

根据表 2，林改后户均面积比林改前增加了 2.2 亩，增长了 48%，其中自留山面积没有变化，责任山面积增加了 2 亩，增长 57%。由此可见，林改后林农户均山林面积增长明显，Y 村主要是由小组集体山林均分到户带来的增长。

表 2　　　　　　林改前后林地面积变化表（户均）　　　　（单位：亩、%）

	林地面积	责任山面积	自留山面积
林改前（2007）	4.5	3.5	1.2
林改后（2009）	6.3	5.5	1.2
增长率	48	57	0

(2) 林改提升了农户造林积极性

林改后，林农造林的积极性提升，自发地改造荒山和扩大绿化面积。根据表 3，户均林地面积比林改前增加，占总林地面积的比例上升了 14%，荒山面积比例下降 14%。调查发现，林改后农民们对政策很有信心，随着木材价格的上涨，林农纷纷将眼光放远，对林木的预期收益充满期待，这是造林面积增加的主要原因。

表 3　　　　　　林改前后山林结构表（户均）　　　　（单位：亩、%）

	绿化		荒山	
	面积	比重	面积	比重
林改前（2007）	3.7	82	0.8	17
林改后（2009）	6.1	96	0.2	3

(3) 林改后农民收入增加

林改后，Y 村村民总收入增长了 78%，林业收入实现了大幅增长，比林改前增长 3.52 倍，占总收入的比例比林改前增加了 2.6%（表 4）。但从表中探析收入增长的原因不难发现，林业收入占总收入的比重微小。Y 村村民的主要收入来源是打工收入。林业收入增长对总收入的影响微乎其微。

林业收入增长的原因,第一是林改后 Y 村采伐指标申请程序减少,村民小规模(30 ㎡以下)采伐可以直接从林业站获得采伐证,增加了林木交易;第二是林改后明晰了产权,林业经济发展环境得到改善,激发了农民进行林业生产的热情;第三还有政府减免税收、让利于民。赤壁市2009 年在落实"两金"减半征收政策实施的过程中,减征 350 万元,Y 村林农降低了林农营林成本,转为收益的一部分。

农户林业收入在总收入中的比例是考察林改的经济绩效的一个重要指标,Y 村刚刚实施林改两年,经济绩效还无法明显体现。大量学者对林改先行点福建、江西的林改经济绩效进行研究后指出,集体林权改革已经给林农的收入带来了明显的增长,随着主体改革的深化和配套改革的不断完善,还会对农户生计产生长远的影响。[①]

表 4 　　　　　林改前后收入结构表(户均)　　　(单位:元、%)

	总收入	农业收入	林业收入	打工收入 (包含副业)	林业收入占总 收入比重
林改前(2007 年)	28980	6960	492	21528	1.7
林改后(2009 年)	51597.2	7270.2	2227	42100	4.3
增长率	78	4	352	95	2.6

(4)配套改革进展带来的绩效

"中央十号文件"提出了支持集体林权制度改革的政策措施,包括五个方面:①完善林木采伐管理机制;②规范林地、林木流转;③建立支持集体林业发展的公共财政制度;④推进林业投融资改革;⑤加强林业社会化服务。[②]

2006 年 12 月 3 日《中共湖北省委、湖北省人民政府关于深化集体林权制度改革的试行意见》中提到,湖北省支持林改配套改革的方面有:①加快林业管理体制改革;②加强林业社会化服务体系建设;③逐步建立森林资源资产评估体系;④积极培育林业生产要素市场;⑤建立健全覆盖

[①] 张蕾、文彩云:《集体林权制度改革对农户生计的影响——基于江西、福建、辽宁和云南 4 省的实证调研》,《林业科学》2008 年 7 月,第 73—78 页。

[②] 引自 2008 年 6 月 8 日《中共中央 国务院关于全面推进集体林权制度改革的意见》。

集体林业的公共财政制度；⑥加强对林业发展的金融支持；⑦加快转变林业经济增长方式。

根据中央文件和湖北省文件中确立的配套改革措施，赤壁市根据自身林改进程确立了以下配套改革措施：①规范流转行为；②严格采伐管理；③健全服务体系。Y村的林改配套改革便是在这些措施的范围内进行的。

2007年实施林改以后到2009年，Y村表现出活跃的林地流转现象，该村村民纷纷承包小组集体林地，流转林地面积增加了529亩。Y村流转林地的方式，以村委会为中介进行的流转采用招标形式，价高者得，流转双方签订合同，村委会做公证人；以组委会为中介的流转多为买卖双方私下商议妥当之后，找组委会当个见证，双方签订合同。

从表5看出，林改前林地流转户均面积是8.8亩，林改后增加到12.3亩，增加了39%。"林农获得林地使用权和林木所有权的最终目的是通过经营或再流转，取得经营性收入或者财产性收入，实现利益最大化。"[①] 林地适用规模化经营，过于细碎的林地分散经营容易造成资源浪费，无法促进林地资源优化配置，也无法实现林农收益增长最大化。另外，林地资源实现规范流转，有利于吸引社会资本，优化林业生产和经营。

林改后Y村林地流转呈现出这样一个特点：村民更愿意租入别人的山林，而不愿将自己的山林租出。这一方面说明村民对林地的重视程度提高，依赖性增强；另一方面也说明林地未来给林农带来的收益会不断增加。

表5　　　　　　　林改前后流转林地表（户均）　　　　（单位：亩、%）

	租入		租出	
	面积	比重	面积	比重
林改前（2007年）	8.8	66.1	—	—
林改后（2009年）	12.3	67.2	—	—
变化	39	1.1		

---

① 郭艳芹：《集体林权制度改革绩效分析》，中国农业科学技术出版社2008年版，第101页。

表6　2007年、2009年Y村集体林权制度改革配套改革实施一览表

年份	流转林地（亩）		抵押贷款（宗）		是否两金减半		采伐审批程序是否简化	
	2007	2009	2007	2009	2007	2009	2007	2009
Y村	1607	2136	0	0	否	是	否	是

同时，从表6可知，村级木材采伐审批程序简化。赤壁市林业局《关于规范林木采伐和监督管理工作的通知》（赤林字〔2006〕24号）中指出，采伐林木蓄积在30立方米以下的，由所辖林业站设计人员负责调查设计，提交调查设计报告，核发采伐许可证[①]，在村民小规模采伐林木的情况下，不必要再到市林业局申请采伐指标。这大大简化了采伐指标申请程序，让林农销售林木的成本降低，增加了参与到市场中的机会。

但是，表6也反映了Y村配套改革实施还处于较为初级的阶段，该村抵押贷款数为零，林农对这方面的需求也还没有体现出来，以下是Y村的林农对配套改革措施的期望。①希望进一步减免税费。能够完全减除"两金"会给老百姓减轻更多负担，除此之外降低木竹产品及其他加工产品的税收，能够给林农带来更多收益。②希望能为自己经营的山林上森林保险。目前在赤壁市101万亩集体山林中，仅有0.6万亩山林成功投保了森林火险，投保范围太小。这是林业大户比较希望解决的问题，也是国家森林保险现在面对的难题。森林保险难以受理，主要是森林受灾往往损失巨大，理赔额度难以支付，然而林业大户一边面对自然灾害的隐患，一边面对保险公司的拒绝受理，难以转嫁营林风险，这成为配套改革中的一个难题。

2. 村级林业经营绩效

（1）村级林业收入不增反减

村级财政收入主要由财政拨款、发包收入、经营收入和自主投资收入等构成。2009年Y村财政收入概况：总收入为32.1万元，其中26万元来自发包收入，2.1万元来自财政转移支付，2万元来自经营收入。其中，

---

① 引自2006年赤壁市林业局《关于规范林木采伐和监督管理工作的通知》。

发包收入占总收入的 80%，是绝大部分收入来源。Y 村发包收入主要是鱼塘承包收入 21 万元和林地使用费 5 万元，这其中林地使用费 5 万元属于村级林业收入，占总收入的 15%（见表 7）。

贺东航认为，村级的财政收入分为短期性收益和可持续收益。新集体林改后，各村属于可持续收益的有：①分期支付的林地使用费；②村集体与村民小组约定的联户经营的终端分成收益；③各村预留的村集体林地收益。其中第一种收益是构成村集体可持续收益的主要类型。按照政策规定，除了少量的自留山、农户个体造林和村集体自身预留的集体林地之外，其他集体林地使用权者都必须缴纳林地使用费[①]。Y 村集体林地已悉数流转，租入林地的村民一次性付清了流转费用林业收入，因此 Y 村可持续的林业收入主要来自林地使用费和与村民小组联户经营的收益分成。

表 7　　　　　　　Y 村林改前后村级收入变化情况　　　　（单位：万、%）

年份	总收入	来自林业的收入	林业占总收入比重
2003	83	49	59
2007	33.4	4	23.9
2009	32.1	5	15

2003 年中央九号文件《中共中央、国务院关于加快林业发展的决定》中提到，要"加快推进森林、林木和林地使用权的合理流转"[②]，C 市遵循文件精神，开始鼓励和引导农村的林地流转。Y 村有 1607 亩集体山林，一直由集体经营，效益不高，在 2003 年 Y 村村委会决定将这部分集体林流转给本村村民，后来通过招标的方式，将全部林地以 42 万元/1607 亩/30 年的价格流转，承包费 42 万元一次性收清，加上当年的"两金"收入 7 万元，2003 年 Y 村的林地收入达到 49 万元，历史最高。由于这样一个特殊的原因，再加上林改后林农税费减负，"两金"减半，致使林地使用费也压缩到了接近原先的一半，若是按照年份来比较，2009 年 Y 村村级收入中林业收入 5 万元在林改后不仅没有实现增长，反而下降了，但我们应当注意到，这里所说的"林改前后"是时间范畴，2003 年流转集体林

---

① 贺东航：《林权制度改革与乡村治理研究》，《东南学术》2009 年第 5 期，第 44—50 页。
② 引自 2003 年中央九号文件《中共中央、国务院关于加快林业发展的决定》。

地才是真正的林改手段,它对当年村集体经济的增长作出了重要贡献。

(2)林业经济合作组织的催生有助于增加村级收入

村级林业经营绩效不只反映在现有林业收入水平,还反映在未来预期收益。林改后,出于Y村林业大户陈某对资金和管理人员的需求,该村催生了第一个林业经济合作组织,笔者到访时该合作组织刚刚挂牌,已经开始试运营。这个合作组织由于刚刚创办,人员规模较小,15户林农以山林资产折价入股的方式参与其中,他们成立了股东会,制定了正式章程,对2000亩山林经营林业的同时发展林下养殖,走的是一条鸡粪养树、鸡吃杂草的良性循环模式。

从长远来看,这个股份合作组织能够实现资源的优化配置,使林业经济结构呈现多样性,增加林业收入的来源。随着该组织的发展,规模必然会日益壮大,山林的产出相应增加,村集体通过收取林地使用费及活立木转让款的收益分成,会有助于增加Y村财政收入。

林改后经济效益的增长已在全国大部分省体现出来,Y村林改经济绩效也趋同于这种状况。通过前面的分析,可得出以下结论:首先,林改带来了林农的收入增长。林农经营山林的面积增加、造林的积极性被有效激发、林业收入占总收入的比例增长、流转林地十分活跃。这给实现农民有效增收提供了基础,也能促进农民林业生产积极性的提高,是推动湖北山区新农村建设向前发展的重要动力。值得一提的是,这种增长除了由变卖林产品、林地流转等经营手段实现,政府减少税收让利于民也是其中重要一点。然而,好的趋势下仍然存在问题,从前面的图表分析中可知,林农的林业收入占总收入的比重还很少,林业收入增长还没有形成高效持续的良性增长。这是因为,一方面,湖北省的集体林权制度改革刚刚完成,主体改革还不够深入完善,由于林业经营周期长这一特点,经济绩效在短时间内还是不太明显;另一方面,当地的林业生产还属于"小农"式的简单再生产,提高林业收入主要依赖于林业初级产品交易。要解决这两个问题,就必须深化改革,加强配套改革的跟进,政府部门可以作为媒介招商引资,建立起该市林业产业发展机制,促进林业加工业的发展,提高林产品的价值,促进林业收入良性持续增长。其次,村集体林业收入逐渐降低。村集体林业收入主要来自短期收入和可持续性收入,而Y村的林业收入来源比较单一。在一次性流转集体林地获得短期巨大收益以后,如何实现可持续收益的增加？如何拓宽林业收入渠道？这都给村庄林业发展带来了挑战。另外，村级合作组织的壮大有助于实现村级林业收入预期增长，但合作组织目前处于较低发展水平，村级组织应当思考协助发展林业合作组织，扩大其经营规模。

（二）Y 村集体林权制度改革的社会绩效

在这部分，笔者将从村级民主、乡村社会组织化和村庄稳定三个方面对 Y 村林改的社会绩效进行分析。

1. 村级民主得到发展

集体林权制度改革实施过程中，广大村民长期被压抑的利益诉求一下子被激发出来了，于是他们纷纷以自己的方式参与到村庄事务中来，从而极大地推进了村级民主的发展进程，"集体林权制度改革客观上为村级民主和村级选举搭建了一个利益博弈的平台"[1]。

(1) 村民参与村庄公共事务的意识提高

自《村民委员会组织法》在我国颁布实施至今，村级民主取得了较大的进展，然而在 C 市 Y 村，村民自治的进程一直推行的比较缓慢，笔者认为出现这种情况的根本原因还在于村庄选举缺乏利益刺激，在没有利益刺激的情况下难以调动该村村民参选的积极性和主动性。在国内木材价格上涨的良好市场背景下，借助于集体林权制度改革的推动，Y 村村民参与村庄事务的利益刺激被调动起来。

"原来林子不值钱，我们对这个也没多少想法，可是现在木头行情不一样了，这两年都在涨价，我们当然会关心自己的林子。村长（即村小组组长）说要把大家叫上一起开个会确定一下村里的林改方案，说实话，林改方案我不是太懂，可是会我还是要参加的，起码我要明白我可以分到多少林子。"[2]

---

[1] 贺东航、朱东亮：《新集体林权制度改革对村级民主发展的影响——兼论新集体林改中的群体决策失误》，《当代社会主义研究》2008 年第 6 期，第 105—108 页。

[2] 资料来源于笔者 2010 年在 Y 村对村民王某访谈的整理。

另外，正如笔者前面所阐述的集体林权制度改革后 Y 村集体收益有了较大的提高，村庄集体经济的发展更好地推动了 Y 村的民主进程。Y 村有 2136 亩荒山归 Y 村村集体所有，2003 年以来以每亩 6.5 元的价格承包给本村四位村民，承包周期为 30 年，承包总价 42 万整全部划为村财收入。胡荣认为："经济发展程度越高，村集体控制的收入越多，选举与村民的利益更为密切，就会有更多的村民参与选举，村级选举也更激烈，村委会选举的制度也因此得到更好的实施[①]。"当村庄选举成为村民在该村中表达自身利益的重要手段时，村民们参与村庄公共事务的意识自然会由原来的"不闻不问"到后来的"热情高涨"。因为村集体林的收益与分配涉及资金数额大，所以 Y 村村民对于该村大项收支明细都很关注，这也促使 Y 村的财务公开制度逐步建立和完善起来。村财收入每年贴榜公布至少两次，而这在其他没有大笔村集体收入的村庄是很少见的。可以说，集体林权制度改革的推行，为该村村民提供了一次绝佳的民主锻炼机会。

（2）村级事务决策趋向民主化

Y 村的林改方案明确提出：各村民小组可根据本小组森林资源的实际状况及经济收入水平，民主决策，自主选择改革方式，实行"一村一策"自主确定集体林经营管理，不搞强迫命令，不搞"一刀切"；坚持公开、公平、公正的原则，实行改革内容、程序、方法等的"四公开"，依法确保林农对改革的知情权、参与权、监督权[②]。Y 村在经历过一场集体林权制度改革的"大运动"之后，其后续的民主延伸力更值得我们关注，整个村级事务的决策不再是简单地由几个村干部说了算，Y 村村民已经习惯了大事小事由大家投票表决来决定。笔者前面已经提到，Y 村相比其他村来说拥有雄厚的村财资源，这就为该村兴建公共基础设施提供了强有力的资金保障。2008 年至 2010 年 3 年间，Y 村每年都在修建村庄道路，从最初的招投标到后期的资金管理，Y 村每次都会召开村民代表大会来商议表决。与此同时，诸如低保名额的确定、"五保户"名额的更换、各村小组营林负责人的选举都通过以上相同的方式来决定。

2. 乡村社会走向组织化

很多学者认为，我国农民组织化水平低，"原子化"的农民"善分不

---

① 胡荣：《经济发展与竞争性的村委会选举》，《社会》2005 年第 3 期，第 27—49 页。
② 资料来源于笔者 2010 年在 Y 村调研收集的林改方案。

善合",以至于无法适应现代化农业大生产的时代需求。针对我国目前农村组织化水平低、农民居住分散以及农民群体具有散漫性的特点,乡村治理的根本出路就在于把农民组织起来,建立各种农民组织,再造农村基层组织化的社会基础。Y村林业合作组织的出现,除了源自前面所提到的经济和管理方面的需求,也有其社会历史原因:鉴于林业生产的风险性强、收益周期长、专业化要求高等特点,林业合作组织的建立相比较小,农化的农业生产更为普遍,"在适宜的制度背景和市场环境下,林业合作组织也已经像大量出现的农民合作组织一样应运而生[①]"。

集体林权制度林权改革后,林地分散到户,为了解决分散经营带来的困难、降低生产经营成本、提高林业收益,Y村林农在2010年成立的林业合作组织,15户林农以山林资产折价入股的方式参与其中,他们成立了股东会,制定了正式章程,走的是一条鸡粪养树、鸡吃杂草的林下养鸡良性循环模式。在缺乏合作传统的Y村,林业合作组织的建立为参与其中的村民提供组织保障。在2008年Y村村委会换届选举时,林业合作组织中的村民不是以其小组成员的身份在村组中选村民代表,而是以林业合作组织成员的身份在组织内选村民代表,林业合作组织成为一个选举单位,在其他村庄从未见过。另外值得关注的是,合作社成员之间除了在林业生产方面会互帮互助,在其他方面也给予成员很多支持。

案例一: Y村林业合作组织的王某,2009年的时候家中女儿考上大学,由于家庭条件一直不算太好,女儿的学费直到开学,仍没有着落,王某碍于面子不想向家中的亲戚借钱,林业合作组织的发起人吴某主动提出让王某"以工代股"的方式提前从该合作组织支取5000元作为他女儿的学费[②]。

通过这一案例,我们完全可以相信,借助林业经济合作社的组织资源来实现村民间的互帮互助具有现实基础。农民专业化的合作组织同样可以

---

① 郭艳芹:《集体林产权制度改革绩效分析——对福建省的实证研究》,中国农业科学技术出版社2008年版。
② 资料来源于笔者于2010年在Y村调研对刘某的访谈整理。

兼具诸如社会互助、公共援助、社会福利、情感交流等方面的功能。

3. 纠纷解决带来村庄稳定

（1）Y村林权纠纷类型

改革本身就是利益的重新调整，势必会带来利益纠纷，集体林权改革直接涉及林农、村集体、地方政府、基层林业站、各类所有制木业公司等相关主体的利益，在改革过程中不可避免地会产生林业纠纷①。"（林权证）是森林、林木和林地唯一合法的权属证书，权利人可以据此对抗一切他人的非法侵权行为，并通过行政和司法程序得到国家法律保护"，但并非所有的纠纷都要闹上公堂，纠纷往往反映着一个村庄的社会关系。按照纠纷所涉及的对象，Y村林权纠纷大致分为两类：一是村民之间的纠纷；二是村民与村委会之间产生的纠纷。

一是村民与村民之间的纠纷。

案例二：Y村有块较小的林地，立地条件较好，比较适合种植毛竹，在这块林地上已经有50多年的毛竹种植史，拥有这块地的村民之间经常起纠纷。毛竹的生长路径具有扩张性，8年的成熟毛竹至此后每年抱一窝新竹，一批新竹长大后与原来的母竹一同占领了比原先大几倍的地盘，村民各自山地边界处长大的毛竹很容易从甲家山林范围长到乙家山林范围，边界标志物年经久远往往模糊不清。于是乙家认为这棵竹子是自己家的，而甲家认为原本自己家的竹子长在这里，那么立竹子的这部分山林也是自己家的。胸径1尺的毛竹在当地卖到20多元，本村不乏胸径8寸到1尺的毛竹，经济价值不菲，村民必然会起争端。

二是村民与村委会之间的纠纷。

案例三：吴某，Y村第三小组村民，家中常住人口4人，均山面积1.5亩。2007年以前吴某在外打工，后回家营林，林改后随着农

---

① 贺东航：《我国集体林权制度改革后的农村基层治理机制研究》，《当代世界与社会主义》2010年第3期，第120—125页。

民生活水平的提高,"把更多的资金投向林业成为必然趋势""2007年开始承包村集体山林340亩,每年上交8.2288万元租金。正常年份下,他每年最少可以采10000根成熟毛竹,按12元每根的均价计算可以卖12万元。他交完租金刚开始管理山林,2008年年初的冰雪灾害给他带来了15万元的直接损失,另外许多斜面较大的山坡上毛竹被连根压倒,这种地方毛竹要更新再长出来很难,至少要等3年以后。此时吴某接管山林刚刚不久,于是他找到村委会,希望村委会能够返还一部分租金给他作为补偿,村委会以"经营权已变换,村委会不承担这项损失"为由拒绝了他,吴某不甘心,去找林业局上访,未果,最后吴某找到了保险公司,要求为自己承包的340亩山林投保,被拒绝,保险公司不受理森林保险类业务,至此吴某与村委会之间的矛盾进一步加深。[①]

(2) Y村林权纠纷调处机制

C市以林业局为依托成立了林权纠纷调处办公室,各乡镇成立了林权纠纷排查专班,村组织老党员、老支书、老同志成立了林改理事会,负责村组林权纠纷调处。全市共排查林权纠纷398起,其中省际2起,县际5起,乡镇际25起,村与村间46起,组与组间69起,户与户间251起。目前,已成功调处386起,纠纷调处率为97%。在已经调处的纠纷中,协议调处361起,占93.5%。C市林权纠纷调处办公室曾深入Y村,就Y村因大户承包造成的林改搁浅进行了现场调处,本着"以事实为依据、以法律为准绳、尊重历史、照顾现实"的原则,耐心细致地对到场的群众和大户进行说服教育,对因证据模糊不清而相互争议的,在做好双方思想工作的同时,多方听取群众意见,切实保障群众的切身利益,避免矛盾纠纷激化,切实将纠纷化解在基层,消灭在萌芽状态,为Y村林改营造了一个良好的社会环境,确保林改工作的顺利进行,维护了社会稳定。

在这一完善的林权纠纷调处机制的支持下,Y村村支书在处理该村林权纠纷时始终坚持"矛盾不上交"的原则,"有了矛盾本村内部就地解

---

① 资料来源于Y村吴某的访谈记录。

决、就地消化，尽量做到不去找政府"[①]。

案例四[②]：经村委会、林业站、组长及吴纯凤夫妇和其长子协商，于2008年12月25日在13组吴纯凤家共同拟定以下协定意见。一、本组原张李家靠西边一块山计5亩，东至鱼池公路，南至公路到鱼塘边，西至本组田，北至卫兵地，此山所有使用权属吴纯凤所有。二、此山边由吴忠佑种植的杉树，属吴忠佑所有，5年到期后必须砍走，交由吴纯凤（2014年元月正）。三、原鲁家嘴机台一块以土地证地属吴纯凤所有约6亩，由组在2009年年底前用机开发打成堤便可栽杨树交给吴纯凤，如组不用机开发到期，其本人开挖的费用由组全部负担。四、原杨家山对面山的1亩左右面积以土地证属吴纯凤所有。五、张李家原有的关卓子山经村组调整给吴纯凤，其关卓子的生养死葬，由村组及家负责，如卓子的亲友出面反对，那么卓子的生养死葬由其反对者负责。六、吴纯凤的退耕还林面积按组农户一视同仁，原集体统一栽种的面积按组总人口统一分摊，说分多少，吴（就）应得多少，但退耕还林到期后其土地使用权吴没有。七、吴纯凤的土地到户面积按二轮土地到户的发证为准，本组与吴纯凤的协议生效，再不准反悔。八、以上协议经三级当面调处同意，如吴再反悔上访，其（后果）全由本人负责。九、补充第三条中吴应分的退耕还林面积补款由组从2006年其补齐到现在，按应分面积以每亩230元补到位，在2009年元月31日前，其面积是按2.5亩算，2.5亩面积土地使用费在到期后补还给吴纯凤。

特此协议

协议人：13组吴纯凤、吴忠明等

见证人：Y村委会王道彬、乡镇林业站站长丁三清

协议时间：2008.12.24

在这一林权纠纷案例中，除去村民之间的自我协调机制发挥作用外，

[①] 资料来源于Y村村支书王某的访谈记录。
[②] 本案例为该村保留的合同原文。

乡镇林业站站长和村委会的共同参与协调也是这一林权纠纷得以调处的关键因素。

（3）Y村的林权纠纷调处结果：村庄社会稳定

"尊重历史、尊重现实、尊重乡风民俗、尊重历史习惯，重事实证据、重调查研究"一直是Y村处理林权纠纷的基本原则。在历史遗留纠纷的调处中，Y村村委会采用了"四服从"规则，土改前拥有情况服从土改分配情况，土改服从合作化时期的格局，合作化服从于人民公社时期的经营格局，人民公社服从于林业"三定"时期的山林权证登记情况。"关于2007年换发林权证导致林权证四至界限重叠的问题。原则上应与原有的家庭经营山证为准，如另有有效的协议、合同的，其协议、合同应当予以认可。20世纪70年代末80年代初村组集体在集体山林造林的归属问题。造林后已依法划分到户的，其经营关系不变。凡未划分到户的，仍由集体经营管理。关于责任制到劳时没有分到户的田中、田边零星荒山问题。争议双方都没有确凿证据证明，调解达不成协议的，由村集体视为没有发包另行处理"。①

"原来之所以有很多纠纷，就是因为没有明确的山林界线，产权不够明晰"②。集体林权制度改革后，Y村重新勘界确权，明晰产权，林权证载明的面积与实际不符的情况，以林权证中载明的四至界限为准。Y村集体林权制度改革后建立比之前的山林经营秩序更为合理的制度，有利于优化村庄秩序。林改初期产生了大量纠纷，给村级治理带来阵痛，但是新的良好的制度和落实到位的林改工作会逐渐适应村内山林经营状况，得到村民肯定，成为他们维护自身权利的有力依据。对将来山林经营秩序的改变，Y村村支书王某觉得Y村的林业发展仍有较大的空间，林业发展前途光明。

由于Y村在林改之初就设定了均山方案，对各种类别的纠纷也作出了相关规定，因而在解决村内林农之间的纠纷时就有据可依，再考虑实际情况作出判决，并结合村民的要求给予一定的补偿。虽然繁杂，但是没有留下很大的后遗症，村民对纠纷的调处比较信服，对于调处结构也较为满

---

① 资料来源于笔者2010年在Y村调研收集的林权纠纷处理办法。
② 资料来源于Y村村支书王某的访谈记录。

意。到目前为止，Y村保持了一个较为稳定的社会环境，但村内仍然存在不少纠纷，解决纠纷不可能如秋风扫落叶一般彻底，它需要村干部在有制度可遵循、公平合理的调处机制下对纠纷双方细致耐心地做工作，而解决这些历史遗留问题就是为深化改革清除障碍，提高林改效果。

通过对Y村集体林改的社会绩效进行分析，我们得出：第一，林改的社会绩效呈现正面性。村民民主参与意识逐渐提高，村级事务的决策趋向民主，林业合作组织在村庄中开始兼具一定的政治功能和社会功能，村庄民主进程得以推进。前文提到，Y村的林改实施过程是在能人治理模式下进行的，Y村村庄民主的发展与能人治村分不开，如果村委会换届，不再是能人治村，那么这种民主还能否维持。笔者认为，应当促进周全详细的村级干部管理制度和日常事务管理制度的建立，制度的设计应符合村庄的实际情况，以完备的制度与能人治理共同促进村级民主建设。第二，Y村村庄社会保持了一个稳定的状态。虽然林改中产生了不少纠纷，但大多在良好的纠纷调处机制下得以解决。产生纠纷的原因主要是山界不清、产权不明，若要从根本上解决纠纷，就必须真正明晰产权。解决纠纷是维护村庄稳定的必要条件，可是纠纷的复杂性决定了它在很长一段时间将继续存在和不断出现。

（三）Y村集体林权制度改革的生态绩效

Y村有447亩生态林，其中约100亩在湖边，347亩分布在较容易发生石漠化的山头。Y村因地制宜，根据自身的林地状况，将生态公益林的管护权下放到林农，由林农自行管护，被划分在生态公益林的范围内的大都是毛竹林。虽然国家政策规定生态公益林范围内是严格禁止采伐的，但是，这在Y村也不是完全杜绝的。Y村湖面周围300米以内的林木是不允许采伐的，但是300米以外如果是过熟林，可以允许采伐。而生态公益林范围内的毛竹林是个例外，是不受这个限制的，村民可以采伐。

生态补偿机制是以保护生态环境，促进人与自然和谐发展为目的的，根据生态系统服务价值、生态保护成本、发展机会成本，运用政府和市场手段，调节生态保护利益相关者之间利益关系的公共制度。广义的生态补偿，既包括对生态系统和自然资源保护所获得效益的奖励或破坏生态系统和自然资源所造成损失的赔偿，也包括对造成环境污染者的收费。狭义的主要指前者。生态补偿应包括以下几方面主要内容：一是对生态系统本身保护（恢复）或破坏的成本进行补偿；二是通过经济手段将经济效益的外部性内部化；三是对个人或区域保护生态系统和环境的投入或放弃发展机会的损失的经济补偿；四是对具有重大生态价值的区域或对象进行保护性投入。

Y村根据自身的生态公益林经营状况，将生态效益补偿被划分为损失性补偿和管护经费，按照赤壁市的生态公益林补偿标准执行，4.5元/亩，以现金方式发放到村。因此，林改后，Y村在生态公益林方面，也只是生态补贴在数额上的增加，但是，生态补贴的发放方式仍然维持原样。由于生态补贴是以村为单位发放的，因此，即使政府对生态补贴的投入增加了，但是，在村集体内部，生态补贴分摊到个人所起的作用仍是微乎其微的。

按照Y村内部的村规民约，村集体保留着上级发放的生态公益林补贴，以用作集体性事务的开支。以至于村民在损失了生态公益林的经济收益的同时，也并没有从国家的生态公益林补贴中直接受益。从社会的长远发展来看，与林农自身的利益相比，生态公益林的公共性显得更为重要，然而集体林权制度改革的本质本来是要使林农增加收益，但是，夹在生态公益林公共性与经济收益之间的林农，有点"赔了夫人又折兵"。

1. 农户及小组自发造林的面积增加

提高林地使用效率是集体林权制度改革的重要内容，林改后，由于产权得到明晰，林农造林、护林的自主意识得到激发，Y村的荒山面积占林地总面积的比例由17%下降至3%，目前还在继续下降，绿化面积比例则上升到97%。这是因为广大林农的林权权利主体地位得到了充分肯定，林农的利益得到了制度保障，对待护林的态度彻底改观，"选好苗、种活树、育成林"成为林农的头等大事。林农造林、护林的意识普遍增强，促进了Y村生态环境的优化。

Y村村书记告诉笔者，集体林权制度改革前，由于村民的造林积极性不高，导致村里有许多的荒山。但是，林改之后，村民造林的积极性空前高涨，造林的热情非常高，将划分下来的荒山都种满了树，因此，现在村里几乎看不到一分荒山，不仅是没有荒山，村民甚至在村里立地条件不好的旱田里都种上了树。据村书记计算，整个Y村约有900亩新造林面积，

5年到10年后这些林地的产值将超过200万元，潜在的经济价值不容忽视。荒山变成了绿林，不仅整个Y村的生态环境明显改善，就连村里的鱼塘的水质也变好了，以前租不出去的鱼塘现在成了抢手货。

2. 改善了生态环境，使村貌变得美观

集体林权制度改革后，通过明晰产权、发放林权证，林地使用权、林木所有权大部分落实到了林农手中。林地权属稳定了，林农担任着林木所有者和护林员的双重角色，林地乱砍滥伐的现象得到了有效的遏制，从以前的"无人管，人乱砍"发展到如今的"人人管，无人砍"，森林防火也由原来的"隔山观火"变为现在的"主动救火"。农民更加珍惜自己的山林，真正把山林当作自己的家产，砍伐慎重，森林资源得到了有效保护，生态环境得到改善。

根据赤壁市水利部门公布的《赤壁市水土保持监测公告》反映，通过对生态公益林的建设和管护，2009年赤壁市石漠化面积较2007年减少了约1.5万亩，生态公益林建设还为赤壁市的森林生态旅游业带来了难得的发展机遇。

2007年，Y村的森林覆盖率为49%；到2009年，Y村的森林覆盖率达到57%，有了很大提高，虽然山上种植的幼林还没有长大，但山林一片新绿的模样改变了以前到处光秃秃的局面。许多村民在自己家房前屋后的空地上种植观赏树木，不仅美化了自家的庭院，而且美化了整个村庄的居住环境，促进了人与自然的和谐相处，有利于构建社会主义和谐农村。

通过本次集体林权制度改革，生态效益随着改革的逐步推进日益显现出来，具体体现为林农造林、护林的积极性提高，新造林面积显著增加；林农造林、护林意识增强，森林资源得到有效保护；林区生态文明的增强与发展等方面，城市以及乡村的生态环境得到明显改善。此外，集体林权制度改革也改变了多年来村民对林业生态效益的一些模糊认识，提高了对森林生态效益的认同感，增强了林业产业在国民经济中重要地位和作用。在对赤壁市Y村实地调研的基础上，笔者在看到集体林权制度改革带来生态绩效的同时，也发现了生态公益林建设方面所存在的一些问题，比如生态公益林补偿不到位、生态公益林补偿机制不完善等，因此，笔者认为，在集体林权制度主体改革完成的基础上，要加快解决生态公益林建设等问题的配套改革的进度，从而将集体林权制度改革的生态效用最大化，增强社会经济的可持续发展能力。

三 结论、问题与政策建议

（一）结论

湖北省集体林权制度改革是一次自上而下的政策实施过程，它不是类似村民自治下的"问题—解决措施—实施"的内生性制度发展，制度的强制性保障了改革的推行。在这次改革当中，林改实施过程完整规范，执行力度到位。

集体林权制度改革使林业发挥了经济、社会、生态这三方面的绩效。经济绩效主要表现在林农经营山林的面积增加、林业收入占总收入的比例增长、流转林地活跃、林业经济合作组织开始出现等方面，这是因为林改制度的内容较之以往更为合理，适应林业经营的客观情况，林农对预期收益的信心得到提升，"较好地发挥了对直接生产经营者的激励作用"。[1] 社会绩效表现在民主参与意识逐渐提高，村级事务的决策趋向民主、村庄社会保持了稳定状态等方面。集体林权制度改革事关林农的切身利益，"分山"与"分田"一样，能够极大地召唤起林农的热情，因此在与林改相关的村级事务中，林农都积极参与，以实现自身公民权利；生态绩效主要表现在森林覆盖率提高、森林资源得到有效保护、山林石漠化面积减少、生态环境改善等方面。综上所述，集体林权制度改革发挥出了经济效益、社会效益和生态效益。

（二）存在问题

虽然集体林权制度改革取得了初步的成效，但仍存在一些问题，主要如下：第一，林业经济尚未实现高效持续的良性增长。主要原因在于当地的林业生产还属于"小农"式的简单再生产，提高林业收入主要依赖于林业初级产品交易，发展林产品加工业的程度不高。第二，能人治村而不是制度建设。村庄民主的实现主要依赖于能人治村，村级事务管理很容易

---

[1] 郭艳芹：《集体林产权制度改革绩效分析——对福建省的实证研究》，中国农业科学技术出版社 2008 年版，第 213 页。

受到村庄能人主观性的限制。在集体林权制度改革过程中，如果村庄能人从主观愿望或个人能力素质上不配合政策实施，就无法促进制度实施与村民自治的结合，导致制度失效。第三，生态补偿机制的不完善。生态补偿不仅是对林农丧失林地的经济补偿，也是促进林农管护生态林的激励方式，是公益林建设资金的一部分。生态补偿机制的不完善势必削弱林农管护生态林的积极性，从而有可能影响生态绩效的发挥。

（三）政策建议

为此我们认为，应当从以下几个方面予以完善：首先，继续深化主体改革，完善配套改革措施。将林权明晰到户、到人，有利于日后减少纠纷；继续放活经营、规范流转，进一步减免林业税费，更大程度地实现林农增收；完善配套改革措施，提供小规模林地经营者所需要的小额信贷业务，为林农营林、森林资源交易提供良好的服务环境。其次，扶持林业加工业的发展，政府应当发挥领导和服务作用，扩大招商引资规模，培育林业生产领域的大型企业，发挥大型企业的带头作用，政府应在企业和林农之间充当媒介，建立起该市林业产业发展机制，促进林业加工业的发展，提高林产品的价值，实现林产品增值，发展林业产业化。再次，村级组织完善制度建设，妥善处理林改后续问题。能人治理推进了林改过程实施，促进了村级民主发展。林改结束后，村级民主建设仍然存在，并且将继续帮助解决林改遗留下来的问题，如新纠纷的调处。完善村级组织事务管理制度建设，提高制度化管理的程度，有利于降低村务决策对个人权威的依赖性，妥善处理林改后续问题，维持村庄稳定。最后，深入生态补偿机制研究，寻求合适的补偿方法。森林发挥的生态效益远远大于其经济效益，生态补偿是维持森林简单再生产、发挥生态效益的基础，但是对生态林的补偿机制研究发现，在我国现实操作中，谁来补偿生态林的经营成本、如何征收补偿、如何确定补偿依据，至今仍是难题。政府应当加大对生态补偿机制方面的研究，制定合适的补偿办法，保障森林生态效益的发挥。

集体林改中的博弈

——以辽宁省双山子镇四平村为例

孙文芳[①]

一　四平村的概况

四平村隶属于辽宁省丹东市宽甸满族自治县双山子镇政府，位于宽甸满族自治县西北部，距离宽甸县城约120公里，距离沈阳市280公里，与本溪市、桓仁县毗邻。该村是一个山区林业社区，全村总面积60750亩，耕地面积2306亩，林业用地面积54597亩，其中公益林30027亩，商品林24570亩。四平村人均耕地面积1.5亩，人均拥有林地面积40亩，人均林地面积是耕地面积的28倍。但是该村仍以种粮为主要生活来源，林业收入在家庭收入中所占的比重微乎其微。该村耕地位于山区，土壤贫瘠，除施用化肥外，多数村民从附近的养鸡场购买鸡粪来提高土壤肥力。一亩地需要施用一架子车鸡粪作底肥，每架子车的鸡粪市场价格约为100元。此外，由于耕地地块零碎且面积狭小，无法运用现代农业机械，当地主要依靠人畜力从事农业生产。

四平村共有10个村民小组，据2001年的人口统计，该村共有1485人。村民居住极为分散，他们大多聚山脚而居，各个村民小组之间相距甚远，而且村民小组之间基本没有硬化的道路，多为崎岖不平的山间小道。仅有一趟通往双山子镇的公交车，每天早上六点途经村里，多数年轻人购置了摩托车，作为他们出行的工具。"要想富，先修路"成为当地农民的

---

① 孙文芳，女，华中师范大学政治学研究院2009级硕士研究生。

迫切愿望。

四平村多山多林，野生动植物资源非常丰富，且种类繁多。药用植物上千种，如五味子、人参、细辛等，享有"天然中药库"的美称。野生的黑木耳、红蘑、榛蘑、板栗、山葡萄产量也不少，蕨菜、刺嫩芽、大叶芹等山野菜无处不见，是不可多得的绿色食品。特产林蛙、河鱼、细鳞鱼是上等的美味佳肴。这些在市场上颇受顾客青睐的高价位绿色食品，因为当地交通条件的限制，很难转化为货币。距离该村最近的双山子镇市场离该村也有四五十公里。

四平村没有村办企业，有一家夫妻开办的饭店和几家小食杂店。饭店于2010年开始营业，主要为修建度假村的工人提供中餐。几家小食杂店主要经营油、盐等日常生活用品。蔬菜主要依靠自给自足，是村民从山上采摘的蘑菇、木耳等野生植物和自家院子里种植的青菜。大米是从市场买来的。燃料是从自家林子捡来的枯树枝，家家户户的院里都堆满了成垛的干树枝。

四平村10组于2003年开始了集体林权制度改革，一个月后把1935.9亩山林按地块承包到户，并签订了承包合同。2005年，在政府的高位推动下，全村开始了集体林权制度改革。2006年上半年，集体林权制度改革结束，其中家庭承包林地24582亩，确认自留山1318.96亩，确认以往承包山18694.5亩，确认转让山9999亩，人均分得集体林30亩。由于四平村的生态公益林占集体山林的60%左右，所以这次集体林权制度改革主要是把生态公益林分山到户。

二 集体林改后：林改利益相关者的落差与矛盾

集体林权制度改革主要是明晰林农对林地的经营权，在生态保护的前提下实现林农增收和社区和谐。但集体林权制度改革是一场利益的重新分配和调整的改革，同时也是一场利益相关者博弈的过程，不同的主体有各自不同的利益诉求在其中，他们会利用手中掌握的各种资源改变或者影响制度的运作，使制度朝着有利于自己的方向发展。

（一）林农的抱怨：守着金山没饭吃

集体林权制度改革后，产权明晰，激发了广大林农护林看林养林的积极性，四平村的林农也出现了把山当田管，把林当菜种的热情。但是由于分给林农的大多是生态公益林，林农对这些林子只能管护不能砍伐，并不拥有完全的处置权，从林地管护中获得收益对他们来说是可望而不可及的。由于增收无望，所以林农持续护林管林的积极性下降，该村林农甚至有一种不满的情绪。

当地林业大户Y，看中林木升值，认为经营山林可以带来收益，于2000年承包了离该村10里远的光寿林村的1100亩山林。2001年，辽宁省政府出台了天然林禁伐政策，他买的山林一下子成了天保工程林，不能砍伐，也没有补偿。由于距离远，管护不便，承包林成了不法分子砍伐的目标，买来的郁郁葱葱的山林已经被砍得精光了。

该村其他林农，虽然不像Y村那样拥有1000多亩的山林，但是多数农户都有百十来亩的山林。由于地方政府在执行天然林禁伐政策时搞"一刀切"（天然林分类经营政策，在一些地区成了天然林完全禁伐政策），他们成了天然林的护林员，但没有预期的经营收入，所以从起初积极参与改革转化成了对林改的不满。当然，也有少数林农由于分到的林子透光、立地条件好，适合发展林下经济，借助林改东风迅速发展致富。但是绝大部分林农抱怨自己"守着金山没饭吃"。

（二）村干部：林农受益，村集体受损

集体林权制度改革中，村干部出于对集体组织利益和自身利益的考量，被动参与到集体林权制度的改革过程中，他们认为集体林权制度改革出现了"林农受益，村集体受损"的情况。

四平村的集体林权制度改革，与南方集体林权制度改革的做法不同，采取的不是收取林地使用费而是二八分成。当时采用这样的制度设计主要是考虑到村里的林农都不富裕，林农乐意分到钱，但不愿意缴纳钱，况且林地使用费的收取在林改期间比较容易，但以后就很困难。同时也出于村集体财政收入持续性的考虑，采取二八分成的方法。林农要砍伐树木，必须先经过村集体同意后，才能向林业站申请，采伐的指标也是村里根据农户的林木蓄积量批准。村民砍伐林木销售后，必须把所得收入的二成交给村集体。但由于辽宁省实行天然林禁伐，林农没有砍伐指标，不能从林地中获得经营收入，村集体所谓的二八分成也只能成为空话了。集体林权制

度改革中,实行谁造林谁拥有。但由于气候寒冷的原因,东北林木生长周期特别长,落叶松要 30 年才到主伐期,林改期间栽下的林木,现在也仅仅五六年的树龄,村集体也不可能从人工林中获益。税费改革后,村集体除了"三支一扶"财政转移收入和转让林地的收入外,基本没有其他收入来源了。

有的村民也与村干部持同样观点,认为分山到户的林改经营模式对村集体没有好处,只对农户有好处。林子分给村民了,村里就没有了收入,村集体办公益事业很难,比如修路、安装路灯。但是对农户有利,各家各户有了林子等于固定资产增加了,有了林子,可以把林子转让,也可以自己经营,种植山野菜、五味子和发展林下经济。

(三) 政府官员:绿了山林,富了经济

作为集体林权制度改革高位推动者的政府,其利益目标是实现地方政府财政收入和地方官员政绩的最大化[1]。而地方官员政绩的考核是由上级政府来评定的。国家对林业的需求已经由单纯的木材等物质产品的需求转变为生态保护的目标诉求。[2] 地方各级政府在贯彻和执行林权制度改革政策时必然要部分或者全部地体现这一利益诉求。当然地方政府在集体林权制度改革过程中作为理性的经济人也必然有追求地方利益最大化的动机。

宽甸县属于国家划定的退耕还林工程区,相关政策规定谁造林谁拥有,同时对林农每造一亩林给予 200 元的补助。山上田地贫瘠,粮食产量低,如果遇上干旱或者雨水天气,就可能颗粒无收,而退耕还林既响应了政府的号召,又可以拿到补贴,所以林农参与的积极性很高。2006 年至 2007 年,四平村造林 2300 亩,是林改前年均造林的 1.5 倍。林改以来,宽甸县完成造林面积 55 万余亩,年均造林面积 11 万余亩,是林改前年均造林面积的 2.6 倍。所以集体林权制度改革在一定程度实现了政府所说的"绿了山林"的生态目标。由于森林面积增加,从整个县域来看,促进了旅游产业的开发,也确实促进了整个县域经济的发展和财政收入的增加。

---

[1] 绍彬:《集体林权制度改革的政策博弈分析——以福建省为例》,南京林业大学优秀硕士论文,2008 年,第 24—25 页。

[2] 邢红、温亚利:《天然林保护工程的博弈分析》,《绿色中国》2005 年第 2 期,第 32—34 页。

三 集体林权制度改革中的利益相关者博弈

（一）政府：生态保护大于天

宽甸县位于辽宁省东部，与长白山接壤，是多山多林地区，也是辽宁省水源涵养林和天然林保护的重点区域。所以在宽甸，对生态效益的重视，超过对经济效益的重视。

当地官员的政绩与生态保护密切相关，政府在林业管理中把保护生态环境放在首位，执行生态效益大于天的政策，具体如下：

1. 天然林禁伐政策的过度执行

2001年，国家实施天然林保护工程，辽宁省政府响应中央政府号召，严厉制止林业"两乱"（乱砍滥伐），把大片山林划为天保工程林，对天保工程林实行禁伐，禁伐期为5年。为了配合天然林禁伐政策，辽宁省还出台了相应的举措，主要有：只要今后执行天然林禁伐政策，就会享受优惠政策；今后营造公益林，同时享受国家造林补贴和生态公益林的经济补贴；已有偿转让和承包的天然林，同时享受经济补贴政策；自留山中的天然林，执行天然林禁伐政策，享受天然林禁伐补贴。辽宁东部7市34个县（市、区）有2100万亩林地被划为国家重点生态公益林范围，宽甸县就是其中的一个县。当时规定因实施天然林禁伐所造成县级财政直接减收部分，采取财政转移支付方式由省、市财政实行适当补助；对实施天然林禁伐后的森林管护费，除已纳入国家财政公益林补助范围之内的部分，由省财政按3.5元/亩标准给予补助。为了贯彻这项政策，省、市、县成立了工作领导小组，下设办公室，配备了专职工作人员，重点乡（镇）成立了公益林管理站，配备监管员，村设护林员。设立机构要有经费，配备工作人员要发工资，于是这每亩3.5元的补贴，成了这些机构的工作经费和工作人员的工资。而与此相对的是，农民并不知道自己能获得天然林禁伐补贴。2001年，辽宁省规定天然林禁伐期是5年，时至今日，已经10年了，但天然林禁伐政策依然在执行中，林农继续自行承受这次改革的代价。

不仅天然林禁伐政策在延期执行，而且为了保护生态，地方政府在执行天然林禁伐政策时违背了最初设计的分类经营政策，实行了"一刀切"。在《辽宁省关于禁止对天然林进行商业性采伐》的通知中规定：省政府决定在全省范围内禁止对天然林进行商业性采伐（简称天然林禁伐，下同），使其休养生息、恢复发展。禁伐期限为5年（2001年至2005年）；同时规定对天然林实行分类经营，天然林中的公益林只允许卫生伐，天然林中的商品林允许进行抚育和补植改造。同时根据发展和保护并重的原则，允许进行营林性采伐。对林冠下更新形成的红松与阔叶树混交林，允许按照技术标准和技术推广实施方案的要求，及时伐除上层天然林木，为林冠下的红松幼林创造适宜的生长环境。但是地方政府在执行过程中，为避免实施不到位，采取了"一刀切"的方针，只要是天然林，无论是抚育更新指标或者残次林改造指标，都不给批复。以至于虽然集体林权制度改革的主体改革已经完成了6年了，当地村民认为山还是那个山，与刚刚分山的时候一样。因为到21世纪末，这些山上成材的林木已经被盗砍盗伐者砍得差不多了，剩下的都是残次林了，由于当时没有残次林改造的指标，这些山林还保持着原来的状况，林相和林木质量并没有提升。

采伐指标根据出材量分配的方法也存在着问题。2011年，双山子镇采伐指标为5761立方米，并不能满足需要。采伐指标分配主要是人工林，而人工林占全部森林面积比例很小，在20%以下。人工林采伐指标的分配办法主要是由各村开会，根据农民的实际需要向乡镇林业站申报，林业站根据申报情况、立地条件和森林林木情况进行审批。天然林由于政策保护，即使已经是成熟林甚至是过熟林，出于保护生态环境的考虑，也不让采伐。集体林改以前林子归集体时，林农普遍没有林业经营的积极性，生长情况不是太好。林改之后，林农愿意经营林地，但由于采伐指标的限制，林农也不能很好地经营天然林。

2. 商品林的采伐指标少

出于生态保护的需要，当地政府在人工林的管理中，指标的分配也有一定的限制，满足不了林农对指标的需要。这样林木砍伐指标就成了稀缺的资源，林业站的工作人员作为理性人，存在着追逐个人利益最大化的倾向，稀缺的砍伐指标便成了他们寻租的工具。手握采伐指标稀缺资源的林业站工作人员，往往会把指标优先分配给那些林业大户，从中牟取个人好处。对林农来说，没有一定的渠道，就很难获得采伐指标。为了解决日常生活所需的货币，林农就会把自己手中的成熟林低价卖给那些林业大户。

而那些林业大户由于多方面原因，可以比较容易地从林业站获得自己所需要的指标，同时加上拥有货币的优势，他们可以从林农那里低价购买所需的成熟林，通过林木砍伐和销售，从中赚取利润。

3. 划人工林为生态林

出于涵养水源和保持水土的需要，宽甸县政府把道路、河流、湖泊周围可视范围内的土地划为水土保护区。在谁造林谁拥有政策的导向下，林农自发地在河边、道路两旁植树造林，以方便树木长大后砍伐出售，增加家庭的收入。在集体林权制度改革过程中，有些农户通过抓阄方式分到水源地和道路附近的林地。政府出于水土保持的需要，把这些原本为人工林和商品林的林子，划成了生态公益林，林农从此失去了林木的经营权和所有权。政府的这种做法，对保持当地生态环境而言是有积极作用的，却使林农无偿地背负了生态保护的代价。

有的林农分到的全是生态公益林，有的林子以前是商品林，后来又被政府划成了公益林。宽甸县颁布天然林禁伐政策后，买山的人并不能得到相应的补偿。而他们当初购买山林时是允许间伐的，只要经过林业部门的批复，就可以逐年砍伐。间伐既能带来经济收益，又能保持生态。但是现在山林被划成生态公益林后，林农的林木收入一下就没有了。同时由于不准许随意砍伐林木，住在山里的一些农民还得购买燃料，变成了捧着金山没饭吃。

（二）林农：家庭收益最大化

经济学认为，每一个人都是以追求个人利益最大化为主要目标，人们在相互交换产品提供服务时，遵循的是个人利益原则，即以利己为动机，力图以最小的经济代价去追逐和获得最大的经济利益。因此林农的利益目标是以最小的经济支出换取个人自身利益（包括经济和非经济）的最大化。在政府、村集体和林农三方的利益格局中，林农的力量最薄弱，拥有的谈判筹码最少。有时候只能无奈地承受保护生态所付出的代价，但是作为理性的经济人，他们并不心甘情愿地独立承受生态保护的代价，他们有时也会利用弱者的武器来与政府抗衡，有时也会利用弱者的地位向政府施加压力。

1. 不能白做"护林员"

四平村在集体林权制度改革中，分给村民的林子中80%是天然林，林农不能从自己管护的山林中获取收益。自2003年辽宁省开始实行天然林禁伐政策直到2010年，林农没有获得任何关于生态公益林的补偿款。2011年，辽宁省政府开始对林农进行补偿，每亩省级生态公益林地每年补偿2元钱。管护生态公益林与种粮或经营商品林相比，经济收益极其低下，这严重挫伤了林农管林护林的积极性。林子刚刚分下来时，林农护林的积极性很高，没事就到自己林子里看看，但是由于长期以来都没有收益，所以就造成了林农护林积极性的下降。一些林农认为，政府不能让林农白当护林员，总得让林农砍几棵树吧。如果零补偿或者低标准的生态公益林补偿持续下去，就会出现森林功能退化的结果。

事实的确如此，林农不能砍伐自家的林子，没有收益。这样一来他们虽然没有明确地对政府表示不满和抗议，但是却在私底下抱怨和发泄不满。"林子分给我了，政府凭啥不让我砍？"如此的呼声，在整个村庄随处可以听到。在集体林权制度改革后，由于天然林禁伐政策的过度执行，世世代代靠山林取暖做饭的林农虽然分得了林子，但是上山砍柴反而成了不法之举。村民不能光明正大地上山砍柴，只能私底下偷偷摸摸砍柴，也有的村民将砍伐成材的树木用于修建房屋、猪舍等。村民们都知道这些事情，但都睁一只眼、闭一只眼。同是分到户的林子，一般情况下，林农首先选择去天然林里砍柴，而不是到人工林里砍柴。在离村子比较远，看护不到的地方，不但砍伐分给自家的林子，也砍伐分给别家的林子，时常发生盗砍盗伐的现象。

2. 贱卖天然林

天然林禁伐政策的过度执行，使一般林农成了天然林的护林员，只有管护没有收益。但是，有的人利用手中的资源，利用天然林分类经营政策的许可，也可以获得天然林的砍伐指标。对于林农来说，本来不能获益的天然林，通过私下转让承包，倒是可以获得一定的收益。虽然明知道卖掉一棵树的价格可能超过一亩山林的转让价格，但是他们还是在无奈之下选择低价转让山林。政府为了保护生态而执行的天然林禁伐政策，只是束缚了一般林农的经营权和受益权，却不能束缚一些特殊人群，强势者从中牟取更大的利益。

（三） 村集体：村集体组织利益最大化

作为村集体经济组织，其利益诉求主要是增加村集体的财政收入，管理好生态公益林。在村集体财政收入下降的情况下，其管理好生态公益林的积极性也会大打折扣。生态公益林管理得再好，也不能解决村集体的财政危机。四平村身处大山深处，没有村集体经济，村里唯一可支配的收入就是国家转移支付的资金，这些资金基本上全部用于发放村干部的工资。

集体林权制度改革之前，村里有村办林场，村里可以申请一些采伐指标，从中获取一定的收益，用来保证村集体的正常运转。天然林禁伐之后，村集体唯一的财源被截断了。集体林权制度改革中，村集体采用与村民二八分成的办法，即村民把树木砍伐销售之后，村集体获得收入的20%，村民获得收入的80%。但是，天然林禁伐，村民不能从天然林中获取收益，村集体经济组织与林农的二八分成计划也就由此搁浅。另外，由于东北地区气候寒冷，林木生长周期长，如落叶松要经过25年的生长才能成为成熟林。林改距今也就几年的时间，当时栽下的落叶松大多为幼年林，还没有到主伐期，无法砍伐，村里在近期内尚不能从人工林获取收益。作为村集体经济组织，为了保证村级组织的正常运转，必然采取自己力所能及的行动：跑项目。

四　小结与讨论

一项制度产生和实施的过程，实际上就是个人和集体在不断博弈中求解的过程，推行一种改革必须在满足个人理性的前提下达到集体理性。辽宁省天然林保护工程的政策制定的过程实际上就是中央和地方、政府和林农的一种博弈过程[①]。假设在这个过程中不同的利益相关者具有不同的利益诉求，并作出理性的选择，去影响或者改变政策的实施，在某种程度上将使政策实施效果偏离原来的目标。

---

① 刘珉：《参与主体态度取向对林权制度绩效的影响研究——基于平原地区分析》，《林业经济问题》2010年第02期，第114—117页；李丽：《集体林权制度改革中各利益主体的利益关系分析》，《中国林业经济》2009年第09期，第38—41页。

（一）重视林农理性诉求

在四平村集体林权改革过程中，下层群众是各项政策的贯彻者，具体工作的执行者，改革结果的直接承受者和见证者。下层群众主要包括基层村干部和林农，其中林农所占比重最大，因而他们是下层群众的主体。相对于政府行为选择表现出较大自主性的特点而言，下层群众的行为选择在一定程度上容易受到外部环境的影响，但他们仍然要遵循理性选择的法则来决定自己的行为。四平村的改革实践是村民在理性因素主导下的制度和改革实践。当村组的树木被外来偷盗者砍伐时，村民感觉到山林是祖宗留给他们的基业。在中国人传统的观念中，不保护祖宗的基业，就是不肖子孙。因此，为了保住村小组的集体财产和祖宗的基业，他们进行了分林到户的改革。当这种改革得到政府的默许，并在大范围推广时，村民更是遵循理性选择的法则，来指导自己的行为。从一直以来政策的执行者和改革结果的默默承受者积极走到前台，具体表现为参与林权制度改革方案的制订，行使自己的否决权；主动地了解林改的政策、方针；积极查找台账，寻求历史遗留问题的解决，对以前转让山林不满的，通过上访途径解决等。当林改主体改革完成以后，确权发证从法律上明确了他们对山林的所有权。作为世代生活在山村的林农，得到林木无疑激发了他们管护和经营的积极性。当林农把大量的精力和时间投入到林子中，长久以来却不能获益，他们由当初对政策的支持转化为不满和抵制，他们会采用发牢骚、对自家林子不管护等弱者的武器来表示对政策的不满。他们也采取行动去影响政府的行为，如要求政府给予政策优惠、技术指导、资金和贷款支持等，这一切行动都是在理性原则的指导下进行的。林权制度改革的过程其实就是各利益相关者相互调适、寻求利益均衡的过程。如果政府继续无视林农的利益诉求，过分强调生态保护，就会破坏这个社会系统的稳定性。

（二）加强生态公益林保护

集体林权制度改革的主要目标是林农生态保护、林农增收、社区和谐。其中，政府作为公共产品的提供者，看中的是生态效益，追求生态效益最大化；而林农和村集体看中的是经济效益，追求经济效益最大化，这就产生了生态保护、林农增收和村集体财政能力增长的不同利益诉求。在集体林权制度深化的改革过程中,相关者的政策和制度设计必须考虑到利益相关者的利益诉求,必须在满足林农个人理性的前提下,来达到政府的集体理性。因此,对生态公益林区的林权制度改革,不能像一般的集体林权制度改革一样,只要分山到户,就算改革完成了。为实现林农增收和保护生态的双赢,除了重视林农的理性诉求之外还需加强生态公益林的保护。首先,必须严格贯彻落实生态公益林分类经营的政策,对那些水源涵养地和生态保护区,要严格执行生态公益林禁伐政策,加大财政投入力度,加大对林农的补偿力度。对于非重点水源涵养地和生态保护地的森林,以及那些林相不好的天然林,要进行相应的调查统计,并根据统计结果给予适当的残次林改造和更新指标,提高这些地的质量和产出能力。对那些立地条件好,适宜发展林下经济、林地经济的地方,要允许他们进行适当的抚育作业采伐,为发展林下经济创造条件。对于旅游资源丰富的地区,政府要进行适当的资金扶持,鼓励当地发展旅游经济,通过旅游经济带动当地经济的发展。其次,要建立生态公益林补偿机制。公益林的主要作用是发挥生态功能,受益的是全社会,社会利益的总代表只能是各级人民政府,理应由财政支付公益林的价值补偿。财政投入应是森林生态效益补偿基金的主要资金来源。还可采用设置生态补偿费用的方法筹集生态公益林补偿基金。把生态效益补偿金作为一种附加费,依附于营业税、消费税、增值税等社会性的税种,按一定比例由税务机关统一征收,列入各级政府财政预算,并在一定的行政区域内统筹安排使用,实行分级管理,并由国家根据各地生态公益林的多少和效益确定补偿标准。

林农为什么增收

——以辽西南北村、东村为例

李 纲[①]

2003年,在自下而上的需求和自上而下的推动下我国开展了被称之农村第三次变革的集体林权制度改革(以下简称"集体林改")。所谓的集体林改就是在保持现今林地集体所有制不变的前提下,把林地的使用权交给农民,让农民依法享有对林木的所有权、处置权、收益权,通过"山有其主,主有其权,权有其责,责有其利"的改革构想,实现增加农民的收入,促进农村经济社会发展,推动社会主义新农村和社会主义和谐社会建设的改革进程,从制度基础上解决长期困扰我国的"三林"问题(即林业生产力低、林区发展落后、林农收入低)。

集体林改在福建、江西等试点省份将要基本完成的时候,有些学者、官员都对以上两省集体林改的绩效进行了大致的评估,他们认为"此次集体林权制度改革加快了森林资源的资产化,为林业产业发展创造了良好条件,农村林业产业活力明显增强"。对于集体林改之后村庄集体与林农宏观绩效的论断得到了各界的普遍认同,但是,对于此次林改绩效生成原因的分析,学界却产生了一些不同的看法。一些学者认为,林改绩效是因为林业产权制度的变革激发了林农的生产积极性;而另一些学者则认为林改绩效产生的更多原因是由于国家让利、林业要素市场形成以及林木价格升值等。

由此可见,通过专家、官员的预估和讨论很难就该主题进行科学的学

---

① 李纲,男,华中师范大学政治学研究院2008级硕士研究生。

术澄清与判断，因此，我希冀通过微观村庄的观察与分析，来还原事情的真相，探明事情的原因。

一 案例村庄基本情况与集体林改过程介绍

（一）北村情况介绍

北村位于辽宁省的西南部，属于山地地形，据2008年村委会的统计数据，村庄共有人口600户，1880人，2007年人均收入2634元，其中农业生产人均收入790元，林业人均收入700元（包括木材、林下产品、林蛙等买卖），畜牧养殖人均收入110元。北村2005年9月开始集体林权制度改革，全村有林地面积28860.5亩，其中自留山面积3254.2亩，历史上确认已经转让的山林面积11317.4亩，待分山林面积10762.7亩，过去承包造林面积1782.7亩，荒山面积772.5亩，本次改革流转林地997亩，此次参加林改的山林面积为1.4万亩，主要为天然林和荒山、迹地等，通过各组召开的村民代表会决定分山的模式，最终3组和6组采取的是均分到人的形式，2组采用了流转分利的形式，剩下的组别则采取的是家庭承包的形式，承包的林户需要给组里上缴一定的林地使用费，然后再把它们均分到户。在参改的林地14827.8亩中，国家公益林5044.5亩，地方公益林7066.3亩，而商品林仅有2717亩。具体林地情况见表1。

表1　　　　　　　　北村林改林地情况汇总表[①]　　　　　（单位：亩）

组别	合计	自留山	确认已转	待分	承包造林	荒山	本次改革转让
1	8467.7	3.5	1312	6347	612.5	192.7	
2	7894.4	2100	2316	3098	222.6	157.8	
3	2088.5	484.3	1266.3	149.6	91.5	6.8	90
4	5233.9	184.8	4034.5	76.1	523.3	415.2	
5	3769.3	435	2275.1		152.2		907
6	1432.7	46.6	113.5	1092	180.6		
总计	28886.5	3254.2	11317.4	10762.7	1782.7	772.5	997

[①] 数据来源：北村村委会。

（二）东村情况简介

东村共有 10 个村民小组，共有人口 432 户，1573 人，其中农业人口 1503 人，非农业人口 70 人，是一个以农业为主的村落。耕地面积 1500 亩，集体林面积 39725 亩，其中公益林面积 22123 亩，商品林面积 17592 亩，以往改革（含转让、出售等）10181 亩，本次改革面积 28534 亩。东村于 2006 年 10 月开始林改工作，至 2007 年 8 月 1 日全部工作完成，历时 10 个月。其中签订家庭承包合同 303 份，联户 86 份，转让合同 29 份，并于 2007 年 9 月成立利民家庭合作林场，2008 年 4 月成立了惠民营林专业合作社。家庭合作林场的服务宗旨是服务大众，公平、公开、公正采伐，让每个林场家庭成员都能在林改中受益，从而增加林农护林、造林的积极性。合作林场有详细的合作章程、严密的组织机构和完善的财务管理制度。合作社以入股的方式成立，本着入社自愿，退社自由的原则，目前入社成员 117 户，占全村总数的 27%，总入股资金 58500 元，主要的原则是集体采伐，集体造林，集体发展林下经济，种植中药材、山野菜、野生菌等，林业站做技术指导，合作社负责产品销售，销售利润的 70% 归合作社成员，20% 作为公积金，10% 作为合作社扩大发展储备金。林改后全村制订了森林经营方案，拟定合作林场每年给定采伐指标 1000 立方米，其中 300 立方米为改造林，450 立方米透光抚育，250 立方米皆伐，指标分配原则是一岔一沟一坡，按标准、按顺序采伐。具体情况见表 2。

表 2　　　　　　　　东村林改林地情况汇总表　　　　　　（单位：亩）

村庄组别	林地面积	过去确权林地				新林改林地				小组集体预留
		合计	公益林	商品林	合同	合计	公益林	商品林	合同	
1	2216.8	420	300	120	1	1596.8	1679.3	117.5	38	200
2	2317.5	156	130	25	0	2012.5	2114	48.5	47	150
3	3579	1285	0	1285	12	1993	486	1507	23	300
4	7451	1475	544	830	10	5468	4160	1308	34	581
5	2010	40	0	40	0	1970	1794	178	37	100
6	3316.5	416	100	318	4	2697	2642	256	43	200

续表

村庄组别	林地面积	过去确权林地 合计	过去确权林地 公益林	过去确权林地 商品林林	过去确权林地 合同	新林改林地 合计	新林改林地 公益林	新林改林地 商品林	新林改林地 合同	小组集体预留
7	4560	1144	541	600	12	3069.2	3341.2	78	47	350
8	1685.3	134	0	134	4	1451.3	1163.3	388	36	100
9	6516	3057	2500	557	7	3248.4	210	3038	39	400
10	6063	2054	54	2000	16	3709	3471	538	23	300
合计	39715	10181	4270	5911	66	26926	21061	7755	367	2607

由上可见，案例中的村庄是两个较传统的农业村庄，林业经营占据家庭收入的较大比例，林业特色明显，村庄的经济发展水平中等，村庄的政治生态也较为传统，村庄社会稳定，村民安居乐业，具有我国一般北方农业村庄的特征，有代表性。

二 两案例村的林户收入分析

集体林权制度改革是进一步推进农村改革发展的必然要求，是农村土地经营制度的丰富与完善，通过明晰产权、承包到户的系列改革措施，通过深化改革，完善政策，健全服务，规范管理，逐步形成集体林业的良性发展机制，实现资源增长、农民增收、生态良好、林区和谐的目标。由此可见，促进林农增收是此次集体林权制度改革的一个重要目标，也是考察此次集体林改绩效的一个重要向量。

笔者对两个案例村庄各 10 个林户集体林权制度改革前后的收入状况进行了问卷调查与统计，北村与东村的统计结果分别如表 3、表 4 所示：

表 3　　林改前后北村林农家庭总收入及林业收入变化对比

(单位：亩、元/年、%)

户主	自留山	林改山	流转山	林改前家庭收入	林改后家庭收入	林改前林业收入	林改后林业收入	比重
刘姓户 1	6.8	23.5	买 300	20000	30000	1000	6000	20

续表

户主	自留山	林改山	流转山	林改前家庭收入	林改后家庭收入	林改前林业收入	林改后林业收入	比重
张姓户	10.2	34.2	包50	35000	42000	1500	3000	7.1
赵姓户	5.8	27.5	买200	25000	30000	1000	4000	13.3
刘姓户2	12	38	买600	40000	90000	2000	36000	40
李姓户1	5.1	17.1	0	15000	17000	1000	2000	11.7
孔姓户	6.7	29	卖32	17000	20000	600	800	4
李姓户2	6	25	0	12000	15000	500	2000	13.5
李姓户3	8.5	28.5	买120	23000	40000	2000	15000	37.5
梁姓户	4.2	24	0	13000	18000	800	2000	11
陈姓户	12.6	43.5	0	15000	25000	2500	10000	40

注：林改前的数据以2005年为准，林改后的以2008年为准，比重是指林改后林业收入与家庭收入的比率。

从林户问卷调查的数据统计我们可以看出，北村林改后林农的收入确实有了一些增长，但是各家的涨幅有着较大的差异，有些林户林改后的家庭收入与林业收入都增加了许多，例如北村的刘姓户2、李姓户3、陈姓户，他们在林改后购买了更多的林地，而其他的林户林改后增收的幅度就相对较少。另外，由于大多数分得的集体林地都是公益林，在参改的林地14827.8亩中，国家公益林5044.5亩，地方公益林7066.3亩，而商品林仅有2717亩，由于公益林采伐、抚育受到了林业部门的严格限制，因此，林农从木材经营的过程中所得甚少，但是，在当地林业部门引导下发展林下经济，部分林农的收入得到大幅增长。

表4　　　　林改前后东村林农家庭总收入及林业收入变化对比

（单位：亩、元/年、%）

户主	自留山	林改山	流转山	林改前家庭收入	林改后家庭收入	林改前林业收入	林改后林业收入	比重
于姓户	3.5	41	0	12000	14000	400	1500	10.7
王姓户1	4.2	56	承包34	19000	27000	500	2000	7.4

续表

户主	自留山	林改山	流转山	林改前家庭收入	林改后家庭收入	林改前林业收入	林改后林业收入	比重
王姓户2	5.1	48	购113	15000	32000	500	9000	28.1
刘姓户1	1.8	27	卖25	6000	5000	100	300	6
刘姓户2	9	65	承包61	23000	35000	800	5000	14.2
李姓户	23	77	0	15000	19000	2000	4000	21
周姓户1	12	46	买420	300000	400000	1000	80000	20
周姓户2	8	37	0	58000	65000	500	3000	4.6
孙姓户	65	142	买217	45000	80000	4000	30000	37.5
高姓户	120	183	卖130	35000	40000	1000	2000	5

注：林改前的数据以2006年为准，林改后的数据以2008年为准，比重是指林改后林业收入与家庭收入的比率。

东村林改后林农收入也得到了一定增长，但是，由于现行林木采伐限额制度的限制，普通的林农一般较难获得采伐限额指标。因此，改革现行的林木采伐限额制度是打破一般林农增收瓶颈的途径之一，在目前的形势下林农林业收入的大部分来源是林地、林木资源流转的变现，有的林户申请不到采伐限额则只有直接转让山林使用权，如高姓户；有的林户人脉关系多则可以申请得到，如周姓户，他们低价购买了一些林地，然后通过采伐后出售木材来取得收益。另外，林地改革后完善林区的社会保障制度是保护林农失地的一个重要屏障，村庄的刘姓户则是因为年老多病需要医治而不得不通过转让山林来满足短期的货币需求。

三 两个案例村庄林户收入增加原因探析

上文的调查数据统计显示，此次集体林权制度改革确实增加了林农收入，也改善了林农生活。2008年，北村和东村有的林业大户从林业获得的收入已占家庭收入的三成左右，同比增长10.45%。北村2008年人均收入2634元，其中主要收入农业生产人均收入790元，林业人均收入700

元，林业收入和农业收入已经几乎相当，在收入增加的前提下，村庄林户的生活水平也得到了改善，全村有私家车3辆、货运车6辆、摩托车160多辆。那么，为什么林改之后短期内林户的收入就得到了大幅度的提高？通过调查分析，笔者认为主要有以下几个方面的原因。

（一）国家免税与林户增收

我国当下的集体林权制度改革之所以深受农民朋友的拥护，很重要的原因就是不与民争利，做到"让利于民""还利于民"。在林权制度改革前，林业的税费较重，林农卖100元的木材要向国家和集体上缴约56元的税费，除去抚育成本和开运工资，几乎所剩无几。因此，林农朋友们说："林业部门赶着他们种树、盯着他们砍树、催着他们缴费"，"砍下一根竹子，得到的是一双筷子"。

辽宁省去年减轻木材税费88420万元，辽宁清远通过林木税费改革，林农经营木材每立方米减轻负担65元至110元不等。该省去年共减免林业税费11.27亿元，林改政策性让利7.52亿元，宽甸县林农每销售一根标准竹比林改前多得5元，每销售1立方米木材比林改前多得150元。该省已经取消了农林特产税，除育林基金之外，林户采伐木材基本上不用缴纳其他税费。而对于林木加工领域，综合利用产品生产已经实行即征即退办法，所有企业事业单位种植林木、生产种子和苗木以及从事林产品初加工所得，暂时免征企业所得税。

林改后，国家实施"多予少取"的政策措施，农民经营林业的回报率大幅提高，农民从林权制度改革中得到了最直接的利益。辽宁统计局的调查显示，林改前，全省农民人均林业年纯收入只有278元，去年达到490元。随着林改效益的逐步显现，农民收入还会逐年加速增长。

这次林改在明晰产权、还山于民的同时，还明确规定减免相关林业税费，还利于民。林改通过拍卖、承包等方式获得的收益绝大部分都分给了林户。"此外，2003年大幅度降低了林木采伐与销售的税费，木材税费由改革前占售价的46%下降到27%左右，林业税费项目由改革前的17项减为11项；此外，造人工用材林的育林基金返还70%、维简费全额返还，这些措施大大减少了经营者的税费负担，增加了盈利空间。辽宁省2004年实施'两取消、两调整、一规范'的政策以来，累计为农民让利33.4

亿元。"① 这些税费减免的政策给林户带来了直接的经济收入，东村的王姓户2，2008年造林25亩，不仅免费获得了2000株杉木苗，还获得了县林业局每亩50元的造林补助，这给他们家带来了直接的林业收入1250元。因此，林改过程中各级政府对林业经营税费的大幅降低是林农增收的一个重要原因。

（二）林地流转与林户增收

此次林改的一个重要目的就是要让林农依法享有对林木的所有权、处置权、收益权，通过"山有其主，主有其权，权有其责，责有其利"的改革构想，增加农民的收入。林改之后，大多数的林农在"均山、均林、均利"的政策目标下获得了收益。比如说北村2组的村民，由于林改时剩余的集体林地面积较小，均分后不好经营，因此他们选择的是流转山林后均利，他们人均得到了2000余元的收益，3组和6组均山之后，有部分林户通过林木或山林的出售带来了收入，孔姓户转让山林面积32亩，从中获得了万余元的收入，其他组承包集体山林之后，小组收取的林地使用费一部分用于小组的公共服务，其余部分也均分到了林户，以上的林户收入都可以归类为国家林改明晰产权之后，林户获得山林处置权之后获得的。

有学者认为"通过此次集体林权改革，林农获得了清晰与完整的山林资源所有权、经营权、处置权与收益权，这不仅完善了我国林业产权制度，增强了林地、林木的流转性，解放了林业生产力，还切实提高了林农收入，并进一步指出解决林农长效增收的问题"②。林改确权之后，山林资源的产权得到了明晰，并且国家从制度上规定30—50年的产权不变，这使得林业市场化得以实现，林业市场被激活之后，山林资源的价值较之林改前大大增加，以东村为例，林改前的林地亩均价格是300元左右，而林改后涨到了500元以上，林木价格则从300元/立方米的价格上涨到了700元/立方米。林木价格的上涨为林户的林木、林地转让带来了更多的

---

① 李珂，集体林改：《我国农村的第三次变革》，《绿色中国》2006年第19期，第12—22页。

② 高岚、李怡、陈叙图：《集体林权改革的制度障碍与对策研究》，《华南农业大学学报》（社会科学版）2009年第2期，第22—26页。

收入。

（三）林下经济发展与林户增收

林户分得的集体山林多是公益林，在难以申请到采伐限额的情况下，增长林业收入的一个重要途径就是发展林下经济。林改结束后，北村的林农们都能积极地利用好自己分到的林地资源植树造林及发展林下经济。去年，林业站下发造林指标200亩，可是实际造林为320亩之多，远远超过了镇林业站的要求，计划发展林下经济200亩，其中4组村民刘某一家就发展刺龙芽100亩，秋收后大部分村民都进行了造林和发展林下经济。我们入户调查的10个林户2005—2008年的发展林下经济的情况如下：

表5　　　　　2005—2008年北村林下经济发展情况统计表[①]　　　（单位：亩）

户主	年度	坐落	林下参	刺龙芽	大叶芹	合计
刘姓户1	2007	后山		20		20
张姓户	2006	前山		17		17
赵姓户	2005	大林子			7	7
刘姓户2	2005	大千子	5.5	100		105.5
李姓户1	2006	盘岭沟	7			7
孔姓户	2008	前山		27		27
李姓户2	2008	前山		12		12
李姓户3	2008	西山		40		15
梁姓户	2008	盘岭沟		20		15
陈姓户	2007	耿家堡		27		27

林业站从林场调来100万株刺龙芽小苗，以低价出售给北村林户，种植后经济效益比较明显，估算直接经济效益在15万元以上。如林农刘姓户1种植刺龙芽20亩地，收入6000元；而刘姓户2种植刺龙芽100亩地，收入36000元；李姓户3种植刺龙芽40亩地，收入15000元；陈姓户种植刺龙芽27亩地，收入10000元。并且刺龙芽可以和红松混栽，也

[①] 数据来源：北村林村委会。

可以单独栽种。在当地，刺龙芽春天时最贵能卖到每公斤 30 元以上，且市场销售状况极好。

　　根据笔者入户调查的数据显示，辽宁两村林户林改后的林业收入是有所增加，但是，由于林业经营的周期较长，在我国的东北地区，正常的一棵红松的生长周期是 30 年，而生长周期较短的其他树木也要十余年，因此，林户增收不可能在林改后的短短三四年内凸显出来。所以，当下两村林户的增收主要来源于以下三个方面：一是国家的减免税收；二是山林使用权和林木所有权的转让；三是发展林下经济。通过观察我们可以看出，前面的两项都是改革给林户带来的实惠，但都不是改革的制度因素激发的，也就不能全面地归为改革的绩效，因为国家的减免税收是有限度的，林地和林木的权属转让更是非可持续的，而只有发展林下经济，进行复合化、立体化林业经营才是我国此次集体林权制度改革的最终目的所在。

"老表"的心声

——江西遂川上芫村调研报告

张为波[①]

江西人有一个共同的"外号",就是"老表"。江西境内,无论城乡,陌生人相逢,彼此总爱以"老表"相称,尤其在广大农村,大家更是"老表"长"老表"短的。此次,我的林改调研点选在井冈山脚下的遂川上芫村,入乡随俗,我也将将我所调研的访谈对象称之为"老表"。

此次调研目的主要是了解新集体林权制度改革背景下乡村社会中的基层治理与基层民主、林地流转、林业合作社、林权纠纷、生态公益林等事实状态和诸多的变化发展情况。因此我的访谈对象主要有普通林农、乡村干部和基层林业站的工作人员。无论是乡村干部、基层工作人员还是最为普通的林农,他们真真切切的话语、实实在在的需求,都促使我在此写上一篇调研报告以反映众多"老表"的心声。

一 林改名村遂川上芫

遂川位于江西省西南边境,西连湖南,南接赣州,毗邻革命摇篮井冈山,大广高速、105国道穿境而过。全县国土总面积3144平方公里,其中林地369万亩,占国土面积的78.2%,是典型的山区林业县。县内山清水秀,林木滴翠,活立木蓄积量1003万立方米、立竹4655万根,森林覆盖率77.4%,是江西省重点林业县、国家重点茶油生产基地、全国著

[①] 张为波,男,华中师范大学政治学研究院2008级硕士研究生。

名的杉木产区之一。同时,遂川还是吉安人口最多、面积最大的县,遂川以"敢吃第一只螃蟹"的胆识,坚定不移地推动林改。

2004年8月底,遂川被列为江西省林业产权制度改革7个试点县之一,率先在全省实施林改,历时4年多,全面落实了"明晰产权、减轻税费、放活经营、规范流转"的政策,初步实现了林农富裕、林业发展、林区稳定、生态和谐的目标。

初到遂川,身边不断地有人跟我说这样的话:"研究林改来江西,来到江西看遂川,来到遂川看上芫。"带着一探究竟的心境,我走进了上芫,并开始了我在上芫的调研生活。

上芫在林改名村的光环下,使得上至国家、下至地方的很多人慕名来学习、取经。或许是见惯了各大领导,本地的老表对于我的提问并未像其他地方的林农一样时而遮遮掩掩,时而有意回避。上芫的"老表"热情好客、率性健谈,他们既会主动称赞新林改给他们带来了诸多好处,同时也毫不掩饰地与你直面畅谈新林改之后所存在的一系列问题。他们是一群乐于表达自己心声的真挚朴实的上芫"老表"。

(一) 上芫村简介

上芫村地处遂川县衙前镇南部,于新公路贯穿全村,地理位置优越,生态环境优美,木竹资源丰富。全村现有11个村民小组,267户,总人口1078人,外出务工人员270人。有党总支1个,党支部2个,党员28人。全村耕地面积870亩,人均耕地面积0.8亩,水田570亩,旱地260亩;山场面积2.03万亩,人均占有山林面积18亩。全村现有毛竹林13128亩,占全村山林面积的60%。村级集体收入7万元,全村有小学1所、医疗服务室2个、木竹加工企业5家,农民经济收入主要以木竹生产、外出务工、竹荪种植为主,规模产业有毛竹生产和加工,2008年人均收入达到3600元。

与遂川县衙前镇的其他村相比,上芫村以盛产毛竹而闻名。上芫村的"老表"几乎家家户户有竹山,不同的只是数量上的差别。

表1　　　　　　　　　上芫村林地基本情况　　　　　　　(单位:亩)

村民小组	自留山	责任山
彭　屋	493.8	593.6

续表

村民小组	自留山	责任山
下紫阁	505.7	246.7
上紫阁	682.3	413.6
上　陂	867.1	320.5
龙　窝	792	364.7
乌　竹	329.1	445.6
和　潮	626.3	1723.8
羊　金	413.4	2917.3
小龙口	1127.8	1522.7
廖　屋	934.5	1781.9
牛　塘	1046.3	1364.7
合　计	7828.3	12695.1

从表1中不难发现，和潮、羊金、小龙口、廖屋、牛塘这5个小组的责任山与自留山面积明显多于其他6个村民小组，小龙口小组因为人口少，人均山林面积在全村居于首位。由于各个小组之间的差别存在，因此不同小组的"老表"也会有着不一样的心声。

（二）上芫林改历程①

从解放初期的"四固定"，到20世纪80年代初期的林业"三定"（稳定山权林权、划定自留山、确定林业生产责任制），再到2004年推动的新林改，上芫人始终依照政策精神，并结合上芫当地的实情，一步一步地走了过来。

20世纪五六十年代的"四固定"，山林集体所有，统一经营。当时的山林由上芫生产大队和各生产小组组织村民集体经营、集体管护，年终分红。20世纪80年代，林业"三定"。上芫村1981年冬初步开始分。1984年进一步完善，调整确定山林界址。2003年开始新林改试点，少部分人要求打乱重新分配，多数人持反对意见，按照"少数服从多数的原则"

---

① 附录资料——上芫村林地基本情况来源于：上芫村村委会办公室张榜公示材料。

仍然维护20世纪80年代林业"三定"时期的分法，没有重新再分。因此上芫村2004年推动的新一轮林改，其中最主要的工作就是对20世纪80年代已经分到户的山场进行勘界确权。上芫的林改过程是场名副其实的确权发证过程，"老表"现在所拿到的林权证与老山林证上，山场还是原来的山场，只是经过实地勘界，多数"老表"山场的面积增加了许多。

调查发现，林改之后上芫村的林改纠纷很少，原因就在于新林改过程中勘界清晰，林农的纠纷在新林改过程中得到很好的调处，其中"三老会"的作用是举足轻重的。"三老会"成员主要由老干部、老知识分子和老党员组成，成员的平均年龄在55岁左右，他们的作用主要是林改前期的宣传发动，林改过程中确定界址，解决争议。由于他们经历过20世纪80年代的分山，对于当时的山林界址比较了解，在新林改推动过程中，他们协助村委会对一些因山林界址不清引发的纠纷进行调处，使林改工作得以很好地推行。

二 上芫"老表"的心声

制度在更替和变迁的过程当中，必然影响利益群体的需求选择，上芫"老表"也不例外。历经了几次分山的上芫"老表"，在新林改确权发证之后，他们又有了自己新的需求，从国家政策的变化，到生态公益林的补贴，再到毛竹产业的发展，他们无不关心。

(一) 普通村民"老表"的心声

1. 关注政策，期望稳定

"老表"一方面对国家政策的了解程度与关注程度提升，另一方面期望国家相关政策更加稳定。新林改推动之后，随着"山价"的取消、相关税费的减免，"老表"的收益明显多于林改前。与此同时，他们密切关注国家相关的法律、法规、政策条文。另外，他们又担心政策的多变，期望着国家政策更加稳定，以便更好地维护自己的利益。

上芫村廖屋小组村民廖立根说："我也知道《森林法》，还看过好几遍。随着毛竹、木材价格的上涨，'老表'的利益与国家出台的政策息息相关，所以我们对于国家出台的新政策、新文件还是很关心的。另外，上面在林改的最初一年的确是没有收费,但我很担心上面过几年又会重新收取,不知道以后究竟会是什么样子。"①

2. 应加大对生态公益林的补贴

生态公益林一来补贴太低,二来对"老表"来说几乎没有经济效益。上芫村近几年生态公益林的补贴如下:2007年1元/亩,2008年3.5元/亩,2009年5元/亩。尽管生态公益林的补贴在逐年提高,但对老表来说仍然很低。当问及他们是否愿意让国家一次性买断,他们却坚决反对,生态公益林对他们来说的确有点"食之无味、弃之可惜"的感觉。另外,生态公益林的砍伐指标限制过严,某种程度上造成了资源的浪费。按照《遂川县生态公益林管理规定》,生态公益林中的毛竹林砍伐指标须报县里审批,而属于生态公益林的杉木林、松木林等用材林要报省里审批,省林业厅现在是委托市一级来审批。

上芫村牛塘小组村民刘燕辉说:"5块钱的生态公益林补贴对我们来说太低了,我们随便从山上砍根毛竹也能卖十几块。"上芫村小龙口小组组长丁昌洪说:"生态公益林的砍伐指标限制得太严了,弄个砍伐指标还要跑到县里或市里,太麻烦了,没有几个'老表'会去。实事求是来说,公益林中的毛竹林应该允许砍伐没有那么多限制,因为毛竹长到5年以上不砍会干枯爆裂,我这个小组就有大片的毛竹公益林因生长时间过长而死在山上,老百姓是看在眼里疼在心里,太可惜了。另外,公益林中的用材林也要进行一些间伐,树木生长太密,林子长势也不好。"

3. 造林需炼山

2005年以来,江西省林业厅为控制森林火灾,发文下来,明文规定禁止炼山。然而江西"老表"一直有炼山的传统,炼山不仅能烧死杂草,还能松化土壤,提供大量的有机肥。2005年以来由于政策规定不允许炼山,给上芫"老表"造林和抚育带来很多困难。不让炼山之后,杂草丛生,造林很难造起来,林木成活率很低,斩杂抚育相比炼山前更是艰难。

上芫村小龙口小组村民丁昌仁这样说:其实炼山只要组织得好,修好防火线,火灾的发生率很低,反倒是上面禁止炼山,下面偷着炼山,更容

---

① 资料来源于与上芫村廖屋小组村民廖立根的访谈(访谈人:张为波,李娟娟。访谈时间:2009年8月9日上午)。

易引发火灾。上芫村去年就发生了两起"老表"因为偷着炼山而引发的火灾，但是原来由村里面统一组织炼山，那些年一起炼山火灾都没有发生过。上面完全没必要担心"老表"炼山会引起火灾，"老表"有着多年的炼山传统，他们积累了很丰富的炼山经验，对防火线的控制与风向的掌握都是很有把握的①。

4. 愿与"粮农"受到平等对待

近年来，国家日益加大对粮农的补贴力度，有粮食直补、农机具补贴等，但没有专门针对林农的补贴。然而毛竹林的杂山抚育和低产改造是项耗时耗功耗钱的活计，"老表"希望国家对林农也能有所补贴。在享受公共财政方面，"林农"不如"粮农"，广大林区的"老表"在这点上心里很不平衡，"靠山吃山，靠田吃田，同样是农民，为什么种田的有田补，耕山的就没有山补"。由于南北方的自然地理条件不同，北方广阔平原粮田居多，南方山多田少，国家每年投入在粮食直补的钱70%都在北方，如此一来，粮食直补对于广大林区的林农来说几乎没有什么影响，多数"老表"希望国家在山林补贴方面的政策有所倾斜。

5. 期盼科技能在乡村真正落地生根

毛竹山的培育缺乏技术指导，上芫的"老表"完全按照祖祖辈辈积累的传统方法来经营自己的毛竹山，毛竹质量不好不差，多年来停滞不前，"老表"迫切希望得到一些技术上的指导与帮扶。村里今年刚开始推广竹腔施肥技术，这种竹腔施肥技术的运用可使毛竹不再区分大小年，如此一来，"老表"又可以增加一年的冬笋收入。然而，对于这项新引进来的竹腔施肥技术，多数"老表"并不是很熟悉，村里请过专家过来给"老表"培训，但次数有限，大多数"老表"仍不能很好地运用这项技术。在"科技下乡"的浪潮下，上芫"老表"希望科技能真正下到上芫。

（二）干部"老表"的心声

廖传忠，男，32岁，高中毕业，中共党员，2008年上任上芫村村党支部书记，主管党务工作。李世民，男，40岁，高中毕业，中共党员，

---

① 资料来源于与上芫村小龙口小组村民丁昌仁的访谈（访谈人：张为波，李娟娟。访谈时间：2009年8月8日上午）。

2005年上任上芫村村委会主任，主管村务工作。两人均服过兵役，有着较强的公共责任心，又属于村庄的经济能人，在村中威望较高。二人以村干部的角度向我表述了他们的心声。

1. 希望村财政收入有所提高，满足基本公共设施建设

2004年新林改推动之后，原来每根毛竹1.2元的山价款取消，村集体财政收入减少，这为村庄公共事业的开支带来了一定的困难。林改之前，村庄基础设施建设村里统一包干，林改之后，村里各小组的基础设施建设状况略有好转，原因在于"老表"口袋里钱多了，对于本小组修桥、修路他们更愿意出钱，资金采取自愿筹集的方式，村庄的公共事业负担从某种程度上来说有所减轻。然而，涉及整个村的大项目，老表的态度仍和原来一样，还是不愿意掏钱，加上村中接待费用、举办培训、森林防火等开支，原本就不多的村财收入显得更加拮据。

2. 希望加强对林区基础设施建设的扶持和维护自由买卖

在上芫，林区公路和灌溉用水设施的修建显得更为迫切。林区公路是发展竹产业一项主要的基础设施，但因其耗资巨大，村中根本无力兴建。上芫如今的现状是毛竹因没有林区公路，既不便于上山管理抚育，又不好往外运，导致大批毛竹自生自灭，造成了极大的浪费。"要想真正做到把毛竹当青菜种，是山里的东西就应该和田里的东西一样可以自由买卖。"① 现在的毛竹在本省内买卖不收额外费用，但要出省的话就要加收2元/根的检疫费，地方保护主义严重。

3. 希望增加村庄防火设备

一般来说，重点防火区村里会雇人敲锣以警醒"老表"要注意防火，这种人工敲锣的宣传方式远比单纯写一些诸如"森林防火，人人有责"的标语有效得多，但是村里经费有限，只有一些重点林区才会雇人，若是这一年村里经费紧张，这项开支或许还会省去。因此，在森林防火方面，县里是否可以考虑将更多的防火经费下拨到乡村，让乡村充当防火的主力军。事实上，也确实应该如此，假使某一山场发生火灾，且火势并不是很大，如果在村里配有基本的灭火设备，加上村中的一些人事先经过灭火常

---

① 资料来源于与上芫村村委的访谈（访谈人：张为波，李娟娟。访谈时间：2009年8月10日上午）。

识的基本培训，小的火势基本上是可以得到控制的，若是要等到县里的森林消防车和消防人员来，小的火势早已蔓延得不可收拾。当然，我们并不否认县城森林消防队伍的作用，这支拥有专业人员和先进设备的队伍无论何时都是必要的，对于一些大的火势也只有他们才能控制住。

4. 希望加强对投资商的监督管理

首先，政府应调查投资商的资产状况，看他们是否有实力承包并开发毛竹林；其次，政府应对投资商的贷款金额有所限制，投资商贷款金额一般很大，他们一旦携款潜逃，最终的损失在广大林农。林业要素市场持有"老表"的林权证，他们有着资产凭证，而林农将林地承包给投资商总是有一定期限的，届时合同期满林农与林业要素市场难免会有官司纠纷；最后，投资商承包期限不宜过长。当今的市场瞬息万变，木材的价格总体有上涨的趋势，到时候应按市场价格对承包价格作出相应的调整，以更好地维护"老表"们的利益。

（三） 林业站站长"老表"的心声

基层林业站是林业工作的最基层组织，是国家林业主管部门的"腿"和"触角"，是林业工作延伸基层的"毛细血管"和"神经末梢"。"上面千条线，下穿一根针"，国家有关林业的法律法规、方针政策、林业的发展规划和各项林业任务，最终都要通过乡镇林业站落实到村、农户和山头地块。

刘新华，男，44岁，大专文化，现任遂川县衙前镇林业站站长，主管林业站的各项工作。与一些林业站实行双重领导的体制所不同的是，衙前镇林业站实行单线垂直领导。这种垂直领导的方式为衙前林业站开展工作提供了很大的便利。作为衙前镇林业站的主管领导，刘新华以一个基层林业工作人员的视角表达了他的心声。

1. 希望增加人员配置

新林改推动之后，随着退耕还林、生态公益林等重点工程项目的实施，基层林业站工作量加大，人员配备明显不足。基层林业站日常的事务包括采伐核实、造林、森林病虫害的防治、森林防火、森林纠纷调解、森林治安维护等。加上新林改之后，采伐指标的申请由原来以村为申请单位改为以农户为申请单位，基层林业站的工作量陡然增加了许多，他们身上也承担起更多的责任。基层林业站在工作量增加的同时，人员配备依然如旧，现在的工作对他们来说多少有点力不从心。与此同时，林业站人员编制不足，直接影响到林业站队伍工作的稳定。衙前镇 7 位工作人员中，5 人在编，其余 2 人编制至今仍没有解决。在"有编制便有保障"的今天，人员编制不到位，直接影响到基层林业站工作队伍的稳定和林业工作的开展。

2. 希望加大对林业站经费投入

林改之后，林业工作对基层林业站提出了更高的要求，任务也是越来越重。没有专项林业科技推广和培训学习经费，每年下拨到上芫村基层林业站的经费不足 6000 元。而目前林业站必须开展的政策宣传、规划与作业设计、技术指导、跟踪服务、检查验收和迎接上级检查及档案建设等工作，其费用平均每年要 10000 元左右。从而导致基层林业站出现工作越多，自身投入就越大的结局。森林防火，三防协会没有经费扶持，几乎形同虚设。基层林业站呈现入不敷出的局面。

3. 希望迎合市场需求进行商品林采伐管理

衙前镇林业站站长刘新华说：上面尽管在搞采伐试点，但是仍然卡得很严，手续繁杂，没有做到真正的简化。商品林怎么放活，如何放活，现在都是空话。[①] 其实，商品林应根据市场的需求来改，市场好的时候砍得多，市场不好自然砍得少。国家主要担心的是一旦根据市场来放活商品林，森林覆盖率没有保障，这就需要国家政策的稳定以稳定人心。在访谈中，刘站长不断跟我重复这样的话："相比福建来说，江西卡得太死！"

三 结 语

从 2009 年 8 月 7 日起开始调研，至 2009 年 8 月 12 日正式结束在上芫的调研工作，短短的 6 天时间，收获颇丰，谢谢上芫那些质朴坦诚的普通"老表"，谢谢以全村为己任的干部"老表"，谢谢勤勤恳恳为基层林业工作奉献大好年华的站长"老表"对此次调研工作的配合和支持。

---

① 资料来源于与遂川县衙前镇林业站站长刘新华的访谈（访谈人：张为波、李娟娟。访谈时间：2009 年 8 月 12 日上午）。

整体而言，在上芫村的调研中我们发现纵使遂川被列为江西省林业产权制度改革 7 个试点县之一，在面临制度变迁的过程当中，朴实的村民们似乎已经做好了适应新政策的准备。然而在制度的适应与接纳的过程当中，不可避免地出现了诸多问题。因此也就有了诸多"老表"的心声，其实也从侧面体现了上芫村林改中遇到的种种困境和挑战。不怕出问题，最怕出了问题无人回应，我们希望上芫村的未来愈加美好。

集体林改之下的国有农场与林农的博弈
——以云南省西双版纳自治州景洪市嘎洒镇曼播村为例

肖 文[①]

云南省位于我国西南边陲,具有独特的气候条件和自然地理条件,是我国森林资源较为丰富的省份之一。在历史和自然条件的双重作用下,云南有着丰富的森林资源。作为研究案例村庄的曼播村隶属于西双版纳自治州景洪市嘎洒镇,下辖8个村小组,有农户774户,农村人口3847人,劳动力2159人,其中傣族有3792人。截至2008年全村有国土面积29.39平方公里,总耕地面积3841亩,人均耕地1亩,林地面积8930亩,主要用于种植橡胶。2008年全村林业收入1022万元,占总收入的50.9%,农民人均林业收入4959元,其中以橡胶为主。[②]

云南地区的林业与其他地区林业不同,由于橡胶产业产值高,成本回收快,故在当地政府担忧的不是"种树难"、"看护难"的问题,而是基于利益分配的冲突。西双版纳的土地真可谓寸土寸金。在当地,土地是一种稀缺资源,当前土地分配的不均衡,特别是国有农场征占了当地多半林地,使得当地林农颇有不满。改革开放30多年以来,国有农场与林农之间既有冲突也有合作。相对应的正是几次利益分配格局的形成和演变。2006年西双版纳进行新一轮的林改,改革中关注国有农场与林农的利益分配问题对于林村社会的稳定和经济发展而言则意义重大。

---

① 肖文,女,华中师范大学政治学研究院2008级硕士研究生。
② 曼播村办公室收集的资料。

一 国有农场与林农的利益合作：基于共同利益的抉择

"合作"一词来源于拉丁文，原意指成员之间的共同行动或协作行动。现代汉语给予的解释是人们为了共同的目标一起工作或共同完成某项任务。关于合作，当前学界主要有两种观点，一种是以曹锦清为代表，他认为市场经济条件下农民是原子化的，农民合作能力下降；另一种观点以党国英为代表，他认为农民不缺乏合作能力而是缺乏发展合作能力的制度环境。追溯历史，中国农民之间确实有过几次合作，但这些合作都是农民被合作，依靠的是国家外生力量，而不是农民依靠内生力量主动合作。

20世纪80年代是西双版纳国有农场与林农的一次合作高潮期。橡胶的高效益一时形成了种植橡胶的热潮，国有农场在西双版纳遍地开花。1983年借鉴家庭联产承包责任制的成功经验，全国开始尝试"大农场套小农场，兴办家庭农场"，致使西双版纳出现了新一轮国有农场征占土地的大规模活动。但是由于这次改革带动了大规模的就业，实现了当地经济的增长，故而在当时并没有引发冲突，但为今后的冲突埋下了隐患。

以东风农场的兴建为例，我们来探究一下20世纪80年代国有农场与林农的合作关系。东风农场自1958年3月就由军队、干部、知青等开荒建立而成，发展到今天已经拥有人口22173人，土地196929亩。本文以1983年为研究起点，西双版纳林改史上一共出现了三次确权。第一次是1983年，当时的土改政策明确土地产权的同时也对林地进行了一次划分；第二次是1993年，进一步明确了国有农场与农户的林地面积；第三次是2006年开始的版纳的第三次林改。[①] 20世纪80年代二者的合作主要体现在：第一，政府出资为东风农场提供良好的外部环境和政策支持；第二，东风农场雇佣本地林农从事种植橡胶割胶等工作，在回收成本后将生产资料和产品送交国家；第三，农民从东风农场那里学会了割胶的技术，有的则直接去东风农场帮工。这一合作模式具体流程如图1所示。

根据图1结合既有的理论，我们可以分析这一时期合作成功的原因基于以下两点：

---

① 根据与曼播村曼湾村小组支书的访谈整理而来。

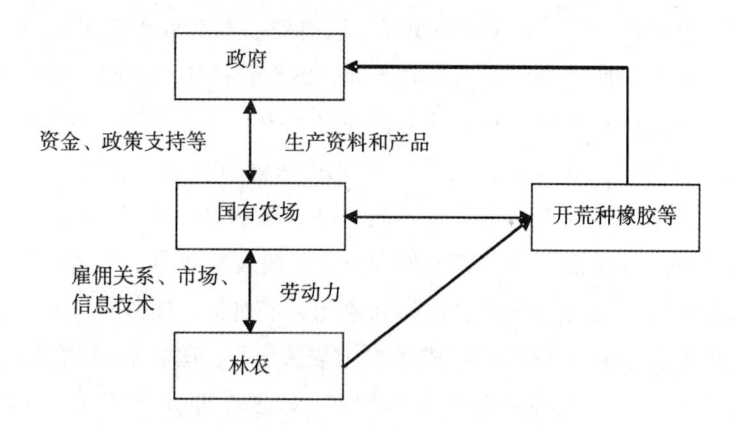

图1 国有农场与林农的合作流程图

第一，基于共同利益的合作。合作的目的不是合作本身，而是合作成员的个体利益。一方面，从国有农场的利益角度来看，国有农场在获得农民支持的情况下，可以减轻工作的难度，有利于扩大土地范围，提高效益，降低成本，进行大规模经营；另一方面，从农民的利益角度来看，农民在国有农场的嵌入下，可以了解现代文明的信息、技术与市场，从而走上致富道路。这一时期不论是国有农场还是农民双方均有合作的意愿。

第二，中国农民的合作是以血缘为主的家庭内部的合作，并不善于外部合作。权力的文化网络中的非正式相互关联网深刻影响着中国农村的农民的行为，农民善分而不善合的情况依旧。而随着市场经济的发展农民的交换空间被市场日益扩大化，农民迫切需要在国有农场的引导下实现合作以应对市场化带来的风险。特别是在西双版纳这个少数民族聚居、长期封闭的地区，农民合作能力弱化不能适应市场经济的发展。

二 国有农场与林农的利益冲突：集体利益与个人利益的悖论

冲突是指发生在同一空间两个或两个以上事物的互相对抗过程。达伦多夫认为冲突是无处不在和无时不在的，一个冲突解决了，另一个冲突很快又出现了；一个时期的冲突基本解决了，但新时期又出现了大量新的社会矛盾和社会冲突。① 结合这一观点，国有农场与林农的利益冲突一直存在，只是不同时期冲突的表现形式不同，激烈程度不同而已。

笔者认为国有农场与林农的利益冲突实质上是由集体利益与个人利益的悖论所引起的。哈耶克认为个人主义意味着自由，集体主义意味着组织，集体主义和个人主义是水火不相容的，组织和自由是水火不相容的。市场经济的迅速发展、外部环境的变化、农民表达能力的提高等原因，使得西双版纳农民充分认识到自己的利益受到了损害。调研时，邻村支书谈论到"村里的农民太可怜，都成了失地农民②了，国有农场占了太多地。希望你们回去后跟上面反映反映情况。"支书的话引起了笔者的深刻反思：

反思一：是什么导致了当前林农对国有农场的敌对情绪？

科塞认为敌对情绪不等于冲突，如果敌对的情绪通过适当的途径得以发泄，就不会导致冲突。调研的地点普遍存在林农对农场的敌对情绪，但还没有形成公开的对抗。当然西双版纳国有农场与林农的冲突还是客观存在的。具体到本村敌对情绪的形成主要是林农主观上认定土地这一稀缺资源被国有农场征占过多，致使个人利益受损。当然这一认识的形成与橡胶市场价值的剧增以及林农认知能力的提高是不可分的。

反思二：命题"集体利益高于个人利益，个人利益服从集体利益"的真假性？

如果说国有农场代表着集体利益，相应的林农则是个人利益一方的代表。传统观点认为集体利益是高于个人利益的，因为个人利益只有在集体中才能实现。没有了集体利益，个人利益就失去了保障，所以主张集体利益第一的原则，要求当个人利益与集体利益发生冲突的时候，要自觉放弃个人利益，维护集体利益。个人主义认为，个人是集体的基础，只有个人利益才是唯一真实的利益，集体利益是一种抽象的利益，是个人利益的总和，维护了个人利益实际上也就维护了集体利益，所以个人主义主张坚持

---

① 参见达伦多夫：《冲突论》，《工业社会中的阶级和阶级冲突》，斯坦福大学出版社1957年版，第336页。
② 失地农民指的是农民的土地被依法征收后，农业户口的家庭人均耕种面积少于0.3亩的统称为失地农民。支书在这里用该词形容村里的林农虽然有点不恰当，但也形象地表明了村民对国有农场的不满。

个人利益第一的原则。

改革30多年以来，我国利益分配格局发生了重大变革。在人民公社时期，生产资料归集体所有，生产成果平均分配，集体利益和个人利益之间的区别几乎是可以忽略的，个人利益的增减与集体利益的增减是成正比的。故而此时个人利益要服从集体利益是正确的。今天，在市场经济体制下，个人已基本从集体中分离出来，个人利益多少更多取决于个人的努力程度而非集体的分配。此时如果还一味强调个人利益对集体利益的服从是不准确的。学界中对该问题也有了深刻反思，从片面强调社会整体价值忽略个人价值到坚持社会整体价值和个人价值的统一，实现了价值观念的合理回归。

林农与国有农场的利益冲突已不能简单的用个人利益服从集体利益来敷衍，充分认识到时代的不同，实事求是地采取合理的解决方案才是上策。笔者认为应帮助受害林农在正规治理架构中找到救济渠道，和平地解决二者间的冲突。

反思三：当前国有农场与林农间演化出现实冲突的可能性是否存在？

从国有农场与林农间橡胶林的分配比例来看，2008年年末西双版纳橡胶面积366.14万亩，比上年增长2.2%，其中，农村210.98万亩，增长6.7%；农垦系统139.11万亩，下降3.0%；其他16.05万亩，下降5.1%。全年干胶总产量19.88万吨，下降8.9%，其中，农村8.55万吨，增长8.7%；农垦系统9.36万吨，下降13.7%；其他1.96万吨，下降36.6%。

以上数据显示农村橡胶亩数和干胶总量均高于农垦系统，那么我们再来看看平均值，以总人口107万为基准。下辖10个国营农场、10个橡胶分公司和2个专业公司的西双版纳农垦系统，人数15.13万人，占总人口数的14.1%；西双版纳农村人口共64.4万人，占60.1%。平均下来，西双版纳农村人均橡胶亩数为3.28亩，相当于农垦系统人均亩数9.19亩的35.69%。严峻的人地矛盾、利益分配的失衡为现实的冲突埋下了隐患。

三 利益冲突与合作的博弈论：化解冲突、寻求合作的可能性

利益冲突与合作的博弈论又可称为交互作用论，这一论点是罗伯

特·奥曼和托马斯·谢林提出的。重复博弈作为社会科学中长期合作分析的一般框架，奥曼认为合作常常是重复博弈的一个均衡解。谢林在《冲突与战略》一书中论述了冲突产生的原因，他指出讨价还价行为总是带来一些利益冲突。博弈论表明合作与冲突是相互依存的，合作是冲突的前提，合作与冲突在一定条件下可以相互转化。

冲突又分为潜在的冲突和现实的冲突。橡胶的高效益激发的林农与国有农场的利益冲突一直就有，只是由于处于潜在的状态而往往被人所忽视，人们更多地是看到放火烧山这些表现直观的情景。构建整合社会冲突的利益均衡机制，妥善处理国有农场与林农利益分配问题，将冲突扼制在低烈度。①

(一) 妥协是解决冲突的主要方式

妥协是解决冲突的主要方式。传统上，处于弱势地位的林农往往是妥协的一方，利益表达受阻的理性小农在找到更好的解决方式之前只能妥协，可以说这是力量对比悬殊情况下林农无奈的选择。这里的妥协说是退让更恰当，妥协应是双方经过讨价还价后选择的一种双方均可以认同的方案。妥协的双方都应作出一定让步。笔者认为林农土地被征占的同时，农垦系统应组织国有农场向农村困难林农家庭发放补助金，此次林改正好为鉴别困难户做了很好的辅助工作。当然政府加快社会主义新农村建设，完善社会保障机制才是根本。

(二) 农户对农场的依赖性

冲突与合作密切相关，它们共同植根于渠道成员之间的相互依赖，如图2所示。

第一，在依赖与合作之间存在正相关关系，而在依赖与冲突之间存在

---

① 科塞最引人注目的命题是低烈度的冲突具有一定的"正"功能。频繁且低烈度的冲突使人们反思和重新组织他们的行为，变革产生"紧张"的规则手段，缓解冲突关系的规范调节程度，通过合理的渠道释放紧张甚至敌对情绪，使之不至于达到极端化。在此情况下，卷入冲突的各方能够较为理性地分析冲突所针对问题的现实性，清晰地表达各自的利益和目标，相互之间讨价还价，从而达成妥协，有助于提高社会各群体之间的协作联合程度。由此既促进了冲突各方日趋联合，又提高了社会系统内部的弹性协调程度和对外部环境的适应能力。

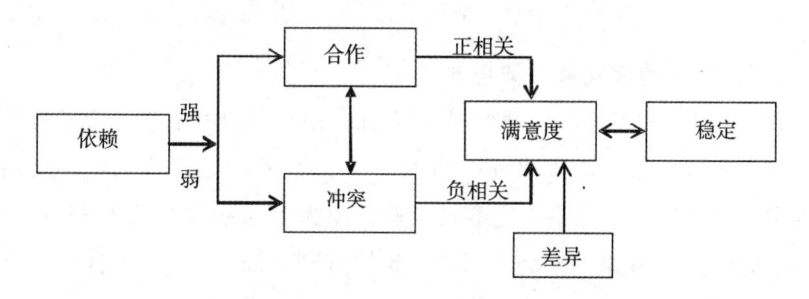

图2 依赖、冲突与合作三者之间的关系图

负相关关系,即一个渠道成员越是依赖于另一渠道成员,那么他就越是愿意与这个渠道成员合作,并且所感觉到的冲突就越少。农户对农场的依赖性越大,农户与农场之间合作的可能性越大,冲突也就越少。

第二,西方渠道行为理论认为,导致渠道冲突的主要原因有目标不一致、角色不互补、资源稀缺等。而在这些方面的差异越大,渠道成员之间的冲突越频繁、也越严重。农户与农场冲突的根源在于基于土地这一稀缺资源利益分配上的不均衡等。

第三,冲突与合作间是负相关关系,即渠道成员之间的冲突越频繁、越严重,他们之间的合作意愿就越弱。

增强林农对国有农场的依赖性具体可落实到三方面:一是以国有农场的名义在西双版纳兴办中小学校。西双版纳是少数民族集中居住区,尤以傣族为主。傣族人民世代居住在一处,不喜搬迁①,而且傣族人很重视孩子的教育②,兴办学校可以为国有农场在当地形成良好的企业形象和企业文化,企业文化一旦形成更会在傣族人民世世代代流传,慢慢深入骨髓。二是组织林农技术培训。国有农场种植的橡胶树产量高,存活年限长,原因就在于农场工人的割胶技术较科学,组织林农技术培训可以提高林农种植橡胶的产量,增加收益。同时国有农场也可以传授当地农民实用的劳动技术致力于农业增效、农民增收。三是出资组织文化义演下乡活动,丰富村民精神文化生活,增强国有农场与林农的联系。通过这些方式可以有效地加强国有林场和林农的有机联系。

---

① 曼播村支书笑称傣族人一辈子都不会搬家,最多是把房子拆了翻新。
② 调研的第一天正好赶上曼播村小学生毕业,村里出资宴请当地老师,一方面感谢老师;另一方面表示对小学生教育的关心。

(三) 寻求共同利益的契合点

假设有 A、B 两个人，进行某一活动对 A 有利对 B 有害，那么冲突很有可能会形成；如果该活动对 A 有利对 B 影响不大，那么二者冲突的可能性则不大，但合作也不一定会被采取，因为 B 会想既然没有利益可言，何必多此一举；再如果该活动对 A、B 均有利，那么，A、B 合作进行该活动的可能性则很大。因为合作可以减少经营成本，降低风险。可以说，在 A、B 间寻求共同利益的契合点是二者合作的关键。国有农场与林农的基于土地稀缺资源的矛盾看似不可调和，其实不然。国有农场与林农不论是冲突或是合作，都是基于利益的行为。实现二者之间的长期合作，化解冲突，需要完善现有的利益分配格局。

四 新一轮集体林改中国有农场与林农的利益分配原则

研究利益分配问题，利益分配原则是重点，具体到国有农场与林农二者在利益分配中应遵循以下原则：

(一) 以维护社会稳定为基本前提

在处理西双版纳国有农场与林农的利益分配问题时，应考虑民族关系，西双版纳是少数民族聚居地，而且还是祖国的边疆，国家在一直给予少数民族政策倾斜，贯彻多民族共同发展的观念。国有农场建立之初其任务之一就是维护边疆稳定。在西双版纳国有农场与林农的利益分配不仅仅是群体之间的关系问题，也是汉族与少数民族之间不同族群的关系问题，更影响到了祖国边疆的稳定。西双版纳以傣族为主，例如曼播村总人口3847人，傣族占3792人。如前所述考虑到傣族不喜搬迁、世代相传的习性，良好印象的形成会世代传递渐渐深刻不能动摇；反之，则反对厌恶的情绪世代传递，在关键时刻引发社会动荡。

(二) 以实现大体均衡为主要目标

和谐社会绝不是一个没有利益冲突的社会，相反，和谐社会是一个有能力解决和化解利益冲突，并由此实现利益大体均衡的社会。

在西双版纳林农知道橡胶有高产值后实际上更倾向于自己开采种植，收益更大，但是已无地可开垦，版纳60%的土地都在国有农场手中，林农对此报怨颇大，在西双版纳从村民到官员，公开表示对国有农场的不满是很普遍的事情，甚至丑化国有农场采取不正当的手段获得土地开垦橡胶，均向调查员表示林农的可怜，控诉利益分配不均。

实现西双版纳林农与国有农场利益分配均衡化是必然之举，但同时也要理性看待分配问题，实现绝对的公平是不可能的，也是不可行的，原有利益分配格局是在经历长期变革后形成的，已经有较稳定的基础，且国有农场自己也承担着重大的职能，大规模的触动原有利益格局不仅会造成社会动荡，且如何实现重新分配亦是一个问题。

（三）兼顾生态保护与经济效益

在新一轮林改中，国有农场与林农的利益分配还是要将生态保护与经济效益的关系处理好。笔者认为，西双版纳村民生活还是相当富裕的，但生态隐患也是很严重的，橡胶的大量种植、橡胶厂的开办都影响了当地的自然环境，有悖于可持续发展的原则。林农个人的非理性，单纯追求经济效益，造成大量涵养水源的林地被破坏。

五 营造国有农场与林农的双赢局面的基本思路

在思考营造双赢局面之前首先要准确定位利益冲突的性质。利益冲突是一种理性化冲突，利益矛盾和利益冲突的内容本身是很简单的，就是利益的问题。基于利益的矛盾和冲突本身并不带有很强的政治色彩。曼播林农对政府大体上是满意的，但同时又不满自己林地太少，控诉国有农场侵占了过多的土地。曼播甚至整个版纳林农与国有农场的矛盾冲突都是经济层面的，明确这一点才能秉持正确的态度处理问题。

（一）国有农场发展模式：公司＋林农＋林木林地

国有农场作为利益主体一方，实现其增收、增效是营造双赢局面的有利保证。只有国有农场的收益提上去了，才有更多的余利能让渡给林农。国有农场经营的效益的提高有赖于经营模式的变革：第一，实现国有农场使用权和经营权的分离。改分农场为分公司,将使用权交给下属的分公司,经营权仍归国有农场保留。第二,林农自愿加入国有农场,以林木林地入股的方式加入,国有农场折合一部分股权作为补偿。林农根据劳动在分公司那里获得工资,并依照掌握的股份参与分红。第三,分公司对林农进行经营管理。从这一经营模式我们可以看出,这其实是一个三方合作框架,即国有农场下放使用权,分公司提供经营管理方式、信息等外部资源,农户提供林木林地等资源,最后在分公司的经营管理下共同开展营利项目。

(二) 建立合理的利益表达渠道

利益表达的需求总是产生于利益推移或利益冲突的时候,这里如果不开启利益表达的大门,利益矛盾得不到解决会日积月累从而酝酿出更严重的危机。

学者科塞提出安全阀机制,冲突可以通过寻找适当的途径发泄敌对情绪来解决,同时他强调安全阀机制必须在社会结构当中加以制度化,认为社会理应通过合法的、制度化的机制,使各种社会紧张情绪得以释放,避免灾难性冲突的最终出现,社会系统才有可能处于均衡与和谐的状态。为什么要通过表达机制制度化?我们可以进行以下假设来说明。

假设一:西双版纳某村国有农场与林农的利益冲突严重化,林农想到集体行动起来,正所谓人多力量大,但是林农比较分散,利益纠纷涉及人员又多,加上组织一次集体行动的成本高以及难以避免的"搭便车"行为,林农很可能在现实情况下放弃集体行动。

假设二:林农A很有正义感,坚决要讨回公道,在他的倡导下,少数志同道合的林农走到一起,维权的集体活动启动了,其他可能享受好处的林农为其提供了行动报酬,这样这群人更积极,成为西双版纳林农利益代表体,但是人们忘了集体行动的另一种制约,当林农A等人行动过激,扰乱政府正常工作秩序时,很可能会被公安抓,集体行动就此中止。以上假设可以概括为集体行动的困境。

假设三:考虑到集体行动失败的可能性,林农可能会采取上访的方式,但是他们忘了,政府即利害当事人,国有农场的生产资料和产品是要上交政府的,故而上访注定是效果甚微或无结果的。因此我们说林农在上访时往往会遇到制度性困境，即政府介入商业活动，是林农权益受损的利害当事人。故而变革政府治理框架，是稳定社会秩序的重要举措，受害林农急需在正规治理架构中找到救济渠道。

最后，以诸多利益矛盾为基础的表达行动往往会以不可控的方式和力度冲击试图为它提供空间的体制，严重者会造成社会的动荡。因此要在利益表达和社会稳定之间取得平衡。孙立平指出这个平衡应以利益表达为上线，社会稳定为底线。

（三）开发新能源，开辟橡胶增收新途径

在西双版纳橡胶树一般有三个用途，见图3。

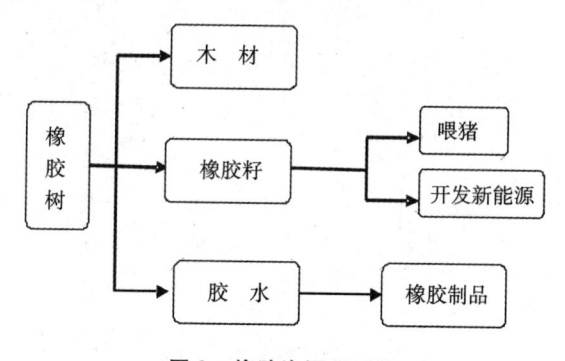

```
                    ┌──→ 木  材
                    │
         橡胶树 ────┼──→ 橡胶籽 ──┬──→ 喂猪
                    │              │
                    │              └──→ 开发新能源
                    │
                    └──→ 胶  水 ──→ 橡胶制品
```

图3　橡胶资源利用图

胶水是最宝贵的，割下来的胶水晒干后可直接换钱；不再产胶水或老死的橡胶树则被砍伐更新，当成烧火的木材；其次就是橡胶籽，据测算，每棵橡胶结果按2公斤算，每亩30株橡胶，一般亩产可产60公斤左右橡胶籽，估算西双版纳年产橡胶籽100万吨以上。丰富的橡胶产业资源结出的橡胶果实，农场职工和当地群众把橡胶籽捡来做喂猪的饲料。开发生物能源是国家战略资源又是可再生资源，是国家重点扶持项目，市场前景广阔。研发橡胶籽生物能，既可资源循环利用，又可帮助林农增收。

第四篇

林业合作组织

与林农合作化经营

林业联户经营中合作关系何以产生和发展

——以闽中洪田村为个案

朱晓睿[①]

一 洪田村概况

洪田村隶属于福建三明市下辖的县级市——永安。永安地处闽中偏西。从福建全省地貌来看，西北多高耸山岭，东南沿海多为冲积平原，位于闽中偏西的永安则体现了地形地貌过渡的特点：它地处武夷山脉和戴云山脉之间，虽为山地，但山势相较闽西北而言已不再险峻。永安位于大田县西侧，连城、清流以东，南部紧靠三明市三元区，北部与明溪县接壤。全永安市由七镇、四乡、四街道组成。

洪田村位于永安中部偏西南，地处我国的重点林区，土壤肥沃，水热资源十分充足，林业资源尤为丰富。林业用地面积占该村总面积的81%，林业收入自然成为村民收入的重要组成部分，约占当地农民总收入的52%。洪田村紧靠205国道，交通便利，每天途经洪田村发往永安市的班车若干，这使得村民虽深居山内，但出行仍较为便利。加之洪田镇政府坐落于此，村民们平日就生活在繁华的街镇上，每月逢七便有集市，更是丰富了村民的日常生活，这不仅给人们的生活带来许多方便，也令村民逐渐具备了城镇居民的某些特质。

洪田村是一个杂姓村。村中主要姓氏为黎、许、曹、关、赖，另有邓、兰、钟、谢、吴、陈、石、邱等若干姓氏，人数相对较少。许姓是洪

---

① 朱晓睿，女，华中师范大学政治学研究院2009级硕士研究生。

田村历史最悠久的一脉。大约宋朝时由河南高阳辗转入闽南漳州，在当地分为两支，其中一支又从漳州迁往沙县，自沙县入洪田村，并最终定居于此，逐渐发展成此地一个旺族，在洪田村的所有姓氏中，唯许姓在村中修建有祠堂。黎姓是洪田村人数最多的姓氏，约400余年前由广东入江西，再由江西辗转来到永安小陶镇，其中部分人口由小陶迁入洪田村，黎氏祠堂便位于小陶镇，每年八月初一黎姓族人前往小陶黎氏祠堂祭祖。现如今，黎姓村民多居住于六月坂自然村，同样多居住于六月坂的，还有官姓、曹姓村民。除许、黎两姓外，其他姓氏多由周边村镇迁居而来，长期在此生息繁衍，它们中最晚的亦有100余年历史了。洪田村虽然为姓氏人口分布不均的多姓氏杂居村，但是村中宗族关系比较简单，很少听闻因姓氏宗族差异而存矛盾纠纷。村中黎姓人口数目最多，许姓历史最为悠久，但他们并未因为族系实力的强大而在村中政治、经济中更具优势地位。这从该村20世纪80年代以来村"两委"成员构成中可见一斑。此外，村中许多德高望重的人士有不少并非出自大姓氏，但依然能够具有共同认可的威望，如村党支部邓书记、德高望重的赖老村长，连任多年的兰会计，以及现任曹村长等。这至少说明该村的宗族观念相对淡薄，并不仅仅以族系差异来区分你我亲疏。

永安素有"八山一水一分田"之喻，山多加之水资源充足，孕育了这里极其丰富的森林资源，洪田村亦不例外。

但是，资源丰富并不必然带来经济发展、生活富足。20世纪90年代之前，洪田村是另外一种面貌：村民主要以种田为生，守着大片山林却不能从中获益，经济落后，山林盗砍盗伐时有发生，干群关系紧张。为扭转局面，村"两委"与村民经过多次商讨，最终决定变革林业生产经营制度，走上联户生产、合作经营的道路。时至今日，洪田村已然成为集体林权制度变革的先驱，村民们普遍将这次林业生产经营制度改革视为该村发展的分水岭：村民年均纯收入早在2005年便已达到5270元，其中约20%—50%的收入来自林业生产经营。林业生产的发展也使村财收入得到改善。如今，距洪田村实行林业联户经营已经过去十余年，当地年村财收入已逾80万，充裕的村财收入进一步改善了村庄环境，扩大了发展空间，亦增加了村民福利。该村林业生产经营制度的自发变革已然被视为新集体林权制度改革的开先河之举，国家在全国范围推行集体林权制度改革，其他省市皆以洪田村为典范。

1998年，洪田村是这样推行改革的：首先由各小组分别选出若干代表共同上山摸清村庄山林情况，将村有林地按好、中、差分为三大片，并将全村人口按自愿结合的方式形成人数相对均等的三大组，各组成员分别选出一名代表，并由这3名代表以抓阄的形式分别抽取一片山林。如此，以同样的方式将山林和村民小组进一步细分，直至将全村村民以户为单位分为16个生产经营小组，各小组约68人，实行联户生产经营。联户生产经营是一种横向的林业生产组织化方式，旨在将分散的家庭式生产集中组织起来，通过统一的分工协作进行协同行动，以规避林业分散生产的不足，提高林业生产经营的效率。

值得注意的是，洪田村这种"联户生产经营"的组织形式并非劳动互助，而是合作生产经营。笔者通过实地调研发现，它既有利益维系，亦有制度规约；并非临时的换工或帮工，而是具有协商一致的目标，以及建立在细致分工基础上的相互配合劳动。具体表现为村民在种树、管护、砍伐、寻找木材销路方面分工协作，各出其力，各尽其能。小组成员对于组内山林的生产经营具有平等发言权，组内决策由成员共同商议得出。联户经营小组在需要用工时，按照协商一致的合作方式，共同出力或者共同出资。各联户经营小组对山林管护分别制定各具特色、组员一致接受的合作规则。对于违背规则者，他们将受到事先约定的处罚（比如减少分红等）。可以说，联户经营是洪田村林业生产经营制度的一大特色，以合作为核心的联户经营何以能够形成，又是如何维系至今？这是本文接下来论述的重心，对此问题的求解旨在定位洪田村"生产组织方式"与村庄发展之间的关系。

二 合作行为促成的主客观因素

（一）林业生产经营规模化：合作的客观诱因

自1998年始，洪田村在林业生产上并未采取以家户为单位的分散经营，而是选择相互结合、联户生产，在买苗、挖穴、劈草、管护、砍伐、销售等各个环节以联户小组为单位展开协同行动。为什么村民会作出这样的选择？是什么促成了村民之间合作关系的达成？这是一些非常有意义的问题，是充分理解当地林业生产经营中合作机制的开始。

1. 分散经营内含的隐忧

1998年，洪田村集体林地生产经营产权不够明晰，林农"靠山但不能吃山"，许多人因此做出偷盗集体林木的越轨行为。这既破坏生态环境，又造成村内干群关系紧张，乡村风气恶化。在矛盾频发的情况下，村支书和村长决定冒险推行改革，两个月内通过多次召开村民大会、村民代表会议，商讨决定分山到户，但在生产组织形式上，并未选择分户经营，而是走林业联户生产经营的道路。之所以最终选择联户经营，并非由于当时村民能足够理性地预见合作生产的若干好处，而是基于多年与山林打交道，多数林农最终能够认识到一旦以户为单位分散生产，大家将面临若干新难题。

林业与狭义的农业（即种植业）作为两种不同的产业形式，突出表现为二者生产特点迥异。从生产对象的生长周期看，树木比普通农作物耗费的生长时间更加漫长，这意味着一旦林农投入林业生产经营，从栽种、抚育到砍伐，将不断投入人力、物力、财力，并且资金占用、周转的时间将更长。

受树木生长周期长、林农前期投入大、资金周转慢的影响，如果选择以家户为单位分散作业，那么林木自然生长的持久性和经济再生产的迫切性之间的矛盾林户的生产将会加剧不少负担，增加林农从事林业生产的成本。此外，对于刚分山到户的林农而言，他们中的若干家庭并不具备独立完成林业生产经营的条件——有的家庭有劳力但资金匮乏，有的家庭有能力出钱但是缺乏劳动力或者经营山林的技术……而具有生产技术的劳动力是林业生产经营中非常重要的资源。

> 种树是个技术活，也特别强调效率：挖多大穴，施多少肥，这个有技术有经验的人和没技术没经验的人搞出来的肯定不一样；啥时候施肥、施多少肥料，啥时候劈草等，干这些活的劳力都得跟上，不能耽误，有时候你比别人慢一个来星期，树的长势就能差得很明显……林业生产周期长，相比农业生产需要投入更多的劳动

力，特别在造林、劈草等环节，尤其依赖大量具有专业技术的劳动力，而分散经营往往易出现因为劳动力不足而导致错过生产最佳时机的情况。对于这一点，许多洪田村村民颇为认同：你去其他有些村庄看一下，他们分到户有的搞得很好，有的搞得很差。分下去都不好讲会变成什么样。第一，雇人雇不到。造林、抚育时如果雇不到人就会很糟。雇不到人有的还可以自己干，有的不会干只好荒在那里，要不然就流转了。第二，造林时不好造。一片山场，每个人分到一点点，我的木头都砍掉，你的木头没有砍，树起码有二三十米高度，我造林时阳光照不进来。所以最起码要三五十亩一个片一起砍掉才好，十几亩一溜上去的砍掉最不好了。但是你也没法说什么，既然分到户了，就有权利自己决定什么时候砍什么时候造，所以分到户了其实并不好。①

因此，一旦分山到户后采取一家一户的经营方式，村民们担忧自己并无足够资源投入到林业生产中去，村干部们更担心一旦林农无力搞好林业生产，那么这次冒险而为的改革将以失败告终。但是，村民如果以合作的形式进行规模化经营，大家便更有可能在劳动力、资金、劳动工具、生产技术等方面互通有无，从而增强抵御林业生产风险的能力。可见，洪田村在改革之初走上合作生产经营之路，有其不得不为之的客观原因。

笔者调研时发现，洪田村以种植杉木为主。杉木是速生树种，大约4—15年便可生长100—150厘米以上，满20年便可砍伐；杉木材质很好，被广泛运用于家具、建筑、造船等领域，由于销路不错，当地人十分愿意种植杉木。另外，洪田村立地条件优越，气候温暖多雨、山地土层肥厚、排水良好，也非常有利于杉木的生长。当地村民告诉笔者，杉木不同于毛竹，毛竹年年要上山挖笋，年年需要砍，因而可以分山到户，而杉木则不同：

一片山场100多亩的杉木，自栽上之后过20年才能砍伐，如果

---

① 根据访谈录音整理。

联户经营,每个小组合作生产经营一片杉木林,那么我们可以统一调配苗木,安排统一的时间挖穴、栽苗、劈草,分工来管护,每一片山场统一挖溜木头的壕沟,到了主伐期统一伐木,再统一找销路。如果每户分到一绺山林搞分散经营的话,那么各家可能造林、砍伐进度不一致,一旦有的家庭砍树,有可能压坏其他人家的正在生长的树木。另外,分散经营各自为阵,有的想种这个树,有的想种那个树,不同的树种有不同的生长习性。若干年后,有的到了砍伐期需要挖沟壕,这个沟壕怎么挖?能统一吗?矛盾会很多的……还有,各家的生产经营进度极有可能不一致,如果一家刚栽了树苗正是特别需要阳光的时候,而周围的大树长得高大,遮住了阳光怎么办?另外,分到户了怎么炼山?这些都是问题,所以啊,我们村要是搞分散经营,不搞合作的话,以后不知道得有多少矛盾!

除上述村民介绍的情况之外,笔者在调研中还了解到,分散经营一旦缺乏对整片山林的统一规划,将有可能对生态环境带来破坏,造成水土流失;而实行联户合作经营,则更加便于进行统一协调安排,有助于避免分散生产可能导致的盲目砍伐,减少对自然生态环境的威胁。

可见,分散生产有可能给洪田村的未来带来更多棘手的难题,这与村"两委"发起的改革初衷相背离。此外,解决这些矛盾的成本巨大,即使是村"两委"也无法为此埋单。基于此,村民们逐渐认识到,相比于分散生产而言,实行联户经营式的合作更能避免上述难题的出现;对于村干部而言,以"合作"来组织林业生产更加易于推行,也能大大降低"第一个吃螃蟹"者可能承担的风险。

2. "人人都有好中差"背后的"苦恼"

"均山、均权、均利"是洪田村林改之初向村民允诺必会践行的准则,为确保这一原则的贯彻,村干部作出了这样的安排:他们组织村里德高望重、懂得林业生产技术的若干村民对全村山林进行摸查,并将其按立地条件分为优、良、中、差四类地(笔者注:一类地:土层比较厚;二类地:黄泥土地,根不肥;三类地:土层非常薄,山场非常陡;四类地:石头很多),确保每个村民都能公平地分到每一类型的林地,人人分到的林木都有大有小。然而,"均平"与"效率"在特定的条件下难以协调,这在林业生产经营中表现得尤为突出,曾经担任过村长的老赖向笔者说明了人人均平背后的"苦恼":

> 种树不比种地,种地可以这里一溜,那里一溜,没有多大影响。种树的话如果太分散了就不好管理。而且如果同一片山场大家的生产经营不同步,我刚造的林需要阳光时,旁边别人的树刚好遮住了阳光,这不就很麻烦嘛,不但树长不好,大家关系也处不好……另外,树砍了之后需要炼山,这得一整片山场统一进行啊,但是如果一片山场大家各自经营各自的,这就很难办了。①

正是因为考虑到林业生产的特殊性,意识到平均分配有可能产生的不利影响,洪田村村民没有选择分山到户、分散经营的生产模式,"不得不"选择了联户生产经营,即全村人自愿结合形成16个林业生产合作小组,以组为单位,合作造林、共同抚育、统一寻找销路。

(二) 信任感:合作的心理支撑

合作行为能否达成既受客观因素的制约,也与合作主体的心理认知有关。洪田村走上林业联户生产经营的道路不仅因为林业本身具有规模化经营的倾向,还由于村民们具有能够达成合作行为、实行联户生产的心理基础。这一心理基础主要是指信任感。德国社会学家齐美尔是现代研究"信任"问题的开山鼻祖,他对"信任"的重要性有着很高的评价。他认为"没有信任,任何一种社会生活都不能展开和持续"②。当代社会学界研究"信任"有一个重要的流派,这一派以卢曼为代表,他将信任视为一种"简化机制"③,通过将其他人简化为可信任的和不可信任的,由此方便人们确定与谁是否合作。中国的古语"用人不疑,疑人不用"说的

---

① 访谈录音整理。
② 转引自郑也夫、彭泗清等著:《中国社会中的信任》,中国城市出版社2003年版,第305页。
③ 转引自郑也夫、彭泗清等著:《中国社会中的信任》,中国城市出版社2003年版,第307页。

就是这个意思。可见,信任并不一定能够帮助我们消除合作的风险,但是它能帮助我们下定决心达成合作,简化不确定性带给人们的困扰。洪田村进行集体林权制度改革之初,在分散经营和联户生产之间的选择,其实质就是关于是否进行合作的选择。村民们最终选择联户生产,是"信任"关系发挥促进作用的结果。

1. "朋友、亲戚、同事":不同角色支撑下的信任关系

洪田村的村支书 DWS 是 1998 年该村林业生产经营制度改革的组织人之一,他告诉笔者,洪田村从打算推行改革,到改革完成仅用了 4 个月的时间,耗时较短,并且未见因改革而引起新纠纷的现象。在洪田村走访调查过程中,村民们向笔者回忆当年改革时的情况,证实了村支书的这一说法。村民说,当年投票决定是否分山、搞联户经营时,80% 以上的村民同意了此方案,根据少数服从多数的原则,分山到户、成立联户经营小组的合作道路从此确定了下来。当笔者问及"你为什么愿意跟某某人合作"时,村民多以这样的句式作答:首先揭示他们之间的角色关系(诸如亲戚、朋友、同事等),然后说"关系还不错,我信得过他",或者"他这个人人品不错(或者能力强),可以相信"等。可见,村民们的信任感与他们所扮演的生活角色相关,他们基于与相应角色伴生的信任感来挑选具体合作伙伴,从而促进合作小组的形成。如果说,对于"林业生产分散经营有诸多缺陷"的认识是村民理性判断的结果(这使得"合作"成为村民不得不为之的选择),那么对于特定对象的信任感,则是促进村民走向合作的非理性因素(这使得合作成为村民内心乐意接受的生产组织形式)。当然,这容易引出另一疑惑:村民基于不同角色互动所形成的信任感究竟如何产生,这是一个复杂的问题,不在本文的讨论范围之列,因而不再对此赘述。

信任是合作的基础,人们只有在相信合作伙伴能够做出有利于自己、至少不损害自己利益的行为时方能与之达成合作关系。通过对洪田村各联户经营小组的调查,笔者发现由以下几种角色而产生的信任感,促进村民之间能够达成林业生产合作关系,它们分别是亲人关系、朋友关系、业缘关系。这在洪田村的联户经营合作组中有三个典型代表(见表1)。

表 1　　　　　　　洪田村合作小组的三种典型类型①　　　（单位：亩、人、亩）

组别	小组户数	人口数	成员构成	用材林面积
赖	16	69	亲戚	508
曹	6	34	亲戚+朋友	211
邓	12	68	亲戚+朋友+同事	422

表 1 中反映的是洪田村林业生产联户经营小组中最具代表性的三种模式。需要说明的是，洪田村的林业合作小组多是 68 人左右为一组，有 8 个小组分别为 34 人左右一组，这是 1998 年划分合作组时村民自愿结合、自由选择的结果。赖组村民均居住在街道自然村，他们被村里人称为"祖宗组"——这一组的成员均姓赖，并且共属同一个祖宗②，该组在洪田村是出了名的凝聚力强，素有"组员团结"的美誉。洪田村几乎所有的林业合作小组均包含有亲缘关系，但是全部为"祖宗组"的在组数上占据绝对优势。曹组的人数较少，成员多居住于六月坂。组内成员老曹告诉笔者，该组主要由曹姓三兄弟 3 户，以及六月坂自然村其他与这三兄弟关系较好的 3 户构成。组内成员之间的信任感既有出自亲缘关系而产生的信任，也有因为情感性交往而产生的信任感。洪田村中类似于邓组这样的合作小组成员构成最为复杂。在"邓组"中邓某本人是洪田村"两委"的重要成员，该组其他成员中既有具有血缘关系的亲人，又有朋友，还有一些人是正在担任或曾经担任过村干部的同事。

2. "相信谁就跟谁"：合作圈与信任圈的耦合

信任是合作者之间的胶合剂。但是把信任的对象变为合作伙伴还需要一些其他因素的支持，在洪田村这种支持因素表现为：合作小组并非由村"两委"统一划分，而是由全体村民自由选择、自愿结合。村民"相信谁就可以跟谁合作"，使得信任圈与合作圈可以重合，从而进一步推动信任感在促进林业生产达成合作关系中发挥作用。

洪田村有 3 个自然村——街道、对面河、六月坂，林改之前已按照农

---

①　需要说明的是，为了便于区分，表中各组的名称由其中最具代表性人物的姓氏来命名，但并不代表此组成员为同一姓氏。

②　需要说明的是，洪田村有两个不同祖宗的赖姓，若干年前从不同的地域迁徙而来。

田分布划分了7个村民小组。为了能够充分调动村民参与林业生产的积极性，使此次林业经营制度改革的效益最大化，洪田村在具体划分林业联户经营小组时并未遵循既有人员组织归属，而是给予村民充分的自由，让其自愿选择合作对象，自由结合，只要大致控制每个小组68人左右就可以了。这种做法看似费时费力，实则效率更高，效果更好。它促成了村庄内林业生产中信任圈与合作圈的融合，降低合作成员之间磨合的难度，更加有利于维护村庄的和谐，增进改革的成果。值得注意的是，当时有4个68人小组希望将人口再次对半划分，村"两委"允诺了这一行为，进一步体现了该村信任圈与合作圈的耦合。

以下为访谈录音整理：

笔者问：为什么当时有4个68人的小组要进一步细分，而别的组却没有？

村支书答：这个充分尊重村民的意见，别的组认为可以不分了，而这4个组想再细分，我们也就同意了。

笔者问：分组时，是否存在这样的情况，即虽然我是街道自然村的人，但是人口自愿划分成三大片时我想去对面河村那边；如果有，能允许吗？

村支书答：可以的啊，存在这样的情况。我就是这样的，我带了好几个户到对面河村去了……虽然我农业小组属于街道村，但是林业小组属于对面河。街道村还有一部分加入了六月坂的林业小组，所以，我们都是自愿组合的，相信谁就可以跟谁合作。

笔者问：林业小组在人员上的划分打乱了居住地域的分布，又区别于既有的农业小组的划分，这样做是否很麻烦，林改成本很大，是否导致了混乱？

村支书答：不会。因为林业联合体都是自愿结合的，有的愿意同一祖宗的成为一组，有的愿意都是朋友的成为一个组，这都可以的；这样反而效果更好，麻烦更少。

（三）村庄精英：合作的外部推力

洪田村的林业生产经营制度改革并非普通村民自觉发起，一些村民在分山之初并未理性认识到林业生产具有规模化倾向，而"自由选择与信任的人合作"也并非完全由普通村民自组织完成。洪田村的合作关系何以促成？这其中村庄精英发挥的作用不容小觑，它是促成合作的外部推力。

一村之内何人可被称为"精英"？是那些在村庄内较有影响力的少数人。他们可能是掌握村庄权力的政治精英（比如：村"两委"的干部），亦可能是具有经济实力的经济能人，或者生产领域的技术能手，文化道德领域的长老……总之，村庄精英发挥重要影响力，对普通村民的行为选择、价值判断产生影响。

1998年洪田村确定分山到户之初，村民对于分到户的山林是实行分散经营、"各顾各的"，还是搞合作联户生产、合作经营存在分歧。有的人说："如果搞合作经营，会不会像人民公社那样合不起来，闹矛盾？"不同于有些村民疑虑重重，当时村"两委"干部倾向于搞联户生产，特别是当时的村长LLT与村支书DWS，他们极力倡导搞联户生产。洪田村的政治精英之所以极力主张以合作来组织林业生产经营，一方面，是因为他们中的许多人曾经承包经营过集体山林，深谙林业生产的特点，认识到林业生产分散经营将面对诸如资金、人力、抗风险能力等诸方面问题，认为通过合作生产，搞规模化经营，有助于有效避免上述难题；另一方面，当时洪田村进行林业生产经营制度改革并无先例可循，用村支书DWS的话说，是"第一个吃螃蟹"。改革的倡导者（主要为村庄政治精英）承担者巨大的风险和责任，既要扭转现状，又不能改革过猛，触怒上级。因此，搞联户经营也是改革者的谨慎之举：这样做既能明晰山林产权，又能发挥合作劳动的优势；既有分山到户之实，又有集体经营之形。[①]

笔者走访洪田村村民期间，当询问村民为什么同意实行合作生产经营时，除了前述林业生产的客观因素之外，人们往往将合作关系的确立与村庄精英分子的个人威望联系起来。在村民看来，村支书、村长办事公允，考虑周全，看得深远，他们既然选择合作生产经营，自有其道理，相比于分散经营不可预料的后果，选择听从"睿智"的村庄精英的安排更为

[①] 此原因虽未得到村干部的明确证实，但从他们多次强调改革的"冒险"性，以及改革之初压力大、责任重的话语中可以推测。

稳妥。

> 当时的村长叫 LLT，他考虑问题实在彻底，实在高明。而且他人很好，很讲信用。当年 LLT 感觉年纪大了，想自动退掉村长的职务，但是他在村里一直很有威望，现在村里还是聘请他当顾问……

可见，政治精英既有的个人威望有助于增强村民合作的信心，降低动员村民搞联户经营的成本，从而推动合作关系的达成。

除此之外，村干部在确权分地分林过程中，前期的分山效果进一步增强了他们主张合作的话语权。据村民代表 XSQ 回忆，当年确定分山之后，村干部提议首先对 5000 多亩杉木林林情进行摸底评估。为了尽可能服众，村干部组织村民通过推举的形式组成一个 20 多人的评估团队，这其中既有对村情较为了解、德高望重的长者，亦有年富力强的青壮年；既有普通村民、亦有村民代表以及村干部。通过十余天的上山摸底，将全村林地按好、中、差分为三类：其中一类地土层较厚，最为肥沃；二类地为黄泥土地，肥力弱于一类地；三类地的土层较薄，山场陡峭；四类地最为贫瘠，山上石头很多。分山时，对三类地进行平均分配，每个村民手中各类地都有。对这一分山方式，村民普遍认为可以接受。

分山虽已过去多年，但政治精英在处理此事时向村民传达了公平、公正的信号，村民认为村庄政治精英在处理利益协调问题时是"信得过"的。这样，政治精英们既有的个人权威，加上林地分配过程中的"工作绩效"，共同增强了村民对村干部想法的认同感，为进一步引导村民实行联户经营奠定了基础。

除了村庄政治精英外，村庄林业技术精英的存在也客观上成为达成合作关系的重要推动力。洪田村虽地处林区，人们经常与林地打交道，但并非人人都懂得林业生产技术。而林业生产对劳动技术有较高要求，造林时如何挖穴，如何施肥、施肥量如何把握，抚育时何时劈草、如何劈草，主伐后怎样炼山等诸多生产环节均依赖于较高的劳动技术，有不少村民对此并不擅长。此外，从哪里能够买到物美价廉的好苗木，如何与木头贩子谈判才能卖个好价钱等事宜也往往只有那些少数"有门道"的村民才能应付自如。

LXF是村内的技术精英之一。他养过鸡，种了杉木，也有少量毛竹，还耕种农田，林、农业生产经营的经验均很丰富。与他的谈话可见林业生产技术作为一种"稀缺资源"的重要性：

> 这个调苗木，一般没有门路的人都会从林业站那里调，有门路的话都是自己去联系。以前，调苗木大家都是在林业站，这几年大家都很少从林业站调苗木，都是自己像在街上买水果一样自己买回来的。如果需要大批量的林木，去年我们组遇到了这样一个情况：当时小组需要的苗木是由我负责去小陶镇调来的。但是订了之后，小陶镇卖苗木的人后来又跟我们说没有了，这种情况下，我没有联系林业站，因为我自己还有其他的门路，更好的门路。我经常搞木头，结交了一些外面的朋友，其中一个朋友告诉我清流可以调到更好的苗木，于是我直接跑到清流去调。这个渠道我们组里其他人都不知道，村里其他小组的人也不知道，就我知道。那里是个苗圃批发地，品种实在多，而且价钱便宜。其他组在小陶买的苗木都是4毛多一棵，而我买的价钱是2毛多一棵。不仅仅如此啊，这两种苗木种下去差别也很大，我们小组种树的成活率是90%多，他们其他组大部分是70%多、80%多的成活率，甚至还有才40%、50%的成活率……另外，购买的苗木是需要筛选的，一把一把抖开了选，能种的选到一边，不能种的选到一边。
>
> 还有，树苗怎么种也是有讲究的。比如，当挖好穴之后，你若种得太靠前就不行，长不好；而是要种的靠里面一点，种在里面的湿地上去，然后把土打紧。再一个，一定要把钙镁磷肥、黄泥浆全部打好，蘸根之后再拿去种，这样杉木的根系才能长得发达，抽梢快，长得壮……

正如LXF所言，生产技术影响林业生产经营的效益，普通村民往往缺乏技术但又十分依赖技术，正是技术资源分配的不平衡性增强了村民之间的相互依赖感，从而促使人们谋求合作来实现资源互补，提高生产效率。可见，技术精英的存在确实在客观上促成村民寻求合作关系。

洪田村的各联户经营小组均有技术能手①，他们相对于普通林农而言，更精于林业生产，可以为全组成员提供技术上的指导，这种相对稀缺的资源是凝聚村民达成合作关系的又一推动力。

三 合作关系的维持机制

"如何认识农民的合作能力"是近些年来关注"农民合作"的学者无法回避的问题，它是进一步研究农民合作途径、类型等问题的基础。事实证明，短时间内农民达成互助、合作关系的例子并不鲜见；但问题在于，若要将短暂合作变为长期合作，局部合作变为全方位合作，促进农民合作之"好处"的可持续才是一个难事，也是更值得探究的问题。农民是否善于合作的关键不在于合作关系的达成，而是合作关系的维持。

如今，距洪田村划分林业联户经营小组已过去14年，尽管合作的能力与水平已见分别，但大部分联户经营小组依然维持着合作关系②。洪田村大部分联户经营小组何以能够维持合作关系？这是联户经营的合作机制中最为关键的问题。

(一) 合作关系诸"好处"

信任是合作的基础。合作主体之所以能够相互信任，一个重要原因在于他们认为与其他人采取协同行动比分散行动更能促进、维护自身利益。无论是何种角色关系支撑下的信任感均包含这一点，其差异仅仅在于这种利益究竟是眼前利益，还是长远利益③。那么，在林业联户经营中维持合作关系会有哪些好处？

1. "雇工更容易"

洪田村的林农们在杉木林生产经营中有这样一个习惯，即在挖穴、买苗、栽苗、施肥、劈草、管护、砍伐、销售诸环节中，唯有劈草工作

---

① 需要说明的是，其实技术精英们的水平参差不齐，但是与普通村民相比，他们确实拥有更多的生产技术和经营管理经验。
② 需要说明的是，洪田村有一个联户经营小组在分山到户之后很快将分到的林木集体转让，该小组如今名存实亡，不存在合作关系了。另有其他两个小组合作形式较为松散。
③ 基于义务感而产生的信任，往往更倾向于考虑长远利益。

必定是大家通过集资、统一请工的方式来完成。据村民介绍，来洪田村干这份活的工人多来自贵州省以及永安大田县。由于劈草十分辛苦，技术性强、费时费力，因而雇工十分不易。据村民 XZF 介绍，"现在雇人劈草的行情是每个工人每天 160 元，而工人们往往只愿意接大片山林的活，如果山林面积很小，他们一般不会去做。一旦山林分散，那么更没有人愿意做了……"但是劈草十分重要，对林木生长状况影响很大，最终影响木材的销路。在那些搞分散经营的小组里，有些农户每到劈草之时，四处托人帮忙寻找雇工，有时不惜抬高工钱来雇人劈草；也有的农户尝试自己劈草，不是由于技术不熟，效果不好，就是因为错过了劈草最佳时机而影响到林木的生长。可见，联户经营、合作生产有利于林业生产中"劈草"这一关键环节顺利开展，从而间接促进林木生长，帮助生产出更具市场竞争力的杉木。由此可见，合作与否最终会对林农收入产生不小的影响。

2. "有空出去打工了"

林业生产的对象——树木，不同于农田里的农作物能够在相对较短的时间内完成从生产到收获，再到销售这一过程。树木生长需要耗费漫长的时间，即便是洪田村村民种植的速生树种——杉木，也须耗费至少 20 年的时间才能砍伐和销售。但是，林业生产经营并不需要伴随树木漫长的生长期频繁付出劳动，需要花费人力的环节主要是栽种、施肥、劈草，以及后来的管护和砍伐，大部分时间交由树木自身完成自然生长。而需要耗费人力最多的栽种、施肥、劈草环节多集中于树木生长的前 5 年时间，这意味着树木自然生长的漫长性与人力劳动的间歇性发挥作用存在不平衡、不匹配。因此，"在没有取得最终产品之前，林业劳动力有较长时间的闲置状态，而这期间是没有林业经济收入作为回报的"[1]，正因为经营山林有可能产生富余时间，许多年富力强的林农得以在赋闲之时外出打工，增加家庭收入。在调查走访中，笔者逐渐发现，对于洪田村那些实行联户经营的林农而言，他们更具以下优势：山林集中，"合作"促进生产经营所需资源的丰富和完善；合作小组统一

---

[1] 邱俊齐、翟中齐：《对林业生产特点的再认识》，《北京林业大学学报》1987 年第 3 期，第 332 页。

调度，生产劳动更有计划性；成员协同出工，效率更高；各联户小组多以家户为单位来分配工作量，并不具体规定必须由某个家庭成员完成多少任务量。这些优势使得走合作道路的家庭基本有能力节省出完整的富余劳力，在村镇企业做工，挣得额外收入，增加家庭财富，做到经营山林、在外打工两不误。而对于分散经营山林者，由于山林分散，经营起来成本较大。如果既要经营林业，又要外出打工，很难两全。由此可见，"合作"能够在林业生产经营中优化资源整合，有利于提高联户经营家庭的生产效率，为他们赚取更多收入赢得可能。

3. "合作才能多赚钱"

"致富"——这是村民们耕田、种树、打工等一切劳动行为的最主要目标。无论是1998年之前的偷砍乱伐，还是改革搞联户生产，均指向发财致富这一目标。当年村"两委"之所以下定决心制止偷砍滥伐，推行林业生产经营制度改革，也是认识到了前者是不可持续的、少数人危及多数人利益的致富方式，而后者才有可能带来持续的、全体村民共同的致富。如果实行联户经营真能够不断为村民带来收入，那么联户经营这种合作形式要持续下去，就容易多了。1997年与2007年林农收入变化的数据证明："合作确实能赚钱"（见表2）。

表2　　　　　　洪田村联户经营前后主要指标变化对比[①]

项目	林改联户经营前（1997年）	林改联户经营后（2007年）
村财收入	15.3万元	40.7万元
农民人均收入；人均林业收入	2878元/人；312元/人	5800元/人；3000/人
沼气池与太阳能建设	无	建沼气池130口；太阳能60户
自来水入户率	76%	100%（235户）
家庭通讯工具电话（小灵通）、手机等	25部	662部（其中电话212部，小灵通33部，手机417部）

---

① 数据来源：洪田村林改陈列资料。

续表

项目	林改联户经营前（1997年）	林改联户经营后（2007年）
电脑	无	56台
机动车	42辆	354辆
建新房户	23户	188户
村部建设	旧村部；砖混结构35平方米	新村部；框架结构600平方米
村组水泥路硬化建设	未硬化	5.1公里
企业个数	1家	16家企业
林木总蓄积量	10.2万立方米	11.8万立方米

由表中数据的对比可见，林业生产经营制度实行后，村民收入增长了，生活质量提高了。值得探究的是，合作生产、联户经营与村民致富、村庄繁荣之间存在怎样的关系？

如前所述，如果村民在林业生产上不合作，那么基于公平分配林地林木形成的"插花地"相当零散，村民管理经营起来难度大、成本高。而合作生产的效果反之：村民通过分工合作，共同经营同一片相对完整的山场，这节省了山林管理成本。其次，合作使得村民之间能够实现资源互补，弥补分散经营由于技术欠缺、资金不足、抑或劳动力缺乏所致的经营困难，从而提高村民的林业生产效益。另外，以合作小组为单位调运苗木、寻找木头销售渠道，增强了农民面对市场、进行交易的实力，降低了市场可能施加于单个农户的风险。除此之外，老村长LLT还道出了合作生产能促进村民增收的又一个原因：

"种树这个活确实十分辛苦，像现在这样的天气，一般早上六点多就要上山，干到十点多回来，下午三点多再去，干到天黑才回来，是非常辛苦的。而且既需要有技术，再加上辛苦，如果分散经营的话，弄两下就不想干了，最后肯定是不要了，把林子转给别人算了。可是我们这个地方耕地有多少呢？守着大片山林不种的话，收入就少了很多。有人可能会出去打工，但是打工适合年轻人，他们学什么都快，更适应外面生活。年纪大一点的怎么办呢？再说也不可能打一辈子工啊！这山其实是个绿色银行，只要它在，只要有你的一份，你就能有口饭吃！所以啊，如果联户合作的话，大家相互是个督促，一起把这山林它给经营下去，再怎么样，温饱问题就解决了⋯⋯"

可见，在老村长看来，联户合作经营能够通过相互监督、相互带动来避免分散经营所可能带来的懈怠感，从而保证村民在林业上源源不断有收入。

（二）富有创见的利益分配机制

在进行合作的组织群体中，如果组织内的利益分配具有不确定性，那么势必会影响合作主体继续维持合作关系的信心。毕竟，人们达成合作关系并非零成本：合作需要宽容和妥协，这是每个合作者或多或少需要付出的"代价"。只有当合作关系能够为合作主体带来可持续的稳定利益，并且合作收益大于合作成本时，合作关系方能赢得组织成员的认同与维持。关键在于合作关系创造收益与合作成员分享收益之间并不天然一致，这好比将蛋糕做大与分配蛋糕一样，并不必然是正相关的。可见，在创造更大收益的同时，如何做好收益的分配至关重要，它是合作关系得以维持的重要机制。

1. "动钱不动山，五年分红一次"

实行林业联户经营后，洪田村的各生产合作小组渐渐发现一个涉及组员利益分配的棘手问题：村庄必有嫁女娶媳、添丁减丁的情况，加之现在城乡人口流动加快，对于变动了的人口数，怎样进行合作收益的分配？如果每次分红前重新统计各小组人数，按人均分显然不能服众。因为各家庭人口变化情况并不相同，这种分法容易激发矛盾，合作关系将难以维系。鉴于这是所有联户经营小组共同面临的问题，洪田村"两委"召集各经营小组的代表共同商讨解决方案，并将拟定的方案交由各合作小组讨论，并收集村民意见和建议，再对解决方案进行修改。通过反复多次的讨论和修改，确立了"动钱不动山，五年分红一次"的利益分配机制，以解决人口变化导致的利益分配难题。具体言之，无论各家户在1998年之后人口是增是减，当年分山到户确定的人均6.2亩用材林将不作调整，维持当年的分山情况。对于新添子孙,或者娶媳妇、入赘等增丁的家庭,给予一定经济补偿。这笔补偿款从何而来?各小组采取这样的方式来筹集新增人口经济补偿款:各家按当年分山时的人口数每5年每个人上缴500元,村集体再从村财收入中按比例抽取一定金额与前者相加,再除以分红这一年全村的实际人口数,从而给予新增人口一定的货币分红补偿。对于那些仍然对此方案存有疑虑的村民,村支书DWS帮他们算了一笔账:

"……打个比方:1998年时,我的一个儿子没结婚,过了5年,他结婚生子,原来5口人变7口人。或者,我有两个女儿,1998年之后都陆续嫁出去了,人口就少下来了。那么到2003年分红时,1998年时的821人算是原始股,他们在分红的这一年一口人出500元,集体再出一些这几年林地经营的利掺进去,合起来除以现在的人口(877元)。有些村民不理解,我们会帮他们计算:假设现在每个人能分到1000元,有两家人在1998年时各有5口人;到了2003年时,一家变为6口人,另一家变为4口人。但是这两家均要按原始股每家先交500元。由于加上村里出的钱后再除以现在的人口,每人可以分到1000元,因此一家现在总共拿到6000元,另一家总共拿到4000元;再分别减去他们的出资,等于第一家拿到3500,另一家拿到1500。这就相当于把人口减少的农户的钱补给人口增加的农户。就是用这个办法来解决人口增减的问题,同时也保证了山林权的稳定。让有山的农户补给人口增加的农户。其实有山的人还是有的赚,但是也要让增加人口的农户感到心理平衡。虽然你人口减少了,但是你山还是那么多,所以你要平衡一点利润给我。"

村支书DWS强调,要解决村里各联户经营小组的这个利益分配难题,单凭某几个人的力量很难办到,上述利益分配方案是村"两委"与村民反复讨论商议的结果,是大家共同智慧的结晶。通过这种利益协调机制,原来的村民有山,新增村民有钱,两方利益均得以照顾,也都能分享林业合作生产经营利润的红利,从而有助于洪田村林业联户经营中合作关系的维持。

2. 村庄与村民之间的利益分配

对洪田村而言，推行林业联户经营不仅使普通林农收入增加，也使得村财收入实现跨越式增长。据当地林改资料陈列馆内存放的统计数据显示，联户经营前村财收入每年仅为 15.3 万元，而 10 年之后村财收入已逾 80 万元，有村委委员告诉笔者，现在村里另有 200 万元的村财存款。这些村财收入如何获得、如何使用，它们是否会对联户经营小组合作关系的维持产生影响？这是笔者有兴趣展开调查研究的问题。

洪田村的村干部告诉笔者，由于林地所有权属于集体，加之过去村财收入确实太少，村庄开支捉襟见肘，因而村"两委"有权利主张与各联户经营小组就林业生产利润进行分成。对此，各联户经营小组并无异议。

具体实施方法为：第一代山林主伐时，原有材积三七开（70% 归联户小组，30% 归村集体），增长部分二八开（80% 归联户小组，20% 归村集体），直接上缴木材。什么时候主伐什么时候上缴，上缴时套当年的林木的市场价格。举例说明：若某块山林现有 10 立方米的木材，1998 年评估时为 5 立方米的木材。那么后来增长的 5 立方米属于增长部分，村集体与联户小组二八分成。这样算下去，每亩大概上缴村财两立方米的木材，这些木材如果套用 1998 年的市场价，只能买到每立方米 500 元，而现在市场价是每立方米 1000 元。通过与联户经营小组以上缴木材的形式进行利益分成，既能合理扩大村财收入，又能激发联户经营小组造林护林的积极性。

在洪田村，随着联户生产之后林业生产经营利润不断增长，村财收入逐年增多，其中相当大一部分用于提高村民福利。这具体表现为：除了每 5 年的定期分红之外，村里近几年不定期进行林业收入分红；村里为每位 60 岁以上老人的新农保支付 50% 的保费；村民需缴纳的新农村合作医疗费用全部由村财支付；村里每年都会组织村民外出旅游，对 60 岁以上的外出旅游者，村财给每位老人补贴 500 元；对考上大学的学生给予不同级别的奖励；老党员每年将收到村里派发的百元红包……每位村民提及这些洪田村独有的福利时，言语中包含了对村庄共同体的认同与自豪感。可见，洪田村因实行林业合作生产而创造的高收益，使得村民能够享有更好的福利，这在如今社会保障制度仍有待完善的广大农村地区并不多见，有益于加强个人与村庄之间情感和利益的双重纽带,紧密二者的关系,从而在一定程度上强化了个人对联户小组、对村庄的依赖,使得村民在走向更广阔空间谋求经济利益(例如去城市打工等)的同时,并不愿意放弃村庄中的联户生产经营,一定程度上维系了林业合作关系。

(三) 民主透明的管理方式:"人人都有发言权"

在洪田村,合作关系中的各个主体是具有独立理性思维能力的村民,个人立场难免不同,利益诉求往往有异,在这种情况下,如果缺乏利益分歧疏导协调机制,那么合作关系难以维持。洪田村各林业联户经营小组成员之间、联户经营小组与村"两委"之间究竟如何互动,如何协调利益分歧?求解这一问题的过程正是洪田村合作关系又一维持机制逐渐显现的过程。

联户经营是洪田村选择的林业生产组织方式。联户小组的任何一个决策结果不仅与每个成员的实际利益直接相关,也影响着合作关系的维系。那么,如何才能作出更加符合全体组员利益的决策?用洪田村村支书DWS的话讲,能成事就是要依靠"人人都有发言权"。

洪田村的16个联户经营小组中,有8个小组分别有成员68人,另有8个小组分别有成员34人。当年村里搞林业生产经营制度改革时,全村共有816口人,按照村干部的想法,全村均分为12个联户经营小组即可。但是当各小组长将分组方式带到组内讨论时,六月坂片所辖的第9至第12小队均有村民对此提出异议,认为应该在68人小组基础上继续细分。主张继续细化合作小组的村民多出于以下原因:有的村民认为68人的大组中,某些成员与自己性格不合,难以合作;也有村民基于特定山场完整性的考虑,认为进一步划分小组后,山林生产管理将更加方便。例如,当年极力主张进一步缩小合作规模的黎老伯告诉笔者,当年他们68人组的山场由两片山林组成,受地理位置分隔的影响,合作生产很有可能耗时耗力,并不方便。黎老伯认为,如果能够以地理位置为界,将山林对半分,再将人口按照就近原则和自愿原则对半分为两个小联户经营小组,将方便很多。

黎老伯等人的想法在村民小组召集大家开会讨论林业生产小组划分方案时得以表达,并被村民代表记录下来,上报至村"两委"。时任洪田村村长的 LLT 告诉笔者，村"两委"经讨论认为黎老伯等村民的诉求确有其理，进一步缩小合作范围将有利于这些小组合作关系的维持，减少日后产生矛盾的可能性，随即同意了六月坂片 4 个联户经营小组进一步细分合作小组的要求。

正如前文所述，合作关系的达成既需要客观条件"有可能"，亦需要合作主体"有意愿"。合作关系的持久发展同样需要具备这样的主客观要件。其中，合作主体的合作意愿更是关系到合作关系能否维持的重要因素。如果联户小组未能提供给组员进行利益表达的公开渠道，部分村民对于联户经营小组规模提出的异议不能妥善处理，那么联户经营中合作关系的维持与发展将有可能受到威胁。而洪田村通过建构畅通的利益表达渠道，使得村民能够充分表达意见建议，这便于决策者作出更加明智、符合绝大多数人利益的决定。另外，村庄创造条件使得普通村民能够表达利益诉求，这是对村民的尊重，即使部分村民的诉求未得到完全满足，利益表达本身仍有助于强化他们在林业生产合作组中的参与意识，以及对所属联户经营合作小组的认同，而认同感与归属感是联户经营小组增强凝聚力的重要力量，维系合作组织的存续。

（四）村民的规则意识

规则意识即人们能够意识到规则的存在，并严格按照既定规则来行事，不论这种规则是明确的规章制度，还是人们共同认可的行为法则。村民们遵守规则，合作行为被制度化了。既然村民当初签订协议选择联户合作经营山林，那么这种合作关系的维持比那些不具有规则意识者将容易许多。此外，联户经营过程中涉及利益的重大事项由于有协议规定，村民遵守协议履行义务，享受权利，从而有效防止了矛盾冲突的滋生，利于联户经营的正常进行，从而维持了合作关系。

1. "都得按程序办"

在洪田村调研期间，笔者一个非常明显的感受是，洪田村的村民相对而言更具有规则意识，他们更倾向于遵守规则，按规则办事。

每当联户经营有重大事宜需要商议时，全体组员会被召集起来开会讨论，并通过投票的方式来确定行动策略。村支书告诉笔者，"票决"是村民们普遍认为十分公正的一种决定方式，只要是"票决"的结果，村民往往心服口服，哪怕是意见分歧中的"少数派"。当涉及木材销售、出钱请工劈草、合作管护等事宜时，各小组成员往往要同联户经营小组签订协议。村民们签订协议时，会请一个中间人来见证，以避免日后出现纠纷。有的家户年轻人外出打工，只有老人在家，当遇事需要签订协议时，联户经营小组会联系老人的子女，请其务必到场。村民赖兴福说，这是为了防止日后年轻人说自家老人糊涂了，我们这些人欺负他家老人。总之，村民似乎总能在程序上力求严谨、规范，他们特别注意防范规则、程序的漏洞，认为这是确保日后"相安无事"的重要保障。

村民相信规则，愿意按程序办事似乎是洪田村人十分特别之处，毕竟农民单方面撕毁契约之事并不鲜见，但是洪田村的村民在林业生产中却选择了尊重规则，遵守契约。当笔者告诉他们，在外地有些农民在买卖山林、荒山转让时虽然也签了协议，但是他们后来一看到木材价格上涨，便单方面毁约。洪田村的村民对此觉得不可思议，他们说在洪田村不会出现这种情况。家住六月坂的村民老钟说："大家都知道合同具有法律效力，既然签合同是自愿的，又没有人强迫；签了合同的，就会按合同办事……"

2. "哑巴吃黄连"：一个反面例证

洪田村有一个真实的案例，可以从反面展现村民的规则意识。在洪田村的16个联户经营小组中，对面河自然村村民邱某所在的联户小组已经名存实亡。这是因为该小组早在1998年村里实行集体林权制度改革不久便将山林转卖了。之所以这么做，是因为当时组内多人认为分山之举过于冒险，未来很有可能会受到政府的追究，加之当时并未预料到经营山林的前景，因而经小组内部投票，以少数服从多数为原则，决定尽快将小组山林卖掉，所获收益组内成员按人平分。事后，该组每位村民分到山林转卖款1200元，这在当时是一笔不小的数目。可是，随着后来木材价格的逐渐攀升，以及眼见同村其他联户小组成员在经营山林中获得更多经济收益，包括邱某在内的几乎所有人都对当时的决定感到后悔。特别是邱某，他告诉笔者，在当年组内投票决定是否转卖山林时，自己始终犹豫不决并未投赞成票同意卖掉，但是基于少数应当服从多数的原则，小组还是将山林转卖了。如今邱某谈及此事非常后悔。值得注意的是，邱某本人十分清楚事情已成定局,要对自己作出的选择负责,只得等待山林转让到期之后,将属于自己的山场收回,再考虑好好经营山场。当笔者问其为何并没选择"毁约"①这种做法时,邱某惊讶于笔者的"建议",认为这种想法十分不可思议,他说:"这不可能的,当时是小组成员投票决定的,少数肯定要服从多数,而且我们与对方签了合同,按了手指印的……"可见,邱某所在小组转让山林的行为并不明智,但"哑巴吃黄连"的结果被村民潜意识里认为是唯一可能的结果。在他们看来,只有遵守契约,尊重规则的行为才是正当合理的。

四 合作风险的规避方式

德国社会学家卢曼说,我们生活在一个"除了冒险别无选择的社会"②。"风险无处不在,既来自自然,也来自社会"③。从洪田村实行林业联户经营的历程来看,合作的达成与维持确实是一个复杂的过程:它不仅需要理性的村民能够达成合作共识,还需要以信任为基石的心理要件支撑合作意向,更需要公开透明的合作制度来规制合作行为。除此之外,合作依然可能面临各种威胁与挑战。洪田村的林农们一方面要应对火灾、雷电等自然灾害可能引致的林业损失;另一方面也要应对"搭便车"、偷盗木材等人为因素对林业合作关系的侵害。如何将合作的风险降到最低,这是事关该村林业生产合作关系得以延续的重要因素。

(一) 防范越轨行为

在集体行动中,往往会有一些人在享有集体收益的同时,希冀通过"搭便车"来实现自身利益最大化。这种行为的最大危害在于,其催生的示范效应容易迅速在群体内蔓延,导致人们纷纷效仿,最终引起集体行动的崩解。为了防范村民在林业生产经营中的越轨行为,洪田村自有一套自

---

① 林农单方面毁约的事情并不鲜见。2008年江西"铜鼓事件"中,林农在木材价格不断上涨的情况下不满与绿海集团事先签订的林木转让合同,因而时有偷盗绿海集团林木现象,并最终爆发群体性事件。

② N. Luhmann. 1993. *Risk: A Sociological Theory.* Berlin: de Gruyter. p. 218.

③ 杨雪冬等著:《风险社会与持续重建》,社会科学文献出版社2006年版,第1页。

己的解决方案。

1."挂牌巡山"

在洪田村走访村民时,他们多向笔者提及"巡山"一词。这是林业经营中常见的生产活动,其实质是山林管护。村民告诉笔者,林木生长周期长,种植完成后不仅需要定期劈草、防虫害,还要防止森林火灾,以及盗砍盗伐。特别是盗砍盗伐,这被村民们视为林业经营过程中的一大"风险"。虫害、火灾等自然灾害虽为潜在危害,但发生的可能性尚不大,然而盗砍盗伐却更难防范,也更加容易造成林农收益受损,打击林农的生产积极性。如何防范上述危及生产效益的诸风险?村民普遍认为,唯有加强山林管护。众所周知的是,对于那些分山到户、分散经营的林农而言,山林管护是一项费时费力的工作。由是观之,似乎只要实行"合作管护",便可有效减少林业生产风险,降低管护成本。但问题在于,如吉登斯所言:"我们生活在这样一个社会里,危险更多的来自我们自己而不是外界。"[①]这意味着"合作管护"如果缺乏完善的制度设计,有可能制造新的风险。用村民的话讲,合作巡山搞不好,会有人偷懒、占大伙便宜。村民所指,其实是合作巡山中可能出现的"搭便车"。为了能更好防范自然灾害,抵御巡山过程中的各种越轨行为,洪田村各林业小组在实践中逐渐形成各组成员能够认可的管护方式,而"挂牌巡山"逐渐获得普遍认可,被视为其中最行之有效的巡山策略。最早采取"挂牌巡山"的是洪田村过去的老村长赖某所在的林业小组,他向笔者详细解释了如何挂牌巡山:

> 巡山是不需要天天去的,假设一个林业小组一年巡山的时间按照人口来算为每口人10天。如果你家有5口人,那么你这个家庭就需要完成总共50天的巡山工作量。……当你完成巡山任务时,需要将一块写有巡山人姓名、巡山起止日期的牌子分别挂在山场最远处的树上,代表你把整个山场都转了一遍。组里会在交接之前去检查,见到牌子就意味着你完成了巡山任务……我们采取这个办法,个别人就没法偷懒了,这样一来,管护的效果好了很多。不然的话,有人一旦偷懒耍滑,你是根本防不住的,而且会导致出现火灾隐患、病虫害,还

---

① 安东尼·吉登斯:《失控的世界》,江西人民出版社2001年版,第29页。

有盗砍的可能性大大增加，最糟糕的是一旦其他人知道有人这样占便宜，肯定都不好好干了，生产合作肯定搞不下去！

2. "偷一赔十"

洪田村自实行联户经营开始，偷砍木材现象虽然逐渐减少，但却难以杜绝。村干部后来通过调查发现盗砍木材虽时常为外地人所为，但多有本村村民做内应。鉴于此，各小组在严惩偷盗者上达成共识，采取严厉的惩罚措施。这种严惩措施被村民简称为"偷一赔十"。具体言之，对于参与盗砍盗伐者，或者由于监管不力未能及时发现和汇报盗砍盗伐现象者，需要按照损失量的10倍进行赔偿。例如，某小组的山场由于某组员监管不力而被盗伐1立方米木材，则该组员需要赔偿10立方米木材按照市场价换算而来的金额，赔偿款交由该小组统一支配，无须上缴村庄。当笔者问及如此严厉的惩罚措施村民是否心服口服时，村民邱某说："这还不是为了大家的利益，而且采取这个办法是我们共同约定好的，签了协议，自然要遵守……"

由于惩罚力度大，那些企图勾结村外人偷砍山林的人，以及试图在"巡山"时偷懒耍滑者自此心生忌惮，洪田村村民在山林合作管护中可能产生的越轨行为得以遏制。

（二）弹性灵活的分歧消解策略

制度规约的具体化、明确化自然能够为人们的行为提供详细指引和清晰的边界，但是如同每个硬币都具有两面，制度具体化、明确化的同时意味着制度有可能过于刚性而难以对接复杂多变的现实生活。"完善的制度设计需要弹性空间"，这是笔者在调研洪田村林业合作关系时获得的重要启示。

1. "各组规矩自己定"

洪田村从最初实行林业联户经营至今，各林业小组组织生产经营的诸项具体规章制度交由各小组组内成员协商制定，村庄并未强制各林业小组必须按照某项具体规则采取一致行动。这突出表现为各林业小组在山场管护方式上各具特色。前述"挂牌巡山"的管护规则最初由老村长赖某所在的林业小组成员协商制定；村民 XSB 所在联户小组由于成员多在经商，或者有其他工作在身，因而经协商采取小组成员共同出资雇人专职巡山的方式看护山场；村民 ZSA 所在的小组则选择"出资金与出劳力相结合"的方式管护山林，即对于那些更愿意支付现金以代替出工巡山的成员，可以以出资的方式参与山林管护，所缴资金用于补贴那些因选择亲自管护山林而承担更多实际劳动的组员。尽管实践证明，不同管护方式带来的管护效果并不一致，但给予各小组自行组织生产劳动的权利，是洪田村在坚持"合作管护"这一大原则基础上对于具体制度安排采取的灵活处理，事实上，各小组是可以在自我摸索与相互借鉴中逐渐确立更加符合成员利益的规章制度，前述"挂牌巡山"逐渐为更多的联户小组所借鉴即是例证。相反地，如果洪田村坚持推行统一的山林管护办法，将可能难以对接各联户小组的多样化诉求，从而难以将山林管护落到实处，而一旦如此，林业生产经营的自然、人为风险将更加难以规避。

2. "个人可以转让林木"

洪田村的村民采取合作的方式组织林业生产经营。尽管从长远来讲，合作化生产更加能够为林农带来相对更多的经济收益。但对于处于特定时间点上的林农而言，合作带来的收益未必大于暂时转让林木带来的收益。而对于短时间内急需用钱的人来说，转让林木所有权或许成为应对危急情况时在林业上的唯一可行之举。村民 XF 就曾面临这样的情况：

> 我当时急需用一点钱，而我们组的第二代林子还没长好，他们都不愿买，于是，跟大家一商量，我就把属于我家5口人的那几份林木转让出去了。具体办法是，我家一共5口人，那么这片山场属于我家的山林面积一共是 5×6.2 亩 =31 亩。我跟外村的一个人签了林木转让合同，把31亩的林木所有权转让给他，这就相当于我把我家在这片山场上的权利和义务关系都转让给了买家。由于我们是联户合作经营的，所以这个买家也要和我所在的林业联户小组签订合同，约定整片山场需要管护、劈草什么的，就由我的这个买家跟小组其他成员协商，开会也就不用叫我了而是叫他参加。等到林木砍伐后，合同就到期了，我继续参与联户小组的生产经营活动……

在笔者看来，联户小组成员可以自由转让林木并非意味着联户小组合作关系是松散的，而是该村林业联户小组中合作关系灵活弹性的体现。它使得林农有条件地暂时退出合作关系的同时，并不侵害其他联户小组成员的既有利益，保证了合作小组的完整性，维系了合作关系。相反地，如果联户小组缺乏弹性空间，当有成员发现坚持合作的机会成本增大时，组内成员的利益分歧缺乏消解渠道，有可能逐渐演变为危及合作关系的"风险"。

五　结　论

研究洪田村林业生产经营中的合作关系有何意义？这不仅与洪田村林改之后的繁荣存在着千丝万缕的联系，还因为它的存续时间久，是打破"农民善分不善合"之说的有力证据，更重要的原因在于它是当地林农自组织形成，即主要维持机制——内生动力。而后者恰是洪田村联户经营最为难能可贵之处，也是其区别于如今多数林业合作组织的关键。那么，洪田村林业联户经营中合作关系的发生与发展究竟由什么因素决定？这是笔者实地调研、后期资料整理，甚至思考成文时一直试图求解的问题。在既有的研究中，有学者从利益驱动角度来解释农民合作，也有学者强调农民合作的文化要件。诚然，是否"有利益"是左右人们采取何种行动的重要因素，是否有文化支撑也能在一定程度上解释合作需要立基于何种因素之上方能存续。但是，通过分析洪田村联户经营中合作关系的发生与发展机制，我们可以发现，促成合作关系达成、维系的机制是多种因素相互作用的结果，其中包括客观环境、情感趋向、合法性认同、文化传统、共同利益、制度规约等。值得注意的是，虽然每种因素都是洪田村联户经营中合作关系发生与发展的影响因子，但是其能够发挥作用，促成合作关系的达成与延续，是其与洪田村的历史、现实交互作用，在村庄漫长的演变中，在村民之间一次次的互动中，不断被确认、修改、替代、更新的结果。也正因为如此，上述因素在促成合作关系时是自然的、确定的、力量强大的。他们是洪田村联户经营中合作关系发生、发展可以利用的社会资本。"社会资本"一词首先由布迪厄提出，指"现实或潜在的资源集合体"[1]，是个体在长期交往中形成的一系列认同关系，以及在这些关系背

---

[1] 布迪厄：《文化资本与社会炼金术》，包亚明译，上海人民出版社1997年版，第200页。

后积淀下来的历史传统、价值理念、信仰和行为方式。社会资本越多,意味着组织或个人可以调动的社会资源越多。对于洪田村而言,正是因为具备促成、维系林业联户经营合作关系的丰富社会资本,该村林业联户经营中的合作关系方能持久存续。

传统的变革：林改背景下合作林场经营方式演变
——以福建沙县龙慈村为例

牛宗岭[①]

2003年开始的集体林权制度改革，被称作"土地联产承包责任制后农村的'第二次革命'"，此次改革意义非常重大，到目前为止已经由部分省份开始推行到了全国。据统计，在中国现有的土地面积中，耕地约有18亿亩，而林地却有43亿亩，相当于耕地面积的2.4倍，我国山区面积占国土面积的69%，拥有全国90%左右的林地资源，林业的地位极为重要。其中农村集体所有的林地有25.48亿亩，占全国林地面积的60.1%，关系到4亿多农民的切身利益，林业问题涉及面广，全国2000多个行政县（市）中70%是山区县、林业县[②]。此次林改被称为"新林改"，它是针对20世纪80年代初开始的集体林权制度改革试点而言的。早在1984年，国家曾正式启动了以林业"三定"（稳定山林权属、划定自留山、确定林业生产责任制）为主要内容的集体林权改革。可在改革过程中，由于种种原因，一些实行了林业"三定"的地方发生了严重的乱砍滥伐、偷盗木竹和森林火灾等情况，违背了改革的良好初衷。于是，集体林权改革被迫紧急"刹车"，使全国大部分集体山林长期在旧制度下运转。这种体制与机制，导致集体山林管理不善、发展动力不足，久而久之，累积成

[①] 牛宗岭，华中师范大学政治学研究院、2007级政治学理论专业硕士研究生。
[②] 国家林业局政策法规司有关负责人：《林权制度改革如何让农民受益》，《人民日报》2008年7月17日第2版。

整个林业发展的"瓶颈"。①

为了打破林业发展的"瓶颈",解放和发展农村生产力、增加农民收入、改善生态环境,我国从 2003 年开始了新一轮集体林改的艰难探索。最早在福建、江西、辽宁和浙江开始试点改革,这场改革的目标有四个层面:明晰所有权、放活经营权;开展林权登记,发放林权证;建立有序的林木所有权和林地使用权流转机制;深化林业配套改革,落实林木经营者对林木处置权和收益权的内容。② 在试点经验的基础上,2008 年 6 月 8 日,中共中央国务院制定出台了《关于全面推进集体林权制度改革的意见》,标志着新集体林权制度改革在全国全面推广实施。2009 年 6 月 22 号召开的"中央林业工作会议",是新中国成立以来首次以中央名义召开的林业工作会议,它标志着中国的林业发展步入了一个崭新的历史阶段。

一 龙慈村概况

福建省是我国南方重点集体林区之一,拥有林地 1.36 亿亩,素有"八山一水一分田"之称,山地丘陵占了全省土地面积的 80% 以上,是个典型的林业大省。龙慈村位于福建省三明地区沙县高砂镇的西北部,包括廷坑、龙慈、东坑坂、小坑、大际 5 个自然村,7 个村民小组,距高砂集镇 6.6 公里,鹰厦铁路和京福高速公路贯穿境内。东边与本镇樟墩村相接,南与沙溪河、凤岗街道古县村相邻,西接凤岗街道东山村、西霞村,北接本镇上坪村。全村共 259 户,1046 人,其中男性 546 人,女性 500 人。全村有汉族和畲族,人口较多的姓氏有:肖姓,99 人;吴姓,97 人;余姓,81 人;范姓,64 人;赖姓,24 人;兰姓,5 人(畲族)。全村土地面积为 30284 亩,其中耕地 880 亩,山林 25254 亩,园地 1973 亩,水面 961 亩,其他 1294 亩。村庄以山地地形为主,林木生长立地条件良好,林地总面积 25227 亩,其中经济林 2000 多亩,用材林 10000 多亩,生态公益林 9456 亩,毛竹林 1000 多亩,自留山 1868 亩。2005 年,完成

---

① 2006 年 2 月 27 日,国家林业局局长贾治邦在国务院新闻办举行的新闻发布会上的讲话。
② 贺东航等:《集体林权制度改革中的社会公平研究》,《社会主义研究》2009 年第 2 期,第 109—113 页。

林改面积 13180 亩，未纳入林改的面积 14047 亩；其中包括原生态林 7090 亩，新定界沿河生态林 6219 亩，因建机场征用了 383 亩等。2008 年，龙慈村财政收入 63.8 万元，人均收入 6011 元，办公设备有电脑和打印机。①

龙慈村在本次林改中主要是确权，全村的集体林地还是按照以前的模式由集体成立合作林场统一经营，并没有分到户。这种方式是龙慈村特有的一种方式，它的实行有着独特背景和发展过程。

2003 年 4 月，福建省政府出台了《关于推进集体林权制度改革的意见》，主要是明晰产权，分山到户、确权到户。龙慈村的林地长期以来一直由集体统一经营。根据"一村一策"的方针政策和沙县的林改精神，在得到高砂镇人民政府批准和认可后，2004 年 9 月 23 日下午 3 时，高砂镇龙慈村在村部召开村民代表大会，会议由村主任余樟木主持，会议讨论并通过了《龙慈村关于进一步深化集体林权制度改革的实施方案》，决定成立龙慈村林业股份合作林场②。2005 年 9 月 23 日，村民代表讨论通过了《沙县高砂镇龙慈村股份合作林场章程》，并选举产生了第一届林场场长和理事会成员。2006 年 8 月 30 日召开股东代表大会，选举产生了第二届林场场长和理事会成员（见表 1）。

表 1　　　　　　　2006 年选举产生的林场班子成员

场长	王金泉
理事会成员	陈世太、刘发景、余樟木、赖金坤、黄祥荣、吴昌金
监事会成员	赖高灿、肖邦梓、黄世光
财务人员	会计：肖邦楠　　出纳：陈芳贵

注：本届成员任期为 3 年，至 2009 年。

二　龙慈村合作林场模式

"过去必须被现在改变，现在必须被过去引导"。龙慈村合作林场的

---

① 调研中获取的数据。
② 调研中搜集到的有关会议记录的整理资料。

出现，就是由过去的传统因素所引导的，是由集体经济背景下（尤其是人民公社时期）的经济模式的运作所引导和影响的。

（一）产生——集体经济背景下的耕山队

我国土地的所有制形式是国家全民所有和农村集体所有，所以龙慈村林场的合作化有很深的制度背景和坚固的实践基础。龙慈村林业的集体统一经营有着漫长的历史渊源，它是从新中国成立初期的社会主义改造开始的。1952年过渡时期总路线提出对农业社会主义改造，通过合作化运动完成了5亿农民从个体小农经济向社会主义集体经济的转变。那时的龙慈村集体林场是在农林互助合作的基础上逐步发展起来的。

1954年，南平地区进行林业互助合作试点工作，先后建立了37个农林生产合作社，参加农户1112户，占农户总数的39.9%；另有常年互助组39个，临时互助组101个。参加3种形式互助合作的农户2238户，占农户总数的81%。在当年春季造林中，合作造林面积占总面积的81%。木材生产也纳入互助合作组织，统一安排劳力，或统一经营、统一分配。后来，其他各地农村也逐步发展类似的农林生产互助合作组织[①]。三明包括沙县的情况基本一致，合作化的方式差别不大。1956年，在农业合作化高潮中，农村普遍建立农业生产合作社，林区各地陆续开展林木入社工作，各地陆续建立林业生产专业队、伐木专业队、木材水运队，并涌现出一批办得好的先进典型。闽北建阳县迥龙、漳中等7个乡农林生产合作社抽调175名有林业生产经验的老农，成立13个耕山队，成为全省最早出现的一批耕山队。龙慈村也在这时成立了耕山队。

20世纪60年代，由于大办农业和人民公社，实行"三级所有、队为基础"，成立了生产大队，专门管造林的小队被称为耕山队，后来还有专门组织采伐的耕山队。耕山队的队员主要以老人、妇女、小孩这些半劳力为主（因为全劳动力要下地耕田），他们的工分只有全劳动力的一半，但是干的活却不少。耕山队主要采用扦插技术连片造林。由于造林前多属荒山，集体经营实质上就是植树造林。当时的大队书记是吴康顺，大队长是余水生，他们年年都组织村民造林。随着造林规模的扩大，小队的耕山队

---

① 福建省地方志网站 http://www.fjsq.gov.cn/index.asp。

人手不足，后来又由大队组织成立耕山队。耕山队负责植树造林和看管护管理，全劳动力负责种田和砍伐树木。那时的林木只能卖给林业站，价格很低，收入的钱扣除造林经费等集体经费后，分发给造林的小队，小队再根据工分分给个人。①

耕山队是集体经营的产物，也是集体经营的方式和存在形式。耕山队的出现，使林业合作有了一种现实的操作模式，也使单独的个人有了合作的平台。20世纪80年代，沙县地区成立了许多林业股东会，就是由这些最原始、最简单的合作方式产生发展起来的。根据相关资料显示，从1958年起，福建全省的耕山队、林场曾经达到1.1万多个，专业劳力17万多人。1975—1978年，造林更新近500万亩；至1978年年底，全省共有公社林场、采育场612个；直到20世纪80年代前期，大部分社队还有林场、采育场。在林业"三定"时候一部分社队林场解散，集体山林分给农户经营。但是，林场这种合作经营方式并没有彻底消失。1990年年底，全省有乡村林场4618个，其中乡办林场734个、村办林场3456个、联办林场428个，实有场员62920人，经营山林面积2359.8万亩。②

(二) 发展——股份合作公司

1981年5月，中共中央、国务院发布《关于保护森林发展林业若干问题的决定》，实行稳定山林权、划定自留山和确定林业生产责任制，即林业"三定"。林业"三定"政策在全国实施，效果却并不理想。而沙县大部分地区并没有实行林业"三定"这一政策，而是采取林业股份合作的方式，分股不分林。1982年，经过上级林业部门的允许，高砂乡林业站牵头组建了林业股份公司，龙慈村成立了股份合作林场，由集体统一经营林地，没有实行分山到户。林场所拥有的山场比较多，靠山吃山，主要收入依靠林业。那时的股份是没有拆分的，全村人都是股东，因生老病死等因素，其股东也不固定。林场没有设立董事会和监事会，也没有召开过股东大会。林场的财务虽然是单列，但却在村"两委"监管下经营运作。

龙慈村的山林在1983年以前是由村集体统一经营的。林场的成立主

---

① 根据笔者2009年暑期林改调研笔记。
② 福建省地方志网站http://www.fjsq.gov.cn/showtext.asp?ToBook=37&index=111&。

要是受中央林业"三定"政策的引导和县政府成立股份林场政策推动的结果。当时成立林场主要是植树造林，一是响应上级的号召；二也是为子孙造福，并不是为了经营砍树赚钱。现在村里成片的高大树木，都是那时候种下的。那时候，村里很少人要求分山，村民觉得树木是为国家造的，没人认为这些树木是私人的。在1982年成立的时候，章程规定先预留（育林金等），再按照四六分成。村集体有"山权股"，分成定为四成；另外的六成，就分给村民。起初树木小，销售收入少，就没有把钱分给每家每户，把钱留在了村里。

（三）转变——新合作林场

20世纪80年代前后，我国农村实施耕地的家庭联产承包责任制改革，而林地却仍然维持原有的制度，并没有随之进行彻底变革。林地制度普遍存在着产权不清、经营主体缺位等体制性障碍，不利于生产要素向林业聚集，制约了林区的农村经济社会的发展。为了彻底改变这一现状，2003年全国林业工作会议后，国家以福建、江西为试点省份，开始深化实施集体林权制度改革。改革的重点是从明晰产权入手，重塑林业微观经营主体，建立以林农为主体的微观市场经营主体，放活山林经营权，落实林业经营者对林木的处置权，确保林地经营者的收益权。对于中国广大农民来说，它具有类似当年农村联产承包责任制的重大历史意义[①]。

由于龙慈村有林场，而且经营绩效较好，沙县决定于2004年3月开始在龙慈村搞试点，探索林业合作统一经营的模式。沙县有关部门先后在高砂镇和龙慈村召开会议，动员大家不要把山分掉，继续留在集体统一经营。林场的成立过程很困难。关于分还是不分的问题，村里就召开了二三十次的村民代表大会。

龙慈村以前的经营模式得到了上级认可，由村集体统一经营，这样可以更有效地利用林地资源。而且分山困难大，存在许多风险，所以村"两委"和上级的意见是不分，而且村"两委"对分山的现实操作方式作了充分的讨论，得出了以下论证：第一，林地有肥瘦，有远近，有成熟林

---

① 贺东航、朱冬亮：《中国集体林权改革存在的问题及思考》，《社会主义研究》2006年第5期，第79—81页。

和幼小林,这样的话怎么分,分给谁好的?分给谁差的?不好分。第二,林地分成小块,每家每户都有几亩林地。如果今年某家的林木要砍伐,需要经过他人的林地,但别人不同意,就会出现运输难题。第三,有人要烧山种树,就那么几亩山,怎么烧山?如果烧山,把别人的山给烧了怎么办?第四,一家一户卖林木,如果买方故意压低收购价格,怎么办?况且这样的事前几年发生过,一家一户势单力薄很难办。第五,不好计算人口的增加和减少,比如同样是一家5口人,一家有两个闺女,这两个闺女一出嫁,这家就多出了许多山地,3个人占了5个人的山地;另一家是3个儿子,过几年结婚生子,一下子多了四五口人,但是林子还是5口人的,每一个人就分到很少的林地。这样一来,就会产生不公平、不平均。如果出现不公平就会引起很多的矛盾,就会增加村里的不稳定因素。第六,如果有人一下子把树砍完卖掉,而不再种树了,山就成了荒地了。第七,有人会把林子卖给其他人,有的会卖给村外的大老板,这样一来,村里的林地迟早会被卖光,村民的生存就成问题了。

同时,龙慈村历来就有统一经营林场的传统。林场从20世纪80年代以来就由村集体统一经营,并且没有出现卖林的情况,干部都比较廉洁,每一年都有一定的分红,这些事实都说明村集体统一经营好处多,也是不分山的好理由。虽然上级制定的大原则是分山到户,但是也有政策规定,要求各地的林改不能搞"一刀切",要实事求是地按照当地实际情况采取不同的改革形式。龙慈村把林子留在集体不分,还有其长远考虑。一是龙慈村的人口较少,林地也不算多,但是林地的立地条件比较好,所以砍伐一些林子就可以卖得很多钱。二是每个村民从出生至死亡都有一份股份,相对公平和平等,没有特殊。三是山林永远是村集体的,是属于大家的,不会出现分给私人了,若干年后就卖掉成为别人的了。

然而,龙慈村一些村民不同意由集体统一经营,得知很多地方把林地分到各家各户后,他们也想分得林地。村里的干部和老党员就去做劝告说服工作。最后,村里决定采用"村民股份林场"的形式,户口在本村的每一个村民都有股份,都是股东。股份自出生时自然产生,死亡后自然截止,不能继承、转让和买卖。这是股份合作林场制度最核心的部分,与普通股份公司可以继承、转让和买卖股份不同。所以村里去工商局登记很麻烦,起初不给他们登记,说林场既不是合伙企业,又不是公司,法律没有明确规定，不好办理手续。最后，在县里的帮助下，林场注册了，但是，只能叫林场，不能叫作股份合作公司。村委会为权利人，委托给林场场长经营，场长是法定代表人。

三 龙慈村合作林场的绩效

20世纪80年代，由于当时国家实行统购统销政策，林业上的税种很多。1987年左右，村里砍了4000多立方米林木，卖了80多万元，村里每人分得300多元钱。分到钱后，村民觉得村干部很能干，很信任村干部。但是，后几年就没分到这么多了，有时候每人能分到200多元，有时候能分到100多元。1989年，林业上的税种就有27种，特产税、公益附加费、教育附加费……所以林农在林业上的收益很少。从1992年开始，国家逐步放开控制，林业税费也开始逐步减免，尤其是2000年左右，税费减了很多。但当时合作医疗费、公益事业建设费用、劳动力保险费用、房屋财产保险费、教育附加费、兵役统筹费等农业税和提留等都由村集体出，村集体不再向村民收取税费，这样一来，合作林场的收入用得差不多了，几乎没有多余的钱分给村民。

由于分成收入少，村民渐渐地不再关注股份公司的经营情况，直到2003年国家新一轮林改试点工作在福建省推行。2003年后，林木市场放开，林木价格直线上升，经济价值凸显出来。近年来，村"两委"每年都开会，总结一年的工作，然后给村民分红。每年都砍伐一些树木卖掉，都有一大笔的收入。这些收入主要分为两部分，一部分提留出来植树造林；另一部分按四六分红。近年来，每个村民可得分红收入1000元左右，每年都基本差不多，不会有太大的出入，因为这是在年前就算好的，控制在每人1000元，主要是为了可持续利用。比如，2008年林业股份合作林场收入、支出和分配情况是：林业各项收入是162万多元，村集体预留的叫作林地股分配是62万，股东分红占60%是93万。与其他村庄的集体财产相比，林场经营的分红还是相当多的。这就产生了一个问题，村集体留下40%，是不是有点多？因为龙慈村现在成了明星村，接待上级比较多，开支花销大。另外，这些年，村干部给村里办了不少事情，村里的基础设施修缮都要用钱，所以村民对村里的开支花销没有多大意见，基本认为钱花在该花的地方,不存在村干部贪污的情况。

四 结 语

龙慈村林场合作社从建国初期以耕山队为雏形,到林业"三定"时期的股份合作公司,最终发展到现在的合作林场。林农在合作林场中受益,村干部在进行利益分配时获得威望,村庄在制度更替中保持稳定。因为合作林场的存在,龙慈村的发展蒸蒸日上,并成为其他地方林地发展借鉴的榜样。这种合作林场模式与其说是历史发展的产物,毋宁说是基层干部在根据龙慈村的具体实际情况,以村民利益为本,探索出的一条适宜本村林业发展的道路。这也再一次说明了集体林权制度改革决不能实行"一刀切"而是进行分山到户,合作林场经营或许对于林地的可持续性发展、村民受益的平等性和村庄的政治生态建设更具有参考价值。

林农经济合作组织的村级实践

——以浙中肖庄村为个案

张 婷[①]

随着我国经济和社会的发展，越来越多的农民被卷入到社会和经济发展的浪潮之中，承担着各种不同的风险，农民甚至"被高度社会化"，出于生存和发展的需求，农民需要合作生产和经营。林业因其生长周期长、投入大、运营成本高等特点，需要农民以合作经营的方式规避风险和实现增收。笔者以浙江省林改试点市龙泉市为调研对象，并根据龙泉市地方特色，选择了龙泉市锦溪镇肖庄村为调研的微观个案观察点，肖庄村林改的特色在于2007年利用林权抵押贷款成立了竹笋专业合作社。经过两年多的发展，专业合作社的规模不断扩大，效益不断增加，并逐渐成为一个独立的市场主体。在为期7天的调研中，我们与专业合作社理事长、社员、非社员、村干部进行了深入的访谈，获得了宝贵的第一手材料，调研过程中，市林业局、镇林业站也给予我们很大的帮助，使我们的调研能够短时间内高效率完成。

一 村庄概况及林改历程

肖庄村距龙泉市区仅20公里，距锦溪镇政府则32公里，村庄的商业气息并不浓厚，更多地保留了村庄的自然形态。肖庄村行政区域面积3平方公里，共有坑头、黄家山、肖庄3个自然村，7个村民小组，133户，

[①] 张婷，女，华中师范大学政治学研究院2008级硕士研究生。

501人，劳动力360人。该村耕地面积523亩，以种植水稻、玉米为主；林业用地面积达14632亩，自留山4121亩，森林覆盖率81.4%。其中商品林面积11159亩，生态公益林有3473亩，集体用材林20亩（已于1990年以6000元的价格一次性承包给本村村民使用）。2008年，该村农民经济总收入为468万元，人均收入5440元。

肖庄村的村民收入主要来源于林业经济，村民收入中50%—80%来源于毛竹、春笋、冬笋、菌类植物培育及用材林的生产经营。毛竹生产是该村"靠山吃山"的传统主项目，该村户均拥有毛竹山面积31.3亩，近10年来毛竹价值大幅度上升，毛竹已成为村民的主要增收点。在调研期间，笔者恰逢竹农砍伐竹子，崎岖的山路两旁，分散地堆着伐好准备出售的毛竹，运输竹子的农用车络绎不绝。据竹农介绍，现在每根竹子的价格为9元钱。但在2007年前，肖庄村的毛竹，特别是笋，因交通条件的限制，生产销售十分有限。肖庄村离集镇较远，而且龙泉市农民没有赶圩[①]的传统，所以笋运输和销售成了一大难题。一方面，由于山路崎岖，村民只能用篓将笋子背下山；另一方面，由于多是外来商贩进村收购，村民对笋类的市场价格缺乏足够了解，往往以很低价格出售，笋的市场价格并未得到完全体现。这也为林改后竹笋专业合作社的成立提供了必要性。

肖庄村的林权制度改革经历了由集体统一经营向家庭承包经营的过程。在"合作化"和人民公社运动期间，山由集体统一经营。1981年后林业"三定"时期，肖庄村实施林业家庭承包责任制。肖庄村村支书陈永霞回忆了分山的方案：召开分山小组会议（主要由几个生产小组组长参加）；山分自留山和责任山两种，自留山人均10亩，责任山分为两种，第一种是16—60岁的男性可分到30亩；第二种是妇女儿童及60岁以上的老人可分到15亩；超生或者早育的不分。[②]

浙江省在林业"三定"后，林业政策一直比较稳定。与其他省份少数地区实行的"分股不分山，分利不分林"模式不同，浙江省一直实行林业家庭承包责任制。因此，林农的积极性比较高、森林的保护意识比较

[①] 赶圩，福建、江浙的一种民间风俗，人们把约定俗成的集市交易称为"圩日"，人们到集市上交易、办事，就叫赶圩。

[②] 2009年8月22日与肖庄村村支部书记陈永霞、副书记张正林的访谈。

强。2006年国家推行新一轮集体林权制度改革,在林改过程中至2009年。在此次林改中,肖庄村换发自留山证133本,毛竹山证106本,用材林证126本。但是对于村庄内具有经济头脑的"能人"来说,林改的确是一次发财致富的大好机会。其中具有肖庄特色的竹笋专业合作社的成立就是一个典型案例。

二 竹笋专业合作社概况

关于我国农民合作问题,哲学大师马克思在分析法国农民时提出"农民是一袋马铃薯"的结论,梁漱溟先生也说中国农民很散漫,他们必须从分散往合作里走,以合作团体利用外部技术,革命理论家毛泽东提出中国农业发展的关键是合作的问题,如何组织农民不仅是革命成功的关键,成为关系到中国农业、农村、农民发展的关键。曹锦清先生在《黄河边的中国》中痛斥:处于中国社会最底层的农民深受三害之苦,一是自然灾害;二是地方政府之害;三是市场价格波动之害。改革开放以来,我国农业开始从传统农业向现代农业转型,几乎与之同步出现了农民自发组织的专业合作组织。而且随着经济发展以及农民自身观念的转变,其规模和类型也发生了变化,郭红东对浙江农民合作组织进行分类,认为按照其运行机制来看,主要分为专业协会、传统性质的专业合作社和股份合作社三大类[1]。但是现阶段农民专业经济合作组织的发展也存在着一些问题,仝志辉认为:"现有农村有以资金为纽带的扶贫组织、技术协会、合作社、小额信贷等,但是农民组织化程度并未提高。专业化农村组织的发展有两个瓶颈:一是在专业化发展格局下,外部资源始终投入不足;二是他们提供的单一功能的服务和农民的综合需求对应不上。"[2]

在此次林改中,为了实现林业的规模经营,地方政府倡导成立林业经济合作组织,相应地也出现了大量的农民林业专业合作组织,他们或者直接以自家林地入股进行统一管理和经营,或者依托本地主要林产品组建合

---

[1] 郭红东等:《我国农民专业合作经济组织发展的完善与创新——基于对浙江省实践的分析》,《中国软科学》2004年第12期,第1—9页。

[2] 仝志辉:《农民组织化:专业农协进化成综合农协》,《南方周末报》第1335期。

作社，实现"产、购、销一条龙"的经营模式，而且此次林改允许以林权证抵押贷款，这就使得专业合作经济组织的经费周转较为灵活。此次龙泉之行，笔者对肖庄村林改后成立的竹笋专业合作社进行了深入调研，观察其成长历程、运行条件、困境，试图以此为个案分析农民专业经济组织发展的一般规律。

（一）肖庄村农民竹笋专业合作社的成立

肖庄村竹笋专业合作社成立于 2007 年 3 月 30 日，在锦溪镇林业站站长的指导与帮助下，本村村民周康伟以自家 170 亩的林权证抵押获得 10 万元，与本村村民付松元、邱峰、张正林与外村村民潘卫发 5 人共同发起成立。贷款所得的 10 万元除了用于出资注册初始股金外，部分用于 2 公里机耕路的维修。周康伟也由此成为龙泉市林改后办理林权抵押的第一人。竹笋专业合作社的成立以周康伟 2003 年在本村建立的食品加工厂为基础，依托本村丰富的竹笋产品，进行深加工，生产笋丝、笋干等产品直接进入市场销售。合作社本着"开发农业资源、发展农村经济、增加农民收入"的宗旨，以"合作社 + 农户"的模式发展。在合作社成立之初初始股金为 7 万元，72 名村民加入合作社。合作社出资金额如表 1 所示[①]。

表 1　　　　农户加入肖庄村竹笋专业合作社的出资金额情况　（单位：万元、%）

姓名	出资额	出资比例
周康伟	1.4	20[②]
潘卫发	1.4	20
付松元	1.4	20
邱峰	1.4	20
张正林	1.4	20

合作社社员分为出资成员和非出资成员，两者所承担的责任和享受的

[①]　由肖庄村竹笋专业合作社理事长周康伟提供。
[②]　为了避免股权和投票权的过分集中，对单个社员的入股额和表决数进行了限定，最高不允许超过 20%。

义务各不同。出资成员是合作社的股东,负责合作社的日常管理事务,可以享受年终分红;非出资成员可以参与合作社日常事务,享有选举和被选举的权利,有成员大会的表决权和投票权;作为非出资成员每年必须上缴新鲜竹笋不少于1000斤,水果的交易量不少于500斤,蔬菜的交易量不得少于500斤,食用菌的交易量不得少于500斤,由合作社保证非出资成员的产品收购价不低于市场平均价,并高于市场价3—4元;合作社成员享有成为合作社工作人员的优先权,非出资成员不参与年终分红。

(二) 肖庄村农民竹笋专业合作社的发展

竹笋合作社刚成立时就面临着资金短缺的问题。由于林权抵押贷款周期为一年,到手的贷款额仅为抵押林权总值的50%。合作社的发展受限于资金的匮乏,10万元的贷款难以推动合作社的进一步发展。而政策的优惠如林权流转给合作社的抵押贷款带来了新的出路。2008年,周康伟相继以每年每亩10元的林权流转补偿金将本村村民685亩林地流入用以抵押贷款52万元贷款,用于合作社产品的市场开发、品牌建设等。贷款给合作社的发展注入了活力,肖庄村竹笋专业合作社利用贷款资金,壮大了经营规模,在龙泉市、丽水市、上海三个城市开设了肖庄村竹笋合作社连锁店,直接出售加工或者未加工过的笋干、笋丝等产品。以合作社2008年每月损益表为例(见表2、图1)。

表2　　肖庄村竹笋专业合作社2008年每月损益情况

时间	每月盈余(元)
1月31日	98932.23
2月29日	158497.58
3月31日	197487.45
4月30日	227999.88
5月31日	267144.23
6月30日	281565.77
7月31日	293468.22
8月30日	311254.92
9月30日	341053.75

续表

时间	每月盈余（元）
10月30日	410158.25
11月30日	474442.67
12月30日	548743.18

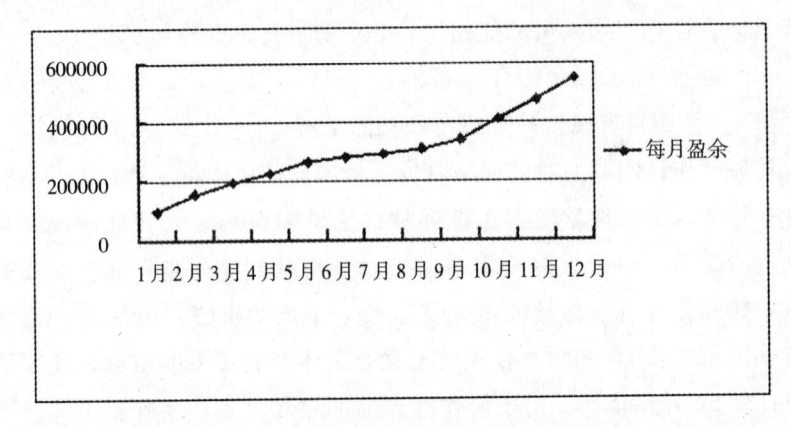

图1 肖庄村竹笋专业合作社2008年每月损益情况折线图（单位：元）

2008年每月盈余逐步上升的趋势显示出竹笋合作社能够积极地参与市场竞争，并在竞争过程中获利，总产值达520万元。经过两年的发展，合作社逐步发展壮大，社员由开始的77名发展到现在的132名，毛竹笋基地由2000亩扩至4000亩，出资额也由最初的7万元增长到100万元，2009年出资额如下表3所示。

表3　　　　2009年农户出资肖庄村竹笋专业合作社金额情况

（单位：万元、%）

姓名	出资额	出资比例
周康伟	19（其中以林地承包经营权作价出资5万元）	19
潘卫发	29（其中以林地承包经营权作价出资15万元）	29
付松元	24（其中以林地承包经营权作价出资10万元）	24
邱峰	14	14
张正林	14	14

（三）肖庄村竹笋合作社绩效

肖庄村竹笋合作社经过近三年的发展，实现农户和市场的有机结合，增加了农民合作经营的可取性，提高了农民林业生产的积极性，进一步提高了农民的经济收入。可以说，肖庄竹笋合作社的建设与运行产生了较大的社会绩效。据调研过程中了解的情况，笔者将其归纳为三个方面。

1. 农民收益得到有效提高

专业合作社通过把一家一户的分散生产与社会化大市场有机地结合起来，增强了农民抵御市场风险的能力，保护了农民利益，开辟了林农增收途径。肖庄村地处偏远地区，在合作社成立之前，村民大多只能把笋干背到集镇卖，或者直接卖给进村收购的商贩，但是由于市场信息不流通，卖给商贩价格普遍低于市场价格。而建立合作社之后，社员将质量达标的笋干卖到合作社，价格比市场均价高出3—4元，以2009年的春笋收购价格为例，每斤春笋高达14元，农民由此免去了运输上的辛苦，普遍实现增收。据统计，2008年合作社社员年收入增加2000多元。除此之外，合作社有加工销售的业务，社员可以优先为本村竹笋加工工厂工作，合作社常用工人12人，工作繁忙时雇佣社员多达40人，工作人员因工作性质不同所拿月工资在750—1500元之间。由此可见，合作社的成立在实现农民增收的同时也为农民提供了就业机会，吸纳了农村闲散的社会劳动力。

与此同时，为了使农户的产品达到合作社的要求，合作社坚持引进特色新品种，推广新技术，并定期聘请专家或者林业站工作人员讲解种植技术，提高农民素质，让林农了解新品种，掌握新技术。同时合作社和社员分别出资购买肥料，减轻了农民负担，有利于提高毛竹、竹笋的质量，进一步提高竹笋的市场价格，村民的收入也得到了提高。

2. 村庄公共基础设施得到完善

肖庄村自1981林业"三定"后，村集体财政收入较差，预留的20亩统管山也于1990年一次性以6000元的价格转包给其他村民。特别是取消农业税后，村财政基本无收入来源，因此村内基础设施建设滞后。2007年，专业合作社理事长周康伟通过林权证抵押贷款10万元，投入部分资金用于毛竹山的机耕道建设，机动车可直接上山，为村民运输笋、竹提供了便利，大大节约了运输的成本。在投入道路基础设施建设过程中，合作社逐渐成为参与村庄其他事务的力量，并且合作社也能够随时为贫困村民提供补贴和救助，同时也提供部分岗位。

3. 村庄知名度得到有效提升

在上文已经交代过，合作社在龙泉、丽水、上海分别开了三家连锁门市部，并以"肖庄"为合作社商品商标进行了注册，提高了村庄知名度。随着林改的推行，竹笋合作社良好的经营态势也受到政府的支持，县林业局、乡镇林业站也多次请专家、领导来合作社参观，并且提供更多的技术和资金帮助，同时相关的政策优惠也会优先考虑落实该社，为肖庄村日后发展奠定了基础。

三 肖庄村竹笋合作社成功原因分析

从目前来看，肖庄村竹笋合作社规模较小，但是我们不能否认的是它的存在无论对于提高村民收益，村庄公共基础设施的建设，还是村庄知名度来讲都起到了很好的推动作用。肖庄村竹笋合作社的运行无疑是较为成功的，我们认为是由以下三方面推动的：

（一）"能人效应"的推动

舒尔茨在研究如何转变传统农业时，非常注重农村的人力资本，认为人是第一要素。纵观我国农村发展，多是在村庄"能人效应"的带动下实现的。村庄能人（如生产大户、销售大户）用他们的技术和销售渠道牵头兴办合作社，采用农户参与的发展模式。以肖庄村为例，合作社理事长周康伟于2003年成立了一家生产杨梅干的食品加工厂，规模比较小，属于家庭作坊。但是由于不同于普通农户，他经常接触市场，信息渠道比较广，而且跟林业站林业局的工作人员关系比较好。在中国"人情社会"中，这些都成为周康伟建立合作社的前提条件。2006年集体林权制度改革，2007年周康伟即以林权证办理了抵押贷款，这为他解决了资金难题。中国大部分农村地区基本上还处于依靠家庭、利用血缘、地域、邻里等初级关系来完成相互之间合作的阶段，"熟人社会"的合作模式更容易得到村民的信任和支持，能够在相对较短的时间内组建。这里值得一提的是很多合作社都是由村干部或者村"两委"牵头组建，村干部通常被认为是村庄精英,在经济和政治上都有号召力,村"两委"作为一级行政组织,也有较强的组织动员能力。然而肖庄村竹笋专业合作社理事长周康伟却不是村干部或村"两委"成员,虽对村民的动员号召能力较差,但却能集中精力开拓市场,从而真正发展壮大合作社。

(二) 林改带来的制度契机

集体林权制度改革所带来的林权抵押贷款、林地流转为合作社的发展提供了重要前提。目前情况下,商业银行很少向农民贷款,农民获取小额贷款的机会少,而且长久以来,农民最大的资本——耕地、宅基地以及房屋均为抵押禁物,虽然这样有利于保护集体耕地,防止农民"失山失地",但是这大大限制了土地价值的充分发挥,无益于扩大农业生产规模。因此当农民需要资金时,他们往往求助于民间信贷,而民间信贷的利率高,数额小,缺乏现代金融机制的规范性。因此在此次林改中允许以林权证抵押贷款,不仅林地可以抵押,林地上的林木等附着物也可以抵押,这样可以盘活森林资产,增强了林业的"造血"功能,让资源可以变现,使广大林农有创业的资本。迄今为止,肖庄村已经有4户农民办理了林权抵押贷款,他们的贷款或者用于林业生产,或者用于发展其他产业;其中一户农民以自家120多亩的林权证获得8万元的贷款,用于儿子外出开服装连锁店。这些都为农民能够实现创业提供了资金支持。

(三) 政府的有效支持

就目前来看,我国发展农民专业合作经济组织还存在很多制约因素,单靠农民自身力量来发展农民专业合作经济组织还面临较大困难,因此需要借助外部力量,特别是各级政府组织的引导和支持。以龙泉市为例,政府在发展合作经济组织中主要做了以下几点工作:"一是发动宣传,促进林业专业合作社发展。二是出台政策,为合作社发展提供保障。三是规范管理,推进合作社建设有序发展。四是示范引导,提升合作社产业化发展水平。"在文件中,政府的职能得到了彰显,而且随着政府职能从管制型向服务型的转变,特别是以基层林业站为例,林改前,林业站主要职能在于收费和管理,林改后龙泉市取消了林业"两金"以及其他一些林业税费,林业站的职能也随之转为调处纠纷、勘测山场及评估森林资产等服务性职能。政府的有效引导和支持以及让利于民对于肖庄村竹笋合作社的建设发展与农民增收来说起到了很好的推动作用。

四 肖庄村竹笋合作社存在问题的分析

尽管从目前来看肖庄村竹笋合作社的发展前景比较好，但是作为一个正在发展的农民合作组织来说，仍旧存在诸多问题。

（一）合作社组织运行欠规范

肖庄村的竹笋合作社之所以能够实现有效发展主要是源于以下几个方面：一是夯实了产业基础。肖庄村的竹笋合作社的组建能够因地制宜，选择竹笋作为产业基础，随后逐步利用政策优势扩大生产规模和发展具有前景的产品或产业。二是夯实了农户基础。肖庄村的竹笋合作经济组织离不开广大林农的参与。而国家集体林权制度改革逐步推进，保证林业政策的稳定性、连续性，使农户对林业发展有进取心，增加了加入合作组织的信心。三是夯实了管理基础。肖庄村竹笋合作社在制度管理、财务管理、民主管理等方面实现依靠"能人效应"发展起来逐步实现组织化和正规化发展。但是我们也看到肖庄村的竹笋合作社存在的问题：一是社员之间联系非常松散，缺乏凝聚力。竹笋合作社是一个充满利益博弈的组织，各种利益冲突也是层出不穷；二是合作经济组织的内部机制运行不够规范。作为一个正在发展的村级合作社而言，建立有效的运行制度规则并不容易，人们之间的交易仍旧依靠着传统乡村熟人社会的信用保障，组织和成员之间的关系主要依靠能人个人权威来维系，能人个人财产与合作组织的公共财产界限不清，肖庄村竹笋合作社成立于2007年，但是第一份章程却产生在2009年，虽然设立了监事会和理事会，但是监事会成员对自身职能却知之甚少。合作社要想得到进一步的发展壮大，就必须加强制度规范的制定，在市场竞争的大背景之下完全依赖道德自律来进行经济发展是不具有可持续性的。

（二）合作社建设有待整合

在调研走访的过程当中，我们发现在肖庄村当中除了竹笋合作社之外还有其他的农民经济合作组织,比如果蔬合作社、木材合作社等。多个合作社的存在对于村庄的经济发展是非常不利的:第一,出现恶性竞争。村社的组织有重复,比如蔬菜合作社和竹笋合作社,都收购竹笋,不可避免地会出现内部的恶性竞争,对于提高村民的收入来说非常不利。第二,村社力量薄弱。力量薄弱的主要根源也是在于当前肖庄村的村社较多,同时内部凝聚力不足导致单个合作社往往实力有限,势单力薄,或难以有效地抵御市场压力并且出现恶性竞争。如何整合村庄内部的合作组织,壮大村社的规模和市场竞争力,考验着我们的村庄精英。我们认为基层政府应当对当前村社发展的不规范和重复建设等问题予以一定的引导,对重复建设的予以合并,通过与村社精英进行座谈、协调来改善当前村庄内部发展的困境。

(三) 林地流转机制有待完善

此次林改实现了森林资源流转、林权证的抵押贷款,为林业经济合作组织的发展提供了政策优惠。但作为新生事物,林地流转尚不够规范,而且林权证抵押担保贷款的周期短,满足不了林业生产周期长的需要,笔者调研过程中发现,虽然竹笋合作社有很好的发展,但是并没有取得预期的效果,其原因就是部分林农担心林权流转出现问题对国家林业发展政策不稳定性有忧虑。这些忧虑不仅制约了竹笋合作社的发展,同时大大降低了林农生产的积极性。虽然林权抵押贷款给农民提供了资源变现的机会,但林权抵押贷款还存在一些问题:第一,办理林权抵押贷款的农户比较少。农民"无债一身轻"的观念根深蒂固,在调研过程中,很多农户很自豪地告诉笔者自家没有办理过林权抵押贷款。第二,办理林权抵押贷款的程序比较烦琐。根据《林权抵押小额贷款管理办法》规定:"借款人向农村信用社申请林权抵押贷款所需材料:(1)借款申请书;(2)林权证;(3)借款人身份证复印件;(4)林权证所有者及其配偶身份证、结婚复印件等材料。"在肖庄村调研时,发现有些中老年人因遗失结婚证而无法办理林权抵押贷款。第三,林权抵押贷款周期较短。目前,林权抵押贷款的周期为一年,这对于农民来说只能缓一时之急用,不利于扩大再生产。

第五篇

生态公益林改革与管护模式创新

生态型林改的道路探索

——以陕西太白县 S 村为个案

姜兆芹[1]

西北地区由于特殊的自然条件，林改工作推进起来存在着客观的困难。作为西北八省之一的陕西省也存在着自身的特点：首先天保林[2]和生态林[3]占了 70% 以上，生态保护是陕西省当前林地的首要任务；同时，在我国对生态公益林实行禁伐、禁流转，不像南方，有大量的经济林、速生林、用材林、毛竹等来创造经济价值，林地还可以通过流转以及抵押贷款来创造经济效益。因此，陕西省林业的直接经济效益低，尤其是位于汉中的太白县要积极维持原有生态面貌，大部分林地属于生态公益林范畴，这在一定程度上确实保护了生态环境，但是却忽略了林农的经济利益，出现

---

[1] 姜兆芹，女，华中师范大学政治学研究院 2009 级硕士研究生。

[2] 天保林即天然林资源保护工程之下的林业资源，针对长期以来我国天然林资源过度消耗而引起的生态环境恶化的现实，党中央、国务院从我国社会经济可持续发展的战略高度，作出了实施天然林资源保护工程的重大决策。该工程旨在通过天然林禁伐和大幅减少商品木材产量，有计划分流安置林区职工等措施，主要解决我国天然林的休养生息和恢复发展问题。

[3] 生态林是指在退耕还林工程中，营造以减少水土流失和风沙危害等生态效益为主要目的的林木，主要包括水土保持林、水源涵养林、防风固沙林以及竹林等。生态林的种类：一、防护林：主要包括水土涵养林、水土保持林、防风固沙林、农田防护林、护岸林、护路林、其他防护林；二、特种用途林：自然保护区林、环境保护林、风景林、国防林、实验林、母树林、名胜古迹和革命纪念林。见《退耕还林工程生态林与经济林认定标准》。

了生态效益和经济效益难以平衡的局面；在这种情况下，陕西的林农相对于南方，积极性不高，在一定程度上又会影响林农保护生态环境的积极性，影响国家要实现生态效益的目标。根据这其中的实际情况，如何解决生态效益和经济效益之间的困境，提高林农的积极性，实现以生态效益带动经济效益，在经济效益增长中维持生态效益，就成了笔者所要研究的问题。结合太白县S村的村庄个案，笔者将要调查S村能否走出一条适合自己的，不同于南方的"以生态保护为目标、以林农增收为动力"，实现"生态良好、林农增收"的生态型林改道路。

鉴于此，为了更加深入的了解，笔者于2010年8月，对陕西省关中的太白县进行实地调研，了解当地实际情况，取得了第一手调研资料。本文的写作，将结合对陕西省太白县S村的调研结果，围绕实现"林农增收、林区和谐、生态良好"[1]的改革目标，以S村为个案具体讨论S村是如何维持生态、保护生态，在保护生态的前提下又是如何解决生态效益和经济效益失衡的困境。那么S村的生态型林改道路是否真正地完善了，笔者将进一步进行分析，并据此提出相应的建议。

一 核心概念的界定

（一）集体林权制度改革

本文所指的集体林权制度改革是指2003年之后推行的以分山到户、明晰产权为核心的新集体林权制度改革，在本文简称为"林改"。2003年《中共中央国务院关于加快林业发展的决定》和《农村土地承包法》实施后，福建、江西、辽宁等省进行了以"明晰产权，放活经营权，落实处置权，保障收益权"为主要内容的集体林权制度改革的大胆探索，并取得了显著成效。2006年，中央一号文件首次明确提出"林权制度改革"这一概念；2008年，中共中央、国务院颁布实施《关于全面推进集体林权制度改革的意见》，至此新集体林权制度改革才开始在全国范围内推广，因此对于我国大部分地区来说，新集体林权制度改革始于2008年

---

[1] 贺东航等：《集体林权制度改革后林农增收成效及其机理分析——基于17省300户农户的访谈调研》，《东南学术》2010年第5期，第14—19页。

6月之后。本论文的研究的时空背景即在此次新林改完成之后,所以对各问题的研究界定为林改后。①

本次改革对集体林改的总体目标进行了规定,计划用5年左右的时间来完成明晰产权、承包到户的任务。并在此基础上,通过深化改革,健全服务,规范管理,逐步形成集体林业的良性发展机制,实现"资源增长、农民增收、生态良好、林区和谐"的目标,以改变过去集体林地乱砍滥伐和无人管理的现象,使得林业资源能得到更高效率的利用。

(二) 生态型林改

生态型林改这一概念是国家林业局局长贾治邦在出席西北地区集体林权制度改革工作座谈会上的讲话中首次提到的。贾治邦在讲话中说,西北地区由于特殊的自然条件和社情林情,生态建设任务艰巨,陕西等地的林改工作必须首要突出生态建设这一主题,以生态得保护、林农得实惠为目标。他要求,根据西北地区区位特点和社情林情,探索出一条符合本地实际情况的集体林权制度改革道路。要把生态保护与林农增收更紧密地结合起来,真正走出一条以生态建设为目标、以增加农民收入为动力的生态型林改之路。他指出通过明晰产权,确保农民平等享有林地承包经营权这一核心政策,把长期稳定的林地承包经营权交给农户,为他们搭建一个生态建设的新平台,开辟一条脱贫致富的新途径,在增加农民收入的基础上,要坚持增加政策性补贴和提高林业经济产出并重。②

二 S村集体林权制度改革的实施情况

(一) S村的简介以及改革背景

S村隶属陕西省太白县高龙乡,现有两个村民小组,106户,共有人

---

① 转引自《关于全面推进集体林权制度改革的意见政策解答》,中国法制出版社2008年版,第34页。

② 国家林业局贾治邦局长在出席西北地区集体林权制度改革工作座谈会上的讲话。

口436人，耕地面积561亩，人均耕地面积仅为1.4亩，仅仅依靠耕地来使农民致富的做法不现实。退耕还林面积1040亩，该林地均用来发展核桃产业，林地面积20715亩，集体林地面积19605亩（自留山204亩），其中村民1组8320亩，村民2组2418亩，权属为村组集体所有。S村属于"靠山吃山"的典型。S村各类土地面积详见表1，S村的林地大都是生态公益林。板栗共有1200亩，是属于公益林林下改造范围，属于公益林里面的面积（见表2）。

表1　　　　　　　　　　　S村的林业资源　　　　　　　　（单位：亩）

总面积	林地使用权	森林类别	林地合计	有林地小计	乔木林小计	针叶林	阔叶林	混交林	灌木林地	未成林林地	森林覆盖率(%)
20718	合计	计	19614	19501.5	19 500		19378.5	123		112.5	94.13
		公益林	19213.5	19101	19 095		18978	123		112.5	
		商品林	400.5	400.5	400.5		400.5				
24	国有	计									
		公益林									
		商品林									
20694	集体	计	19614	19501.5	19500		19378.5	123		112.5	
		公益林	19213.5	19101	19095		18978	123		112.5	
		商品林	400.5	400.5	400.5		400.5				

表2　　　　　　　　　　　S村的公益林业　　　　　　　　（单位：亩）

总面积	事权等级	保护等级	合计	有林地小计	乔木林地小计	针叶林	阔叶林	混交林	未成林造林地
19213.5	计	计	19215	19101	19101		18978	123	112.5
19213.5		重点	19215	19101	19101		8978	123	112.5

续表

总面积	事权等级	保护等级	合计	有林地					未成林造林地
				小计	乔木林地				
					小计	针叶林	阔叶林	混交林	
17316	国家公益林	计	17310	17221.5	17221.5		17160	61.5	94.5
17316		重点	17310	17221.5	17221.5		17160	61.5	94.5
1897.5	地方公益林	计	1905	1879.5	1879.5		1818	61.5	18
1897.5		重点	1905	1879.5	1879.5		1818	61.5	18

自新中国成立以来，S村的林权制度先后经历了土改时期、集体化时期、林业"三定"时期几个阶段的变化，直到1998年林权才基本稳定下来。1998年集体山林承包面积11238亩，由106户承包。其中：一组承包36户，承包面积8320亩；2组承包70户，承包面积2418亩；5户联户承包集体林500亩。村组林地已全部承包完，比林权证面积少4248亩。但是由于当时上级政策比较模糊、群众对林改认识不清，尤其对林权证的发放和林地经营模式不是很清楚，同时林地实行禁伐，没有收益可言，加之承包林地需要交纳一定的承包抵押金，因此群众的承包积极性并不高，出现了很多无林地农户，林地分布面积极不均匀。

（二）S村集体林权制度改革

S村自接到太白县林业局的通知之后，于2007年10月22日召开村民代表大会，集体讨论通过了《S村的集体林权制度改革方案》。计划从2007年10月开始至2008年4月底全面完成全村林改任务。在会上确定了S村此次林改范围为本村所有的有林地、疏林地及宜林荒山等林业用地（自留山除外）。村集体不再留有任何林地，林地承包期为50年。同时为发展壮大集体经济，承包户应从经营林地采伐收益中，向村组交纳一定数额的林业发展和公益事业资金，具体标准为林木采伐额的20%。

太白县S村此次新林改在1998年太白县所实施的林改基础之上进行，主要遵循了两点原则：一是尊重历史的原则，坚持"大不变、小调整"，对1998年原已承包到户的集体林，继续稳定承包关系，完善承包合同。重新勘界确定面积，并使林农按实际面积缴纳抵押金，抵押金的标准以太林改办发〔2007〕01号文件为依据，结合本村实际，经济林每亩10元，幼林一等5元，二等3元。对无林地承包户，应有承包大户在其承包林地中划分部分林地给予无林地承包户；对分家而形成的新户则应由原家庭承包户主在其承包林地中划分，或保持原承包经营形式不变，原则上不再给予增加新的承包面积。二是均山到户承包经营为主的原则，原有村一级承包大户要划分出部分林地归无林地农户及承包小户，争取达到均山到户的目标。对外出搬迁户不予分林；"五保户"不予承包林地。对私自改变林地用途，个人管理不善，对承包林地造成资源破坏的，村委会有权终止合同，另行发包。

太白县S村林改方式总共有三种：一是以家庭承包经营形式共同承包集体林地，其中家庭联户联产承包是家庭承包的一种方式，联户经营共有9组，2户到5户联合承包经营的均有。林权证不是下发给这块林地上的所有农户，只是给这1组联户经营的农户一份林权证，但是林权证上会明确写明农户林地的四至范围。二是集体股份合作经营，由集体统一来经营，然后把这个山地分到户。三是对1998年时就不适合采取家庭承包经营形式的集体林地，借此次林权改革契机对其进行勘界、评估出林地价值，并分别采取其他方式如招标、拍卖、公开协商等进行承包，然后签订承包合同。

目前太白县S村的主体改革已基本结束，配套改革还没有开始进行，发放林权证比率达到100%。

三 生态型林改："既要青山绿水，又要金山银山"

新集体林权制度改革之后，集体林地的经营权掌握在林农手中，发展林业的主体是广大林农，因此要提高林农护林的积极性，不能只关注林地的生态效益，西北地区生态固然重要，但西北地区林农的经济利益也要兼顾。林改的主体在于林农，林改要想顺利开展下去，就必须充分调动林农的积极性。实施林改、分山到户只是改革的第一步，除此之外，还要兼顾林农希望致富的要求，真正实现"民富林兴"。如果集体林改无法使林农的收入得以增多，没有使林农在林地上看到任何经济利益，那么就会使得林农对保护和发展林业不会太在意，长久下去也会严重影响国家实现生态效益的目标。

新集体林权制度改革是契机,集体林权制度改革要积极寻求出路,探索出一条经济效益和生态效益平衡发展的生态型林改发展道路,搞好林业生态建设,以林业生态效益带动经济效益,以经济效益促进生态效益,使生态效益和经济效益相互促进,共同发展。在充分发挥林业生态效益的基础上,调动林农参与林业经济发展的积极性,发展林业经济,实现林农致富。

(一) 林下经济概况

林下经济是综合利用山林的林下生态环境以及土地资源,在林下开展种植、养殖等多种经济项目,它是一种复合型即农林牧相结合的经济经营模式,从而实现以生态效益带动经济效益,在实现经济效益中保护生态效益。总之,林下经济是在提高生态效益、突出生态建设的前提下,综合利用林地资源,进一步提高林地的利用率,增加单位种植面积和经济效益,进而增加林地附加值,是林地长期效益和短期效益的有机结合,是生态效益和经济效益的综合体现。

正所谓"十年树木",林木的生产周期长、投入大是林业生产的基本特征,这极大地限制了林业经济的发展以及林农增收致富。与传统的林业经济相比,新型的林下经济在不破坏生态环境的前提下,缩短林业经济周期,既能有效地增加林木的附加值,实现林农尽快增收致富,又能更好地以良好的经济效益巩固林改成果,真正实现"在兴林中富民,在富民中兴林"。发展林下经济对农民增收渠道的开辟、循环林业经济的发展、生态建设成果的巩固、林业经济健康持续发展都具有重要意义。中共中央政治局常委、全国人大常委会委员长吴邦国也曾指出:"发展林下经济是贫困地区加快发展、老百姓脱贫致富的一条重要路子,要因地制宜发展特色林业和林下经济,培育农村经济新的增长点。"[1]

---

[1] 引自 2011 年 4 月 28 日至 29 日,中共中央政治局常委、全国人大常委会委员长吴邦国在广西调研时的讲话。

（二）S 村发展林下经济的必要性与可能性

1. 发展林下经济顺应了 S 村的现实情况

陕西太白县是秦岭生态保护核心区和陕西重要的水源涵养区，其中生态公益林为 111.2 万亩，国家级重点公益林为 67.2 万亩，加强生态建设是当地林权制度改革的首先要确保的任务。而位于太白县的 S 村耕地面积 561 亩，人口有 436 人，人均耕地面积仅为 1.4 亩；且 S 村属于太白县欠发达村，村内没有任何企业和其他收入来源，仅仅依靠耕地来使农民致富的做法是不现实的。2010 年，S 村农民人均收入为 4000 多元，远远低于全国人均收入水平。同时 S 村的森林资源面积庞大，拥有 2 万多亩的林地资源，为发展林下经济提供了有效的资源优势和条件。

2. 发展林下经济是林农增收的迫切要求

正所谓"靠山吃山"，林地是森林资源丰富地区林农生产生活的重要依托。因此明晰林权、分山到户只是林权改革的第一步，除此之外，还要权衡林农的利益要求，大力发展林下经济。

调研员：我们村的村民在这次林改中都得到哪些好处呢？

村主任："最大的好处就是国家把林子给我们了，林权证也发给我们了，村民都知道这林地是自己的了，虽然把林子分给我们了，但是我们村里的林地都属于公益林的范畴；当然国家是给生态林补贴的，每亩补贴 4.95 元，这对村民来说也是一笔收入，以前都没有的，以前都只是能够砍点柴来做饭。但是因为我们村的林地大都是重点生态公益林，而且现在还不让砍树，说是还没有砍伐指标下来，所以林地对村民的直接经济利益还显现不出来，村民们顶多是上山弄点柴来烧。"

调研员：那这样村民有没有什么意见呢？

村主任："不能说是意见，只能说是希望吧，很多村民都反映说希望国家能够增加一些补贴啊，不让砍伐林子，那管护费低了点，在林地上面没多少收入。还有就是村民普遍反映都想在林子上面有一番大作为，能够充分利用分下来的林地实现增收致富，毕竟每家都有不少林子啊。"

3. 发展林下经济是巩固林权改革生态成果的有效手段

给农民天天讲觉悟、天天讲生态是不实际的，如果不考虑他们眼前利益，林改一时调动他们的造林护林积极性很快就会消退，很快就会冷下来。国家对生态建设工作的重视和大力投入是保护生态环境的一个重要因素，但是真正每天与林地接触的是林农，因此要更好地突出生态效益这一主题还要靠林农造林护林的积极性。如果林改的效果无法使林农的收入得以增多，没有使林农在林地上看到任何经济利益，那么就会使得林农对保护和发展林业不会太在意，从而忽略对林地的经营管护，长久下去也会严重影响国家要实现生态效益的目标。

发展林下经济可以使林农意识到林地的经济价值，从而会好好管护好自己家的林地资源，精心对自己的山林进行经营，"把山当田耕、把树当菜种"也会成为林农的自觉行动，从而在一定程度上调动S村林农发展林业、保护林地的积极性，不仅使得林农加强了对自己所拥有林地的管护，也使生态建设步伐明显加快，乱砍滥伐、病虫灾害和森林火灾等现象明显减少，真正实现以发展经济效益带动生态效益。

（三）发展林下经济的现实利益

在国家追求生态效益的目标和S村林农的利益诉求双重压力下，太白县S村在加强林地资源生态保护的基础上，结合本村的实际林地状况，林农开始在自家生态公益林地上调整林业产业结构，充分利用和发展林下空间，发展林下种植业，坚持走生态种植路子，并明确了以干杂果和林特养殖为重点的产业发展思路，重点发展以核桃、板栗为主的干杂果产业。

1. 发展林下经济，实现农民不出门也能就业，不砍树也能致富的目标

截止到笔者调研时，S村的林下种植业面积已发展到2240亩，其中板栗为1200亩，核桃1040亩，产量达到60多吨，产值超过60多万元，林农人均增收2000多元。前几年S村外出打工共有130多人，其中去外省的有60多人，在本省打短工的有70多人。发展林下经济之后，林农尝到了增收的甜头，近两年S村开始出现了外出务工人员返回家乡的现象，他们应用新技术发展林下经济，在家门口就业，这不仅缓解了农村由于农民外出务工带来的社会问题，而且缓解了大中城市的就业压力及人口压力,促进了社会的和谐与稳定。

在笔者调研的家住太白S村的林业大户张某某说:

"在实施新林权制度改革以前,我承包了500多亩林地,但是也没法砍伐,交通运输成本比较大,林木的经济价值太小,所以一直都只是砍一些当柴烧。为了补贴家用我每年都到外地去打工,一年到头见不到孩子老婆。新集体林权制度改革实施之后,经过县里林业部门的重新勘界测量,我才知道原来我自己承包了2400多亩林地,但是为了完成均山到户的政策,村里把我的一些林地均分给了村里的林业小户,所以现在我大概还承包集体山林700多亩,这700多亩林地全部属于生态公益林的范围,每年也可以得到相应的管护费,光这管护费就不少哩。前年秋天我用了其中的100亩,在林间发展林业经济,栽种经济树木,种植了核桃30多亩、嫁接了板栗50多亩,还种植了5亩多的蔬菜。这样一年下来收入就有2万多元,这次新的林改,说是承包期限70年,特别是林权证的下发,使我吃了定心丸,我也舍得投入了,对林地每年要进行两次管护,投入比较大,但是我的收入增加了,而且预计以后几年收入会逐步增多。现在村里人看到了种核桃和板栗的好处了,都打算开始种植呢,估计再过段时间,我们村里的生态公益林区大都会种上核桃、板栗了。这样村里外出打工的人就少了,留在家里的人就多了"。[1]

S村通过集体林权制度改革之后,山更绿了,水更清了,生态更好了,在此条件下S村的林农开始依托森林,大力发展生态观光旅游、山林农家乐等生态旅游服务项目,实现"以林增收、以山致富"。生态休闲产业也就顺势而生,成为S村农民增收的新途径,2009年全年接待游客约3万人次,旅游综合收入共计70多万元。笔者在调研期间,曾经有幸到访了一家名叫"山水农家乐"的农家乐,这是S村的一对夫妇共同经营的,地点就设在自己家中,老板和服务员都是他们自己。农家乐的老板李某说:"这两年来我们这里旅游的人越来越多了,我就寻思着在家里开个小

---

[1] 引自2010年8月与村民的访谈记录。

饭馆，他们城里人过来吃饭就想吃些野菜、野味和一些绿色蔬菜，城里不太容易吃得到的东西。我和我媳妇除了在这里开饭馆之外，还在自己家的林地里圈养了很多鸡，并且蔬菜也都是我们自己种的，这不仅给我们饭馆的开销省了一大笔，而且客人就爱吃这些，所以我们的饭馆收入还可以，比我们在外面打工要强得多。我打算等过几年手头更宽裕的时候，就把这里给扩建扩建，现在就是用家里的客厅和几个房间，赶上旅游旺季，都不太够用。"

良好的生态环境也吸引了企业前来投资，笔者调研的太白S村的村主任张某说："现在我们村正计划和一家旅游公司签订一个合同，这个公司要承包我们村的700亩林地，用于建设生态示范园。一方面，这家公司给1999年承包这块林地的几家农户每年每亩0.74元的管护费，到2009年截止，总共要给10年。另一方面，这家公司还要给村集体每亩300元的租金，共计21万元。当然，他们建设这个生态示范园给我们带来的收益不仅仅这些了，不止我，包括我们村的村民都看到了一些其他商机，很多村民都可以借生态示范园发展旅游的契机开展一些其他服务业，也解决了村里剩余劳动力的问题，拓宽了农民的增收渠道。村集体一直都很穷，财政资金比较紧张，也没法开展一些公共服务事业，更别谈建设新农村了，现在村里有了这项租金之后，可以利用这些钱修修路，兴建一些公共基础设施，像是路灯什么的，具体怎么用这笔钱还得再跟村民商议。"

2. 发展林下经济，保护森林资源、巩固林改生态成果

第一，林下经济是在不破坏森林资源、维护生态效益的前提下，充分利用林下的条件发展种植业、养殖业等取得经济效益的一种新型林业经济发展模式；这种模式是实现林地各种资源优势互补、协调发展的生态农业模式。新集体林权制度改革的一大目标是为了实现绿色增长，保护生态环境。而地处西北地区的太白县S村由于该村特殊的林情状况决定了该村必须要以生态保护作为发展林业的首要条件。发展林下经济恰好能够满足集体林权改革的生态保护目标，进而巩固集体林改的成果。

第二，通过发展林下经济，为林农提供了自发造林护林，维护国家生态效益的利益机制。发展林下种植业和生态旅游所带来的良好经济效益让越来越多的农民放下砍伐的斧头，放弃"让林子在那自己长吧"的念头，开始加大对林地的管护和投入力度，有效地保护了森林资源，使得林改生

态成果得到更好的巩固。

S村的村书记说:"在实施新集体林改前,乱砍滥伐现象比较多,毁林事件比较多,邻里之间的林权纠纷比较多。我当时还在想,长久下去势必会使林子越来越少。实施林改之后,把林地都分到户由农户来进行管理,乱砍滥伐的现象是减少了,毕竟林子是自己的嘛。但是受各方面因素的影响,我们村林地的经济效益始终不高,村民的积极性很受影响,只是偶尔去看看,起个防火防盗的作用,就让林子自己在那里长吧。农民虽然跟以前相比能够更为积极地参与林地的管理,但是与我国南方地区的林农相比,他们始终缺乏发展林业经济的主动性。随着林下经济的迅速并广泛开展,村里人开始觉得在这林地上还是能收获点什么,也就都开始在林地上下功夫了,加大了对自家林地的管护和投入,打个比方,以前是一个星期去看一次林子,现在是一天去林地好几次;以前只是投入一点时间和劳力去看看,现在是在林地上投入大量的精力和金钱,有投入就期望有回报,所以村民对自家的林地都看得很紧,刚开始的时候一天到晚都在地里收拾……"[①] 这意味着通过发展林下经济,给林农建立了良好的利益激励机制,这是提高当地经济效益、激发林农保护生态效益积极性的重要举措,有利于实现林改经济效益与生态效益平衡发展。

3. 发展林下经济,有望改变村庄面貌

第一,发展林下经济,为实现村庄面貌的改变带来了希望。开展林下经济,使林农的收入越来越多,村民也有条件来修缮或重建自己的房屋,这样S村的面貌也会因此大变样。

第二,发展林下经济对改变村庄面貌提出了要求。发展林下经济生产出来的林产品需要出售,出售林产品就面临着交通问题,这就需要兴建维修村庄道路,减少销售成本,尽量为来村收购林产品的商户带来方便。同时林改后,S生态示范区的建设和农家乐的发展都需要兴建维修旅游道路,给游客带来交通上的便利。因此,随着林下经济的逐渐开展,村庄的面貌势必会得到很大的改善,为进一步开展林下种植、养殖,发展生态森林旅游,为改善村庄村民的生产生活条件也带来了好处。

---

① 引自2010年8月与S村村书记的访谈记录。

实践证明，S村以集体林权制度改革为契机，真正走出了一条"以林增收，以山致富"、生态受保护、林农增收致富的生态型林改新道路，这也成为了当地林农发家致富、提高生活质量的重要渠道。更为重要的是，生态型林改道路激活了蕴藏在林农中的无限创造力和积极性，为林业产业的发展和农民增收致富开辟了广阔的空间。

生态公益林管护方式创新

——以安徽省金寨县朱堂村为例

孙双义[①]

集体林权制度改革以前，林地的管护大都是由林业主管部门或村委会主导的，林农大都处于一种被动地位。由于产权不是自己的，很多林农对于林地的管护也采取一种"搭便车"的行为。集体林权制度改革明晰了产权，放活了经营权，落实了处置权，保障了收益权，使林农以一种主人翁的身份参与到林地的管护中来，改变了以前自上而下的管护模式，形成了一种林农自发的管护模式。

随着集体林权制度改革的推进，很多地方将生态公益林也划分给林农自己来经营。生态公益林作为一种公共资源，有着重要的生态效益和社会效益。本研究以林农微观行为作为研究的切入点，以集体林权制度改革后安徽省金寨县朱堂村的生态公益林为例，旨在通过对林农参与生态公益林管护行为的研究，揭示出私人（林农）参与公共利益（生态公益林管护）的动机和行为。以及在管护过程中的制约因素，以更好地引导、激励和规范林农参与生态公益林的管护行为，确保林农的持续有效参与，提升生态公益林的生态效益、经济效益和社会效益。

一 朱堂村情况简介

朱堂村总面积12平方公里（17988亩），全村有12个村民小组，

---

① 孙双义，男，华中师范大学政治学研究院2008级硕士研究生。

575户，共2100人。耕地面积560亩，林地面积7326亩，还有约10000亩的村庄面积为水库库区和村庄房屋用地及公路设施所占有，所以平均到每户的林地并不多。虽然林地最多的有230亩，但是大部分农民都只有几分地或者几亩地。因为有梅山水库和响洪甸水库两大治淮工程，全村的所有6723亩林地为国家级的生态公益林。大部分村民都以林地为谋生手段，有少数村民因家庭所分林地较少，以外出务工为谋生手段。在2007年的集体林权制度改革中，生态公益林都分给林农管护，截至笔者调研时，该村生态公益林产权均已明晰到位。村里的主要树种包括板栗、茶叶、毛竹、栎树、杉木、桑树、松杂、元竹，其中板栗面积1014.2亩，发证316本；茶叶面积955.9亩，发证413本；毛竹面积594.6亩，发证145本；松杂面积3563.2亩，发证861本；杉木面积380.6亩，发证28本。全村主要有三大经济作物（板栗、毛竹、茶叶），尤以茶叶经营最为出名，在村民自发组织下建立了"叶里青"茶叶合作社。朱堂村在1981年时实行分自留山和责任山，1984年时"两山合一山"，把责任山都划为自留山了，由于自留山的使用期是永久性的，朱堂人民在1981年就有很高的造林热情。2007年的新一轮林改，是在原有20世纪80年代林改的基础上进一步确权发证，使产权更加明晰，相当于一次确权换证。

朱堂村属于典型的山区地形，优势在山场，资源在林地，自然资源丰富，植被茂盛、林木丰富，森林覆盖率约在90%以上。近年来，以森林资源培育为基础，以林产品深加工为龙头，以科技进步为支撑，以增加农民收入和壮大企业集群为出发点，以促进农民致富和带动全县经济腾飞为目的。闯出了一条产业发展与生态建设互相促进、原材料生产与加工销售互相支撑的林业产业发展新思路。形成了以茶叶为龙头，板栗、水产养殖为发展重点，以加工、商贸带动集镇建设的农业产业化致富模式。现村境内有茶叶精制厂、名优茶加工厂一共7家。

全村呈长条形南北走向，地势由北向南渐低。现有209省道贯村而过，是县城梅山通向国家森林公园——天堂寨的必经之路，距沪汉蓉快速铁路金寨站仅20公里，距合武高速公路只有25公里，村内各项公共基础设施齐全。

二 朱堂村创新生态公益林管护方式简介

集体林权制度改革极大调动了林农的积极性,对朱堂村林业的发展也起到了促进作用,但由于历史的原因,朱堂村在集体林权制度改革中存在着权属不清的纠纷。在集体林权制度改革的过程中,朱堂村不仅依据自身的特点有效调处了纠纷,还成功探索了适合该村林地经营的道路,生态公益林在集体林权制度改革后不仅能发挥其经济效益,还能发挥其生态效益和社会效益。

(一)调整农业产业结构,着力发展生态林业

朱堂村地处大别山南麓,海拔在400—800米之间,无霜期200天,年降雨量1400毫米左右,以微酸性黄棕壤土壤为主,位于我国茶叶优质产业带范围,历来是出产名优茶的地方。茶园大部分都分布在山区,多数在群山密林环抱之中,茶区没有工厂,人烟稀少,空气新鲜,没有工业和生活污染,良好的生态为有机茶和珍稀白茶的生产创造了良好条件。茶叶是朱堂村的支柱产业,林农收入的一半来自茶叶,平均每户约有4亩,农民种茶平均每亩的收入大概有2000元,多的达六七千元。20世纪80年代,政府为增加林农收入,鼓励林农种茶。最初是在耕地里种,后来林农看到茶叶效益好了,就将茶叶的种植扩大到了山场上,现在林农都自发地种。虽然全村的茶园已经有了一定规模,种植面积也在不断扩大,但可采茶园面积并不大,密植、高产茶园不多。村里茶园中尚有很多"老、稀、缺棵、跑土、低效"的老茶园。朱堂村采取了"公司+协会+专业合作社+农户"的模式,积极引导农民改土、改园、改树,淘汰低产的品种。在茶叶的生长过程中,由乡政府人员牵头,乡茶叶协会和朱堂村集体经济合作社人员参与成立工作组,负责建生态示范茶园施饼肥工作。同时,推广无公害茶叶的种植,喷施无公害农药。公安、村委、村民联合起来,从卖农药的源头抓起,禁止卖有残留农药,推广无公害、无残留农药的使用。在害虫防治方面,朱堂村通过合作社向林农免费发放高压灯,尽量少喷农药,保障茶叶的绿色安全,既保护了朱堂村的生态,也打造出良好的茶叶品质。茶叶产业也向着基地有机化、生产标准化、品质优良化、产品

品牌化、经营合作化、营销网络化的方向发展，茶叶产业真正成为保障农民增收的支柱产业。

（二）有效调处林改纠纷

在林业"三定"的时候，由于一些干部、群众对国家的政策都存在怀疑，怕政策不稳，因此在开展工作时存在临时的错误认识。在实际操作中出现以下问题：

一是山场内的资源分配情况不平均。由于安徽省在林业"三定"时就把山权确定下来了，这一次只是在上次的基础上重新换证，不是打乱后平均分配，这样就容易产生由于人口的变化导致的资源不平均问题。比如张三家原先有4个女儿，李四家原先有4个儿子，按人均两家共分得山场16亩。"三定"政策到现在有一代人了，山场以继承的方式传给下一代，现在张三家的3个女儿出嫁了，他们家现在人均是8亩山场；而李四家的4个儿子现都长大成人，并娶妻成家，假设是三口之家，平分山场，每个儿子只分得4亩山场，儿子家人均不到两亩山场，这样就出现了严重的资源不平均的情况[①]。

二是坐家分山、指山划界，现在出现了山场界址不清的问题。据村民查一明介绍（见图1），1982年分山的时候，是父辈划界协商的，他和邻居陈东刚家的林地（山场1）以陈家坟1所在的直线为界，陈家山上起山头，下起地头。20世纪80年代分山后，大家对山场不是很重视，对界线也没有在意。1996年查一明在那块有纠纷的山地（山场2）上种上了一两亩板栗，在2007年林改之前，查一明一直默默经营着山场2。在分山的时候查一明家的山地（山场3）就种有毛竹，随着时间的推移，毛竹逐渐长到了那块有纠纷的山地（山场2）上。2008年12月，邻居陈东刚的儿子将查一明家屋后（山场2）上的价值1000多元的毛竹砍了。查和陈是邻居，山场也挨着，查一明前几年在外面打工，发现毛竹经常被偷，他也没有在意，2008年毛竹再次被偷后他去找陈东刚，当问起时陈东刚承认是他儿子砍的，但他认为界址不对，毛竹所在的山场（山场2）应归其

---

① 资料来源于油坊店乡林业站站长刘圣海（采访人：孙双义、王方，2009年8月1日15：00—16：00于油坊店乡林业站）。

所有，界址应该以所在的陈家坟 2 为直线。划界已经 27 年了，查一明所经营的山场原属于他的父亲，他有兄弟三人，父母原先跟着二弟过，但是二弟负担太重，养不起，父亲便搬过来跟着他住。不到两年，父亲便过世了，地留给了查一明，查陈两家共山 20 多年了；查一明表示，陈东刚的父亲在世时曾是会计，如果是以陈家坟 2 为界，当时查家在那块有纠纷的山场上经营他就应该提出，两家的父辈在世时是经营得毫无矛盾的，查家一直在经营着山场 2。对此，查一明找村里解决，村里只是上山看了一下，什么也没说，说要他找林业站。当时他去找邻居陈东刚，陈说他儿子不在家，骑车摔坏了。到了过年的时候因怕不吉利，又没有讲。年后他们又去找村里调解，陈东刚说山得给他一半，查一明不同意，他觉得山场虽然值不了多少钱，但他就是咽不下这口气。为此他们便闹到了林业站，站长基本了解了情况，林业站表示必须按 1982 年的林权证解决，先确定界线，再确权发证[①]。

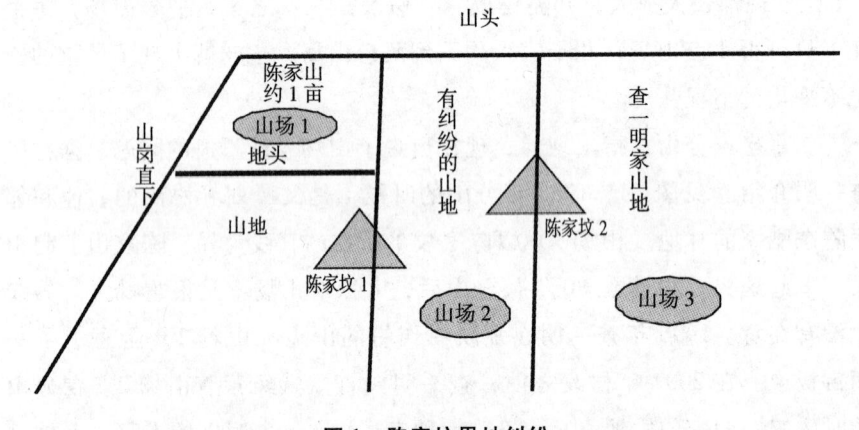

图 1　陈家坟界址纠纷

三是当时乡、村、组干部文化水平低，填发的林权证本身问题多。随着时间的推移，政策的稳定，特别是农特税取消后，林农对山场的权益要求更为强烈，纠纷凸显。据村民杨道正介绍，他和杨正安的山地相连（见图 2），1981 年分山时那块有纠纷的地（山场 1）划归他所有；1984

[①] 材料来源于安徽省金寨县油坊店乡村民查一明（采访人：孙双义、王方，2009 年 7 月 31 日 9：20—9：40 于村民查一明家中）。

年林权证上又写着分给杨正安，环路以下的山头是杨道正的，2008年以前杨正安的山一直荒着。2008年杨正安找人来他家闹，要杨道正把那块地（山场1）让给他，闹到了乡林业站刘站长那里，站长和村书记一起去看了那块山头，说一人一半，杨正安不同意，他说都归他，当时吵得很厉害，杨正安的儿子还恶语伤人说："你还要死在我家的地头上。"杨正安自打人从房子上摔下来，就一直拄着双拐跑到乡政府闹，他的山既没有种，也没有租给别人。杨道正的山租给别人租了十几年，种茶、板栗、竹子，别人收获之后象征性地给他点东西，20斤板栗啊，茶叶之类的，租出去的山有三到四亩，等山场收回来之后山上板栗就是他的，他家冲里的山也是柴火（荒着，没人经营的意思）。杨道正的儿子在外面照相，他本人是公办教师拿工资，现在退休了，每个月2000多元的工资。他表示他年纪大了，也经营不动山地了，就把那块有纠纷的山场让给了杨正安。现在，杨正安的新林权证上已经把那块山写进去了。他表示，20世纪80年代分山的时候，用手指一下山山就归谁了。这次先画图，林业站给了图样量出面积，画图，划界，埋石头，挖沟，开会讨论。现在界线清晰，开始和结束时召开会议，宣布公示，有纠纷就调节，比林业"三定"时规范多了[①]。

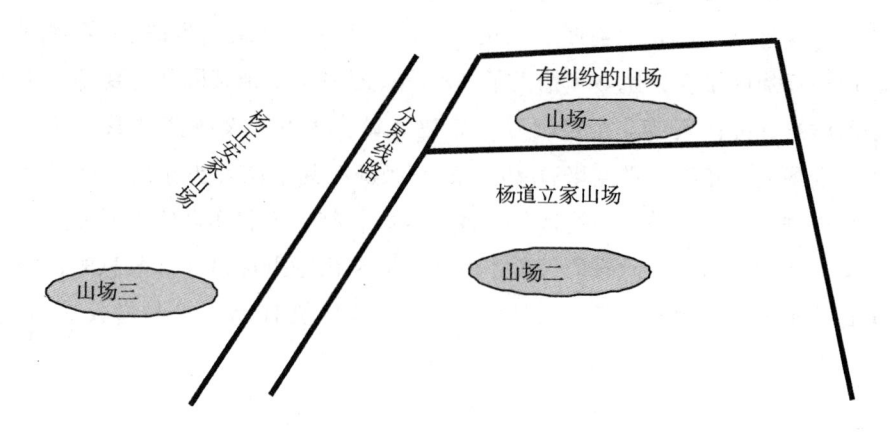

图2　杨氏山场证山不符的纠纷

---

① 资料来源于安徽省金寨县油坊店乡村民杨道正（采访人：孙双义、王方，2009年7月30日14：00—15：00于村民杨道正家中）。

针对上述情况，朱堂村本着"尊重历史、依法依规、妥善处理"的原则，对于第一种历史原因导致山地不均的现象，朱堂村采取劳务输出、招商引资、建立茶叶贸易市场等一系列办法，促进剩余劳动力在非农产业的就业。对于第二三种情况，朱堂村发动村里的权威人士成立林权纠纷调处领导小组，村里有权威的人深得村民的信任，说话有分寸，处事公平，他们的调处也容易让村民信服。朱堂村的这一系列措施，有效化解了村民的矛盾，使村民关系更加融洽。同时极大调动了村民的积极性，林农投入多，管理细，林木质量明显提高，增强了林地可持续增收的能力，真正将资源优势转换成了经济优势。笔者在调研的过程中，发现个案村的每寸土地林农都用心地经营着，村里基本上没有荒山，村民的房前屋后都种满了板栗和茶叶，林农将自己的感情、期望都融入到林地中，经济效益的增加，使生态公益林的经济效益也得到了很好的发挥。

（三）实施保水、保土、保肥"三保"措施

朱堂村对坡度25°以上的坡地全面实行停垦还林，对梅山水库和响洪甸水库库区一线的生态公益林实行封山育林。对于一定坡度的板栗全部垒建"三保"台，实现房前屋后绿化。对该村因河水冲毁出现的11处堤坝险段进行加固修复；休整和抬高了老河堤，提高了密植茶园和主要茶叶市场的防洪标准；兴建8个拦沙坝，修建9口当家塘，发挥其灌溉养殖作用。发展庭园经济，重点培育20户庭园经济起到示范带头作用。严禁在山场内进行开矿、采石、挖沙、砍伐、放牧、狩猎等破坏自然资源和自然环境的违法活动。在调研的过程中笔者看到满山遍野都是郁郁葱葱的，感觉每寸土地都湿润又肥沃。朱堂村也因此人均增值10元，全村增收60万元以上。

（四）改变能源消费结构

过去朱堂村的燃料以薪柴为主，用于煮饭、煮猪食、烧水、取暖等。每到秋冬，各家各户都砍几十担薪柴堆起来；这里是茶叶大乡，很多茶叶初制厂也以烧薪柴为主，对薪柴的需求量特别大，这样一定程度上破坏了森林资源的完整性。朱堂村近几年禁止砍柴"剃光头"，现在农村家里不

再以薪柴为主要燃料，用沼气、液化气、电力等代替，有少数几户需要烧薪柴的，用每年剪下来的板栗树枝条就够烧；初制茶厂炒茶也改烧柴为烧煤烧电。

同时，朱堂村根据自身特点，建立起了农业有机废料循环及综合利用模式。沼气池建于屋前，与厕所和猪圈相邻，形成"三位一体"生态利用模式。家畜粪便和厕所的粪便流入沼气池，加上部分农作物秸秆，通过厌氧发酵产生沼气；沼气供做饭和照明，沼渣液又作为蔬菜和茶的肥料，也可送至鱼塘养鱼；菜叶、草茎又可喂鸡或养猪，鱼塘里的底泥又是很好的有机肥，可为板栗、蔬菜、茶叶等提供良好的肥料。这就构成了一个鸡（猪）—沼气—蔬菜（茶、板栗）的良性循环系统（见图3）。用天然有机肥种植的蔬菜、板栗、茶叶等绿色食品很受市场欢迎，村民也因此过上了鱼肉不缺的富裕生活。

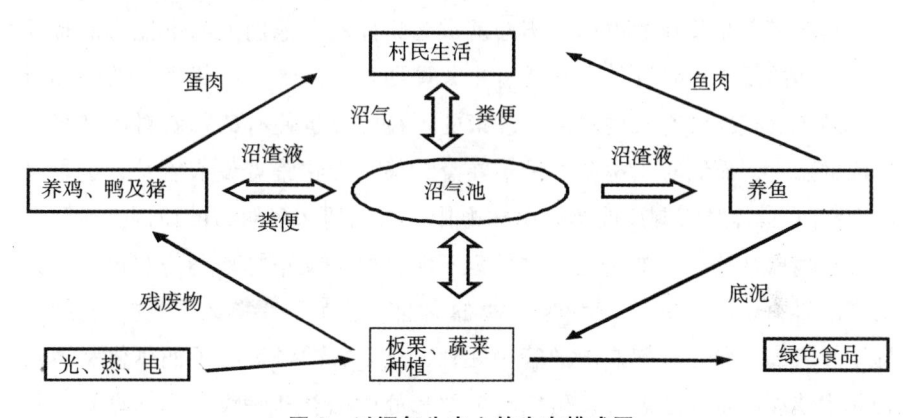

图3 以沼气为中心的生态模式图

笔者所调研的个案村在集体林权制度改革后，生态公益林都像商品林一样都切实平分到林农手中，"本次公益林界定工作涉及千家万户的切身利益，不论山有多高，山有多陡，界定工作人员都要深入山场地块，将小班面积分解到户，不能走过场，确保界定工作按质按量完成。"

生态公益林分给农户后，林农成为了山林的主人，成了生态公益林的主要管护主体，他们对林地的管护热情较集体林权制度改革之前有了很大的提高，有效避免了对生态公益林这一公共物品进行"搭便车"的情况。"对原子化村庄的村民来说，能发挥作用并带来实惠的，公域里的物也会转化成私域里的物，从而得以精心保存。不管什么原因，如果只是好看而不能带来实惠,已经转化为私域的东西也会再转化到公域里。"集体林权制度改革之前,村民认为对生态公益林的管护是一件吃力不讨好的事情,当时山林归集体所有,即使村民积极地参与管护,也不能从林地中获得应有的收益,"一说是公的,差不多就是说大家可以占一点便宜的意思,有权利而没有义务了"。对于集体山林这种"公家的"物品,他们想到的不是如何去经营和管护,而是如何想办法从这种"公家的"东西中占点便宜,比如今天去山上偷棵树,明天去山上砍根柴火,只要不被"公家"发现,这种行为就可以把"公家的"东西变成自己的。但这种行为毕竟是有风险的,一旦被集体(如村干部)发现,他们的行为是要受到处罚的,因此他们与山林的关系是一种被动躲闪的关系。

20世纪80年代以来,虽然国家对集体林权制度进行了一些改革,但由于政策的不稳定性,林农对林地持一种谨慎的投资态度。因为不知道哪一天,自己辛辛苦苦种的山林会不会就成为集体的,他们大都不愿意对林地进行长期的投资。并且林木又具有生长周期长的特点,在相当长的一段时间林地并没有得到有效的利用。政策的不稳定性也使有的林农对山林采取冷漠的态度,他们对山林根本就不在意,很多山林荒着没人管护,这也是在2007年集体林权制度改革后山林为什么出现那么多纠纷的原因。遇到山林出现病虫害及火灾的情况,村民也不会去管,反正林地不是自己的,去管了也得不到什么便宜。生态公益林这种公共物品似乎陷入了管护的困境,除了政府部门和村干部有限的管护之外,大多数的村民除了偶尔侥幸地从山林中获取一点利益之外,他们与朝夕相处的山林几乎没有什么联系。集体林权制度改革明晰了产权、放活了经营权、落实了处置权和保障了收益权,使林农成为了生态公益林管护的合法主体,他们在获得林地承包经营权和林木所有权后,能依法实现自主经营、自由处置、自得其利,为林农经营林业提供了制度性保障。伴随着林地产权的变化,林农的利益(私域利益)得到了保障,生态公益林这种公域里的东西就转化为私域里的东西了,林农参与生态公益林(公共物品)的积极性大大提高了。

三 关于制约生态公益林有效管护因素的思考

集体产权制度改革使产权明晰化,使林农成了生态公益林管护的合法主体，大大提高了生态公益林管护的效率。但是作为生态公益林合法主体的林农，在生态公益林管护的过程中，还存在各种各样的困难和问题，如担心国家宏观林业政策不稳定、生态公益林补偿标准过低、林木采伐受到限制、林木经营性收入难以增加、配套设施不完善等。

（一）国家宏观政策不稳定

乔方彬的分析结果表明："20世纪80年代初期的林业改革即分林到户政策的发展有积极的影响，而同期发生的森林的破坏与分林到户政策本身没有必然的、本质的联系，分林到户政策的不稳定性可能是影响用材林发展的重要原因之一。"[①] 作为生态公益林管护主体的林农是理性的，只要他感觉到政府政策是稳定的，自己的林地不会在几年之后变成别人的了，他们就会主动地造林和护林。从20世纪80年代林业"三定"以来，由于林业政策的不彻底性和多变性，很多林农为了规避林地又收归集体所有的风险，对划分给自己的自留山和责任山采取消极经营和管护的态度。林木本身具有生长周期长、效益见效慢等特点，很多林农不敢在林地上进行大量投入，对政策的担忧和质疑使他们对林地采取消极谨慎的经营态度，这就是为什么从20世纪80年代以来，我国的林业并没有得到迅速发展的原因。

（二）生态公益林补偿标准过低

生态公益林作为一种公共物品，除了具有经济效益和社会效益外，还有巨大的生态效益。生态公益林具有保持水土、调节气候、净化空气、美化环境等作用。在笔者调研的安徽省金寨县油坊店乡，生态公益林都像商品林和经济林一样分给了农户。但生态公益林毕竟不是商品林和经济林，它们不能皆伐，不能经营商品林，这些限制都制约着林农对生态公益林管护的积极性。在笔者所调研的个案村，生态公益林的国家补偿标准是5元/亩，但实际补偿给林农的是3.75元/亩，剩下的一部分拿出0.5元/亩用于聘请一个护林员，还有0.75元/亩用于护林防火经费。这对于生活水

[①] 乔方彬、黄季焜、罗泽尔：《林地产权和林业的发展》，《农业经济问题》1998年第7期，第23—29页。

平日益提高的林农来说是远远不够的。幸运的是，由于历史和土壤的优势，个案村的村民能够在生态公益林林地上经营板栗、毛竹、茶叶等经济作物以获取一定的经济收益。但由于立地条件和政策的差别，在中国并不是每个将生态公益林划分给农户的村庄，林农都能从生态公益林中获取经济收益，除了国家的补偿费用，林农从生态公益林中的所得是非常微薄的。而生态补偿也不足以让林农过上富裕的生活，为了谋求更好的生活，很多生态公益林林区的林农只有离开乡土社会，进城务工。广大林农由于长期生活在农村，在城市就业能力和竞争力并不强，他们从事非农生产的能力较弱，农村劳动力转移到城市后很难稳定。在缺少完善的社会保障的情况下，林农的土地一旦被剥夺，他们将存在着难以化解的生存风险。

生态公益林已不再像人们所认为的那样，生长在原始林区，不需要任何人类的劳动，没有使用价值和价值。但是生态公益林毕竟不是商品林和经济林，它的生长和繁荣也需要人类的付出和劳动。随着社会的进步，人们对环境要求的提高，生态公益林在净化空气、改善环境、提升人类的生活品质方面发挥了重要的作用，它间接促进了经济的增长和社会的稳定，生态公益林的价值不容忽视。在对生态公益林进行经济补偿的时候应该多考虑它所带来的生态效益，以及它为人类带来的经济效益和社会效益，在综合这三种效益的基础上，对生态公益林的补偿制定合适的价格标准，从而提升林农的生态公益林管护的积极性。

（三）林木采伐受到限制

在笔者的调研中，很多林农非常不理解，既然国家将林地分给了自己，为什么自己却没有自由采伐的权利。"虽然林地和玉米水稻一样都是农民自己经营的，但经营林地跟经营玉米水稻的差别较大，你熟了想收就收，但树并不是想砍就砍，必须得申请到采伐证才能采伐，我栽上树了想砍却砍不了，必须得国家批。"[①] "在我们县，吃林业饭的人太多了，包括政府的工作人员、政府派来的临时稽查人员、各种伐木公司和企业，最底

[①] 材料来源于安徽省金寨县油坊店乡林业站站长刘圣海（采访人：孙双义、王方，2009年8月1日15:00—16:00于油坊店乡林业站）。

层的是我们林农。"①即使林农分到了采伐限额,在申请采伐限额的过程中,由于乡土社会"盈利性经纪人"②的存在,林农还要通过托关系、找熟人、送礼等方式才能顺利申请到采伐指标。而且每次去申请,林农还要上缴一定的工本费,这对于很多社会资本匮乏、经济基础薄弱的林农来说,无疑是附加在他们身上的一种负担。集体林权制度改革后,国家将森林资源划分给林农,林农获得了对森林资源的开发和利用权。对于长期生活在林区、靠林地为生的林农来说,毫无疑问,对林地的开发和利用是基于生存目的的,林地与耕地一样,失去了林地,林农就失去了赖以生存的基础。所以,森林资源的开发利用权应包括林地资源的开发利用权、生态资源收益权、伐木权、放牧权等。一旦失去了这些权利,林农的生存和发展就会面临危机,对生态资源的开发和保护也将无从谈起。可见采伐权对林农来说是多么的重要,但是目前国家对采伐限额管理的局限性,使林农对自己经营的林木产品的自主销售受到了极大的限制。由于限额采伐制度对于木材采伐的限制,林农对林木产品没有自由处分权,当市场价格较好时,他们不能根据自己对市场的判断采伐更多数量的木材,当林农急需资金时,也不能及时卖出自己经营的林木产品以解决当时的经济困难。而在兼顾生态效益的前提下,由于当年的采伐指标不用将被作废,即使当年的市场价格不好,林农也要忍痛将自己的林木产品低价出卖。这显然是不符合价值规律的表现,难以满足林农作为理性"经济人"追求利益最大化的要求。

(四) 林农经营性收入存在障碍

朱堂村林农收入来源的前提是朱堂村将生态公益林划分给农户管护,林农在生态公益林林地上经营板栗、毛竹、茶叶等非木材性资源,不存在皆伐。经济林对林木的品种及管护的技术要求非常高。个案村的主要经济作物是茶叶,在多年的摸索下,朱堂村的村民引进了适合本地土壤的茶叶品种。

---

① 材料来源于安徽省金寨县后冲村村民(访谈人:单红旭,2010 年 7 月 25 日 9:00—10:00)。

② [美] 杜赞奇著:《文化、权力与国家——1900—1942 年的华北农村》王福明译,江苏人民出版社 1994 年版。

表 1　　　　　　安徽省金寨县朱堂村茶叶品种及价格①

茶叶品种	特征	价格（最高）（元/斤）	价格（最低）（元/斤）	当地均价（元/斤）
皖西白茶	含氨基酸高、清香	800	200	600
六安瓜片	清香	500	250	400
雀舌	长得像鸟雀的嘴巴、清香	350	150	200
黄芽	形似雀舌、叶底嫩黄明亮	300	80	100
兰花	色泽翠绿、冲泡后如兰花初放	100	20	20—40
绿茶	香气浓、常出口	50	10	20

朱堂村的林农经营着板栗、毛竹、茶叶等经济作物，但主要的经济来源来自于茶叶。2007 年，朱堂村建立了自己的茶叶合作社——"叶里青"茶叶合作社，该合作社的建立依托于茶叶而建，有当地人在外创办的企业——"叶里青"企业的参与。林农入的是干股，也就是不需要用现金购买股份，而是以出售给合作社的茶叶的多少为入股凭证，每年林农卖给合作社的茶叶多少不一样，所以每年的股份也不是固定的。如果林农第一年没有入股，第二年也可以加入进来，把茶叶卖给合作社，再以卖茶的多少来返利。截至笔者调研时，"叶里青"茶叶合作社在册社员数约有 308 户，固定资产总值大约有 200 万。据合作社的社员介绍，在朱堂村，有很多加工茶叶的工厂，经过加工后的茶叶由于质量好、品牌响，已经销往全国各地，甚至远销海外，得到了很好的发展。朱堂村的"叶里青"合作社是使茶叶打出品牌、走向市场的成功典范，但是板栗和毛竹这两大经济作物经营效率还很低下，茶叶合作社的建立对于这两大经济作物的发展具有重要的可借鉴意义。朱堂村毕竟是以经营生态公益林为主的广大林区中少有的成功案例之一，并不具有普遍性，这种经营模式对当地的土壤等立地条件提出了很高的要求，在市场经济竞争激烈的今天，广大林区的林农想自己经营的林产品能够在本村的工厂进行加工，变成加工后的商品，而不是出售粗放的原材料，并打出自己的品牌，使广大的公众认可和欢迎，

---

① 数据来源于笔者与金寨县油坊店乡叶里青合作社社员杨克明的访谈（访谈人：孙双义，访谈时间：2009 年 7 月 29 日，访谈地点：安徽省金寨县朱堂村叶里青合作社）。

实在不是一件容易的事。它需要党和政府的政策引导以及村委会、林农的积极参与。不管怎么说，个案村的成功经验对于提高广大林区林农的收益来说有很好的借鉴意义。

虽然茶叶的经营取得了很好的发展，但是，朱堂村除了一些没有土、地势高、不适合茶叶、板栗等经济作物生长的地方外，其余的林地已被村民充分利用，就连房前屋后都种满了茶叶和板栗。显然，林农不可能再因扩大林地而增加收入，对于林少人多的家庭来说，尽管板栗、茶叶和毛竹的收入都达到了最大化，还是无法满足他们家庭日益增长的物质文化需要，他们只有以劳务输出为谋生手段。据安徽省金寨想油坊店乡林业站长介绍，该乡每年大约有20%的林农外出务工。

（五）生态公益林管护配套制度不健全

生态公益林与商品林一样，它的管护工作的顺利进行，离不开各项配套政策的支持。但是目前，我国生态公益林管护的配套政策不够健全。从资金结构看，目前生态公益林的资金来源主要是政府投资，而对银行贷款、外资等资金的利用难度较大，这就使得生态公益林的资金缺乏多样性和稳定性，政府的财政投资毕竟是有限的，可能在生态公益林建设的前期投入较多，而在后期投入较少，这不利于生态公益林的可持续发展。解决这种投资的单一性和不稳定性的关键就是建立财政投入、商业投资、社会资本等多渠道的融资渠道，激发生态公益林的活力。在生态公益林的效益方面，生态效益和社会效益体现较明显，而生态公益林的经济效益却往往被人们所忽视。个案村的林地之所以被划分为生态公益林就是因为其周边有梅山水库和响洪甸水库两个大水库，水库周边的生态公益林起着涵养水源、保持水土等作用，对周边的工厂及民众起着重要的保护作用。而作为明显受益的自来水厂和水电厂并没有支付资金给生态公益林管护者，而生态公益林的管护者却承担着生态公益林的管护责任，这种付出和收益不对等的行为显然会使生态公益林管护者产生一些抵触情绪，不利于生态公益林的管护。

从森林保险方面来看，林农对保险有很强的需求潜力，森林作为一种弱质产业，一旦发生自然灾害，对于林农来讲，损失是相当大的，林农非常需要对自己所经营的林地、林木购买保险。但是，一方面，林农的收入偏低，无力承担高额的保费，我国的林农大多都在山区，林农的收入相对来说不是很高，市场意识和保险意识较差，有些林农认为参加投保反而增加了他们的经济负担。另一方面，在保险业中，经常出现的问题是道德风险。由于森林资源的特殊性，以及林农和保险公司信息的不对称性，保险公司担心林农如果购买了保险，一旦发生火灾他们所承担的费用将减少，这将会减弱林农对生态公益林管护的积极性以及对火灾的提防行为，因此林农的道德风险使得很多保险公司不愿意涉足林业保险业。

四 小 结

通过集体林权制度改革，林农由一种边缘化的身份变成了林地管护的合法主体，在很多地方，生态公益林这种特殊的公共物品也划分给了林农进行管护，这就使得林农以一种合法的身份参与到了生态公益林这一公共物品的管护中来。产权的明确化使得林农对林地的管护由以前的被动变成了现在的主动。但是长期以来，生态公益林的生态效益和社会效益总是与其经济效益相分离，为了维护生态公益林的生态效益，国家和政府一般都会采取生态补偿的方式，在社会日益发展、人民生活水平日益进步的今天，很多地方的生态补偿已经很难满足林农的生产生活需求。如果经营生态公益林的林农的利益得不到保障，林农对生态公益林的管护积极性就很难提高，生态公益林的生态效益和社会效益就很难得到充分的发挥。朱堂村的林农在经营生态公益林的同时也能在生态公益林中得到收益，并且建立了自己的经济合作组织，打造了本村的林产品品牌，不仅保护了生态公益林的生态效益，也提升了其经济效益。虽然由于担心政策不稳定以及林业法规不完善，朱堂村的林农在生态公益林的经营中还存在一些制约因素，但是朱堂村林农参与生态公益林这一公共物品的管护的实践毕竟是成功的，也是有效的。由于立地条件的差异以及各地政策的不同，朱堂村的成功案例并不带有普遍性，如何解决林农在生态公益林管护中的制约因素，使林农能够取得可持续的物质利益，以及让更多地方的林农参与到生态公益林这种公共物品的管护中来，并且得到长期的可持续的经济收益，这对于促进我国生态公益林生态效益的可持续发展具有重要意义。

附录：忆往昔情似海

时光荏苒，历时几年的中国林改村庄观察调研圆满结束了，我们将各位观察员的调研报告编成了这本《中国林改村庄观察报告》。在本书即将付梓之际，我们既激动又担心，激动是因为即将看到我们辛苦调研结成的硕果，担心是因为我们的阅历和能力有限，其中难免会有一些不尽人意的地方，但不管怎样，这都是值得庆贺的事情。

此时此刻，当我们回想起爱护、支持、指导我们调研的良师益友，回想起在调研村庄热情耐心的各级领导和勤劳朴实的父老乡亲，回想起调研组各位兄弟姐妹的积极鼓励和安慰，内心除了感激之外，我们觉得在今后的日子里应该用自己所学，为人民、为社会多做一些事情。

2010年暑假，我只身一人来到湖北省赤壁市Y村调研，了解该村集体林改的成效。刚到这里时，一切都很不习惯：语言不通，饮食也差，但是村民们的热情、淳朴感染了我，使我有动力圆满完成调研任务。当然，调研过程中，贺老师也给了我莫大的鼓舞和正确的引导。因此，我十分感激调研路上有你们的帮助和支持。

——徐梦云（华中师范大学政治学研究院2009级硕士研究生）

回想起2009年到重庆丰都南天湖村调研时的情景，我内心顿时百感交集。作为一个女孩子，第一次到这样一个偏僻落后的陌生的地方走村串户地调研，感觉非常不方便，加上语言又不通，刚开始很不适应。好在有导师的鼓励和村民们热情的支持，才使我能按时完成调研任务。因此，时至今日回想起来，我仍心存感激，感谢所有帮助过我的人。

——刘倩倩（华中师范大学政治学研究院2008级硕士研究生）

2011年我独自一人来到福建省建宁县圳头村调研，当时的情景如今还历历在目，印象深刻。在此，我只想对那些曾经对我调研提供过帮助的人说声谢谢。感谢我的恩师贺东航先生对我的鼓励和引导，感谢建宁县民政局和林业局的工作人员以及圳头村村干部和父老乡亲，感谢他们对我调研的大力支持和配合。

——陈华威（华中师范大学政治学研究院2009级硕士研究生）

相对南方集体林权制度改革，我国西北地区的集体林改关注度要小得多。2009年8月我独自一人来到陕西省榆林市榆阳区井克梁村调查，西北地区淳朴的民风给我留下了深刻的印象。这里的村干部和村民们都非常热情地接受了我的访谈，让我十分感动。在此，我非常感谢他们，感谢所有支持我调研的老师、同学、领导、政府工作人员、村干部和村民们，正是因为有了你们的支持和鼓励，我才能顺利地完成调研任务。

——冯斌（华中师范大学政治学研究院2009级硕士研究生）

发展林下经济是发展林业产业的一个重要内容。2011年7月，我来到安徽省金寨县龙冲村进行调研，调研的主要内容是该地集体林权制度改革后林下经济的发展情况。调研期间，我得到了当地政府、村干部和村民的热情接待和大力支持。感谢金寨县林业局、古碑镇林业站、南溪镇林业站、油坊店乡林业站的工作人员，感谢他们在我调研期间给我提供的数据和资料。感谢他们陪我深入山区搜集资料。我更感谢林下养鸡大户童维新对我调研工作提供的帮助，是他给我牵线搭桥访谈各个养殖、种植户，骑车送我入村，解决我的调研困难。感恩之情假海深，无以为报，唯有以我所学回报社会，将这份情谊传递下去。

——单红旭（华中师范大学政治学研究院2009级硕士研究生）

我调研的林改村庄L村位于湖南省中部，交通不太便利，但在热情的村干部和村民的帮助和支持下,我的调研开展得很顺利。同时,在调研期间遇到一些困惑的时候,我的导师贺东航先生会十分耐心地开导我,我的兄弟姐妹也会热心地帮助我,让我学到了很多书本上学不到的东西,这使我非常感动。感谢这次难得的调研经历,感谢那些一路给予过我帮助的人,谢谢你们,正是有了你们的无私帮助,才使我的调研得以圆满完成。

——张德军(华中师范大学政治学研究院2010级硕士研究生)

后 记

2008年7月14日，随着《中共中央国务院关于全面推进集体林权制度改革的意见》公布，一场被称为"第三次土地改革"的集体林权制度改革（简称"新林改"）正式在全国全面推开，这一重大事件在学术界立刻掀起了研究浪潮。编者也有幸在此期间获得国家社科基金重大项目《中国集体林权制度改革研究》的立项，在国家林业局林改领导小组副组长黄建兴和农村林业改革发展司张蕾司长的领导下，我的团队在全国范围内展开了集体林权制度改革的实证调查。本书就是该项目团队所有成员在福建、江西、浙江等15个省36个县80个村进行的实证调查的部分优秀成果。调研期间，团队成员冒着严寒酷暑，行走于偏僻的山村，走村串户，与林农同吃同住，开阔了视野，真切地了解到了"新林改"在广大农村开展的实际情形，获得了许多书本外的收获，尤其对团队里面的学生成员来说，这次调研是他们真正了解农村，了解社会，甚至了解国家的最好机会，也是最有意义的社会实践经历。

本书所收录的调研报告只是众多林改调研报告中的一小部分比较优秀的成果，为使书稿体系清晰，编者按报告的主题进行了一个整体编排，大体上按照政治、经济、生态的脉络将书稿分成"集体林权制度改革背景下的乡村治理与发展"、"不同区域的集体林权制度改革模式"、"集体林改收益和林农增收"、"林业合作组织与林农合作化经营"和"生态公益林改革与管护模式创新"五个部分。尽管书中某些观点还稍显稚嫩，但书中却真实再现了我国农村和新林改的真实面貌，字里行间也流露出调研者对我国农村问题的关切。当前，林改已历经三个阶段：从从当年的主体改革到配套改革再到综合改革，有许多的值得探讨的地方。因此，我们希望此书的出版能引起广大"三农"问题研究者们的共鸣。

最后，本书的完成是各级领导、学术界的朋友、调研团队成员以及调研点的村干部和村民们的共同努力的成果，在此，编者特别向国家林业局原林改司张蕾司长表示感谢，张司长不仅支持在我所在的单位设立农村林业改革发展研究基地，还拨出课题经费资助此项研究。同时，编者要向调研团队成员表示感谢，他们是朱春燕、秦武峰、王威、叶劲松、赵新泉、肖文、牛宗岭、王蕊蕊、郭细卿、王红、董晶、谢伟民、张婷、宋超、陈燕芽、林昊、焉波、程勇、孙鹏举、孙双义、张康芳、史绍华、张德军、吴国锋、王芳、朱晓睿、纪亚泉、杜豹、韦海霞、单红旭、陈华威、乔凤英、陆朝辉、孙文芳、姜兆芹、沈丽、谢宏秋、周紫薇、邹莹、张现洪、杨光华、李菊、高元元、徐新建、黎永兵、陈书平、乔玉强、高佳红。编者还要特别向华中师范大学社科处、厦门大学社科处、向朱冬亮教授、王清军教授和所有支持和帮助的为此书的出版付出辛勤劳动的所有成员，谢谢你们的付出。

当然，由于编者水平有限，书中难免有不尽人意之处，敬请各位专家、学者提出宝贵意见，我们将在今后的时间里加以改进和完善。

贺东航
2015 年 12 月 10 日于厦门